中国经济科学前沿丛书

中国国际商务理论前沿（7）

Frontier of Theoretical Development of China: International Trade and Economic Relation

冯雷 夏先良/主编

社会科学文献出版社
SOCIAL SCIENCES ACADEMIC PRESS (CHINA)

作者工作单位

夏先良　中国社会科学院财经战略研究院
冯　雷　中国社会科学院财经战略研究院
于立新　中国社会科学院财经战略研究院
徐　枫　北京联合大学商务学院
王献敏　中国社会科学院研究生院
李小平　中南财经政法大学经济学院
申恩威　中国社会科学院财经战略研究院
王婉如　北京邮电大学经济管理学院
张　宁　中国社会科学院财经战略研究院
张　炜　对外经济贸易大学国际商学院
陈　馗　对外经济贸易大学国际经济贸易学院
王迎新　中国社会科学院财经战略研究院
刘学智　交通银行金融研究中心
汤　婧　中国社会科学院财经战略研究院
樊　瑛　对外经济贸易大学国际经济贸易学院
陈雅雯　对外经济贸易大学国际经济贸易学院
陈兆希　对外经济贸易大学国际经济贸易学院

总 序

从1999年我们推出第一辑“中国经济科学前沿丛书”至今，已经跨越15个年度。按照当时每隔2～3年时间编撰一辑并形成一个连续性系列的计划，今年该是推出第七辑前沿丛书的时候了。

第七辑前沿丛书的编撰正值中国站在新的历史起点、全面深化改革的关键时期。改革不仅是实践层面的制度变迁，也迫切需要理论的指导。在这具有承前启后意义的全面深化改革时刻，作为理论工作者，特别是作为国家级学术型智库的理论工作者，在时代变革大潮中，对近年经济理论前沿回顾、总结和进一步研究，既挖掘学术研究前沿的重大理论问题，又以经济学术前沿知识支撑伟大改革事业的理论基础，是一项极为重要的工作。我们以此为当仁不让的神圣责任和使命。这种责任与使命既来源于一个理论工作者的基本要求，更来源于中国社会科学院财经战略研究院的基本定位——马克思主义财经科学的坚强阵地、中国财经科学的最高殿堂、党和国家财经领域的思想库和智囊团。

在编撰第一辑前沿丛书之时，我们便为它定下了基本特点。那就是，学术性——重点反映主要经济学科领域在一定时期的理论研究概况和重要的学术观点；历史性——动态地反映一定时期内的理论发展脉络或发展轨迹；前瞻性——对今后进一步深化研究做出判断并提出建议；理论与实践相结合，将学术研究与对策研究融为一体，研以致用，在实践中提炼理论，为实践寻找理论依据或支撑。这几个特点，我们不敢说都做到了，但总是尽力将其贯穿于每一本书的编撰之中，竭力拿出精品著作回报读者的厚爱。

编撰上一辑“中国经济科学前沿丛书”时，我们的身份还是“中国社会科学院财政与贸易经济研究所”，这次我们的身份变为“中国社会科学院财经战略研究院”。这种身份的变化不仅仅体现在单位名称的变更上，更是内涵和职能的变化与升华。2011 年 12 月 29 日，我们在“财政与贸易经济研究所”的基础上组建了“财经战略研究院”。从此，我们不仅仅是传统意义上的“做学问”、“写文章”，更要在学术研究的基础上从事“智库”工作。我们的研究更加讲究“综合性、战略性、前瞻性”，更加讲究“研以致用”，为政府的决策“出谋划策”。但是，我们又不是一般意义上的“出谋划策”，而是更植根于坚实的学术研究基础上的“出谋划策”。因此，我们一如既往地重视学术前沿问题的研究，重视这套丛书的编撰工作。

我们这次编撰出版的“中国经济科学前沿丛书”由五本理论文集所构成：《中国财政经济理论前沿》、《中国流通理论前沿》、《中国国际商务理论前沿》、《中国价格理论前沿》和《中国服务经济理论前沿》。细心的读者会发现，这次的“前沿丛书”多了一本“中国服务经济理论前沿”。服务经济学科是我们财经战略研究院重要的组成部分。当时的财政与贸易经济研究所于 2003 年组建服务经济理论与政策研究室，从此系统地开始服务经济理论与政策研究。11 年来，他们不辱使命，承担了大量国家和部委课题，发表了许多有影响的学术论文，参与了许多与服务业相关的政府文件起草和政策咨询工作，研究工作颇有影响。经过多年学术积累后，今年推出了第一部“中国服务经济理论前沿”。

最后想说的是，前沿丛书的连续出版，与广大读者的关注、鼓励和支持是分不开的。在表达我们最真诚的感谢的同时，也期待广大读者能够继续关注前沿丛书的发展与进步，并对其中的问题和不足批评指正。总之，让我们共同努力，把“中国经济科学前沿丛书”的有关工作做下去、做得更好。

中国社会科学院财经战略研究院
高培勇
2014 年 11 月 9 日

目录

CONTENTS

对外贸易篇

对外直接投资篇

国际产业分工篇

国际贸易体系篇

CONTENTS

C O N T E N T S

Foreign Trade Section

Foreign Direct Investment Section

International Industrial Division Section

International Trade System Section

对外贸易篇

外贸发展方式转变理论述评

夏先良*

内容摘要 外贸发展方式转变是一个具有中国特色的外贸概念和研究领域。国外没有外贸发展方式转变这样的概念，也没有直接研究外贸发展方式转变的领域，但有国外学者研究国际贸易利益、国际贸易优势、国际贸易竞争力、国际贸易模式等与外贸发展方式转变相关的问题。实际上，我国外贸发展方式转变是一个老话题，也是一个永恒问题。以前外贸研究较多关注改变出口创汇导向、避免低价竞销与数量扩张、改善贸易条件、提高外贸质量效益等问题。实际上，这些问题跟当前外贸发展方式转变问题有相似之处。本文旨在回顾学术界对外贸发展方式转变的内涵界定、影响因素、动因、目的、途径及策略、政策及措施等研究，并做少许评论。

关键词 外贸发展方式　外贸发展方式转变　经济发展方式转变

一　外贸发展方式转变概念的界定

当前，我国外贸发展方式转变具有实现从贸易大国向贸易强国

* 夏先良，经济学博士，中国社会科学院财经战略研究院研究员，博士生导师，主要研究领域是国际知识产权、国际贸易与投资。电子信箱：xl_ xia@ sohu. com。

转变的更高战略意义。加快转变外贸发展方式，是加快转变经济发展方式的迫切需要，是主动适应国际经贸格局变革的客观要求，是推动贸易强国进程的战略举措。我国已经是一个贸易大国，但是大而不强。与世界贸易强国相比，我国外贸商品的质量、档次、附加值还不高，企业研发、设计等核心竞争力还不强，行业协调能力和政府参与国际贸易规则制定的能力还不够。要巩固贸易大国地位、推动贸易强国进程，我国外贸发展方式战略性转变具有必然性和紧迫性。因此，外贸发展方式转变问题在新的历史背景下得到了广泛的重视和研究，成果丰硕，文献众多，特别是国内研究文献非常丰富。

外贸发展方式转变是中国国际贸易研究领域土生土长的概念，具有中国实践发展的特色。外贸发展方式是指一国对外贸易发展所采取的主要道路、方式、方法，比如外贸数量或规模扩张的发展方式，或者外贸质量或效益的发展方式。外贸发展方式概念不同于外贸方式或贸易方式概念。外贸发展方式转变的概念则是对外贸发展方式进行修改、校正和改变的意思。学术界对外贸发展方式转变的理解、界定和内涵认识持多种多样的见解。

外贸发展方式转变概念是从外贸增长方式转变概念发展而来的。李邦君（1998）强调，外贸增长方式的根本转变是指外贸发展要真正从数量型转变到质量效益型，从粗放型转变到集约型，从劳动密级型转变到资金、技术密集型，从资金、资源和劳动投入转变到依靠科技进步、提高科技含量和科技共享率的轨道上来，从而提高外贸发展的质量和水平。[①] 李青（2007）认为，外贸增长方式是指推动外贸增长的各种生产要素投入及其组合的方式，即一国实现经济增长所依赖的增长源泉的构成，转变外贸增长方式是指从以粗放型增长为主转变成以集约型增长为主。[②] 简新华、张皓（2007）指出，

① 李邦君：《外贸增长方式转变的现状及其根本转变的依据和突进》，《国际商务研究》1998年第4期。

② 李青：《转变外贸增长方式的经济学思考》，《学习与探索》2007年第2期，第168～171页。

外贸增长方式是指进出口数量增加和效益提高的途径，涉及进出口物品的种类、结构、数量、质量、品牌、价格、生产要素密集度、技术含量、加工度、附加值、进出口的形式、地域、产业、营销、竞争力等多方面的内容及其影响因素。①

罗志松（2007）指出，要正确认识转变外贸增长方式的内涵，不仅要涵盖货物贸易，而且要涵盖服务贸易；也不能仅局限于出口贸易，而忽视了进口贸易；转变外贸增长方式不仅仅指转变出口增长方式，而是涵盖了进口和出口两个方面的内涵。在大力发展服务贸易，促进出口贸易发展结构和方式转变中，不应单纯追求规模的扩张，更应注重服务贸易出口技术复杂度的提升（戴翔，2011）②，也就是着力增加服务出口的技术含量。这是从外贸结构优化角度强调外贸发展方式的转变。

张钱江（2008）从分类、运行范围、外贸区域发展和科学发展观新要求四个方面阐述从“外贸增长方式”转变到“外贸发展方式”上来的丰富内涵以及联系与差别，指出转变外贸发展方式，是以转变外贸增长方式为基础，不仅包含了外贸增长从数量型粗放式扩张向质量效益型集约型转变，由主要依靠价格竞争、数量扩张和片面追求增长速度向提高质量效益转变，而且还包含外贸结构的调整优化（包括经营主体结构、贸易方式结构、贸易形式结构），包含了强调外贸对经济和社会发展的促进作用。③

裴长洪（2010）深刻阐述从“转变外贸增长方式”到“转变外贸发展方式”的新认识，并从实际出发总结我国转变外贸发展方式的多重经济学含义。④ 裴长洪等在《中国社会科学》2011 年第 1 期上发表的《转变外贸发展方式的经验与理论分析——中国应对国际

① 简新华、张皓：《论中国外贸增长方式的转变》，《中国工业经济》2007 年 8 期，第 32 ~ 40 页。

② 戴翔：《服务贸易出口技术复杂度与经济增长——基于跨国面板数据的实证分析》，《南开经济研究》2011 年第 3 期，第 57 ~ 68 页。

③ 张钱江：《重构浙江外贸发展方式》，《国际贸易》2008 年第 2 期，第 29 ~ 32 页。

④ 裴长洪等：《后危机时代中国开放型经济研究：转变外贸发展方式与对外经贸合作新趋势》，社会科学文献出版社，2010，第 412 ~ 417 页。

金融危机冲击的一种总结》[①] 论文中进一步阐述了转变外贸发展方式的科学内涵，明确了具体内容和工作方向，笔者认为中国在应对金融危机中创造了新的实践，实现了从“转变外贸增长方式”到“转变外贸发展方式”的认识飞跃；转变外贸发展方式的经济学含义应当定义为：转变外贸的国民收益方式和格局，转变外贸的竞争方式，转变外贸的市场开拓方式，转变外贸的资源利用方式。这个界定大大丰富了转变外贸发展方式的内涵。

当前外贸发展方式转变有更多现实背景和新的内涵。它的提出主要与经济发展方式从主要依靠“两高一资”投入和追求出口数量规模拉动的粗放扩张增长方式，转向主要依靠科技、管理和人力资本投入，提高经济增长质量与效益的集约增长方式密切相关。然而，外贸发展方式还有更多更丰富的内涵有待我们去发展。当前转变外贸发展方式的提出还与看似较大的外贸顺差和外汇储备有关，也与我国外贸在国际经济金融危机以来遇到的国际市场环境恶化、贸易保护主义抬头以及传统外贸优势削弱有关。我国希望通过外贸发展方式转变，提高国际竞争力，加大进口力度，增加外贸效益，增加就业，努力保持进出口平衡发展，减少外贸摩擦，稳定发展国际经贸关系，促进国民经济又好又快地可持续发展。这些因素都赋予了当前外贸发展方式转变的新内涵、新要求和新任务。

外贸发展方式转变与经济发展方式转变之间存在紧密联系的关系。中国经济是一个日益开放型经济。外贸发展方式是影响经济发展方式转变的重要组成部分。外贸发展方式转变主要考虑生产、贸易和消费三大因素。凡是影响到生产、贸易和消费变化或改变的因素都会影响外贸发展方式转变的方向、程度和途径等。当然财税、金融等分配环节和手段对外贸发展方式转变也起到各自不同的作用。经济发展方式转变可能比外贸发展方式转变的影响因素更加复杂，两者具有紧密联系，也各有特征。

---

① 裴长洪、彭磊、郑文：《转变外贸发展方式的经验与理论分析——中国应对国际金融危机冲击的一种总结》，《中国社会科学》2011 年第 1 期。

罗志松（2007）认为，经济增长方式与外贸增长方式是相辅相成的，转变外贸增长方式必须要与转变经济增长方式相结合；外贸增长方式的转变受经济增长方式的制约，反过来，外贸增长方式又将引导经济增长方式的转变。[①] 在我国经济发展方式的转变中，外贸发展方式转变占据重要地位。钟山（2010）指出，在理论上，经济发展方式决定外贸发展方式，外贸发展方式转变要适应经济发展方式转变；同时，外贸发展方式转变对经济发展方式转变也有先导作用。[②] 裴长洪、彭磊（2006）指出，近年来，我国粗放式贸易增长不断强化的倾向，不利于我国经济增长方式的转变和经济质量的提高，因此贸易战略调整势在必行，外贸增长方式转变必须提上议事日程。[③]

二　外贸发展方式转变的影响因素与途径

外贸增长方式转变的影响或制约因素涉及方方面面，除了市场机制、外经贸体制、政策因素外，还有外部国际环境、内部经济形势变化、人力资源、科技、文化以及企业结构与发展水平等因素。学者们对于外贸发展方式转变的因素、途径与策略看法不一，侧重点不同，提出了多种多样的思路。下面从影响外贸发展方式转变的四方面因素和途径展开文献述评。

（一）市场化机制改革及树立和要素优化升级

市场化改革会优化劳动力、资源、资金、技术等生产要素配置，调整产业、所有权、地理空间等分配的结构，保持要素动态转型，提高要素价格和回报率，提高要素使用效率和经济效率，增强产品

① 罗志松：《对转变我国外贸增长方式的几点思考》，《世界经济研究》2007年第2期，第73～74页。

② 钟山：《坚定不移地加快外贸发展方式转变》，《求是杂志》2010年第16期，第27～29页。

③ 裴长洪、彭磊：《对外贸易依存度与现阶段我国贸易战略调整》，《财贸经济》2006年第4期，第3～8页。

比较优势、竞争优势和国际竞争力。特别的，市场化机制的树立应提高要素的自由流动性，增强投资动力和吸引力以及投资信心，扩大投资规模，提高资本有机构成和经济发展水平。市场发育水平低、市场化改革不到位都可能导致各国所具有的要素禀赋不能够形成有效的经济力量。加快改革开放步伐成为外贸发展方式战略转变的基石（夏先良，2013）。[①] 中国加入 WTO 前后，进行了长期的市场化体制机制改革，市场机制的日益强化推动了要素禀赋比较优势的形成，促进了对外贸易持续迅速增长。这种外贸规模增长的传统发展方式主要基于劳动等要素禀赋的比较优势。中国提出把市场作为资源配置的决定性因素的新学说，必将推动要素配置进一步自由化，促进外贸发展方式的深刻转变。

李嘉图（David Ricardo，1817）作为古典经济学家代表人物，曾提出完全市场竞争条件下劳动力要素的国际比较成本优势学说，它深刻影响后世的国际贸易理论体系，它是以市场机制形成和发挥作用为前提的。[②] 赫克歇尔（Hecksher，1919）和俄林（Ohlin，1933）所提的要素禀赋比较优势理论继承发展了李嘉图学说。[③] 里昂剔夫（Leontief，1953）对要素禀赋理论在美国外贸中应用和解释产生怀疑，提出对要素禀赋理论的完全市场竞争、劳动与资本两种要素、劳动要素同质的前提假设进行修正，在传统贸易理论模型中加入国际科技差异以及劳动力技能和教育、培训促进劳动力要素转变形成人力资本要素差异等因素。[④] 范爱军等（2009）把劳动与资本作为基本要素禀赋，它们的变动会引起外贸增长方式的转变；把教

---

① 夏先良：《加快改革开放步伐：转变开放经济发展方式的基石》，《国际贸易》2013 年第 3 期，第 29 ~ 33 页。

② Ricardo，David（1817），*Principles of Political Economy and Taxation*，Barnes & Noble Publishing，2005.

③ Hecksher，E. F.，“The Effect of Foreign Trade on the Distribution of Income，” *Economisk Tidskrift*，1919. Ohlin，Bertil（1933），*Interregional and International Trade*，Harvard University Press，1967.

④ Leontief，Wassily，“Domestic Production and Foreign Trade：The American Capital Position Re-examined，” *Proceedings of the American Philosophical Society*，97，September，1953，pp. 332 – 349.

育与科技看作内生比较优势，它们的转变会促进外贸增长方式的转变。[1]

知识教育、培训和生产实践的“干中学”经验积累可以形成人力资本（Uzawa，1965；Lucas，1988；Romer，1987，1990）。[2]尽管新要素需要包含进来一起决定比较优势，但是传统要素在决定贸易结构上依然重要，要素禀赋差异没有随时间而消失，劳动技能禀赋专业化增加了（Gourdon，2009）。[3]近年来，格罗斯曼（Grossman，2013）研究了把异质劳动力引入国际贸易模型的理论文献，展现人才分布如何成为比较优势的来源，贸易开放如何影响工资分配，以及贸易如何通过其影响劳动市场的筛选与配对影响产业生产力和效率，他还引入劳动市场摩擦来研究贸易对结构性失业和工人与企业间的不匹配影响。[4]人力资本完全不同于劳动力要素，从劳动力到人力资本的要素发生了深刻的转变，这种转变必将促进外贸优势和外贸发展方式的转变，从而影响要素价格或回报水平。

科技及管理要素是另一个重要的生产要素，比非熟练劳动力更具有出口竞争力，是改变国际贸易增长方式的重要因素。研发密集型产品贸易比其他产品贸易增长更快。波斯纳（M. V. Posner，1961）和费依（Raymond Vernon，1966）提出了技术差距、产品生命周期

① 范爱军等：《转变外贸增长方式研究：山东省例证》，经济科学出版社，2009。

② Lucas，R. E.，“On the Mechanics of Economic Development”，*Journal of Monetary Economics*，Vol. 22，1988，pp. 3－42.

Uzawa，Hirofumi，“Optimal Technical Change in an Aggregative Model of Economic Growth，”*International Economic Review*，Vol. 6，January 1965，pp. 18－31.

Romer，Paul M.，“Growth Based on Increasing Returns Due to Specialization”，*American Economic Review*，Vol. 77，1987，pp. 56－62.

Romer，Paul M.，“Endogenous Technological Change”，*Journal of Political Economy*，Vol. 98，1990，pp. 71－102.

③ Gourdon，Julien，“Explaining Trade Flows：Traditional and New Determinants of Trade Patterns，”*Journal of Economic Integration*，Vol. 24，2009，pp. 53－86.

④ Grossman，Gene，“Heterogeneous Workers and International Trade”，*Review of World Economics*，Vol. 149，Issue2，2013，pp. 211－245.

理论，强调技术要素在国际贸易模型中发挥新的优势。[①] 苏特（Soete，1987）发现在单个产业水平上，技术最密集产业技术表现和出口表现之间存在密切关系，与其他国家特定资源变量相比，技术表现是最重要的贸易解释变量，其弹性随产业技术密度而递增。[②] 通过产业结构变化的适应、模仿和利用成本优势，技术扩散给经济技术发展较低水平的国家提供增加国际市场份额的机会，在这个变化过程中收入和成本较高而创新活动较低水平的国家是国际贸易竞争的失败者（Fagerberg，1987）。[③]

当前中国传统依赖要素禀赋规模扩张的外贸发展方式引起了与主要贸易伙伴的激烈摩擦和不和谐贸易关系，中国必须转换到依赖要素质量提升形成比较优势的新外贸发展方式上来。特别是技术创新促进技术升级能形成新的比较优势和竞争优势。这些促进要素优化升级的途径都会有助于外贸发展方式的转变，避免成为国际贸易竞争的失败者。高虎城（2005）认为外贸发展方式的转变关键在于鼓励技术创新和产品升级，大力发展服务业。[④] 邵望予（2006）提出通过加强知识产权保护，以激励自主创新，转变外贸增长方式。[⑤] 刘伟、黄桂田（2006）认为改变外贸增长方式首先要提高创新能力，应以经济增长方式的转变推动外贸增长方式的转变。[⑥] 李薇（2008）把增强自主创新，培育拥有自主知识产权的品牌产品，作为转变外

① Posner, M. V., "International Trade and Technical Change", *Oxford Economic Papers*, Vol. 13, 1961, pp. 323 - 341. Vernon, Raymond, "International Investment and International Trade in the Product Cycle", *The Quarterly Journal of Economics*, Vol. 80, 1966, pp. 190 - 207.

② Soete, Luc., "The Impact of Technological Innovation on International Trade Patterns: The Evidence Reconsidered", *Research Policy*, Volume 16, Issues 2 - 4, August 1987, pp. 101 - 130.

③ Fagerberg, Jan., "Structural Changes in International Trade-Who Gain, Who Lose?" Working Papers Archives 1987107, Centre for Technology, Innovation and Culture, University of Oslo, 1987.

④ 高虎城：《我国出口增长方式转变的关键在于创新和发展》，新华网，http://news.xinhuanet.com/fortune/2005 - 11/20/content_3808042.htm。

⑤ 邵望予：《试论中国外贸增长方式的转变》，《国际经贸探索》2006年第5期，第4～8页。

⑥ 刘伟、黄桂田：《以经济增长方式的转变推动外贸增长方式的转变》，http://finance.sina.com.cn/20060331/09142463398.shtml。

贸发展方式的途径。[①] 张少杰（2009）提出自主创新机制实现外贸增长方式的转变。[②] 同样，胡江辉（2009）提出出口行业必须依靠科技创新和管理创新机制来提高产品质量和竞争力，增加研发投入，完善知识产权保护体系，在保持外贸稳定增长的基础上，加速实现外贸增长方式由粗放型向重视质量、效益和结构优化的集约型增长方式转变。[③] 全毅（2007）还提出，实施标准化战略是实行我国外贸增长方式转变的根本途径。[④] 汪素芹、周健（2012）认为，技术创新是影响中国外贸发展方式转变的最主要因素，技术创新变量每增加 1 个百分点，外贸发展方式转变水平最大将提高 1.91 个单位；R&D 投入强度对外贸发展方式转变过程中出现的波动性解释程度最大，达到 56.33%，远大于其他因素的解释程度，因此转变中国外贸发展方式必须加快技术创新步伐，尤其要加大 R&D 投入。[⑤]

（二）生产环节因素与途径

影响外贸发展方式转变的生产环节因素包括生产分工细化、产业结构调整、产业转型升级、产业技术进步、产业政策与外商直接投资政策改善等。生产分工因素包括国际产业分工、产品内生产分工（产品差异化）、生产垂直分工和水平分工以及全球生产网络形成。产品差异化表现为产品品种、质量档次方面的差异。生产分工专业化可以带来规模经济、范围经济效果，不同行业、不同市场状况下可能产生规模递增、递减或常数的多种可能回报效果。国际生产环节的差异化是形成不完全竞争的主要市场竞争结构因素，此外贸易环节因素（品牌策略）和国家贸易政策等也会导致不完全市场

---

① 李薇：《我国外贸增长方式转变研究》，《江苏商论》2008 年第 2 期，第 85 ~ 87 页。

② 张少杰：《基于自主创新的中国外贸增长方式转变》，《生产力研究》2009 年第 9 期，第 97 ~ 100 页。

③ 胡江辉：《科技创新推动我国贸易结构转型》，《经济问题探索》2009 年第 12 期，第 66 ~ 70 页。

④ 全毅：《标准化战略与我国外贸增长方式转变》，《世界经济研究》2007 年第 6 期，第 8 ~ 13 页。

⑤ 汪素芹、周健：《技术创新对中国外贸发展方式转变影响的实证研究》，《财贸研究》2012 年第 6 期。

竞争。厂商构造不完全市场竞争结构就是为了规避过度市场竞争，转变外贸发展方式，谋求更高的投资回报率，提高经济效益。总之，通过生产专业化、产品差异化、生产技术创新，提高产品附加值、产品质量，是增强产品国际竞争优势、转变外贸发展方式的重要途径。

1. 国际产业分工和产业结构调整因素

国际产业间贸易仍是重要的贸易方式。国际产业结构调整和产业政策、外商直接投资政策调整都会引起各国外贸发展方式的变化，因为产业分工和产业结构调整主要取决于投资结构调整。例如，中国应摆脱以制造业为主的贸易方式，积极挖掘新产业的经济增长引擎，如服务业、文化产业、研发设计业等。调整产业结构、产品结构和出口目标市场结构，可以避免过度市场竞争，满足有效市场需求，提高竞争优势和贸易效益。产业结构调整引起贸易方式改变的文献很多。例如，裴长洪、林江（2006）把优化出口产品结构作为转变外贸增长方式的一个重要机制或途径。[①] 最近，纪布邱（Ghibuţiu，2013）探索了正在发生的结构转型对国际贸易的塑造，甄别跨国公司全球生产网络和发展中国家有关迅速整合进入世界经济的动态扩张，发现增加的垂直专业化与整合和通过跨国公司生产网络兴起的全球制造业引发国际贸易方式的显著变化，这种新的动态改变了国际贸易的范围和地理分布，改变贸易增长的来源和全球贸易的国别排名，这些引起了贸易商品和服务种类的剧烈变化。[②]

巴斯涛和卡布瑞尔（Bastos and Cabral，2007）利用 1980 ~ 2000 年 20 个 OECD 国家数据研究显示，与这些国家以前的专业化相反，产业间贸易变化经常是贸易扩张的主导形式，观察到的贸易方式变化可由初期人力资本禀赋、具体产业劳动生产力和劳动成本变化解释，贸易自由化引致具有规模递增回报产业的较大 OECD 经

① 裴长洪、林江：《经济全球化背景下国际贸易的新发展》，《求是》2006 年第 9 期，第 59 ~ 61 页。

② Ghibuţiu，Agnes. “The Changing Landscape of International Trade”，*Romanian Economic and Business Review*，Vol. 8，No. 2，2013，pp. 104 – 116.

济体增加以前的专业化。[①] Cheng（2012）利用2000～2006年企业贸易和生产数据研究产品目的地组合和中国出口企业动态，并在四种企业和两种贸易方式中进行充分对比，发现所有权结构和贸易方式确实与中国出口企业的产品组合选择和出口目的地有关，外资企业出口和加工贸易使产品更加专业化，出口目的地更加特定，外资企业更可能保持在一个特定全球供应链内的特殊关系中。[②]

2. 产业结构转型升级和产品差异化因素

国际生产分工在产业、产品层面上不断展现出持续的深化趋势，体现为产业结构转型升级和产品差异化的调整，引发国际贸易发展方式一轮接一轮的升级换代。兰卡斯特（Lancaster，1980）建立基于商品特征设计所形成产品水平差异化的垄断竞争国际贸易模型，与斯潘赛（Spence，1976）基于商品品种所形成产品水平差异化的垄断竞争国际贸易模型是产品水平差异化贸易模型的典型代表。[③] 产品分解就是垂直一体化生产过程中部件生产或组装的跨境分布，是正在深化结构依赖的世界经济的重要特征，产品分解贸易增长速度已经快于制造业总的世界贸易，东亚在这种新型国际专业化上的依赖程度成比例地大于北美和欧洲，结果是国际产品分解已经使东亚增长动态日益依赖区外贸易，增强对全球贸易投资规则制定而非区域的渴望。[④] 法韦（Falvey，1981）假设各国资本品不同质，产品质量是资本密度的递增方程，认识到由资本差异所决定的产品质量垂

① Paulo Bastos, Manuel Caldeira Cabral, "The Dynamics of International Trade Patterns", *Review of World Economics*, Vol. 143, No. 3, 2007, pp. 391－415.

② Dazhong Cheng, "Product-destination Portfolio and Dynamics by Firm Ownership and Trade Mode: Evidence from Chinese Industrial Exporters", *China & World Economy*, Vol. 20, Issue 5, 2012, pp. 21－36.

③ Lancaster, Kelvin, "Intra-industry Trade under Monopolistic Competition", *Journal of International Economics*, Vol. 10, 1980, pp. 151－175. Spence, A. M., "Product Selection, Fixed Costs, and Monopolistic Competition", *Review of Economic Studies*, Vol. 43, No. 2, 1976, pp. 217－235.

④ Athukorala, Prema-chandra, "Product Fragmentation and Trade Patterns in East Asia", *Asian Economic Papers*, MIT Press, Vol. 4, No. 3, 2005, pp. 1－27.

直差异化贸易方式。[①] 石川（Ishikawa，1992）建立了一个具有一个初级要素、一个中间品和两个最终产品的贸易模型，中间品生产引入规模递增回报以便分析平均成本定价和垄断两种假设下中间品市场结构的贸易回报和贸易方式，发现自由贸易不必产生经济回报，可以获得专业化或者多种均衡，垄断会比平均成本定价更加首选。[②]

中国学者对产业转型升级、产品差异化因素对外贸发展方式转变的深刻影响的研究同样深刻。姚铃（2010）认为要坚持以质取胜，使产品的国家标准与国际先进水平接轨，进一步加强对产品生产和出口环节的质量监管，注重技术创新、品牌创立和管理。[③] 彭金荣、胡燕霞（2011）提出转变外贸发展方式的途径之一是在继续稳定和拓展外需方面，发展自主知识产权和自有品牌的产品，增加产品附加值和创新优势，提高出口产品的质量，引导加工贸易延长产业链，从成本优势向综合竞争优势转变。[④] 黄建忠、张明志（2011）提出通过提高出口产品的质量和附加值，加大自主品牌产品的出口力度，调整和优化出口产品结构，推动外向型产业由劳动密集型逐步向资本技术密集型升级，同时实现劳动密集型产业内部产品升级以及产品内部的价值链的升级，促进后危机时期福建外经贸转型发展。[⑤]

中国学者还认为产业转型升级还体现在环保、循环、低碳和可持续发展上。王玉婧（2010）在深入分析中国对外贸易规模快速扩张引起主要出口行业的工业"三废"排放指标和主要出口口岸及地区的污染指标上升对资源和环境产生的负面影响基础上，指出在当

---

① Falvey，R. E.，"Commercial Policy and Intra-industry Trade"，*Journal of International Economics*，Vol. 11，1981，pp. 495 – 511.

② Jota Ishikawa，"Trade Patterns and Gains from Trade with an Intermediate Good Produced under Increasing Returns to Scale"，*Journal of International Economics*，Volume 32，Issues 1 – 2，February 1992，pp. 57 – 81.

③ 姚铃：《从国际贸易格局变化看加快外贸增长方式的转变》，《国际经济合作》2010 年第 3 期，第 24 ~ 29 页。

④ 彭金荣、胡燕霞：《"入世"十年中国外贸"井喷式"增长的新挑战及应对》，《亚太经济》2011 年第 6 期，第 126 ~ 129 页。

⑤ 黄建忠、张明志：《后危机时代福建外经贸的转型与发展》，《中共福建省委党校学报》2011 年第 1 期，第 12 ~ 15 页。

前资源环境约束下，外贸发展方式应该从环境输出走向环境修复，用循环经济理念指导生产经营，激励环境技术创新，实施战略性的环境措施和贸易措施，实现环境、贸易、可持续发展的三赢。[①] 洪必纲、朱建华（2010）提出转变对外贸易增长方式走低碳发展道路，有利于突破我国经济发展过程中资源和环境的瓶颈性约束，有利于推动我国产业升级和企业技术创新。[②]

3. 产业技术进步、技术差距动态因素

产业技术变迁及其引起的产业转型升级促进了外贸发展方式的转变。世界经济中一些国家在低端技术产业保持主导地位，其他一些国家在高技术产业具有竞争力。传统贸易理论认为，发展中国家或新崛起的国家专业化于低端技术产业，与发达国家之间的产业技术缺口较大，发展中国家各个产业均等工资率使低端技术产业具有比较优势。20 世纪 90 年代中国迅速增加信息通信产品的市场份额，现在已经位列世界出口的前三名，从仅仅做进口料件组装升级到高科技中间品制造，进口依赖逐步减少，出口国内增加值增加了，加工贸易有关的技术学习使某些可贸易部门发生了产业升级。起初由加工贸易主导的专业化模式可能支持一个国家的长期发展，在一定程度上进入高科技领域的低端促进了在更先进的技术密集生产中的赶超。[③] 蔡尼（Zaghini，2005）研究了新欧盟成员贸易专业化方式演变，新欧盟成员显示了动态贸易方式，它们在转型之初仍落后的领域，特别是某些高技术产品领域里，所取得的比较优势相对较快；在那些世界需求扩张速度最快的 20 世纪 90 年代产品项目里发生了许多专业化改进。[④]

---

① 王玉婧：《环境约束下转变我国外贸增长方式的机制与对策》，《当代财经》2010 年第 1 期，第 96～104 页。

② 洪必纲、朱建华：《基于低碳经济理念的我国外贸增长方式的转变》，《中国商贸》2010 年第 12 期，第 94 页。

③ Amighini，Alessia，"China in the International Fragmentation of Production：Evidence from the ICT Industry"，*European Journal of Comparative Economics*，Vol. 2，No. 2，2005，pp. 203－219.

④ Zaghini，Andrea，"Evolution of Trade Patterns in the New EU Member States"，*Economics of Transition*，Vol. 13，No. 4，2005，pp. 629－658.

弗莱姆和赫尔普曼（Flam and Helpman，1987）假设先进国家生产顶尖质量产品，其他国家生产低质量产品，建立一个两国不同生产技术水平的垂直差异化产品贸易模型，如果南方国家技术进步快于北方，生产和贸易方式将发生逆转的变化。[①] 在多个产业贸易模型中，强调跨国技术异质和差异化产品生产商的垄断竞争之间相互作用作为贸易模式的决定因素，产业内贸易的出现严重依赖于技术指标安排的塑造。[②] 斯泰惹和乌尔兹（Stehrer and Woerz，2009）认为，把自己定位于高技术产业谱系低端的国家比定位于低技术产业高端更有利于长期发展，专业化于中等高度技术活动低端的国家也获得高技术产业高端的更快生产力提升，相反的，早期专业化于中等低技术活动产生正面溢出，主要是在低技术领域，不利于增加高技术产业活动。[③] 杨继军、范从来（2012）发现，中国外贸发展方式转变途径正由初级产品、劳动密集型产品出口向机电产品、高新技术产品转换，贸易品技术含量不断提升，出口商品结构较好地“响应”了包括劳动力要素在内的资源禀赋的蝶化。[④]

斯特勒和武尔兹（Stehrer and Woerz，2003）把产业技术发展和贸易整合的动态划分为连续收敛法、爬梯子法、跳跃法三种追赶过程，分析技术收敛、比较优势动态和贸易方式之间的联系。[⑤] 相对出口业绩直接与相对生产力、技术和资本密度增进相关，技术变量是总出口业绩的合理预测参数，改进一个国家生产力表现的努力都是

---

① Flam, H. and Helpman, E., "Vertical Product Differentiation and North-South Trade", *American Economic Review*, Vol. 77, 1987, pp. 810 – 822.

② Toru Kikuchi, Koji Shimomura, Dao – Zhi Zeng. "On Chamberlinian-Ricardian Trade Patterns", *Review of International Economics*, Vol. 16, Issues2, 2008, pp. 285 – 292

③ Stehrer, Robert, Julia Woerz, "Industrial Diversity, Trade Patterns, and Productivity Convergence", *Review of Development Economics*, Vol. 13, No. 2, 2009, pp. 356 – 372.

④ 杨继军、范从来：《刘易斯拐点、比较优势蝶化与中国外贸发展方式的选择》，《经济学家》2012 年第 2 期，第 22 ~ 29 页。

⑤ Stehrer, Robert, Julia Maria Woerz, "Technological Convergence and Trade Patterns", *Review of World Economics*, Vol. 139, No. 2, 2003, pp. 191 – 219.

非常可能改进这个国家贸易业绩的。[①] 糟屋和冈田（Kasuya and Okada，2007）建立了一个部门贸易方式依赖于所有部门共同技术和每个部门特定技术两者的模型，共同技术水平的变化通过其影响跨期优化行为影响部门贸易方式，部门特定技术水平变化通过影响比较优势影响部门贸易方式，共同技术水平的意外增加恶化了部门贸易平衡，共同技术水平的预期增加改善了部门贸易平衡；给定其他国家部门技术水平，一个部门特定技术水平相对于其他部门的增加通过其运行的比较优势促进了部门贸易平衡。[②] 这些文献论证了发展中国家与发达国家之间技术缺口的缩减或收敛动态，体现为贸易发展方式的转变。

4. 利用外资和对外直接投资因素

邵望予（2006）、钟山（2010）、姚铃（2010）、张燕生（2010）认为要提高利用外资质量，鼓励有条件的企业“走出去”，转变外贸增长方式。[③④⑤] 徐强（2005）提出以“走出去”促进我国外贸增长方式转变。[⑥] 宋光辉、肖万（2006）认为，把外贸与跨国经营结合起来，鼓动广东企业积极“走出去”实施跨国经营，参与国际市场的全面竞争，以此带动外贸增长，寻找广东外贸增长方式的思路。[⑦] 张燕生（2011）也提出，实施“走出去”战略，加快转变外贸增长方式。[⑧]

---

① Wolff, Edward N., "Technological Change, Capital Accumulation, and Changing Trade Patterns over the Long Term", *Structural Change and Economic Dynamics*, Volume 6, Issue 1, March 1995, Pages 43 - 70.

② Munehisa Kasuya, Toshihiro Okada, "The Effects of Technology Changes on Sectoral Trade Patterns", *Review of International Economics*, Vol. 15, No. 1, 2007, pp. 112 - 125.

③ 邵望予：《试论中国外贸增长方式的转变》，《国际经贸探索》2006 年第 5 期，第 4 ~ 8 页。

④ 张燕生：《后危机时代：中国转变外贸增长方式最重要》，《国际贸易研究》2010 年第 5 期。

⑤ 钟山：《坚定不移地加快外贸发展方式转变》，《求是》2010 年第 16 期。

⑥ 徐强：《恰当的推进策略——以“走出去”促进我国外贸增长方式转变》，《国际贸易》2005 年第 4 期，第 9 ~ 12 页。

⑦ 宋光辉、肖万：《促进企业跨国经营带动广东外贸增长》，《特区经济》2006 年 5 月，第 25 ~ 27 页。

⑧ 张燕生：《实施“走出去”战略，加快转变外贸增长方式》，《国际贸易》2011 年第 4 期，第 4 ~ 12 页。

（三）外贸环节因素与途径

外贸产业资本与劳动等要素素质提升、外贸产业规模经济与范围经济效果、外贸产业技术能力与组织化水平、外贸结构调整、外贸管理体制、外贸制度与外贸战略、外贸政策措施、外贸融资等外贸服务支持体系、外贸（口岸、港口、海运、海关现代化）相关基础设施等因素都会影响外贸发展方式的转变及其转变效果，影响贸易条件改善和外贸利益，影响外贸竞争力和非价格竞争优势，从而影响外贸质量效益的提升。

1. 外贸制度与外贸战略、外贸管理体制、外贸政策措施因素

贸易开放和贸易保护一直是西方学界长期争论不休的两种对立贸易制度。重商主义思潮一直体现在后世经济学家思想之中，在实践中表现为形形色色的保护关税政策、超保护贸易政策、战略性贸易政策、非关税壁垒措施等。外贸是发展中国家经济转型的重要手段，它会促进生产专业化和提高生产力。德丝等人（Dessy，Mbiekop，Pallage，2010）以一个动态均衡模型展示，贸易开放实际上能引发农业社会结构转型，引致对人力资本累积的高度依赖，为经济带来必要的生产力进步。[①] 李普森（Lipson，1982）认为，制度可被作为解释的结果和影响国际交易的干预体制来分析，现代贸易的关税削减、新非关税法规的发展以及重要习惯、规则和制度的坚持等持久特征表明：制度保持的逻辑不同于制度开创，在制度较强的产业里制度刺激同类产品的双向产业内贸易，制度较弱的产业里新的非关税壁垒减少，贸易也增长。[②]

中国改革和完善外贸管理体制是转变外贸发展方式的重要方

① Dessy，Sylvain，Mbiekop，Flaubert；Pallage，Stéphane，"On the Mechanics of Trade-induced Structural Transformation"，*Journal of Macroeconomics*，Volume 32，Issue 1，March 2010，pp. 251 – 264.

② Lipson，Charles，"The Transformation of Trade：the Sources and Effects of Regime Change"，*International Organization*，Volume 36，Issue 2，1982，pp. 417 – 455.

面。自改革开放以来，中国一直自觉地推动外贸发展方式转型，通过外贸管理方式改革、对外开放外商投资和更大的贸易领域，推动科技兴贸，积聚新的综合竞争优势。外贸管理体制改革促进外贸管理体制转型和政策转型，促进外贸开放和生产力发展。李雨时（1996）把转变外贸发展方式的影响因素主要归结为体制和生产经营两个方面，认为一方面直接的行政干预在进出口贸易管理中起着相当大的作用，地方政府大量沿用指令性计划经济体制管理外贸；另一方面生产领域的劳动生产率低下。[①] 刘新民（2006）主张推进体制改革实现外贸发展方式转变。范爱军等（2009）把贸易制度与战略看作增长方式转变的前提与保障。朱庆华等（2011）在其著作中分析了制约外贸增长方式转变的五个方面因素：粗放的经济增长方式、创新动力不足、外贸管理体制、国际分工地位的制约、贸易保护主义。[②] 季开胜（2011）认为当前加快外贸发展方式转变有五个制约因素：外贸体制、政策，出口商品结构不合理，效益低下，服务贸易处于比较劣势地位，服务贸易逆差逐年扩大。[③] 他们都意识到外贸制度、体制和政策创新在外贸发展方式转变中所居于的重要地位。

2. 外贸结构调整因素

外贸结构调整是影响外贸发展方式转变的重要因素和途径。国内学者们对此认识比较类似和接近。多数学者主张优化进出口结构，支持具有自主品牌和高附加值的产品出口，控制高能耗、高污染和资源性产品出口；调整进口结构，积极扩大进口，提高进口质量，增加能源、原材料以及先进技术设备、关键零部件进口，努力促进贸易平衡；推动加工贸易转型升级措施，实现外贸增长方式转变（刘新民，2006；裴长洪、林江，2006；陈文玲，2007；钟山，

---

① 李雨时：《转变中国对外贸易方式》，《国际贸易》1996 年第 4 期，第 13 ~ 15 页。

② 朱庆华等：《加快转变山东省外贸增长方式研究》，经济科学出版社，2011。

③ 季开胜：《当前外贸发展方式转变的制约因素及促进对策》，《当代经济》2011 年第 7 期。

2010；姚铃，2010）。[①②③④] 钟山（2010）和张国庆（2011）均提出要不断优化外贸的商品结构、市场结构、主体结构和方式结构。[⑤] 李未无（2010）对我国外贸结构调整效果的实证研究发现：从总体上看，2005年以来中国对日本出口增长源自旧产品种类的贡献在不断减少，而来自新产品种类的贡献在加速增长，外贸调控政策产生了明显的效果；从细分部门看，外贸调控政策对机电类等高技术部门出口产品转型升级具有明显效果，对于动物类等初级产品效果较差，对于劳动密集型、资源型和耗能型产品产生了一定的效果，但是影响力度不够大，政策作用随时间衰减较快。[⑥]

在外贸结构调整中要努力扩大服务贸易，大力发展国际服务外包（陈文玲，2007；邵望予，2006；李虹，2010；姚铃，2010；黄建忠、张明志，2011；冀东新，2011）；[⑦⑧] 特别要大力发展技术贸易，重视引进先进技术，积极促进技术和高新技术产品的出口，强调技术出口在转变外贸发展方式中的关键途径（胡景岩，2007；李虹，2010；彭金荣、胡燕霞，2011）。[⑨⑩⑪⑫]

① 刘新民：《四大措施实现外贸增长方式转变》，《中国经济周刊》2006年2月26日。

② 裴长洪、林江：《经济全球化背景下国际贸易的新发展》，《求是》2006年第9期，第59～61页。

③ 陈文玲：《中国如何转变外贸增长方式》，《人民日报（海外版）》2007年3月13日。

④ 姚铃：《从国际贸易格局变化看加快外贸增长方式的转变》，《国际经济合作》2010年第3期，第24～29页。

⑤ 张国庆：《进一步提高对外开放水平》，《国际贸易》2011年第3期，第4～9页。

⑥ 李未无：《中国外贸政策调整效果研究——基于2005～2008年对日出口产品种类变动的视角》，《财贸经济》2010年第3期，第79～84页。

⑦ 黄建忠、张明志：《后危机时代福建外经贸的转型与发展》，《中共福建省委党校学报》2011年第1期，第12～15页。

⑧ 冀东新：《加快转变外贸发展方式努力提高外贸发展的质量和效益——2011年外贸形势展望》，《中国经贸导刊》2011年第1期，第56～59页。

⑨ 李虹：《后危机时代发展我国技术出口的思考》，《财经问题研究》2010年第12期，第119～123页。

⑩ 胡景岩：《提高技术引进水平，转变外贸增长方式》，《国际贸易》2007年第2期，第22～28页。

⑪ 彭金荣、胡燕霞：《“入世”十年中国外贸“井喷式”增长的新挑战及应对》，《亚太经济》2011年第6期，第126～129页。

⑫ 胡景岩：《提高技术引进水平，转变外贸增长方式》，《国际贸易》2007年第2期，第22～28页。

3. 外贸产业技术能力与组织化水平以及外贸融资等外贸服务支持体系因素

除了外贸管理体制、政策以及外贸结构调整之外，外贸产业要素升级、外贸产业技术能力、外贸产业组织体系发展、外贸产业规模经济、外贸产业融资等服务体系、外贸产业相关基础设施等都会从不同侧面影响外贸发展方式转变的效果。研究如何发展贸易，从而获得更大贸易所得、贸易效益和贸易福利问题，也是国际贸易理论研究的重要议题。

夏先良（2013）分析了中国国际贸易产业组织体系的结构，认识到我国外贸面临着过于依赖外国中间商渠道而缺乏自主贸易渠道和网络的问题，渠道劫持问题严峻；建立了我国自主国际贸易产业组织体系发展的理论基础，实证发现缩小体制和文化距离促进中间商渠道发展，治理文化相近的渠道成员整合相容度高，制造商让步更大利益才能使外国中间商保持渠道忠诚和可持续，建立自主的一体化内部贸易渠道利益最大；主张我国需要转变外贸发展方式，构建一个面向全球化的、自主的国际贸易产业组织体系，特别是要构建自主的、一体化的内部贸易渠道和网络体系。[①]

以前实证文献显示，金融约束减少出口的机会，金融约束是国际贸易方式的一个重要决定因素。陈卫华（2011）认为，南通转变外贸发展方式的制约因素有外贸企业资金短缺、贸易融资难度大。[②]高克塞（Goksel，2012）建立了一个具有金融约束和非相似偏好的基于新贸易理论的国际贸易模型，研究发现金融约束起贸易障碍作用，最大的贸易是在具有能接触贷款的较健康金融体系国家之间，金融约束能引起单向或者零贸易。[③]

① 夏先良：《论国际贸易产业组织体系发展：聚焦国际贸易渠道和网络建设》，《财贸经济》2013 年第 11 期。

② 陈卫华：《加快转变南通外贸发展方式的思考及对策》，《经济研究导刊》2011 年第 35 期。

③ Goksel，Turkmen，“Financial Constraints and International Trade Patterns”，*Economic Modelling*，Vol. 29，Issues 6，2012，pp. 2222 – 2225.

（四）改变消费与市场需求结构因素与途径

外贸利益不仅受各国生产、贸易因素影响，而且受国际市场需求和消费结构变化因素的影响。消费需求不仅有特征、品种偏好，而且有需求分层和需求结构差别。约翰·穆勒（John Stuart Mill，1848）提出相互需求理论，认为在两国互惠贸易范围内贸易条件、贸易利益是由两国相互需求对方产品的强度决定的，对对方产品需求强度变化就会引起贸易条件变化，直至双方需求总量相等，贸易达到均衡。[①] 阿尔弗里德·马歇尔（Alfred Marshall，1890）与穆勒侧重需求对贸易的决定作用不同，强调供求因素对贸易利益的影响，揭示国际相互需求之间的供求关系。[②] 林德（Linder，1961）认为，厂商在按照国内市场需求选择其生产模式并且已经发生固定成本之后，才去开拓国际市场和进行国际贸易，人均收入与需求产品质量直接正相关，国际需求的相似性创造类似的差异化产品的贸易，两国消费需求水平越相似，双边贸易越繁荣。[③] 艾腾和克斯考斯基（Eaton and Kierzkowsky，1984）分析一个国家同时生产供应同质产品和水平差异化产品两类需求分层产品的贸易模型，发现开放贸易后消费更多品种商品的需求推动产业内贸易，各国短期和长期生产福利效果部分地取决于贸易前后各国所具有的厂商数量。[④]

当前多边贸易体制面临许多挑战，国际经济秩序处于新旧更替之际，国际治理体系改革步履维艰，世界市场被分隔成壁垒或准入条件各有差异的不同区域板块，全球市场分割和贸易体系分化已成事实。世界经济发展不确定性、风险性时刻存在。一些国家为摆脱国际金融危机以及国内长期经济低迷的影响，实行贸易投资保护主

---

① Mill，John Stuart，The Principles of Political Economy with Some of Their Applications to Social Philosophy. C. C. Little & J. Brown，1848.

② Marshall，Alfred（1890），*The Principles of Economics.* 8th ed. London：Macmillan，1920.

③ Linder，S. B.，*An Essay on Trade and Transformation.* New York：Wiley，1961.

④ Eaton，J. and Kierzkowski，H.，"Ologopolistic Competition，Product Variety，and International Trade"，In Kierzkowski，H.（ed.），*Monopolistic Competition and International Trade*，Oxford：University Press，1984，pp. 156 – 172.

义政策和过度量化宽松金融政策扰乱国际经济金融秩序，给世界经济稳定恢复增添不确定因素，特别影响了消费信心和投资信心恢复，从而影响世界贸易增长动力。我国学者对于世界市场结构、消费需求结构影响外贸发展方式变化具有基本类似的看法。邵望予（2006）、李薇（2008）均提出推进市场多元化，开展双边、多边贸易合作以便促进外贸发展方式转变。[①][②] 范爱军等（2009）把市场与需求看作竞争及创新的动力，认为它们是影响外贸增长方式转变的四个方面基本因素之一。钟山（2010）也提出了优化市场结构，巩固传统市场，开拓新兴市场，培育周边市场，实现外贸发展方式转变。

三　外贸发展方式转变的目标与政策措施

外贸发展方式转变的目标与政策措施文献都是国内的。国外没有直接研究外贸发展方式转变目标与政策措施方面的文献。

（一）外贸发展方式转变的目标

外贸发展方式转变目标的文献都来自国内。外贸发展方式转变的目标多元多样，既要提高外贸效益，改善外贸环境，又要提高外贸发展水平，提高外贸国际地位。这些多元目标都有不同程度的关联性。归纳一下，大体有如下五种外贸增长方式转变目标。

1. 提高外贸质量效益

我国外贸增长方式要从单纯依靠数量扩张转向规模、质量与效益同步增长（夏申，1996；霍建国，2006）。[③] 这是多数学者认同的外贸发展方式转变的目标。这个目标就是外贸不走过去价格竞争的老路，不陷入“贫困化增长”的陷阱。金泽虎（2006）就是从另一

---

① 李薇：《我国外贸增长方式转变研究》，《江苏商论》2008 年第 2 期，第 85 ~ 87 页。

② 邵望予：《试论中国外贸增长方式的转变》，《国际经贸探索》2006 年第 5 期，第 4 ~ 8 页。

③ 霍建国：《外贸增长方式的转变路径》，《中国对外贸易》2006 年第 3 期。

个侧面强调外贸走质量效益型发展方式的代表，他认为，我国外贸增长方式转变的目标是实现从“价格接受者”到“价格制定者”的角色转变，以合法正当的手段，绕开甚至最终填平“贫困化增长”陷阱。[①] 魏金山（2010）认为，转变外贸发展方式的目的是促进外贸从要素投入外生驱动向要素最优整合配置内生驱动转型，从机械抢占国际市场向自觉、自然占有国际市场份额转型。[②] 何传添（2010）研究发现广东等沿海地区的外贸发展存在以数量增长为导向、贸易结构失衡、商品贸易的质量较低、服务贸易所占比重低且集中在传统领域及出口市场结构失衡等局限性，指出中国沿海地区面临外贸发展方式转变的目标是提高对外贸易的质量、效率和竞争力。[③]

2. 优化出口产品结构，增强国际竞争力

本质上，优化和改善出口贸易结构与提高贸易质量的目标是一致的，只是目标的两个不同的侧面。一部分学者把外贸增长方式转变的目标指向实现出口产品结构优化（夏申，1996；江小涓，2006；简新华、张皓，2007）。[④⑤⑥] 裴长洪（2005）认为我国转变外贸增长方式的目标是既要保持我国中低端产品和生产环节的国际竞争力，保持出口贸易的数量增长，又要提高和实现中高端产品和生产环节的国际竞争力，达到改善贸易结构、提高贸易质量的目的。[⑦]

3. 提高外贸国际地位

隆国强（2007）认为我国转变外贸增长方式的主要目标是提升

① 金泽虎：《中国外贸产业层面的“贫困化增长”及其矫正》，《经济理论与经济管理》2006 年第 11 期，第 12 ~ 17 页。

② 魏金山：《东亚经济一体化与福建外贸发展方式转变》，《亚太经济》2010 年第 5 期，第 93 ~ 96 页。

③ 何传添：《广东外贸发展转型如何可能——广东与新加坡外贸发展竞争力比较研究》，《学术研究》2010 年第 6 期，第 81 ~ 89 页。

④ 夏申：《外贸第二次创业：质量、效益、结构调整——外贸增长方式转变的若干理论思考》，《国际贸易》1996 年第 10 期，第 27 ~ 29 页。

⑤ 江小涓：《十一五：中国外贸增长方式将现“拐点性”变化》，新华网。

⑥ 简新华、张皓：《论中国外贸增长方式的转变》，《中国工业经济》2007 年第 8 期，第 32 ~ 40 页。

⑦ 裴长洪：《外贸增长方式的转变与政策思路》，《改革》2005 年第 1 期。

在全球产业价值链中的地位。[①] 李健（2009）强调外贸发展方式的转变是由大国向强国的转变。[②] 张钱江（2008）认为，转变外贸发展方式的目的是培育本土跨国公司与国际知名品牌。张钱江在这里有点混淆目标与手段。

4. 增加就业

赵英奎（2008）把增加就业看作转变外贸发展方式的目标之一，认为在加快转变外贸发展方式过程中，必须坚持效益与就业并重的方针，抓住国际分工和经济全球化深入发展的机遇，将劳动力数量优势转化为产业的国际竞争优势；在外贸领域走出一条类似于新型工业化那样的道路：既转变外贸发展方式，提高外贸的质量与效益，又发挥我国人力资源丰富的优势，实现劳动者比较充分就业的两全其美的目标。[③] 他提出要大力发展劳动密集型出口加工业，大力发展外贸中小企业，大力承接全球服务外包，同时提高工人工资、福利。李健（2009）也认为外贸发展方式应当适应推动广大人民就业、收入、消费水平和生活质量的不断提高的要求。

5. 消除和缓解贸易摩擦

白云、许冀艺（2011）认为我国转变外贸发展方式的重要目的之一是消除和缓解贸易摩擦，应对贸易保护主义形势。[④]

以上各位学者的见解可能各有侧重，或有偏颇。我国外贸发展方式的主要目标就是从贸易大国转变为贸易强国，从目前粗放的规模扩张转变到追求效益、竞争力的提高和价值分配控制权的增强上来。货物贸易从主要出口低附加值、低技术含量、高耗能高污染的初级资源性产品，转到高附加值、高技术含量、低成本代价的先进制造业和高科技产业以及先进服务业上来。传统产业和加工贸易得到转型升级，有更多自主知识产权和品牌的出口比重提高。

---

① 隆国强：《外贸增长方式转变从何着手》，《人民日报（海外版）》2007 年 1 月 24 日。

② 李健：《金融危机下中国外贸发展的中长期思考》，《国际贸易》2009 年第 1 期，第 15～18 页。

③ 赵英奎：《对转变外贸发展方式与扩大就业相结合问题的思考》，《理论学刊》2008 年第 3 期，第 39～42 页。

④ 白云、许冀艺：《外贸发展方式与贸易摩擦的形成及改善措施》，《河北学刊》2011 年第 6 期，第 205～207 页。

（二）外贸发展方式转变的政策措施

加快转变外贸发展方式的政策措施涉及面广。学术界提出的措施各有侧重，仁者见仁。归纳起来，外贸发展方式转变的政策措施主要包括以下几个方面。

1. 完善外贸政策措施

在贸易政策上，调整优化出口商品结构，提升外贸质量效益，进一步提高劳动密集型和资源密集型出口商品的技术含量和加工深度，严格检验检疫，提升出口产品质量和食品安全，扩大自主知识产权、自有品牌、高新技术产品出口，严格控制高耗能、高排放和资源性产品出口；完善进口政策体系，促进外贸平衡发展，继续鼓励有利于我国技术进步、产业升级和环境保护的先进技术、关键设备及零部件进口，进一步推动消费品市场开放；深入推进市场多元化，推进多双边和自贸区谈判；进一步减少行政审批事项，强化政府公共服务功能，营造各类经营主体发挥所长的制度环境，培育更多有较强核心竞争力的中国本土跨国公司；进一步完善促进加工贸易转型升级的政策措施；加大产业区域转移政策扶持力度，提高贸易便利化水平，优化中西部外贸发展环境；继续实施科技兴贸战略，培育各类型外贸转型升级示范基地，支持基地内产业上下游配套、研发创新能力建设和品牌建设，建立完整的价值链、产业链和贸易链，完善技术引进与创新的各项制度，加快建设企业技术引进和创新促进体系，综合运用经济手段鼓励技术引进和创新，形成强大的自主创新和产业积聚能力，积极支持具有知识产权、品牌、营销渠道和良好市场前景的战略性新兴产业开拓国际市场；打造一批有较强影响力的境内外国际经贸展会，形成全球布局合理、重点突出、专业门类齐全、具有品牌效应的重点经贸网络，培育一批技术强、服务优、信誉好的外贸电子商务平台，提高企业利用电子商务开展对外贸易的能力；鼓励产能过剩产业加快“走出去”步伐，转移过剩产能，拓宽国际经济合作途径，推进境外经贸合作区建设，提升对外承包工程水平，带动中国技术标准和相关产品“走出去”；完善对外贸易预警体系建设，积极应对国际贸易摩擦（胡景岩，2007；钟山，2010；陈卫华，2011；王受文，2012）。[①]

2. 完善与外贸有关的宏观政策措施

林发彬（2006）提出利用出口退税及配套政策措施促进我国外贸增长方式转变的思路。[②] 钟山（2010）提出在财税政策上，稳定财政对外贸的支持力度，重点支持外贸结构调整和转型升级；保持出口退税政策的连续性和稳定性；进一步优化关税结构，发挥关税的宏观调控作用。在货币政策上，保持人民币汇率基本稳定；扩大跨境贸易人民币结算试点地区和规模，积极开展海外人民币业务，稳步推进人民币区域化、国际化进程。在金融政策上，完善金融政策，支持外贸发展；扩大出口信用保险规模，提高出口信用保险覆盖率，降低保费费率水平，扩大对风险国别和市场的承保范围。

3. 采取循环经济的新发展模式

实现循环经济的发展模式是我国的必然选择，要以循环经济理念转变外贸增长方式；完善限制国内紧缺资源及高耗能产品出口的政策，积极引进、消化和吸收国外先进的循环经济技术、提高循环经济技术支撑能力和创新能力的政策；借鉴国外循环经济的法律法规，建立和健全我国对外贸易中有关循环经济的法律法规；重视对外贸易中的标准化工作，制定和完善促进循环经济的标准体系；制定我国对外贸易贯彻循环经济理念的实施纲要（施用海，2006）。[③]

四 简要评论和未来研究方向

当前一些国内文献虽然对策性、实用性较强，但是研究论点分散、不集中，论证深度不够，学术性、理论性不足。我国一些研究

① 王受文：《转变外贸发展方式，推动对外贸易稳定平衡发展》，《国际贸易》2012年第1期，第4～7页。

② 林发彬：《出口退税政策对我国外贸增长方式转变的影响效应及建议》，《亚太经济》2006年第5期，第46～49页。

③ 施用海：《循环经济：实现外贸增长方式转变的战略选择》，《国际经贸探索》2006年第22卷第1期，第8～10页。

外贸发展方式转变的文献多是工作经验总结，类似工作报告，虽然操作性、对策性强，但是学术深度不够。

外贸发展方式转变是一项长期的、重大的、复杂的战略工程，各国都在追求外贸发展方式的转变，以适应新的发展需要。过去我国几代学者不懈努力试图探索我国特色的外贸发展道路，取得了大量的成果，增进了我们对转变外贸发展方式的理解，加深了认识，丰富了我国外贸发展的理论体系，它必将随着我国外贸从大国到强国发展的每个新阶段、新形势和新问题而不断深入研究和日益完善。未来我国外贸理论研究需要继续深化，更加深刻揭示外贸发展的规律和趋势，促进我国外贸发展方式随着新形势不断转变。

未来外贸发展方式转变研究仍然应该突出引起转变的因素和转变途径的重点，国际产业分工、技术创新、市场化改革、组织优化、消费结构变动等都有许多议题值得深入细致探索，外贸产业相关的技术创新、组织建设、品牌声誉培养等方面发展尤其需要深入研究。研究方法要侧重调研数据实证分析方法、典型案例分析法、模拟或实验研究法等。

加快改革开放步伐是转变开放经济发展方式的关键性基础工程。中国仍是一个市场经济不够发达和不够开放的国家，加快改革开放步伐直接影响开放经济发展方式转变，因此中国仍需继续加快新一轮改革开放步伐。

贸易技术创新是技术创新的重要组成部分，是促进外贸发展方式转变的重要途径之一。贸易技术创新丰富了技术创新的内涵，扩大了技术创新范围。随着竞争加剧和新技术的涌现，国际贸易日益成为一项技术成分很高的经济活动环节。贸易技术创新对于国家经济、科技、信息安全同样具有重要意义。长期以来贸易技术创新没有受到重视，创新开支根本无法与工业技术创新开支规模相比，导致贸易技术创新进展非常缓慢，理论方面研究和突破较少。贸易技术创新与工业技术研发创新同等重要。创新必须体现在工业技术和贸易技术两个方面，两者都是推动生产力、财富和经济发展成长的重要动力来源。贸易技术创新同样可以带来企业间市场垄断竞争结构和国际竞争优势。不可复制的贸易技术创新的商业化应用将产生领先优势，形成不利于竞争者进入市场的不相容技术障碍。因此，国际市场竞争力不仅来自生产领域的各种优势和技术创新，而且来自贸易领域里的各种优势与技术创新。贸易技术创新促进贸易自动化、信息化和现代化，体现贸易发展大方向、大趋势。当前，国际贸易技术创新是转变外贸发展方式的重要手段之一，事关外贸发展方式的转变。没有国际贸易技术持续深刻的创新，单靠生产技术创新，难以推动外贸发展方式持续深刻的转变。中国制造业产品出口价格竞争力因劳动力和原材料价格上涨日益削弱，这种成本上涨是经济发展的必然结果，不可遏制，也不应阻止，但是要维持昔日强劲的竞争力，中国企业必须转变经济及外贸发展方式，促进外经贸转型升级，从生产和贸易两个环节加强技术与管理创新，以技术和管理创新增强市场竞争力。中国出口价格竞争力不仅来自劳动力与原材料低成本，而且来自生产规模经济、大市场和优质交通及出口设施条件，并非其他国家短期内能够替代的。更重要的是我国外贸发展方式不能再走过去大规模低价竞争的老路，需要依靠技术进步和加强管理提高外贸发展质量和效益。如果说经济发展方式转变的关键手段是依靠科技进步和提高管理水平，以创新驱动经济发展，那么作为经济发展的一个重要方面的外贸发展方式转变的关键仍是外贸技术创新、管理创新和制度创新，提高单位贸易量、单位贸易成本和单位贸易投资额的收益，创造更高的外贸价值和外贸效益。所以，加强贸易技术创新是转变外贸发展方式的重要途径，具有重要的现实经济意义。

国际贸易产业组织体系体现为从事国际贸易的企业之间关系及其构成的渠道与网络生态关系。国际贸易渠道和网络是贸易的基础设施和组织保障，它们的治理主权结构及能力已经成为一国国际贸易发展的重要影响因素。一国自主的国际贸易渠道和网络化组织建设对于一个国家国际贸易产业组织建设及其能力发展、外贸发展方式转变以及参与全球竞争具有极其重要的意义。对外贸易组织及能力建设是转变外贸发展方式的重要方面。完善国际贸易产业组织体系是促进外贸发展方式战略转变的关键手段。我国外贸发展方式转型升级必须要从专注于制造业扩展到研发设计、贸易及服务环节的全产业链。我国提高外贸产业竞争力和外贸效益，转变外贸发展方式，必须从加强国际贸易产业组织体系发展入手，激励有实力的企业“走出去”，扩大海外贸易公司投资，实现跨国公司化经营，加强自主国际贸易渠道和网络建设，提高国际贸易渠道整合力量和渠道控制力。我国企业要加快“走出去”步伐，着力跨国公司网络组织建设，构造自主的、一体化的、全球分布的贸易渠道和网络，同时鼓励我国自主的非一体化贸易渠道和网络发展，专业外贸公司也应向实业化、跨国化经营转变，优化整合产业链，做大做强自主国际贸易产业，提高渠道组织化水平和渠道控制力，提高一体化渠道比重。当然，尽管主张打造自主国际贸易渠道和网络，但仍应鼓励利用国内外高效、安全、稳定的贸易渠道。

国际贸易产业成功转型升级和发展强大对促进经济及外贸发展方式战略转变具有重大意义。国际贸易产业转型升级是外贸发展方式战略转变的途径之一。只有国际贸易产业成功转型升级，发展强大，才能实现外贸发展方式的战略转变，才可以避免过去粗放的、“贫困化”的增长方式导致增长利益流入发达国家，从而不致使我国未来长期陷入“中等收入增长陷阱”之中。我国应将国际贸易产业提高到国家战略产业高度，加快国际贸易产业转型升级，促进外贸发展方式战略转变。我国要鼓励有实力的企业加速目标海外市场的销售和销售网络建设步伐，发展自主的全球销售渠道；每个行业培育出两三家大型专业外贸公司，涌现出一大批世界知名的大型跨国贸易公司，培育一大批享誉世界的品牌；加大对国际贸易产业相关服务业的扶持，加大贸易融资支持力度；加强国际贸易产业中介组织以及制度建设。

世界各国市场需求多样性和层次化是事实。每个国家市场上的消费需求都是多元的。他们的消费偏好可能是质量稳定、时尚外观、完备功能、物美价廉等，千差万别，不一而足。消费者对品种多样化选择是一种权利。消费偏好应受到尊重和得到满足。企业供给可以引导目标消费群偏好形成与变化的过程。消费者的需求偏好足够多，可以让大量企业开展竞争并以最优质量和价格的产品满足他们。从过去到现在，我国多数出口商进入外国市场都被动地跟着消费风尚走，做标准化的产品满足大众化需求，做不到满足多样化、多层次的消费需求偏好，产品价值评价受大众消费潮流风向影响，出口供应商对产品价值评价没有主导权。我国绝大多数企业都是采取这种追随战略和模仿战略。然而，现在成功的跨国公司都在采取引导消费潮流进行战略营销。影响消费偏好对于外贸出口增长和市场供给结构合理配置，以及有效转变外贸发展方式至关重要。出口供应商要转变市场营销思路，转变外贸出口发展方式，设计新的营销策略，主动干预和引导消费时尚、消费模式和消费文化，积极引导和干预消费者选择和效用评价行为，优化出口结构，满足市场多元化、多层次需求，开发出适合不同消费偏好、消费层次、消费口味的新产品，既有高端奢侈品、享乐消费品，也有大众化、标准化的功利性消费品，还有低收入人群需要的物美价廉商品，增强出口竞争力和目标针对性。外贸出口市场多元化战略不仅体现在地理和国别分布广度上，而且要体现在每个市场的多种消费群及其消费层次的分布结构上，改变以前主要靠数量、低价竞争扩张的传统贸易发展方式，积极通过满足外国高端消费需求提升外贸效益。中国出口商要学习模仿外国跨国公司的成功经验，加快外贸发展方式转变步伐，做世界消费潮流的引擎。外贸工作不仅要适应需求变化，及时调整供给结构满足新需求、新变化，还要在营销上引导消费潮流向合理方向发展，不仅要以国际市场消费动向被动地调整研发和出口产品结构，而且要主动以新技术、新时尚、新潮流引领世界消费走势，走质量、效益型外贸发展道路。所以，出口商迎合消费趋势，引导消费潮流，满足消费需要，赢得消费者忠诚，是促进外贸发展方式转变的重要方面。引领世界消费时尚潮流需要在世界主要时尚之都和当地市场建立营销机构，特别是跨国公司地区总部，发挥产品设计、研发、生产工艺、营销战略和服务的消费时尚领导作用。企业“走出去”或全球经营的战略选择是必要前提。未来我国有实力的企业要打破外国市场准入限制，在全球范围内建立合理的营销渠道和贸易网络，采取领先战略，做创新型、开拓型和引领型企业。我国企业要调整投资和生产结构，引领消费走向，转变外贸发展方式。我国产业结构、产品结构调整要建立在对国内、国际市场需求动向调研分析和科学判断之上，努力使我国产业结构、产品结构调整到更加适应消费需求上来，适当发展国内高档消费品和奢侈品产业，减少对外国进口的依赖，增加对国内市场供给，同时加强国际营销，占领一定的国际高端消费市场份额，而且要预先准确判断消费动向，加强消费引领，变被动为主动地满足国内外市场需要，降低营销成本，提高经济效益，转变经济及外贸发展方式。

中国是一个地域辽阔、人口众多、城乡与地区发展不平衡的大国。各地区对外经济结构和外向程度存在明显差别，对待外贸发展方式的转变内涵、意义、途径与内容都有不同程度的差别，各有转型升级的特征和规律可循。各地区应结合本地区实际情况，具体分析相应适宜的对策，探索转型的新途径、新方式、新思路。国家在推动经济及外贸发展方式转变上不能不分地区差异地“一刀切”。地区间外贸发展方式转变要因地制宜，区别对待。

参考文献

［1］白云、许冀艺：《外贸发展方式与贸易摩擦的形成及改善措施》，《河北学刊》2011 年第 6 期。

［2］陈文玲：《中国如何转变外贸增长方式》，《人民日报（海外版）》2007 年 3 月 13 日。

［3］陈卫华：《加快转变南通外贸发展方式的思考及对策》，《经济研究导刊》2011 年第 35 期。

［4］戴翔：《服务贸易出口技术复杂度与经济增长——基于跨国面板数据的实证分析》，《南开经济研究》2011 年第 3 期。

［5］范爱军等：《转变外贸增长方式研究：山东省例证》，经济科学出版社，2009。

[6] 高虎城:《我国出口增长方式转变的关键在于创新和发展》,新华网,http://news.xinhuanet.com/fortune/2005－11/20/content_3808042.htm。

[7] 何传添:《广东外贸发展转型如何可能——广东与新加坡外贸发展竞争力比较研究》,《学术研究》2010年第6期。

[8] 洪必纲、朱建华:《基于低碳经济理念的我国外贸增长方式的转变》,《中国商贸》2010年第12期。

[9] 黄建忠、张明志:《后危机时代福建外经贸的转型与发展》,《中共福建省委党校学报》2011年第1期。

[10] 胡景岩:《提高技术引进水平,转变外贸增长方式》,《国际贸易》2007年第2期。

[11] 霍建国:《外贸增长方式的转变路径》,《中国对外贸易》2006年第3期。

[12] 胡江辉:《科技创新推动我国贸易结构转型》,《经济问题探索》2009年第12期。

[13] 江小涓:《十一五:中国外贸增长方式将现"拐点性"变化》,新华网。

[14] 简新华、张皓:《论中国外贸增长方式的转变》,《中国工业经济》2007年第8期。

[15] 季开胜:《当前外贸发展方式转变的制约因素及促进对策》,《当代经济》2011年第7期。

[16] 冀东新:《加快转变外贸发展方式努力提高外贸发展的质量和效益——2011年外贸形势展望》,《中国经贸导刊》2011年第1期。

[17] 金泽虎:《中国外贸产业层面的"贫困化增长"及其矫正》,《经济理论与经济管理》2006年第11期。

[18] 李雨时:《转变中国对外贸易方式》,《国际贸易》1996年第4期。

[19] 李健:《金融危机下中国外贸发展的中长期思考》,《国际贸易》2009年第1期。

[20] 李薇:《我国外贸增长方式转变研究》,《江苏商论》2008年第2期。

[21] 李邦君:《外贸增长方式转变的现状及其根本转变的依据和突进》,《国际商务研究》1998年第4期。

[22] 李青:《转变外贸增长方式的经济学思考》,《学习与探索》2007年第2期。

[23] 李虹:《后危机时代发展我国技术出口的思考》,《财经问题研究》2010年第12期。

[24] 李未无:《中国外贸政策调整效果研究——基于2005~2008年对日出口产品种类变动的视角》,《财贸经济》2010年第3期。

[25] 林发彬:《出口退税政策对我国外贸增长方式转变的影响效应及建议》,《亚

太经济》2006 年第 5 期。

[26] 刘伟、黄桂田：《以经济增长方式的转变推动外贸增长方式的转变》，http：//finance. sina. com. cn/20060331/09142463398. shtml。

[27] 刘新民：《四大措施实现外贸增长方式转变》，《中国经济周刊》2006 年 2 月 26 日。

[28] 隆国强：《外贸增长方式转变从何着手》，《人民日报（海外版）》2007 年 1 月 24 日。

[29] 罗志松：《对转变我国外贸增长方式的几点思考》，《世界经济研究》2007 年第 2 期。

[30] 裴长洪：《外贸增长方式的转变与政策思路》，《改革》2005 年第 1 期。

[31] 裴长洪等：《后危机时代中国开放型经济研究：转变外贸发展方式与对外经贸合作新趋势》，社会科学文献出版社，2010。

[32] 裴长洪、林江：《经济全球化背景下国际贸易的新发展》，《求是》2006 年第 9 期。

[33] 裴长洪、彭磊、郑文：《转变外贸发展方式的经验与理论分析——中国应对国际金融危机冲击的一种总结》，《中国社会科学》2011 年第 1 期。

[34] 裴长洪、彭磊：《对外贸易依存度与现阶段我国贸易战略调整》，《财贸经济》2006 年第 4 期。

[35] 彭金荣、胡燕霞：《“入世”十年中国外贸“井喷式”增长的新挑战及应对》，《亚太经济》2011 年第 6 期。

[36] 全毅：《标准化战略与我国外贸增长方式转变》，《世界经济研究》2007 年第 6 期。

[37] 邵望予：《试论中国外贸增长方式的转变》，《国际经贸探索》2006 年第 5 期。

[38] 施用海：《循环经济：实现外贸增长方式转变的战略选择》，《国际经贸探索》2006 年第 22 卷第 1 期。

[39] 宋光辉、肖万：《促进企业跨国经营带动广东外贸增长》，《特区经济》2006 年 5 月。

[40] 王受文：《转变外贸发展方式，推动对外贸易稳定平衡发展》，《国际贸易》2012 年第 1 期。

[41] 王玉婧：《环境约束下转变我国外贸增长方式的机制与对策》，《当代财经》2010 年第 1 期。

[42] 汪素芹、周健：《技术创新对中国外贸发展方式转变影响的实证研究》，《财贸研究》2012 年第 6 期。

[43] 魏金山：《东亚经济一体化与福建外贸发展方式转变》，《亚太经济》2010 年第 5 期。

[44] 夏申：《外贸第二次创业：质量、效益、结构调整——外贸增长方式转变的若干理论思考》，《国际贸易》1996 年第 10 期。

[45] 夏先良：《加快改革开放步伐：转变开放经济发展方式的基石》，《国际贸易》2013 年第 3 期。

[46] 夏先良：《论国际贸易产业组织体系发展：聚焦国际贸易渠道和网络建设》，《财贸经济》2013 年第 11 期。

[47] 徐强：《恰当的推进策略——以“走出去”促进我国外贸增长方式转变》，《国际贸易》2005 年第 4 期。

[48] 杨继军、范从来：《刘易斯拐点、比较优势蝶化与中国外贸发展方式的选择》，《经济学家》2012 年第 2 期。

[49] 姚铃：《从国际贸易格局变化看加快外贸增长方式的转变》，《国际经济合作》2010 年第 3 期。

[50] 张国庆：《进一步提高对外开放水平》，《国际贸易》2011 年第 3 期。

[51] 张燕生：《后危机时代：中国转变外贸增长方式最重要》，《国际贸易研究》2010 年第 5 期。

[52] 张燕生：《实施“走出去”战略，加快转变外贸增长方式》，《国际贸易》2011 年第 4 期。

[53] 张钱江：《重构浙江外贸发展方式》，《国际贸易》2008 年第 2 期。

[54] 张少杰：《基于自主创新的中国外贸增长方式转变》，《生产力研究》2009 年第 9 期。

[55] 赵英奎：《对转变外贸发展方式与扩大就业相结合问题的思考》，《理论学刊》2008 年第 3 期。

[56] 钟山：《坚定不移地加快外贸发展方式转变》，《求是杂志》2010 年第 16 期。

[57] 朱庆华等：《加快转变山东省外贸增长方式研究》，经济科学出版社，2011。

[58] Amighini, Alessia, “China in the International Fragmentation of Production: Evidence from the ICT Industry”, *European Journal of Comparative Economics*, Vol. 2, No. 2, 2005, pp. 203 - 219.

[59] Athukorala, Prema-chandra, “Product Fragmentation and Trade Patterns in East Asia”, *Asian Economic Papers*, MIT Press, Vol. 4, No. 3, 2005, pp. 1 - 27.

[60] Bastos, Paulo; Manuel Caldeira Cabral, “The Dynamics of International Trade Patterns”, *Review of World Economics*, Vol. 143, No. 3, 2007, pp. 391 - 415.

[61] Cheng, Dazhong, “Product-destination Portfolio and Dynamics by Firm

Ownership and Trade Mode: Evidence from Chinese Industrial Exporters", *China & World Economy*, Vol. 20, Issue 5, 2012, pp. 21 - 36.

[62] Dessy, Sylvain; Mbiekop, Flaubert; Pallage, Stéphane. "On the Mechanics of Trade-induced Structural Transformation", *Journal of Macroeconomics*, Vol. 32, Issue 1, March 2010, pp 251 - 264.

[63] Eaton, J. and Kierzkowski, H., "Ologopolistic Competition, Product Variety, and International Trade", In Kierzkowski, H. (ed.), Monopolistic Competition and International Trade, Oxford: University Press, 1984, pp. 156 - 172.

[64] Fagerberg, Jan, "Structural Changes in International Trade-Who Gain, Who Lose?" Working Papers Archives 1987107, Centre for Technology, Innovation and Culture, University of Oslo, 1987.

[65] Falvey, R. E., "Commercial Policy and Intra-industry Trade", *Journal of International Economics*, Vol. 11, 1981, pp. 495 - 511.

[66] Flam, H. and Helpman, E. "Vertical Product Differentiation and North-South Trade", *American Economic Review*, Vol. 77, 1987, pp. 810 - 822.

[67] Ghibuţiu, Agnes, "The Changing Landscape of International Trade", *Romanian Economic and Business Review*, Vol. 8, No. 2, 2013, pp. 104 - 116.

[68] Goksel, Turkmen. "Financial Constraints and International Trade Patterns", *Economic Modelling*, Vol. 29, Issues 6, 2012, pp. 2222 - 2225.

[69] Gourdon, Julien, "Explaining Trade Flows: Traditional and New Determinants of Trade Patterns", *Journal of Economic Integration*, Vol. 24, 2009, pp. 53 - 86.

[70] Grossman, Gene, "Heterogeneous Workers and International Trade", *Review of World Economics*, Vol. 149, Issue2, 2013, pp. 211 - 245.

[71] Hecksher, E. F., "The Effect of Foreign Trade on the Distribution of Income", *Economisk Tidskrift*, 1919.

[72] Jota Ishikawa, "Trade Patterns and Gains from Trade with an Intermediate Good Produced under Increasing Returns to Scale", *Journal of International Economics*, Volume 32, Issues 1 - 2, February 1992, pp. 57 - 81.

[73] Lancaster, Kelvin, "Intra-industry Trade under Monopolistic Competition", *Journal of International Economics*, Vol. 10, 1980, pp. 151 - 175.

[74] Leontief, Wassily, "Domestic Production and Foreign Trade: The American Capital Position Re-examined", *Proceedings of the American Philosophical Society*, 97, September, 1953, pp. 332 - 349.

[75] Linder, S. B. *An Essay on Trade and Transformation.* New York: Wiley, 1961.

[76] Lipson, Charles, "The Transformation of Trade: the Sources and Effects of Regime Change", *International Organization*, Vol. 36, Issue 2, 1982, pp. 417 - 455.

[77] Lucas, R. E., "On the Mechanics of Economic Development", *Journal of Monetary Economics*, Vol. 22, 1988, pp. 3 - 42.

[78] Marshall, Alfred, *The Principles of Economics.* 8th ed. London: Macmillan, 1920.

[79] Mill, John Stuart. The *Principles of Political Economy with Some of Their Applications to Social Philosophy.* C. C. Little & J. Brown, 1848.

[80] Munehisa Kasuya; Toshihiro Okada. "The Effects of Technology Changes on Sectoral Trade Patterns", *Review of International Economics*, Vol. 15, No. 1, 2007, pp. 112 - 125.

[81] Ohlin, Bertil, *Interregional and International Trade*, Harvard University Press, 1967.

[82] Posner, M. V., "International Trade and Technical Change", *Oxford Economic Papers*, Vol. 13, 1961, pp. 323 - 341.

[83] Ricardo, David, "Principles of Political Economy and Taxation", Barnes & Noble Publishing, 2005.

[84] Romer, Paul M. "Growth Based on Increasing Returns Due to Specialization", *American Economic Review*, Vol. 77, 1987, pp. 56 - 62.

[85] Romer, Paul M., "Endogenous Technological Change", *Journal of Political Economy*, Vol. 98, 1990, pp. 71 - 102.

[86] Soete, Luc., "The Impact of Technological Innovation on International Trade Patterns: The Evidence Reconsidered", *Research Policy*, Vol. 16, Issues 2 - 4, August 1987, pp. 101 - 130.

[87] Spence, A. M., "Product Selection, Fixed Costs, and Monopolistic Competition", *Review of Economic Studies*, Vol. 43, No. 2, 1976, pp. 217 - 235.

[88] Stehrer, Robert; Julia Woerz, "Industrial Diversity, Trade Patterns, and Productivity Convergence", *Review of Development Economics*, Vol. 13, No. 2, 2009, pp. 356 - 372.

[89] Stehrer, Robert; Julia Maria Woerz, "Technological Convergence and Trade Patterns", *Review of World Economics*, Vol. 139, No. 2, 2003, pp. 191 - 219.

[90] Toru Kikuchi; Koji Shimomura; Dao-Zhi Zeng, "On Chamberlinian-Ricardian Trade Patterns", *Review of International Economics*, Vol. 16, Issues2, 2008, pp. 285 - 292

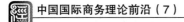

[91] Uzawa,Hirofumi, "Optimal Technical Change in an Aggregative Model of Economic Growth", *International Economic Review*, Vol. 6, January 1965, pp. 18 - 31.

[92] Vernon, Raymond, " International Investment and International Trade in the Product Cycle", *The Quarterly Journal of Economics*, Vol. 80, 1966, pp. 190 - 207.

[93] Wolff, Edward N., " Technological Change, Capital Accumulation, and Changing Trade Patterns over the Long Term", *Structural Change and Economic Dynamics*, Vol. 6, Issue 1, March 1995, pp. 43 - 70.

[94] Zaghini, Andrea, "Evolution of Trade Patterns in the New EU Member States", *Economics of Transition*, Vol. 13, No. 4, 2005, pp. 629 - 658.

进口贸易理论回顾与前瞻*

冯　雷

内容摘要　进口贸易理论与政策逐渐成为学界讨论的焦点问题，辩证认识进口贸易战略与政策的调整，进口贸易的分类研究逐渐细化，计量分析为研究进口贸易的地位与作用提供了合理的逻辑与数据支撑。要从战略高度来审视进口贸易在我国国民经济和外贸发展中的作用与地位，发展进口贸易是贸易强国诉求，对充分利用国际资源为我国经济发展服务具有重要的战略意义。

关键词　进口贸易　外贸发展方式　战略

一　进口贸易理论发展回顾

随着我国世界经济与贸易地位的提升，国民经济与对外贸易的可持续发展，进口贸易在利用国际资源与开放国内市场中的意义开始进入人们的视野，进口贸易逐渐成为学界讨论的一个重要议题。

（一）对进口贸易的辩证认识

霍建国（2013）[①] 认为进口贸易在引进国外先进技术设备和管

* 感谢中国社会科学院研究生院邢全伟博士为本文搜集相关文献。

① 霍建国：《新形势下对外贸易地位与作用的再思考》，《国际贸易》2013 年第 4 期。

理经验，提高我国生产技术水平，缩短我国与工业发达国家的技术差距方面发挥了重要的作用。通过进口实现资源的优化配置，提高劳动生产率，提升国际竞争力。对于大多数国家来说，要从出口贸易中获得经济增长后劲的潜能和动力，关键在于如何有效地实现出口与进口的资源转换效益，以达到提高本国的生产技术水平和劳动生产率的目的。在战略高度上对进口贸易的重要作用进行了高度的概括。

贾根良（2012）[①] 提出了结构失衡与扩大进口战略可能存在的潜在风险。他认为，“扩大进口战略”有助于贸易的平衡发展，但是对解决我国低端产品出口过剩和贸易条件恶化等问题帮助不大，甚至与扩大内需战略背道而驰，不利于实现经济发展方式和解决对外贸易不平衡的问题。扩大进口战略基于西方主流经济学的比较优势理论，在国际分工中充分利用劳动力成本低廉优势，出口劳动密集型产品，进口先进技术设备是我国对外贸易的最优选择；而扩大内需战略立足于内需市场推进经济增长的战略，依据纳克斯发展中国家三种发展战略之一的内需主导型的工业化战略，在拥有发达的资本品制造部门和国民经济平衡增长两个决定性条件下，实现国民经济各部门之间的中期动态平衡，从而避免在低端产品产能过剩、产业结构失衡引发内需严重不足的新背景下，从另一个侧面重蹈拉丁美洲国家所谓的“中等收入陷阱”覆辙。

陈建奇（2011）[②] 认为，稳定外需、进口战略与贸易平衡的理论含义在于扩大内需，是扩大内需的一种表述，我国当前进口战略目标就在于在保持出口增长的条件下，推动进口较快增长，实现贸易顺差逐步回归合理区间。这种观点在贸易层面上解决巨额贸易顺差引发的贸易摩擦，追求贸易平衡等方面具有一定的代表性。因为在出口与进口及其在实现贸易平衡上的其他数量调整的选择中，人

① 贾根良：《扩大进口战略的隐忧与国民经济平衡增长新论》，《当代经济研究》2012 年第 12 期。

② 陈建奇：《稳定外需、进口战略及贸易平衡研究》，《对外经贸实务》2011 年第 11 期。

们很难做出通过收缩出口作为一种用于发展中国家追求贸易平衡的战略设想。作者由此提出以高技术及消费品的一般贸易作为进口战略的实施重点，主张把一般贸易作为进口战略的着力点，高新技术与消费品的一般贸易作为进口战略的着眼点。

（二）进口贸易政策的回顾

王海峰（2011）① 回顾了改革开放以来，我国进口政策的发展脉络：1978～1991 年，进口贸易政策为短缺经济提供了重要的制度支撑，以引进国外的现金技术和成套设备及粮食、原油等初级产品为主；1992～2001 年，进口替代政策适应了引进先进技术设备和外商直接投资高速发展后国内生产能力提升、贸易顺差连年积累改变出口创汇战略的需要；2002～2010 年，加入世界贸易组织倒逼贸易政策改革，实行以市场供需为基础的、参考一揽子货币进行调节的人民币汇率形成机制，按照禁止、限制和关税配额对进口货物进行分类管理，进口政策开始进行新的战略调整。他归纳了现行进口政策的七个特点，即通过改革开放逐渐与多边贸易体系接轨，鼓励先进技术和关键零部件的进口；通过加工贸易等相关政策鼓励生产型和出口型进口；通过汇率管理制度改革刺激进口；通过降低税收等相关政策鼓励能源与资源等初级或中间产品的进口；通过限制性政策约束最终消费品的进口；通过多边或双边的自由贸易协定对部分国家和经济体大幅削减进口关税；并把我国进口政策归结为“生产型和出口导向型的政策体系”，进口服务于出口。

杨长湧（2011）② 认为，“十五”以来我国进口的主要特点：一是进口目标开始由单一走向二元化，在满足国内对先进技术、能源、资源和消费品需求的同时，实现国际收支平衡、减少贸易顺差也逐渐成为进口的目标；二是外商投资企业仍为进口第一大主体，进口

① 王海峰：《我国进口战略初探》，《国际贸易》2011 年第 11 期。

② 杨长湧：《“十五” 以来我国进口特点、成就及未来发展趋势》，《中国经贸导刊》2011 年第 16 期。

占比呈先升后降态势；三是初级产品进口占比明显上升，工业制成品进口占比下降；四是机电产品进口占比总体上升，但近年来有所下降；五是高技术产品进口显著增加，但进口技术外溢效应有待进一步提升；六是能矿资源进口对国际社会的影响日益显著。

（三）进口体制与政策存在的问题与环境

宋泓（2008）[①] 认为，我国现行进口管理体制存在的主要问题包括，一是偏重防范进口对比较劣势产业的冲击；二是在“出口创汇－设备进口－国内生产”的战略指导思想下，一方面，我们更多地关注出口促进，另一方面，严格限制进口，控制外汇的使用，进口管理体制高度行政化；三是进口管理中较少关注初级产品的进口保障问题，也没有形成一套有效的保障重要矿产资源进口供应、防范相关进口风险的机制；四是进口管理权限分散，部门之间的相互协调困难。

吴朝阳（2011）[②] 认为大宗进口商品国际定价权缺失是我国进口实践中的严重问题，其原因归结于两个方面，一是国内需求意愿的传递渠道不畅，买方力量未能得到有效整合，缺乏战略回旋余地，需求信息泄露，自身供给有限，产业结构调整缓慢；二是跨国公司控制了全球主要矿产资源，世界大宗商品行业组织主要维护供方利益，外方控制甚至是捏造供给信息等。

李春顶（2010）[③] 认为，我国技术进口问题严重，一是国外技术封锁和技术出口管制形成了垄断；二是我国技术进口水平较低，核心技术和关键装备少，存在重引进轻消化、重硬件轻软件、重数量轻质量问题；三是缺乏国家宏观政策层面的统筹协调；四是知识产权保护制度体系不健全；五是企业的技术进口主体地位不明确，

---

① 宋泓：《中国进口战略的实施与进口管理体制的改革》，《国际经济评论》2008 年第 3 ~ 4 期。

② 吴朝阳：《中国大宗进口商品国际定价权缺失原因及优化》，《现代经济探讨》2011 年第 11 期。

③ 李春顶：《“后危机时代”我国技术进口战略分析》，《经济理论与经济管理》2010 年第 7 期。

消化吸收与创新能力差；六是技术进口的融资环境差，资金配置不合理。

刘厉兵（2012）[①] 从进口外溢作用的角度归纳出我国进口领域存在的四个主要问题，一是高技术中间产品被动进口对我国技术进步的促进作用不显著，二是产成品进口壁垒不利于部分产品市场充分竞争，三是国内经销商对进口商品的流通渠道掌控力弱，四是向外资企业倾斜的设备进口政策不利于我国企业发展。

杨长湧（2011）[②] 把“十二五”期间我国进口面临的国内经济环境概括为：加快转变经济发展方式要求提高进口综合效应，国际收支状况良好为扩大进口提供了有利条件，人民币价值坚挺对扩大进口具有一定促进作用；“走出去”步伐加快将带动进口的发展。把国际经济环境概括为：全球经济再平衡要求我国扩大进口；美国通过扩大出口带动经济增长的战略为我国扩大进口创造了一定有利条件；人民币国际化为我国扩大进口提供了一定的有利条件。

李大伟（2011）[③] 认为，未来我国进口环境将发生重大变化。在国际经济形势方面：一是经济全球化将在曲折中进一步深入发展，二是全球经济失衡调整的压力进一步加大，三是全球贸易保护主义势头将显著强于金融危机爆发前的态势，四是全球经济面临新一轮的产业结构调整，五是大宗商品价格大幅度震荡的风险依然存在。在国内经济形势方面，一是经济将保持长期稳定增长态势；二是经济结构战略性调整的步伐进一步加快；三是汇率形成机制市场化改革进一步深入，人民币国际化进程进一步加快；四是国内产业升级和自主创新将进一步推进；五是能源矿产类大宗商品仍将在经济发展中发挥重要作用；六是消费结构将呈现多元化发展趋势。

---

① 刘厉兵：《当前进口领域存在的问题及对策》，《中国经贸导刊》2012 年第 5 期。

② 杨长湧：《“十五”以来我国进口特点、成就及未来发展趋势》，《中国经贸导刊》2011 年第 16 期。

③ 李大伟：《“十二五”我国进口环境和发展趋势》，《中国经贸导刊》2011 年第 18 期。

（四）进口贸易的新战略与可持续发展

王海峰、陈长缨（2013）[①] 把我国传统的进口政策脉络归纳为重出口、轻进口，重生产、轻消费，重引进、轻创新的三条静态进口替代思路。作为进口替代战略，其内涵是以“鼓励先进技术、核心设备和关键零部件进口”为主线，通过市场竞争和保护类政策调整，在产业链、价值链和技术链中低端环节实施进口替代。他们认为国内外竞争环境的变化、发展方式的根本转变、技术进步与产业升级、能源供应安全和贸易平衡与居民福利等方面，都需要有新的进口战略，即把“产品技术创新和产业技术升级作为进口战略的主线，通过开放的市场竞争和鼓励类政策的动态调整，形成引进、消化、吸收和再创新机制，推动技术进步和产业升级，进口和出口并重，保障经济安全，提升国民福利，实现贸易平衡，促进发展方式的根本转变”。

包诗若（2012）[②] 提出兼顾平衡增长的进口战略建议，认为进口规模的有效扩张事关中国贸易平衡及经济可持续发展，要在权衡宏观经济、中观产业和微观民生的基础上制定进口贸易的战略安排，并提出我国当前的进口战略体系应涵盖“两个前提、两个着力点和一个目标”，即要在扩大内需政策相对完备、贸易条件相对稳定的前提下，着力扩大一般贸易进口，并着力推动进口工业制成品的提档升级和进口初级产品的内外协调，以此来实现贸易平衡和经济持续增长目标。这一战略描述把进口与内需及经济福利，一般贸易进口规模与结构联系在一起，落脚于贸易平衡与经济增长，可以说是对我国进口战略系统性描述的一个范例。但是，从某种意义上来说，其间对进口地位及作用的阐述仍然从属于出口和经济增长，进口对国民经济发展的积极意义尚有进一步阐述的空间。

---

① 王海峰、陈长缨：《构建开放竞争的进口新战略》，《国际贸易》2013 年第 3 期。

② 包诗若：《后危机时代全球平衡增长与中国进口战略》，《价格理论与实践》2012 年第 3 期。

包诗若（2012）在稍后发表的一篇文章[①]中对我国进口贸易进行了较为全面的探讨，归纳出进口贸易在增加生产要素投入、带动技术进步、产业结构优化、制度创新和人力资本积累五个方面对经济发展的积极作用；并相应地提出了新时期进口贸易的战略要点，一是优化进口贸易结构，二是大力引进国外先进技术和设备，三是进一步扩大进口贸易规模，四是发挥进口在可持续发展中的作用。

朱玉荣（2012）[②] 着重分析了进口增长速度、进口商品结构、进口主体结构、进口方式、进口来源地和进口依存度以及重要商品如能源、主要粮食品种进口等对国家贸易安全的影响，从四个方面勾画出我国进口贸易战略的选择框架，一是实施差别关税，保护国内幼稚产业发展，二是优化进口商品结构，促进产业升级，提升宏观经济效益，三是促进商品进口市场多元化，四是确保国家重要战略物资的供应。把贸易安全或经济安全考虑进来，是对像我国这样的发展中大国的进口贸易战略进行分析的合理选择。

宋泓（2008）认为，我国应实施“安全发展”的进口战略。一是要分步骤、分阶段降低劳动密集型产品的进口关税水平，削减非关税措施约束，并在多边和双边领域中，积极促进劳动密集型产品的贸易自由化；二是要实现初级产品的进口保障，对能源和矿产品等大宗资源性产品的进口，要加强国内的协调；三是要对弱势产业的产品进口，充分利用 WTO 的贸易保障措施进行保护；四是要开拓高技术产品进口，既要努力突破西方发达国家对中国高技术出口的管制和限制，实现高技术产品进口的多样化，适当降低这类产品的进口关税，同时更要大力推动和鼓励国内企业和产业的自主创新，逐步实现高技术产品的进口替代；五是要优化进口结构，适度扩大进口，促进长期贸易平衡的实现；六是要在第三国建立中国企业分布集中的出口加工区，并以该国的名义出口加工区中生产的产品到

---

① 包诗若：《进口贸易的积极作用及发展战略》，《宏观经济管理》2012 年第 5 期。

② 朱玉荣：《我国进口贸易安全现状与进口战略分析》，《宏观经济研究》2012 年第 5 期。

其他国家，尤其是发达国家市场，这是减少贸易盈余，规避目前中国所面临的各种出口限制，减缓贸易摩擦的有效途径；七是要建立进口产品监测预警体系，关注重点产品、重点地区和重点企业的进口变化。

陈建奇（2011）[①] 认为进口战略促平衡的理论含义是扩大内需的一种表述，在某种程度上说明进口战略与扩大内需的诉求具有一致性。通过扩大内需增加消费和投资需求，从国外进口更多的商品，促进进口商品比出口商品更快增长，以此降低贸易顺差。但扩大内需还蕴涵另一种含义，即投资和消费的增长要求消化更多的国内产品，吸收国内企业的过剩产能，从而降低出口增长，推动贸易平衡目标的实现。因此，进口战略是扩大内需的一种表述。中国进口战略的实施重点应该是高新技术及消费品的一般贸易。

王海峰（2011）[②] 认为，进口贸易的总体目标应该是实现贸易进出口动态平衡、减少社会福利损失、提升国际竞争力和完善社会主义市场经济。具体而言，是要充分发挥市场的主体地位，通过贸易政策、产业政策、消费政策和货币政策调整改革尽可能减少进口限制，释放进口能力。将实现贸易平衡作为进口战略的总量目标，既不是要人为地限制出口，也不是要人为地增加进口，更不是为了平衡而平衡。在结构目标方面，一是通过调整关税，减少一般产品的进口限制；二是扩大消费品进口比重，减少社会福利损失；三是改变生产型和进口替代型的关税政策体系；四是把握好先进技术、核心零部件和关键设备进口支持的时效和力度；五是建立“引进—消化—吸收—再创新”一体化政策体系；六是加快汇率改革和金融改革。

王海峰（2012）[③] 认为，实施积极的进口战略是国际环境变化、

① 陈建奇：《中国进口战略与贸易平衡分析》，《国际贸易》2011 年第 6 期。
② 王海峰：《我国进口战略初探》，《国际贸易》2011 年第 10 期。
③ 王海峰：《实施积极的进口战略　推动发展方式转变》，《宏观经济管理》2012 年第 2 期。

发展阶段演进、提升核心竞争力、维护国家经济利益和产业安全以及全面转变外贸发展方式的需要。我国进口战略调整应当把握的四个重心：一是以进口关税作为重心，着力扩大消费品进口；二是以消费税为重心，降低消费品的总体税赋水平；三是以人民币汇率改革为重心，减少市场扭曲；四是以市场开放度为重心，建立长效机制。建议针对《鼓励进口技术和产品目录》，设计一套有利于“引进、消化、吸收和再创新”的政策体系。

杨长湧（2011）认为我国进口贸易的未来发展会表现为：一是进口增速进一步提高，贸易顺差将逐步缩小；二是进口主体结构发生变化，外商投资企业在进口中的比重下降，内资企业特别是国有企业在进口中的比重上升；三是进口产品结构发生变化，先进技术设备和关键零部件进口比重上升，能源、原材料比重下降；四是进口贸易结构发生变化，加工贸易进口比重进一步降低，一般贸易和其他贸易进口比重上升；五是进口来源地结构发生变化，美国、欧盟、日本等技术发达国家和地区在我国进口中的地位上升，中东、澳大利亚、加拿大等能矿资源富集地在我国进口中的地位下降；六是人民币在进口中将发挥更大作用，特别是在我国与周边国家及东亚、东南亚国家的进口贸易中。李大伟（2011）认为我国进口的发展趋势表现为：进口增速将高于出口增速，有助于实现贸易平衡目标；加工贸易进口所占比重将进一步降低；技术和核心零部件进口规模将显著增长，技术外溢效应进一步加强；进口对部分重点产业结构调整的作用将明显加强；大宗商品仍将在进口中占据重要地位；进口分散度将会进一步提高；消费品进口规模将适度增长。调整我国进口政策需处理好四个方面的关系：一是进口有利于国内经济结构调整和优化与有利于国际收支平衡的主次关系；二是进口产品结构问题，即优先鼓励进口先进技术设备与关键零部件等有利于改造提升传统制造业，发展战略性新兴产业，鼓励进口能矿资源，与适度扩大消费品进口，适当限制奢侈品进口的结构关系；三是扩大高新技术设备进口与提升自主创新能力的关系；四是进口政策与国内产业政策的对接关系。

杨丽华（2012）[①]根据可持续发展的内涵，即经济效益可持续、社会效益可持续和生态效益可持续设计了一个具有三个维度的进口可持续发展评价体系，选取了中国、德国、日本和美国在2000～2010年的进口相关数据，结合进口可持续发展指数和评价分析框架进行了计算和国际比较，其结果表明，中国进口贸易可持续发展总体上具有优势并有强劲的后续动力，在进口效益方面美国和德国具有较好的表现，而日本在进口生态方面呈现稳定的优势水平。文章认为，进口贸易要处理好经济效益、社会效益和生态效益之间的关系，实现进口贸易长期稳定、持续健康的增长，不断改善贸易条件和扩大国际分工的利益，实现产业升级和培养新的比较优势。文中对进口可持续发展评价体系的指数结构进行了详细的描述，首先分解为经济效益可持续、社会效益可持续和生态效益可持续三个系统层面上的指标，继而在判断层面上又对上述三个指数进一步做了分解，最后在指标层面上设置了20个指标。这些指标较好地涵盖了可持续发展的各个重要领域，显示出作者对进口可持续发展的全面理解。

（五）分类商品研究

从进口的商品分类研究来看，重点已经从改革开放之初的纺织品、机电产品及农产品等大类的研究，转向了大宗商品进口的分类研究，主要集中在粮食、玉米、大豆、棉花、铁矿石、石油、煤炭和黄金等上面，体现出我国国民经济发展对商品分类进口战略重点转移的时代特征，也体现了我国进口贸易从粗放式关注转向精细化推进的历史步伐。大宗商品进口的重要性与我国国民经济发展受到资源与环境制约的严重性同步增长，从而把对外贸易的体制化建设从宏观层面推进到微观层面，在对外贸易体制建设逐渐完善的过程中，着重发展特定商品的国际贸易制度，增强特定商品贸易的国际

① 杨丽华：《基于国际比较视角的进口可持续发展评价体系的构建与实证研究》，《国际贸易问题》2012年第2期。

话语权。相应的研究充分体现出这一特点。

陈洁（2012）[①] 认为我国谷物基本可以自给，大豆进口决定着粮食进口的整体格局。对于粮食进口，可以发挥资源替代作用，然而也会给国内产业及粮食安全带来冲击。从确保粮食安全的角度出发，在挖掘国内生产潜力的同时，要努力掌握大豆等农产品的进口主导权，建立稳定和直接的购销关系，在国际范围内建立自己的物流系统，在制度建设上要支持相关产品的行业协会能力建设。文章讨论的内容已经超出了单纯的农产品贸易问题，而是以农产品贸易为核心，延展到农产品的国内生产、国际市场货源地的掌控、流通渠道的维护与物流系统的建立、市场交易中心和定价机制、市场中介组织的作用和国家粮食发展长期战略选择等一系列问题，进口贸易的复杂性在农产品贸易中充分体现出来。

冯磊（2013）[②] 直面国内石油资源供不应求，对外依存度高，对国际石油定价缺乏影响力等问题，指出在节源方面要大力提高国内供给能力，降低石油对外依存度，在拓源方面要拓展进口来源，实现进口渠道多元化，在制度方面要深化国有石油企业改革，提高国际竞争力，在国际环境方面要争取我国在国际石油定价中的话语权。

邱研、郭谦、吴殿廷（2012）[③] 在讨论石油进口的安全形势时，提出要打造我国东北、西北、西南陆上和海上四大油气进口通道的战略格局。对于石油这种对运输有着特殊要求的商品来说，通道建设是影响进口的关键要素，它不但与油气资源的进口布局有关，而且与石油安全有着重要的联系，因此，通道的战略布局成为石油进口体制建设中的战略性问题。

梅新育（2013）[④] 认为煤炭进口持续高速增长，改变了我国数

---

① 陈洁：《粮食进口与我国的粮食安全》，《调研世界》2012 年第 6 期。

② 冯磊：《石油进口贸易的现状、问题及对策》，《宏观经济管理》2013 年第 10 期。

③ 邱研、郭谦、吴殿廷：《我国石油进口海陆统筹战略研究》，《世界地理研究》2012 年第 21 卷第 3 期。

④ 梅新育：《解析煤炭进口限制之争》，《国际贸易》2013 年第 8 期。

十年来煤炭净出口国的格局，我国迅速跃升为全球煤炭第一大进口国，我国煤炭贸易量占国际煤炭贸易量的三成。在此背景下，“限进保价”主导了国内煤炭产业的思路。围绕着煤炭进口问题，展开了就国民经济整体竞争力、贸易收支失衡、人民币升值压力、环保以及进口限制措施的效果等一系列问题的讨论，显示出人们在关系国计民生大宗商品进口方面的全方位思考，讨论的结果将对煤炭进口的未来起决定性的影响。然而，由于不同部门、不同地区、产业链条上的不同环节对煤炭进口与国内煤炭市场价格有着不同的诉求，达成一致的看法有相当大的难度。

王明喜、王明荣、谢海滨、汪寿阳等（2012）① 通过短期与长期的博弈模型分析指出，我国钢企与铁矿石矿商之间的价格谈判呈现“逢谈必涨”的迷局，原因是矿商采用短期降价以利诱我国钢企，动摇钢企同盟的可能性较大。从王明喜等人的研究可以看出，重要资源产品的进口，既是国际博弈，也是进出口双方内部企业之间的博弈，这时的一致行动往往是取得成功的关键。达成一致行动与市场结构有关，相比较而言，国际矿商行业集中度高，企业数量少，规模大，一致行动较容易达成；而国内钢企行业集中度低，企业数量多，规模大小不一，各自的诉求不同，与体制的距离也有差异，行动能力不同，一致行动难以达到，这就需要政府或行业协会发挥积极作用，为钢企的一致行动创造新的空间。

钟昌元、吴王平（2013）② 分析了关税配额管理和滑准税政策在稳定棉花价格和支持棉花生产方面的政策作用。把我国棉花进口贸易政策分为征收常规关税阶段（1999 年以前）、实施关税配额管理阶段（2000～2005 年）和实施关税配额管理加配额外滑准税阶段（2005 年以后）三个阶段。提出在制度层面上，一方面要完善关税配额管理制度，灵活调整滑准税实施方案，最终取消关税配额和滑

① 王明喜、王明荣、谢海滨、汪寿阳等：《博弈视角下我国铁矿石进口价格谈判的长短期均衡》，《管理评论》2012 年第 9 期。

② 钟昌元、吴王平：《我国棉花进口贸易政策效应分析》，《农业经济》2013 年第 4 期。

准税制度，实施单一透明的关税措施；另一方面要调整棉花生产支持政策，发展多元化的棉花进口市场，降低棉花进口风险。这种探讨是有意义的，在经济全球化的今天，我国正在通过改革开放全面与世界经济接轨，作为大宗商品进口体制也必须要与国内的生产与经营体制对接，打通生产环节与流通环节的阻隔，协调国内流通与国际贸易。

（六）进口贸易结构

郑文（2013）① 认为随着我国经济规模的扩大、发展环境的改变，面临着人口结构转型、要素参数弹性逆转和经济结构服务化等多项挑战，宏观调控所倚重的需求管理模式应该向需求管理与供给管理并重的模式转变，而其中进口贸易作为供给管理的一项重要内容将发挥越来越重要的作用。进口结构以货物进口为主，其中又以资本品和初级产品进口为主，而中间品和消费品所占比重过低；服务进口结构中，传统服务、信息化服务、金融服务和其他服务的进口所占比重均低于全球平均水平，而保险服务的外部供给远远高于全球水平。因此，从外部获得有效供给是我国宏观经济管理和进口结构调整的重要课题。李辉（2012）② 也对我国进口商品结构特征，包括商品结构、贸易结构、市场结构、主体结构等进行了深入的研究。

冯永琦、裴祥宇（2013）③ 认为经济结构调整与减少对出口导向型经济发展的依赖已经成为中国经济长期稳定发展的重要任务，从初级产品、中间产品和最终产品的角度，采用 1991～2011 年的分行业数据对进口贸易结构与经济增长之间的关系进行分析，发现中间品进口能够促进技术进步并形成引致需求，促进经济增长，最终产品进口与经济增长存在着显著的长期均衡关系，不同行业产品进

---

① 郑文：《中国进口贸易的结构分析》，《国际贸易》2013 年第 10 期。

② 李辉：《我国进口商品贸易结构问题的研究》，《云南财经大学学报》2012 年第 2 期。

③ 冯永琦、裴祥宇：《中国进口贸易结构变化与经济增长关系实证研究》，《经济问题探索》2013 年第 10 期。

口与经济增长的关系较为复杂，促进作用存在差异。

张媛、徐小聪（2013）[①] 重点关注了中国在东亚签订的4个RTAs对中国中间品进口的影响，在东亚全球生产网络建立的背景下，中国中间品的进口有了显著的发展，产品内分工程度加深；认为融入东亚全球生产网络及国际分工体系，构建大范围的东亚自由贸易区，是中国参与全球经济的明智选择。楚明钦和陈启斐（2013）[②]，陈勇兵、仉荣和曹亮（2012）[③] 分别从技术进步与出口升级以及企业生产率的促进等方面对中间品进口进行了分析。王娟和何长江（2011）[④] 从区域及行业的角度对中间品进口对经济增长的贡献问题进行了研究。

谭祖谊（2012）[⑤] 通过1992年以来我国进出口商品结构的变化特征，相对于出口贸易而言，归纳出我国进口贸易的投资型特征。从投资品和消费品的比重来看，进口贸易中一直以投资品为主，占九成以上，且有不断增强的趋势；从投资品自身的结构来看，投资品进口中的原材料初级产品占比稳步增长，机械设备等工业制成品占比持续下降，且有加速下降的趋势，进口投资品增长主要来源于原材料初级产品的增长。这一分析符合我国工业化过程中设备制造能力与对资源的迫切需求的内在要求。

（七）进口专题研究

围绕着进口贸易，学界就进口的国际定价权、技术进步与技术溢出、知识产权、倾销风险、加工贸易、就业与收入分配及工资差距、研发溢出效应、贸易救济的产业经济影响力、FDI与R&D等一

---

① 张媛、徐小聪：《东亚一体化进程对中国中间品进口的影响》，《宏观经济研究》2013年第8期。

② 楚明钦、陈启斐：《中间品进口、技术进步与出口升级》，《国际贸易问题》2013年第6期。

③ 陈勇兵、仉荣、曹亮：《中间品进口会促进企业生产率增长吗》，《财贸经济》2012年第3期。

④ 王娟、何长江：《中间产品进口对经济增长的贡献》，《经济纵横》2011年第11期。

⑤ 谭祖谊：《中国投资型进口贸易的经济增长效应》，《国际商务研究》2012年第5期。

系列议题进行了研究。

杨丽君（2012）[①] 深入分析了在我国粮食进口活动中，缺乏国际定价权和影响我国粮食进口国际定价权的因素，既有外国跨国公司的垄断，国际卖家对国际期货定价权的把控等国际因素，也有我国粮食仓储体系不健全等自身因素。

张阿娟（2012）[②] 认为进口贸易与国际智力回流是国际技术扩散的主要途径，是一个地区技术进步的重要外部来源，其中国际智力回流对东部技术进步作用较明显，对西部作用有限。

孙涛（2012）[③] 认为，我国风险进口商品涵盖的国家非常广泛，既有发达国家也有发展中国家和地区，但国家分布相当不均匀，近6成来自发达国家，不同类别的进口商品风险差别较大，其中 HS 第16 类是我国倾销风险最大的种类。文章总结了我国进口商品倾销风险主要表现为低价格下的进口数量激增；总结了我国风险进口的综合风险，指出商品倾销对我国的损害机理具有普遍的规律性，即价格下降导致倾销产品的进口数量扩大，市场占有率提高冲击了相关产业的合理发展。

张建清、孙元元（2012）[④] 通过对我国各个地区间的技术差距及其影响的分析，发现沿海、内地以及全国范围内的进口贸易技术溢出可以缩小地区间的技术差距；尽管进口贸易技术溢出构成了影响地区间技术差距的重要因素，但是，地区间的技术空间扩散以及各个地区的技术水平、人力资本水平、研发能力以及地区间的初始技术差距也会直接或间接地影响地区间的技术差距。

王有鑫、赵雅婧（2013）[⑤] 从水平和前向链接的角度研究了加

---

① 杨丽君：《我国粮食进口国际定价权问题分析》，《改革与战略》2012 年第 4 期。

② 张阿娟：《进口贸易与国际智力回流对中国区域技术进步的影响》，《生产力研究》2012 年第 2 期。

③ 孙涛：《我国进口商品的倾销风险结构分析》，《经济经纬》2012 年第 5 期。

④ 张建清、孙元元：《进口贸易技术溢出、技术的空间扩散与地区技术差距》，《南方经济》2012 年第 10 期。

⑤ 王有鑫、赵雅婧：《加工贸易进口、前向链接与工业行业生产率》，《世界经济研究》2013 年第 1 期。

工贸易进口的技术溢出效应，发现加工贸易进口的水平溢出效应为正，而一般贸易进口的水平溢出效应为负。同时，加工贸易进口的前向溢出效应远远高于一般贸易，行业吸收能力越强加工贸易进口的技术溢出效应越明显，行业内外资比重越高越有利于加工贸易进口的水平溢出效应，但是对前向技术溢出不利，这些现象对于来料加工和进口加工的水平技术溢出同样有效。

郭庆宾、柳剑平（2013）[①] 在进口贸易对东道国产生技术溢出效应并提高东道国技术水平的前提下，通过1995～2009年大陆地区29个省市自治区的面板数据对进口贸易的技术溢出效应对我国碳排放的影响进行了估算和检验，发现进口贸易的技术溢出效应对我国的碳排放产生了显著的抑制效应，进口贸易技术溢出存量每增加1%，碳排放相应会减少0.513%。文章认为，优化进口商品结构，尤其是增加技术密集型设备、高技术含量的中间产品及最终制成品的进口份额，更加有利于在全球变暖的背景下，解决我国的碳排放问题。

文洋、张振华（2011）[②] 的研究表明，人均收入水平提高不是奢侈品进口增加的原因，收入差距扩大才是造成奢侈品进口增加的原因。收入差距对奢侈品进口的作用明显大于必需品，奢侈品和必需品进口的比例随收入差距扩大而升高，收入分配差距造成了对必需品的进口需求向奢侈品转移。商品来源国经济越发达，我国收入分配差距对其奢侈品进口的影响越大，发展水平越高的国家，产品的价格和质量也相应越高，其生产的奢侈品可以说是“奢侈品中的奢侈品”，收入分配的差距对这类产品进口的影响作用更大。收入分配差距的加大会增加更高端奢侈品的进口。

喻美辞（2013）[③] 分析了影响熟练劳动力与非熟练劳动力之间

---

① 郭庆斌、柳剑平：《进口贸易、技术溢出与中国碳排放》，《中国人口·资源与环境》2013年第3期。

② 文洋、张振华：《收入分配差距对我国进口贸易的影响》，《国际贸易问题》2011年第11期。

③ 喻美辞：《资本品进口、资本技能互补与中国的相对工资差距》，《商业经济与管理》2013年第3期。

相对工资差距的重要机制，即资本品进口引致资本积累，并通过资本与技能互补效应增加对数量劳动力的相对需求，结果发现，在长期中，资本与技能互补效应在中国显著存在，资本品进口促进了中国的资本积累，通过资本与技能互补效应提供了熟练劳动力的边际产出，增加了对熟练劳动力的相对需求，扩大了相对工资差距。

戴旻乐（2013）[①] 估算了进出口贸易对就业增长影响的具体效应，认为2008年世界金融危机以来，中国的进出口贸易增长速度出现了明显的下滑，进出口贸易创造的就业机会虽然仍有一定规模，但是与入世后的前5年相比，开放带来的就业增长效应正在逐步减弱。在进口方面，随着关税税率的下降和人民币的持续升值，进口规模扩大，相关产业受到一定的冲击，就业机会相应减少。2008～2012年进口年均减少就业机会达到了24万个，然而同期出口年均创造就业机会960万个。

楚明钦、丁平（2013）[②] 考察了中间品和资本品进口以及国内研发资本和外国直接投资对中国全要素生产率的影响，发现中间品进口和外国直接投资对我国全要素生产率有显著的正向影响，指出国外研发资本存量凝结在进口中间品中，其竞争效应、示范效应和产业关联效应促进了我国企业的技术进步，外国直接投资弥补了国内建设资金的不足，带动了就业，带来了先进技术与管理经验；资本品进口和国内研发资本对中国全要素生产率有负面影响，指出研发投入不足及结构不合理促使国内研发资本投入对技术进步的推动作用，进口资本品技术含量高但生产工人并不需要了解物化在资本品中的技术就可以使用，导致了技术溢出的效果。

陈晓暾、祝福云、王化中（2013）[③] 对比了我国各行业进口贸

① 戴旻乐：《进出口贸易对就业的影响分析》，《中国统计》2013年第4期。

② 楚明钦、丁平：《中间品、资本品进口的研发溢出效应》，《世界经济研究》2013年第4期。

③ 陈晓暾、祝福云、王化中：《我国进口贸易救济的产业经济影响力研究》，《价格理论与实践》2013年第7期。

易救济的涉案强度与其实施保护后带动宏观经济总量的变动能力，认为由于各行业的表现强弱不完全一致，应该根据实施保护后对经济带动能力的强弱，调整各行业贸易救济促使的实施强度，因而有必要建立更加全面的产业信息监控系统，以判断行业发展水平受进口贸易冲击的情况，评价实施贸易救济保护的效果。

张源媛、兰宜生（2013）[①] 认为知识产权保护对进口贸易会产生市场扩张和市场垄断两种力量，其影响取决于这两种力量的对比，而我国知识产权保护的市场扩张效应显著，有助于高新技术产品进口，同时知识产权保护对进口贸易的影响存在着地区差异，东部地区以市场扩张效应为主，西部地区以市场垄断效应为主，而中部地区市场扩张的效应不明显。建议应培养适度的知识产权保护水平，转变进口观念，积极扩大高新技术产品的进口，培育国有及其他内资企业的自主创新能力，加快健全人力资本形成与供给机制。

郭峰、胡军、洪占卿（2013）[②] 把进口贸易与外商直接投资放在一起进行了对比，通过把分省的全要素生产率分解为技术效率与技术进步，考察了贸易进口和外商直接投资对生产率的地区内和地区间的溢出效应，发现二者都对省际全要素生产率有显著的地区内和地区间的溢出效应。贸易进口对省际全要素生产率的溢出效应时效性较短，外商直接投资的溢出效应时效性较长；贸易进口通过技术进步对省际全要素生产率产生正向影响，而外商直接投资通过影响技术效率产生促进作用。

邢凯旋、邓光娅（2012）[③] 认为在开放经济系统中，进口贸易和 FDI 是获得技术进步的重要渠道，把握自主创新、进口和 FDI 三者之间的关系有助于从内在机制和外在动力双重角度来理解未来经

① 张源媛、兰宜生：《知识产权保护对我国高新技术产品进口的影响》，《中国流通经济》2013 年第 8 期。

② 郭峰、胡军、洪占卿：《贸易进口和外商直接投资空间溢出效应研究》，《国际贸易问题》2013 年第 11 期。

③ 邢凯旋、邓光娅：《自主创新、进口和 FDI 的动态互动研究》，《江苏大学学报》（社会科学版）2012 年第 3 期。

济的可持续发展。研究发现，自主创新与进口之间存在着显著的互动强化机制，有助于提高自主创新能力；FDI 和进口之间不存在相互强化的机制，主观上 FDI 期望通过内部贸易把产品技术优势内部化，把 FDI 的潜在成本降至最低，但是客观上会产生一定的技术外溢效应；自主创新与 FDI 之间也不存在相互强化的机制，因此作为政策导向，应该引导民间资本投资到具有自主创新潜力的内资企业，通过自主创新园区建设，搭建平台，最大限度地推动 FDI 的直接技术转移和间接技术外溢。

郑文、张建华（2012）① 的研究发现，进出口贸易明显地“挤出”了企业的 R&D 投资，出口和原料进口密集度越高的企业参与 R&D 的投资意愿越低，“两头在外，大进大出”的贸易方式不利于研发行为的发生，在不完全的资本市场中，出口通过恶化企业的融资约束而进一步抑制了企业的 R&D 投资参与，而进口在这方面的效应则不明显。这一发现可能导致一些对我国现有贸易政策的重新认识，其中非常现实的是，国内企业现有的贸易方式不利于技术能力的提升，按照比较优势进入国际生产体系，可能会使企业进入一种所谓的“低技能水平—劳动密集型环节或产业生产—R&D 投资挤出—低技能水平”的恶性循环，从而陷入低水平增长的陷阱。

（八）计量模型的采用

模型分析是近年来研究进口贸易采用得较多的手段，多数分析采用引力模型和回归模型，分析的切入点有指向某种贸易安排的，有指向某类产品的，有指向经济增长的，有指向贸易政策和影响因素的，有指向贸易结构的，这类研究的价值更倾向于把以往定性研究推向定量分析。从总体上看，计量分析更加关注其理论假设与模型设计对现实的准确描述，使其结论得到了较为科学严谨的论证过

① 郑文、张建华：《进出口贸易“挤出”了中国企业的 R&D 投资吗》，《国际经贸探索》2012 年第 11 期。

程和实际数据的支撑。

赵永亮（2013）[①] 基于生产率与进口多样性的内生关联模型以及 Feenstra（1994）的多样性度量思路，发现了我国 2000～2009 年初级产品和制成品的进口多样性总体增长态势，存在着由东向西呈现阶梯性下降的区域性特征，并发现研发技术进步有助于缓解我国对中间品多样性的进口依赖，增强对最终新产品的引进程度和吸收能力。

曹亮、蒋洪斌、黄羽（2013）[②] 以引力模型为基础，采用倍差法引入虚拟变量，运用 Heckman 两步法分析了 CAFTA 带来的贸易创造与贸易转移效应，结论显示，中国农产品贸易存在着显著的贸易创造效应，却没有显著的计量结果表明存在贸易转移效应。

赵伟、钟建军（2013）[③] 在垄断竞争理论的框架内，引入非位似需求函数与 CES 生产函数，构建了一个内生化的中间产品质量模型，采用 CEPII－BA－CI 数据库 1995～2009 年 38 国（地区）hs92 六位码数制造业中间产品进出口贸易数据与 WIOD 数据进行了实证检验，发现劳动成本与进口中间产品质量之间的确存在“U 形”非线性关系等结论，即面对高劳动成本，生产率高的企业倾向于进口高质量中间产品以匹配高素质劳动者，以缓解劳动成本上涨的压力。

王首元（2013）[④] 推导了进口消费与国内财富积累的比例效用恒等式，用 2000～2009 年 GDP 世界排名前 10 位国家的宏观数据对所创建的新进口贸易效用测算模型进行了检验，结果表明进口贸易效用水平普遍提升，中国的进口贸易效用水平增长率最高。

曹亮、蒋洪斌、陈小鸿（2013）[⑤] 结合了贸易引力模型和倍差

---

① 赵永亮：《国内生产率与进口多样性收益分析》，《世界经济研究》2013 年第 10 期。

② 曹亮、蒋洪斌、黄羽：《中国农产品进口的贸易创造与贸易转移效应》，《农业经济问题》2013 年第 11 期。

③ 赵伟、钟建军：《劳动成本与进口中间产品质量》，《经济理论与经济管理》2013 年第 11 期。

④ 王首元：《基于比例效用理论的新进口贸易效用测算模型》，《西安交通大学学报》2013 年第 5 期。

⑤ 曹亮、蒋洪斌、陈小鸿：《CAFTA 框架下中国进口的贸易创造与贸易转移》，《国际贸易问题》2013 年第 8 期。

法，在 Heckman 选择模型处理零贸易流和固定效应模型控制国家层面异质性偏差的基础上，分析了 CAFTA 对中国机电产品进口产生的贸易效应，发现存在着显著的贸易创造效应，未见贸易转移效应，在考虑选择性偏差和异质性偏差的情况下，对东盟成员国存在贸易创造效应，对非东盟成员存在贸易转移效应，总体上讲，区内贸易没有以贸易转移为代价实现增长。

顾祎晛、刘畅（2013）[①] 将 CH 模型的三个变量全要素生产率、本国研发存量和国际研发存量分别作为经济增长的间接表征因素和进口贸易的间接表征因素，研究了我国进口贸易与国际贸易经济增长之间的关系，发现进口贸易对生产要素具有正面影响，促进了国民经济的增长，并具有长期的均衡关系；认为进口贸易会带来科学技术条件的有利变化，促进生产力的发展并最终导致国民经济的增长。

陈玉明（2013）[②] 提出了在全球经济一体化的背景下，实现国内外均衡发展是经济健康运行的重要目标，扩大进口是当前中国改变进出口失衡、促进经济增长的一个关键。以“林德重叠需求理论”的假设为依据，从影响进口需求的因素入手，以 1987 ~ 2009 年的省际数据进行了实证检验，发现我国进口贸易具有内生性，不同省域和不同时期的 FDI、储蓄、固定资产投资、出口等因素对进口具有正向影响，GDP 与进口贸易呈现负相关关系。作者能够通过实证分析得出对进口贸易的高度认知，无疑是具有前瞻性意义的。

陈勇兵、钱意、张相文（2013）[③] 认为在内外经济失衡的宏观背景下，“奖出限入”的贸易模式弊端严重，并运用了离散时间 cloglog 模型考察了进口贸易持续时间的决定因素，发现传统的引力模型变量对持续时间具有与贸易流量类似的影响，汇率波动、初始

---

① 顾祎晛、刘畅：《我国进口贸易与经济增长关系的 CH 模型分析》，《统计与决策》2013 年第 13 期。

② 陈玉明：《中国进口贸易的影响因素研究》，《审计与经济研究》2013 年第 3 期。

③ 陈勇兵、钱意、张相文：《中国进口持续时间及其决定因素》，《统计研究》2013 年第 30 卷第 2 期。

贸易额和产品差异化等因素也都对中国进口贸易关系持续时间有显著的影响。该篇论文的可贵之处在于，通过所谓的进口持续时间对经济调整的作用意义，引申出我国进口贸易政策的调整绝不是一时的权宜之计，而应该是我国贸易政策的战略调整。

胡小娟（2012）① 观察到我国进口资本品的来源国结构从美国、日本、法国和德国等发达国家转向了韩国、新加坡、泰国和马来西亚等发展中国家，即从技术发达国家转向了技术相对落后的发展中国家，利用 DEA-Malmquist 指数法对我国资本品相对集中的六大制造部门的全要素生产率、技术效率和技术进步进行了分析，通过构建 CH 模型，发现资本品进口来源国转移对我国技术溢出不利。

二　进口贸易理论研究前瞻与探索

对进口贸易的认知，离不开对我国转变外贸发展方式的认识，从战略的高度理解进口贸易的发展，深入剖析我国传统外贸发展方式的历史背景与发展的脆弱性，是今天讨论进口贸易发展问题的关键。

（一）转变外贸发展方式的战略重点

转变外贸发展方式是中国经济发展趋势和世界经济环境变化的需要。新的外贸发展方式必须适应中国从贸易大国走向贸易强国、从经济大国走向经济强国的战略需要。

第一，转变外贸发展方式的贸易强国战略定位。贸易强国的对外贸易追求国民经济的发展质量，贸易大国的实现路径在于贸易规模的扩张。随着贸易规模以高于国民经济增长速度的步伐迅速扩张，国民经济对外贸的依存度不断提升，在我国这一数字曾经达 60% 以上。从积极的角度来看，这是融入了世界经济，符合经济全球化

① 胡小娟：《我国资本品进口来源国转移的技术溢出效应分析》，《中国科技论坛》2012 年第 10 期。

趋势；但与此同时，国民经济的自主性也受到削弱。如果这种情形伴之以对硬通货的追求，这恰恰是我国在以往30年的贸易发展中或多或少的一个潜在诉求，那么，宏观经济政策的运行空间就更为有限了。相比之下，贸易强国追求国民经济发展的质量，贸易规模的扩张本身并不构成宏观经济政策的一个刚性目标，对外贸易成为调节本国国民经济的一个政策手段，甚至可以成为压制贸易伙伴的有效筹码，这个筹码显然不是出口，而是进口，是国内市场对他国产品的潜在吸引力。

贸易强国的对外贸易追求利用国际资源为本国的国民经济服务，对国内资源利用有较强的选择性和可供选择的空间。成就贸易大国的地位，得益于贸易规模的扩张，贸易规模的扩张又以出口为突出的特点，出口增长主要来源于国内资源的供给。一方面，是劳动力成本低廉的竞争优势；另一方面，是有限的国内资源在政策引导和驱使下密集地流向外向型经济部门。没有形成市场价格的国内资源，成为国际市场竞争力的一个重要来源，在“低价资源投入—国际竞争力提高—贸易规模扩张”之间形成了恶性循环，导致国内资源的过度消耗。但是，为了实现经济起飞过程中出口对国民经济的促进作用，又不得不持续这种不合理的消耗循环。与之相比，贸易强国更多的是通过进口来充分利用他国的资源，通过对外投资节省本国的资源。

第二，转变外贸发展方式的战略重点。适应贸易强国和经济强国的外贸发展方式，对我国对外贸易的发展提出了一些深层次的问题。新的外贸发展方式应该更加注重出口与进口的平衡发展，更加注重与贸易伙伴之间的互利共赢格局；应该更加注重资源的合理利用和环境保护方面的要求；应该在规模与效益之间、规模与结构之间、结构与效益之间寻求均衡发展。

进口与出口的平衡发展。进口与出口的平衡在新的外贸发展方式中有两个层次的含义：一是进口规模与出口规模的平衡发展，二是进口与出口在国民经济中均衡地发挥作用。所谓进口规模与出口规模的平衡发展，是指二者在发展的规模上保持大体的平衡，避免顺差和逆差的大起大落。进出口的大体平衡是在贸易中实现互利共赢的基础性条件。所谓进口与出口在国民经济中均衡地发挥作用，是指国民经济的发展要从主要在数量上更多地依赖于出口的增长，转向注重从质量上依赖于出口的结构优化，依赖于进口的潜在作用转变。作为贸易强国，更应该注重进口在国民经济发展中的作用。

注重资源的合理应用。转变外贸发展方式，要依据资源的国情，一方面实现国内资源的合理利用，另一方面在国内和国际两种资源之间取得平衡。就贸易本身来看，进口与出口对资源消耗的意义截然不同。一般说来，出口主要利用国内的资源，进口主要利用国际的资源。从贸易政策的作用方向和程度上看，一国利用国内资源的自主性较高，而利用国际资源的自主性较低，难度较大，对于我国来说，难度尤其大，因为一些发达国家通过所谓的“巴统”和“瓦森纳协议”对我国进口高技术等产品实行某种程度的限制。因此，从资源的合理利用上看，贸易政策的着重点尤其应该放在进口贸易的发展上。

注重自然环境的有效保护。发展中国家的环境问题是国民经济与对外贸易发展的可持续性问题。发展本国经济和对外贸易不能以损害甚至破坏环境为代价，这种损害或破坏在很大程度上是由发达国家主导的国际分工以及国际产业转移所造成的，发达国家产业升级过程的一个重要方面就是把高度污染环境的产业或生产环节转移到发展中国家去，由发展中国家承担环境污染的后果。我国在利用外商直接投资、承接国际产业转移的过程中，必须不断调整外商投资的产业目录，同时严格管理国内企业生产经营行为对环境的负面影响，对所谓的“三高一低”企业进行规范，淘汰落后的技术和生产工艺。

寻求规模、结构与效益之间的平衡发展。协调对外贸易的发展规模、结构与效益之间的互动关系，提升三者对国民经济中长期发展的推动力。透过对外贸易的规模、结构和效益，发掘赢得国际市场的深层次因素，在生产成本与流通成本、出口价格与国际市场价格、最终决定一国产品国际竞争力的关键因素，即表现为一国产品的国际价值的社会劳动生产率上，解决我国外贸发展方式的转变路径。通过贸易政策的调整管理国内资源在对外贸易中的发展规模、结构及效益上的配置，创造有利于要素在实现外贸发展规模、结构和效益目标过程中流动的体制框架。

（二）转变外贸发展方式的两个战略阶段

转变外贸发展方式的实践过程应该划分为两个战略阶段：一是以出口贸易政策调整为重点的阶段，二是以进口贸易政策调整为重点的阶段。两个阶段有着不同的战略重点，实现不同的战略目标。

重点调整出口贸易政策的阶段。这一阶段的战略目标是，实现出口贸易与进口贸易的平衡发展。这是当前我国转变外贸发展方式所处阶段的本质特征。对外贸易的平衡发展并非单纯指出口与进口在规模上的平衡甚至相等，而是指出口与进口在较为公平合理的国内外经贸环境中实现的均衡发展。在不平等的国际贸易环境中，通过我国自身政策的调整，或约束出口，或扩大进口，所实现的贸易平衡，本质上是畸形的，是不符合国际资源的合理配置的。在美国等发达国家放宽对华高技术产品出口的背景下，我国的进口将会有一个高速的发展；我国经济发展对全球能源的需求也会极大地推动进口规模的增长。新的国际贸易环境将改变我们对贸易顺差状况的基本判断，1000亿~2000亿美元的贸易顺差只是一个表象，将会很快被高技术产品进口和经济发展所需要的能源及资源产品的进口所吞噬。

我们所追求的应该是在一些具有标志性的国内外环境特征下实现的贸易平衡。国际环境的标志性特征：一是在相对较为公平的贸易环境中的平衡，即在影响贸易发展的重要变量上获得公平的国际环境，突破明显具有歧视性的贸易限制；二是投资是影响贸易规模和贸易结构的一个重要参数，突破明显的投资歧视；第三，我国“入世”三大不利条款在制度层面上的消除。国内环境的标志性特征：一是消费、投资和贸易在拉动国民经济增长上的均衡分布；二是产业结构调整不再主要受外部需求的引导，换言之，外向型经济在国民经济发展中的地位相对下降。

重点调整进口贸易政策的阶段。这一阶段的战略目标是，基本掌握统筹配置国内市场和资源、国际市场和资源的主导权，以适应我国国民经济发展的需要。重点调整进口贸易政策的含义在于：在我国国民经济发展的过程中更有效地配置国际资源。因此，掌握国际资源的话语权，在国际经贸制度框架中，如世界贸易组织、世界银行、国际货币基金组织中确立相应的地位，在大宗商品的国际贸易体制中掌握有关贸易规则及价格的发言权。我国产业结构的调整和升级需要国际技术的支撑，作为转变贸易发展方式进而转变经济发展方式的一个重要方面，技术进口（包括高新技术的进口和适用技术的引进）占据着利用国际资源中的高端地位。

两个战略阶段的互动关系。一是出口方式转变与进口方式转变的互动关系。转变外贸发展方式的战略定位是推动我国从贸易大国向贸易强国发展。根据这一战略定位，转变外贸发展方式就需要分别推动出口方式的转变和进口方式的转变。所谓出口方式的转变是指，立足国内产业结构调整的基础上，实现出口贸易的发展，转变我国过度依赖劳动力资源优势、在资源和环境上付出巨大代价、片面追求出口规模的发展模式，从贸易大国的发展方式中走出来，代之以贸易强国的贸易发展模式。所谓进口方式的转变是指，改变以进口的增长作为抵销出口增长带来的巨大贸易顺差所带来的国际经贸关系紧张的局面，在充分合理利用国际资源方面的积极作用的基础上，实现国民经济发展在国内外资源配置方面的积极作用。在成为贸易大国的过程中，进口所扮演的角色，往往受到了某种程度上的压制或压抑，因为进口的过度增长，会抵销出口规模的增长，即贸易大国的出口增长主要是以追求净出口的扩大为目标，而非进出口基本平衡条件下的出口规模增长。在这种导向下，进口对国民经济发展的作用无法得到充分发挥。

二是出口方式和进口方式的转变与国民经济发展方式的互动关系。出口方式的转变与进口方式的转变，对我国走向贸易强国的贡献有所不同，前者更具有贸易大国的阶段性特征，后者更具有贸易强国的阶段性特征。在出口方式的转变过程中，作为贸易平衡的重要因素之一，进口的增长主要以平衡贸易为目的，为出口发展方式转变提供良好的内外部条件；在进口方式的转变过程中，作为国内外两个市场与两种资源配置的重要因素之一，进口的发展内在于国民经济发展方式的转变，进口的增长要适应国民经济发展方式的特征。

外贸发展方式转变的两个战略阶段对出口贸易与进口贸易有着不同的要求。第一个阶段的战略重心是，对外贸易要满足国民经济的发展需要，出口贸易作为经济增长的发动机，为经济增长提供国际市场空间；第二个阶段的战略重心是，对外贸易要适应国民经济的发展需要，进口贸易的作用具有更为重要的作用，成为全面配置国内资源和国外资源、国内市场和国际市场的重要手段。

参考文献

［1］刘勇：《国际货物进口贸易的风险防范研究》，《中国商贸》2013 年 3 月 5 日。

［2］商务部公告 2013 年第 67 号《2014 年羊毛、毛条进口关税配额管理实施细则》，《毛纺科技》2013 年第 12 期。

［3］王中亮、石薇：《对进口奶粉价格垄断及国产奶粉信用危机的反思》，《价格理论与实践》2013 年第 11 期。

［4］王阳：《我国对欧盟葡萄酒提起“双反”调查及其影响分析》，《价格理论与实践》2013 年第 11 期。

［5］郑栋：《进口贸易结构与经济增长研究——以宁波为例》，《特区经济》2013 年第 11 期。

［6］曹亮、蒋洪斌、黄羽：《中国农产品进口的贸易创造与贸易转移效应——基于 CAFTA 框架的评估》，《农业经济问题》2013 年第 11 期。

［7］赵伟、钟建军：《劳动成本与进口中间产品质量——来自多国（地区）产品—行业层面的证据》，《经济理论与经济管理》2013 年第 11 期。

［8］陈福中、陈诚：《贸易开放水平、区位差异与中国经济增长——基于 1994 ~ 2011 年中国省级数据的实证考察》，《国际贸易问题》2013 年第 11 期。

［9］魏龙、潘安：《R&D 补贴、技术创新与战略性贸易政策》，《国际贸易问题》2013 年第 11 期。

［10］郭峰、胡军、洪占卿：《贸易进口和外商直接投资空间溢出效应研究》，《国际贸易问题》2013 年第 11 期。

［11］孙楚仁、赵瑞丽：《中国对外贸易遵循比较优势了吗?》，《国际商务研究》

2013 年第 6 期。
[12] 赵永亮：《国内生产率与进口多样性收益分析》，《世界经济研究》2013 年第 10 期。
[13] 陈慧莹：《深圳自由贸易实验区之设想》，《特区经济》2013 年第 10 期。
[14] 卜伟、曲彤、朱晨萌：《中国的粮食净进口依存度与粮食安全研究》，《农业经济问题》2013 年第 10 期。
[15] 郑文：《中国进口贸易的结构分析》，《国际贸易》2013 年第 10 期。
[16]《进出口商品主要国别（地区）统计》，《国际贸易》2013 年第 10 期。
[17]《中国主要进口商品量值》，《国际贸易》2013 年第 10 期。
[18] 陈谢晟：《浅析：2010 年国际服务贸易统计手册》，《中国统计》2013 年第 10 期。
[19] 杨晓云：《进口中间产品多样性与企业产品创新能力——基于中国制造业微观数据的分析》，《国际贸易问题》2013 年第 10 期。
[20] 牟小刚、马杰、朱青：《我国对铁矿石进口价格话语权的缺失及应对策略》，《对外经贸实务》2013 年第 10 期。
[21] 马光霞：《2013 年第 1 ~ 7 月中国农产品进出口贸易动态》，《世界农业》2013 年第 10 期。
[22] 邹超：《我国实施 ATA 单证册制度的现状、问题与对策》，《对外经贸实务》2013 年第 10 期。
[23] 冯磊：《石油进口贸易的现状、问题及对策》，《宏观经济管理》2013 年第 10 期。
[24] 冯永琦、裴祥宇：《中国进口贸易结构变化与经济增长关系实证研究》，《经济问题探索》2013 年第 10 期。
[25] 冯贞柏：《出口依赖型进口、资本利率刚性与出口影响经济增长的效率分析》，《中国软科学》2013 年第 9 期。
[26] 张琦、许光建：《我国煤炭进口量与煤炭海运价格关系的计量经济学分析》，《价格理论与实践》2013 年第 9 期。
[27]《中国主要进口商品量值（2013 年第 1 ~ 7 月）》，《国际贸易》2013 年第 9 期。
[28] 刘磊：《垂直专业化、中间产品进口与制造业国内技术含量》，《当代经济科学》2013 年第 5 期。
[29] 胡剑波、周葵、安丹：《基于投入产出模型的中国对外贸易产品结构合理性研究》，《贵州财经大学学报》2013 年第 5 期。
[30] 戴翔、金碚：《服务贸易进口技术含量与中国工业经济发展方式转变》，《管

理世界》2013 年第 9 期。

[31] 马光霞：《2013 年上半年中国农产品进出口贸易动态》，《世界农业》2013 年第 9 期。

[32] 常昕、韩若冰、胡继连：《中国棉花进口现状及应对策略分析——以山东省为例》，《世界农业》2013 年第 9 期。

[33] 周新苗、李燕：《贸易自由化与产业集聚：经济地理视角的理论解析》，《经济经纬》2013 年第 5 期。

[34] 何其鑫、秦其文：《外商对华直接投资与中国进出口贸易关系实证检验》，《统计与决策》2013 年第 17 期。

[35] 张磊：《贸易平衡视角下海关税收政策问题研究》，《财经论丛》2013 年第 5 期。

[36] 王首元：《基于比例效用理论的新进口贸易效用测算模型》，《西安交通大学学报》（社会科学版）2013 年第 5 期。

[37] 湛柏明、孟庆雷：《美国进口商品结构的行业增长效应研究》，《世界经济研究》2013 年第 8 期。

[38] 本刊讯：《发改委：2013 年 7 月份我国煤炭进口大幅增长》，《华东电力》2013 年第 8 期。

[39] 张源媛、兰宜生：《知识产权保护对我国高新技术产品进口的影响》，《中国流通经济》2013 年第 8 期。

[40] 梅新育：《解析煤炭进口限制之争》，《国际贸易》2013 年第 8 期。

[41] 《中国主要进口商品量值（2013 年第 1 ~ 6 月）》，《国际贸易》2013 年第 8 期。

[42] 张媛、徐小聪：《东亚一体化进程对中国中间品进口的影响——基于泊松极大似然估计的方法》，《宏观经济研究》2013 年第 8 期。

[43] 赵锦春、谢建国：《收入分配与进口需求——基于我国省际面板数据的门限回归分析》，《国际贸易问题》2013 年第 8 期。

[44] 曹亮、蒋洪斌、陈小鸿：《CAFTA 框架下中国进口的贸易创造和贸易转移——以 HS - 6 位数机电产品为例》，《国际贸易问题》2013 年第 8 期。

[45] 位明亮：《美国对华直接投资与中美贸易关系的研究——基于 1991 ~ 2012 年数据的实证分析》，《中国商贸》2013 年第 23 期。

[46] 陈松、刘海云：《中国进口种类增长贸易利得的估算》，《国际经贸探索》2013 年第 7 期。

[47] 祝树金、彭雅、王娟：《新兴七国进口贸易技术结构的度量及比较研究》，《湖南大学学报》（社会科学版）2013 年第 4 期。

[48] 陈晓暾、祝福云、王化中：《我国进口贸易救济的产业经济影响力研究》，《价格理论与实践》2013 年第 7 期。

[49] 刘美秀、杨艳红：《国粮食对外贸易政策变迁与粮食进出口贸易的发展》，《农业经济问题》2013 年第 7 期。

[50] 魏艳：《中国价格贸易条件的影响因素分析——基于主要进口国经济发展状况的角度》，《中国商贸》2013 年第 21 期。

[51] 程敏：《国际 R&D 溢出与中国进口结构调整》，《中国经贸导刊》2013 年第 20 期。

[52]《进出口商品主要国别（地区）统计》，《国际贸易》2013 年第 7 期。

[53] 徐进亮、丁长影：《中国 - 东盟自贸区原产地规则的四大缺陷与对策建议》，《广西民族大学学报》（哲学社会科学版）2013 年第 4 期。

[54] 顾祎覡、刘畅：《我国进口贸易与经济增长关系的 CH 模型分析》，《统计与决策》2013 年第 13 期。

[55] 马光霞：《2013 年第 1 ~ 4 月中国农产品进出口贸易动态》，《世界农业》2013 年第 7 期。

[56] 肖黎：《我国农产品贸易逆差的进口视角分析及对策》，《东南学术》2013 年第 4 期。

[57] 张力菠、谢丽琨：《国际原油价格与我国原油进口量关系研究——基于系统思考与格兰杰因果检验》，《技术经济与管理研究》2013 年第 6 期。

[58] 高云龙：《中国“复进口”现象的独特性分析》，《现代经济探讨》2013 年第 6 期。

[59] 楚明钦、陈启斐：《中间品进口、技术进步与出口升级》，《国际贸易问题》2013 年第 6 期。

[60] 李淑贞：《中国反倾销的贸易保护效应：基于产品进口倾向性的比较研究》，《国际贸易问题》2013 年第 6 期。

[61] 斯文：《外汇衍生品市场发展对进口贸易影响的中国证据》，《上海金融》2013 年第 6 期。

[62] 舒燕、林龙新：《自主研发、服务贸易进口溢出对生产率影响的比较分析——基于跨国面板数据的实证分析》，《云南财经大学学报》2013 年第 3 期。

[63] 董国辉：《阿根廷进口替代工业化战略确立的历史进程》，《南开学报》（哲学社会科学版）2013 年第 3 期。

[64] 朱玉荣：《我国进口贸易安全现状与进口战略分析》，《宏观经济研究》2013 年第 5 期。

［65］熊辉、谭诗杰：《20 世纪 60 年代初期的我国粮食进口工作》，《湘潭大学学报》（哲学社会科学版）2013 年第 3 期。

［66］钱学锋、李赛赛：《进口的工资溢出：边际分解与作用渠道优先出版》，《中南财经政法大学学报》2013 年第 3 期。

［67］楚明钦、丁平：《中间品、资本品进口的研发溢出效应》，《世界经济研究》2013 年第 4 期。

［68］霍建国：《新形势下对外贸易地位与作用的再思考》，《国际贸易》2013 年第 4 期。

［69］《进出口商品主要国别（地区）统计（2013 年第 1 ~ 2 月）》，《国际贸易》2013 年第 4 期。

［70］《中国主要进口商品量值（2013 年第 1 ~ 2 月）》，《国际贸易》2013 年第 4 期。

［71］姜子叶、范从来：《人民币汇率对进口价格的传递效应——基于 2005 年汇改以来的实证研究》，《经济科学》2013 年第 2 期。

［72］陈玉明：《中国进口贸易的影响因素研究——来自省际面板数据的实证分析优先出版》，《审计与经济研究》2013 年第 3 期。

［73］戴昊乐：《进出口贸易对就业的影响分析》，《中国统计》2013 年第 4 期。

［74］钟昌元、吴王平：《我国棉花进口贸易政策效应分析》，《农业经济》2013 年第 4 期。

［75］王海峰、陈长缨：《构建开放竞争的进口新战略》，《国际贸易》2013 年第 3 期。

［76］喻美辞：《资本品进口、资本技能互补与中国的相对工资差距》，《商业经济与管理》2013 年第 3 期。

［77］郭庆宾、柳剑平：《进口贸易、技术溢出与中国碳排放》，《中国人口资源与环境》2013 年第 3 期。

［78］刘磊、张猛：《日本反向进口与中日产业内贸易》，《首都经济贸易大学学报》2013 年第 2 期。

［79］马光霞：《2012 年中国农产品进出口贸易动态》，《世界农业》2013 年第 3 期。

［80］《2012 年全国进出口贸易和税收形势分析》，《中国财政》2013 年第 5 期。

［81］金晓蕊、张正河：《基于引力模型的中国——独联体的农产品进口研究》，《安徽农业科学》2013 年第 7 期。

［82］张良福：《能源进口四大战略通道格局将初步形成》，《世界知识》2013 年第 5 期。

［83］邓军：《国际生产分割、人民币汇率波动与进口贸易》，《金融与经济》2013

年第 2 期。
[84] 胡冬梅、潘世明：《我国进口汇率传递的商品异质性——基于中美贸易高度分解数据的测算》，《南方经济》2013 年第 2 期。
[85] 刘伟：《“生产和进口税”核算的理论分析与启示》，《统计研究》2013 年第 2 期。
[86] 陈勇兵、钱意、张相文：《中国进口持续时间及其决定因素》，《统计研究》2013 年第 2 期。
[87] 查贵勇：《进口商品检验争端案例的分析》，《对外经贸实务》2013 年第 2 期。
[88] 刘娟、曹杰：《知识产权保护对中国高技术产品进口的影响路径研究——基于三元边际的实证考察》，《现代财经》（天津财经大学学报）2013 年第 2 期。
[89] 王磊：《对外贸易对中国经济增长影响的实证分析——基于 1997 ~ 2007 年中国进口非竞争型投入产出表的分析》，《山西财经大学学报》2013 年第 1 期。
[90] 王有鑫、赵雅婧：《加工贸易进口、前向链接与工业行业生产率》，《世界经济研究》2013 年第 1 期。
[91] 田巍、余淼杰：《企业出口强度与进口中间品贸易自由化：来自中国企业的实证研究》，《管理世界》2013 年第 1 期。
[92] 郭松涛：《进口开证保单条款应注意的几个问题》，《对外经贸实务》2013 年第 1 期。
[93] 高颖、郑志浩、吕明霞：《中国大豆进口需求实证研究》，《农业技术经济》2012 年第 12 期。
[94] 贾根良：《扩大进口战略的隐忧与国民经济平衡增长新论》，《当代经济研究》2012 年第 12 期。
[95] 高楠、马耀峰、李天顺、赵多平、林志慧：《1993 ~ 2010 年中国入境旅游与进口贸易耦合关系时空分异研究》，《经济地理》2012 年第 12 期。
[96] 郑文、张建华：《进出口贸易“挤出”了中国企业的 R&D 投资吗》，《国际经贸探索》2012 年第 11 期。
[97] 蒋瑛、罗明志：《中国原油进口对国际油价波动的影响及其战略转型研究》，《四川大学学报》（哲学社会科学版）2012 年第 6 期。
[98] 李冀申：《中国在全球生产网络中的转型路径与双边贸易失衡的定量分析——基于对垂直专业化和转口贸易修正后的双边贸易数据》，《世界经济研究》2012 年第 10 期。
[99] 张建清、孙元元：《进口贸易技术溢出、技术的空间扩散与地区技术差距》，《南方经济》2012 年第 10 期。
[100] 胡小娟、王娜：《我国资本品进口来源国转移的技术溢出效应分析》，《中

国科技论坛》2012 年第 10 期。
[101] 张延群：《超额工资、过剩流动性、进口价格与中国通货膨胀因素的量化分析》，《金融研究》2012 年第 9 期。
[102] 王明喜、王明荣、谢海滨、汪寿阳：《博弈视角下我国铁矿石进口价格谈判的长短期均衡》，《管理评论》2012 年第 9 期。
[103] 谢涓、廖进中：《进口贸易对我国区域产业结构调整影响的实证研究》，《财经理论与实践》2012 年第 5 期。
[104] 沈能、李富有：《技术势差、进口贸易溢出与生产率空间差异——基于双门槛效应的检验》，《国际贸易问题》2012 年第 9 期。
[105] 谭祖谊：《中国投资型进口贸易的经济增长效应》，《国际商务研究》2012 年第 5 期。
[106] 邱研、郭谦、吴殿廷：《我国石油进口海陆统筹战略研究》，《世界地理研究》2012 年第 3 期。
[107] 孙涛：《我国进口商品的倾销风险结构分析》，《经济经纬》2012 年第 5 期。
[108] 王贺光、盛月：《调整进口结构促进产业升级》，《宏观经济管理》2012 年第 9 期。
[109] 王静、张西征：《高科技产品进口溢出、创新能力和生产效率》，《数量经济技术经济研究》2012 年第 9 期。
[110] 雷建维、朱亚平：《出口放缓进口微增——2012 年上半年全国水产品进出口情况分析》，《中国水产》2012 年第 9 期。
[111] 贾怀勤、王晓东、李胜男：《中国旅游进口调查统计方法研究》，《国际贸易问题》2012 年第 8 期。
[112] 熊芙蓉：《我国玉米进口价格变化研究》，《价格理论与实践》2012 年第 8 期。
[113] 祝丽杰：《论进口跟单的要素及风险防范》，《对外经贸实务》2012 年第 8 期。
[114] 江剑敏：《中国对进口商品实施反倾销立案调查的统计分析》，《对外经贸实务》2012 年第 7 期。
[115] 唐保庆、王绮、张伟：《知识产权保护下服务贸易进口的经济效应分析：一个理论研究框架》，《经济管理》2012 年第 7 期。
[116] 陈洁：《粮食进口与我国的粮食安全》，《调研世界》2012 年第 6 期。
[117] 邢凯旋、邓光娅：《自主创新、进口和 FDI 的动态互动研究》，《江苏大学学报》（社会科学版）2012 年第 3 期。
[118] 刘厉兵：《当前进口领域存在的问题及对策》，《中国经贸导刊》2012 年第

13 期。

[119] 包诗若：《进口贸易的积极作用及发展战略》，《宏观经济管理》2012 年第 5 期。

[120] 张都、张坚：《我国食品进口安全问题及对策》，《特区经济》2012 年第 4 期。

[121] 陈咏梅、张南：《“特保”措施政治经济评析》，《特区经济》2012 年第 4 期。

[122] 杨丽君：《我国粮食进口国际定价权问题分析》，《改革与战略》2012 年第 4 期。

[123] 李辉：《我国进口商品贸易结构问题的研究——基于 2001 ~ 2010 年数据的经验分析》，《云南财经大学学报》2012 年第 2 期。

[124] 包诗若：《后危机时代全球平衡增长与中国进口战略》，《价格理论与实践》2012 年第 3 期。

[125] 陈勇兵、仉荣、曹亮：《中间品进口会促进企业生产率增长吗——基于中国企业微观数据的分析》，《财贸经济》2012 年第 3 期。

[126] 杨丽华：《基于国际比较视角的进口可持续发展评价体系的构建与实证研究》，《国际贸易问题》2012 年第 2 期。

[127] 张阿娟：《进口贸易与国际智力回流对中国区域技术进步的影响》，《生产力研究》2012 年第 2 期。

[128] 王海峰：《实施积极的进口战略推动发展方式转变》，《宏观经济管理》2012 年第 2 期。

[129] 汪建新、黄鹏：《价格贸易条件变动、进口关税削减与中国加入 WTO 的生产率效应》，《世界经济研究》2011 年第 12 期。

[130] 肖彦、刘威：《跨境贸易人民币结算对我国进口企业财务影响的实证研究》，《财务与金融》2011 年第 6 期。

[131] 陈勇兵、李伟、钱学锋：《中国进口种类增长的福利效应估算》，《世界经济》2011 年第 12 期。

[132] 陈建奇：《稳定外需、进口战略及贸易平衡研究》，《对外经贸实务》2011 年第 11 期。

[133] 王娟、何长江：《中间产品进口对经济增长的贡献》，《经济纵横》2011 年第 11 期。

[134] 王海峰：《我国进口战略初探》，《国际贸易》2011 年第 10 期。

[135] 王利平：《关于扩大进口优化外贸结构有关问题的思考》，《浙江金融》2011 年第 10 期。

国际服务贸易理论与政策研究文献综述

于立新　徐　枫　王献敏*

内容摘要　随着全球主要国家进入服务经济时代，服务贸易对大国经济贸易的提升作用越来越明显。本文从服务贸易理论和服务贸易政策两方面进行探讨。在服务贸易理论方面，传统贸易理论在服务贸易上的适用性方面存在很大争议，新贸易理论和新新贸易理论在服务贸易上进行了扩展应用，然而当前服务贸易理论在统计体系和新兴服务产品领域的发展不足，亟待实现理论突破。在服务贸易政策方面，国际服务贸易政策以自由化为大方向，各国由于本国的实际情况不同，服务贸易政策各具特点；中国服务贸易中服务外包、中医药服务贸易以及文化服务贸易是重点发展领域，然而却存在政策体系不健全、缺乏国际标准、资金扶持力度不够等各种问题，亟须政府完善相应政策，以保证服务贸易健康发展。

关键词　国际服务贸易理论　国际服务贸易政策　中国服务贸易政策

* 于立新，中国社会科学院对外经贸国际金融研究中心主任、研究员，主要研究方向为国际经济、服务贸易与WTO；徐枫，北京联合大学商务学院国际经济系副教授，中国人民大学经济学博士，中国社会科学院博士后，主要研究方向为产业国际化及国际金融服务贸易；王献敏，中国社会科学院研究生院财经系硕士研究生，主要研究方向为国际金融与投资。

一　国际服务贸易理论综述

（一）国际服务贸易相关概念

“服务”和“服务贸易”的相关概念。西方学者对“服务贸易”的概念探讨首先是由“服务”的相关概念开始的。在20世纪70年代末，业内认可的“服务”概念是由霍尔（T. P. Hill，1977）提出的。该观点认为，“服务”主要是指一国直接提供服务产品满足另一国的需要，并换取劳动报酬的活动形式。此外还指出，消费者单位的变化和生产者单位的变化是同时发生的，即服务的生产和消费同时进行，服务一旦生产出来必须由消费者获得而不能储存。

20世纪80年代，巴格瓦蒂和桑普森（J. N. Bhagwatti & G. Sampson，1984）以及斯内普（R. Snape，1985）等相关学者在霍尔的“服务”概念基础之上，分别对“服务”和“服务贸易”的相关概念进行了内涵的拓展及深化。学者们主要是把“服务”区分为两大类：一类为需要物理上接近的服务，另一类为不需要物理上接近的服务。并以此为基础，巴格瓦蒂和桑普森将服务贸易的表现形式分为四个方面：①消费和生产者都不移动的服务贸易；②消费者移动到生产者所在国进行的服务贸易；③生产者移动到消费者所在国进行的服务贸易；④消费者和生产者移动到第三国进行的服务贸易。斯内普将服务贸易中的服务消费者换成服务接收者，并且它既可以是人，也可以是物，采用的分类方法同巴格瓦蒂和桑普森基本类似。而格鲁柏（H. G. Grubel，1987）直接把“服务贸易”界定成人或物的国际流动。[①]

在国际经济交往中，正式使用“服务贸易”这一概念源于1972年，OECD（经济合作与发展组织）在《高级专家对贸易和有关问

---

① 闫红丽：《教育服务贸易中高等教育境外消费的比较研究》，http：//www. docin. com/p－235386702. html。

题报告》中最早说明了服务贸易的相关概念。1974 年，在美国的“301 条款”（即《1974 年贸易法》第 301 条）中，第一次使用了“世界服务贸易”这个概念。目前，理论界达成共识的“服务贸易”概念是指国与国之间互相提供服务的经济交换活动。因此，又将其称为“劳务贸易”，从广义上理解，既包括有形的人类活劳动跨境进行的交换，也包括无形活动的交换。这种交换活动中，一国服务提供者与另一国使用者之间可能是直接接触下交易的，也可能是在不直接接触下完成的交易。广义的服务贸易概念解释了“服务贸易”的交换本质，在国际贸易活动中所提及的服务贸易活动，一般情况下都是指广义的服务贸易。①

（二）国际服务贸易相关理论

1. 服务贸易理论的渊源

（1）服务的劳动价值论。

劳动价值论的理论核心是把价值定义为一种人类劳动，在长期的社会交换进程中，理论界逐渐认识到价值和劳动的本质关系。关于“价值”的定义，马克思认为，价值是凝结在商品中的无差别的人类劳动，是由抽象性的劳动所凝结的。《资本论》中也提到，具体的人或者劳动者能创造价值。劳动决定价值这一理论主要是由英国经济学家配第（W. Petty，1662）提出的，其最为知名的著作是《赋税论》。这种观点认为，抽象劳动创造了商品的价值。服务的劳动价值论与商品的劳动价值论相同，主要表现在商品或劳务的价值取决于体现和物化在商品中的社会必要劳动量。因此，劳动是价值的源泉，商品或劳务交换活动中的交换，其实质是一种劳动（价值）的交换。非实物的劳动成果形成了具有使用价值和交换价值的服务产品，用来衡量服务产品的价值量。②

① 刘庆林：《国际服务贸易》，人民邮电出版社，2004，第 197 页。

② 杨玉华：《互惠贸易利益：基于马克思劳动价值论的现代证明》，《当代经济研究》2013 年第 2 期，第 18 页。

（2）服务的效用价值论。

效用价值论理论产生于19世纪30年代后，该理论定义效用是人的劳动所创造的福利。英国经济学家杰文斯（W. S. Jevons，1862）在论文《政治经济学数学理论通论》中，描述了工资的边际增量是工人生产过程中付出的边际成本，其后于1871年的著作《政治经济学理论》中进一步发展了他的学说。由于效用的衡量是主体的心理评价，具有个体差异，因此其理论也被称为“主观价值论”。效用作为基础，稀缺性作为条件，才能构成物品的价值。而服务效用价值理论从创造效用的角度消除了服务与货物的区别。该理论认为服务是一种效用形式，能够创造财富，带来福利和效用。当效用成为价格，进行交换时，效用就有了价值。服务要素的价值不同，即人力资本、劳动和实物资本所占的比重各不相同，决定了服务的效用的不同种类，如资本密集型、人力资本密集型、劳动密集型等。此外，服务产生的总效用除了市场价值外，还包括外部正效应，这种功能效用与服务产品中的要素价值一起构成了服务的效用价值。马克思劳动价值理论是当代经济学理论的基础和核心。[①]

2. 国际服务贸易相关理论

（1）服务贸易的比较优势理论。

“比较优势适用论”观点认为，国家之间要素禀赋与技术差异最终决定了服务贸易比较优势的格局。如发展中国家的人力资源具有丰裕性，但劳动力素质较低，因此是低端服务贸易产品的出口国；而发达国家高级人力资本充裕，因此是高端服务贸易产品的出口国。“比较优势不适用论”观点认为，相比货物贸易，服务贸易的要素具有流动性，并且服务业的生产和消费是同时进行的，服务产品的投入要素中，除了劳动和资本，还有其他非同质的特殊要素。“比较优势修正论”的观点，首先肯定了传统国际贸易理论对服务贸易领域的适用性，主张在服务贸易的实践过程中，传统理论的应用性要予以适时修正。国际服务贸易纯理论的发展，表现为显示比较优势论

① 孟奎：《经济学三大价值理论的比较》，《经济纵横》2013年第4期，第14页。

和贸易竞争优势论的广泛应用，具体表现在衡量服务贸易比较优势的几个主要指标得到了普遍的应用：应用跨境服务贸易的显示比较优势指数（RCA 指数）及贸易竞争优势指数（TC 指数）等。显示比较优势由美国经济学家巴拉萨（Balassa，1965）提出，是指一个国家某种商品出口额占其出口总值的份额与世界出口总额中该类商品出口额所占份额的比率。通过 RCA 指数可以衡量一国产品或产业的国际市场竞争力，可以定量地描述一个国家内各个产业（产品组）相对出口的表现。贸易竞争优势指数主要应用于分析行业的国际竞争力，能够反映本国生产的一种产品相对于世界市场上供应的他国同种产品来说是否具有竞争优势。TC 综合考虑了进口与出口两个因素，能够反映一国某一产业部门在国际市场竞争中是否具有竞争优势。这是对一国（地区）服务贸易国际竞争力分析时较常使用的测度指标之一，它计算了一国服务贸易进出口差额占其进出口贸易总额的比重，常用于测定一国服务贸易的国际竞争力。该指标作为一个与贸易总额的相对值，剔除了经济膨胀、通货膨胀等宏观方面波动的影响，即无论进出口的绝对量是多少，只考虑相对值的影响。①

（2）服务贸易的要素禀赋论。

要素禀赋论即 H－O 理论，是现代国际贸易理论的基础，也是国际贸易理论的重大突破，该理论的核心思想有狭义和广义的区别。狭义的要素禀赋论主要指赫克歇尔－俄林理论（Heckscher－Ohiln theory，简称 H－O 理论），即要素比例学说。赫克歇尔对贸易的贡献集中体现在 1919 年的《国际贸易对收入分配的影响》一文中，俄林的主要著作有《国际贸易理论》《对外贸易与贸易政策》等。H－O 理论主要是用生产要素的丰裕度或稀缺度来解释国与国之间国际贸易活动的产生和一国的进出口贸易类型。该理论认为各国资源的不同必然使得要素供给产生差异，所导致的要素成本不同是商品价格差异的最主要原因。各国之间同种商品的价格差别使各国产生了进行交换的动机，构成了国际贸易的直接基础。广义的要素禀赋论

① 刘文齐：《国服务贸易动态比较优势分析》，《商业经济》2013 年第 2 期，第 59 页。

（Heckscher – Ohiln – Samuelson Theory，简称 H – O – S 理论）包括狭义的要素禀赋论和要素价格均等化等多重理论思想。该理论是萨缪尔森（P. A. Samuelson）在 H – O 理论的基础上，推导出的国际贸易对价格产生反作用的理论。正因为商品价格的差异导致了国际贸易的发生，所以国际贸易体现的是一国倾向于出口要素密集的产品，进口稀缺要素的产品。而这种商品的自由流动最终会使商品的相对价格和绝对价格均等化，进一步消除了工资、利润、地租等要素收入的地域差异，使同种要素的绝对和相对报酬趋于一致，这样一来，国际贸易成为国家间要素流动的替代品。根据要素的异质性可以解释不同国家之间的贸易效应。[①]

生产要素禀赋在服务贸易中起到重要的作用，一国生产要素的优势成为服务贸易的提供前提。传统国际贸易理论认为，自然资源禀赋是决定国际分工的关键性要素，而具体的资本和劳动是决定生产的主要投入要素。一个国家会利用其比较服务优势，出口禀赋相对丰裕的生产要素服务，进口相对稀缺的生产要素服务，并从中获利。萨皮尔和卢兹（A. Sapir，E. Luts，1981）构造了实证模型检验 H – O 理论，结果证明了要素禀赋在服务贸易上也具有重要作用。麦尔文（J. R. Melvin，1989）在《生产服务贸易：赫克谢尔 – 俄林方法》中成功运用了 H – O 理论解释了要素贸易可以达到同货物贸易一样的结果，从而支持了该理论在服务贸易上的适用性。然而，不可否认的是，服务贸易允许了各国之间生产要素的流动，同时，需求是国际服务贸易的主要决定因素，而非供给。此外，研究服务贸易理论还应考虑文化属性、需求习惯等多重非经济要素，其中，最重要的是一国高级要素的差异。这些都违背了 H – O 理论的假设前提，对该理论在服务贸易上的解释提出了挑战。鉴于此，迪尔道夫（A. Deardorf，1984）率先通过对 H – O 理论的个别约束条件，使其克服了适用服务贸易时的缺陷。其后，伯格斯（D. F. Burgess，1990）

① 韩忠亮：《要素异质性与要素禀赋同质化定理——基于三国贸易动态收益的一般均衡模型》，《国际贸易问题》2014 年第 1 期，第 14 页。

运用修正的H－O－S模型，重点研究了服务技术的差别对服务贸易格局的影响，从而提出了关于服务贸易的一般模型，表明了服务贸易自由化和服务技术出口会改变贸易格局，从而提高出口国的福利水平。[①]

(3) 服务贸易的规模经济和不完全竞争理论。

克鲁格曼（P. R. Krugman，1979）第一个打破了对规模报酬不变以及完全竞争市场的假设，用规模经济和不完全竞争理论分析了国际贸易，其代表作有《萧条经济学的回归》、《流行国际主义》和《国际经济学》等。一方面，由于生产规模的不同，即使要素和技术水平类似，在生产同一种商品时也可能产生不一样的成本，这种成本的差异构成了国际贸易的基础。另一方面，产品的不完全同质使得厂商具有不同的市场地位。当厂商获得了内部规模经济后，贸易的产生使国与国之间形成了统一的市场，新的生产均衡点也由此产生。从服务贸易本身看，很符合规模递增的前提，其一是因为服务产品的特点决定了当服务规模扩大时，边际生产成本趋近零；其二是因为服务具有正的外部性，尤其是公共服务；其三是因为换制成本的存在，消费者会对特定服务产品产生依赖。因此，生产者和消费者对差异化产品的需求形成了国际贸易的原因，而企业对规模经济以及超额利润的追求构成了国际贸易的动力。

在规模经济的理论基础下，马库森（J. R. Markusen，1986）研究了具有较高规模经济效益的生产性服务部门，指出服务贸易具有先入者优势，率先进入市场的厂商会依据规模报酬递增建立成本优势，从而排挤后来者的进入，对后者的福利造成了损失，导致整个社会不是帕累托最优的状态。服务贸易具有不同于H－O的传统贸易的成本特征，而这一特征在相当大的程度上导致了专业化程度的提高和国际分工的发展。因此，马库森的主要结论是，生产者服

① 韩忠亮：《要素异质性与要素禀赋同质化定理——基于三国贸易动态收益的一般均衡模型》，《国际贸易问题》2014年第1期，第17页。

务贸易优于单纯的最终产品贸易，并提出应该由政府对此类的生产性服务厂商进行补贴，以使福利得到提高。其后，琼斯和基尔兹克斯基（R. W. Jones，H. Kierzkowski，1988）将服务链的观念用来研究服务贸易，探讨了企业产出水平的提高、收益的增加和要素分工的益处。他们指出随着社会分工的深化，各个生产区段逐渐分离，不同的国家会选择相对成本较低的区段和服务链进行生产。在各厂商积极利用国际服务链进行高效率分散生产的过程中，国际服务贸易，特别是生产者服务贸易就获得了大幅度增长。这一理论也揭示了在国际服务贸易中生产者服务贸易比重持续上升的根本原因。[①]

（4）服务贸易的国家竞争优势理论。

国家竞争优势理论是国际贸易重要的理论体系之一，又称“国家竞争优势钻石理论”或“钻石理论”，由哈佛商学院教授迈克尔·波特（M. E. Porter，1990）在其代表作《国家竞争优势》中提出。根据波特的国家竞争优势理论，从要素供给角度，用竞争优势取代比较优势，用动态的方法联系生产要素、需求要素、相关产业、企业战略以及机遇和政府。该理论认为，国家之间、企业之间，竞争优势的形成，仅靠初级要素禀赋难以维系，必须将发展的重点转移到高级要素的创造上。如果基本要素条件不够丰裕，也可以通过高级要素进行补偿。因此，一国服务业竞争优势的形成主要取决于两个因素，人力资本与信息技术的产业基础。同时，由于服务的消费和生产具有时间上的统一性，该观点认为一个国家的国内需求是提高服务贸易竞争优势的原动力。从相关产业的角度来看，若干个相互联系的有竞争力的产业可以高度配合，从而形成良好的产业集群效应。在企业方面，国内企业竞争程度高将迫使企业通过技术创新挖掘核心竞争力，从而提高企业的竞争优势。除此之外，政府可以通过经济制度、政策措施等影响产业的发展，在国家竞争力的建

① 黄文升：《中国服务贸易出口规模竞争优势分析》，《对外经贸实务》2007年第8期，第58页。

立上也表现出显著的作用。国外对服务贸易竞争力的研究主要集中在四个方面：一是竞争力的来源，二是竞争力的评价，三是影响竞争力的因素，四是提升竞争力的策略。①

（5）服务贸易自由化理论。

随着经济一体化的发展，各国的门户开放逐渐由货物扩展到服务，各国学者也开始研究服务贸易开放对一国的利益问题。服务贸易自由化理论的主要观点认为，服务贸易自由化是一把双刃剑，自由化是服务经济发展的趋势所向，既给发展中国带来了市场机遇，也给其带来了挑战和风险。服务贸易自由化理论认为，专业化生产、提高服务流量可以促进资源更有效率地配置，提高资源的使用效率，提供质优价廉的服务产品。在特定的要素可以自由流动的前提下，服务贸易自由化可以增进一国的经济福利，增加就业机会，无论是发达国家，还是发展中国家都可以从国际分工中获得服务贸易所带来的利益，并促进一国服务业的发展。针对二战后早期发展中国家对服务贸易开放的保守态度，萨皮尔（A. Sapir，1985）在其论文中分析了发展中国家设置服务贸易壁垒的几点原因，并且指出服务贸易对于发展中国家有重要的意义，尤其是在基础服务设施和教育服务方面，因此发展中国家应该推进服务贸易自由化，扩大服务贸易进口。但是，各国对服务贸易自由化始终存在较大的争议。② 在1997年，豪克曼（Hockman）等人在文章中对生产性服务业进行了研究，说明了服务贸易壁垒对经济的阻碍作用，强调限制部门竞争的不良后果，指出服务贸易自由化对企业和行业的重要意义。在对服务贸易开放度测定的研究方面，主要是运用对外贸易比率法，实证测试一国服务贸易开放的水平高低。服务贸易开放度对一国服务贸易竞争力具有积累效应。③

---

① 江心英、冯雯：《服务贸易竞争力：国内外文献综述》，《中国商贸》2013年第8期，第145页。

② 张小琳、姚新超：《服务贸易自由化的争议与中国的发展趋势》，《国际经济合作》2013年第5期，第29页。

③ 庄惠明、包婷：《基于服务贸易开放度的中国服务贸易竞争力研究》，《华东经济管理》2014年第1期，第51页。

（6）现代服务贸易理论——基于新新贸易理论。

新新贸易理论是国际贸易的学术前沿，诞生于21世纪初。该理论不同于传统服务贸易理论以及新贸易理论从产业角度分析的方法，它将研究视角聚焦于企业的微观层面，研究企业出口贸易行为和对外投资的选择，主要是源于企业之间生产率的差异性。这些研究将原来的常数替代弹性偏好假设放松为异质企业的假设，并且运用企业层面数据展开实证分析。鲍尔温（2005）、丘东晓（2006）等学者将关于异质企业贸易模型和企业内生边界模型的理论称为“新新贸易理论”（New - New Trade Theory）。新新贸易理论有两个分支，一是以梅里兹（Melitz，2003）为代表的学者提出的异质企业贸易模型，另一个是以安特拉斯（P. Antras，2003）为代表的学者提出的企业内生边界模型。异质企业贸易模型主要说明了贸易能够引发生产率较高的企业从事出口，而低生产率的企业则在本土生产甚至退出市场；企业内生边界模型主要解释了企业在进行国际化的过程中，在企业边界内部生产中间投入品时做出不同选择的原因。二者同时都研究了什么决定了企业会选择以出口方式还是FDI方式进入海外市场。新新服务贸易理论在服务贸易上的运用表明，服务业生产率是服务贸易出口的原因，服务企业出口选择，也是由于全要素生产率之间的差异性。同时，服务业生产率与服务业出口贸易之间具有强正向相关关系，并且二者之间具有长期稳定的均衡关系。①

异质企业贸易模型已成为国际贸易与对外直接投资领域研究的一块基石，该模型将贸易理论的传统方法和新方法相结合，将企业的生产率差别和出口的固定成本有机地结合起来，解释了出口企业和跨国公司生产率差异的原因，丰富了贸易和FDI的研究类型。安特拉斯将契约模型融入标准的一般均衡贸易模型，不仅用贸易模型解释了要素禀赋不同导致的各国出口产品要素密集度的差异，也解

① 陈景华：《服务业全要素生产率与服务贸易出口——基于新新贸易理论的视角》，《山东财政学院学报》2014年第1期，第111页。

释了企业组织形式的差异，为国际贸易理论的发展做出了创新。异质企业贸易模型和企业内生边界模型为代表的新新贸易理论界定了新的比较优势来源：企业异质性和企业组织选择，单个企业行为会影响所在产业的结构变化。①

3. 国际服务贸易研究亟待突破的理论领域

（1）服务贸易统计领域相关理论。

服务贸易的发展离不开服务贸易的统计，服务贸易统计是推动服务贸易发展的一个重要环节，因此服务贸易统计问题的研究和探讨正逐渐成为各国研究探讨的重要任务之一。目前国际上都是以《国际服务贸易统计手册》为基础，遵循《服务贸易总协定》（GATS）关于国际服务贸易的定义为基本原则开展统计工作的。国际服务贸易的统计传统上主要有两种方法，一是依据 BOP（Balance of Payments，简称 BOP）统计体系核算，二是遵循 GATS 的框架体系核算的 FATS（Foreign Affiliates Trade in Service）统计。FATS 统计反映了外国附属机构在东道国发生的全部商品和服务交易情况，包括与投资母国之间的交易，与所有东道国其他居民之间的交易，以及与其他第三国之间的交易，核心是其中的非跨境商品和服务交易。对任何一国来说，直接投资都是双向的，既有外国在本国的直接投资，也有本国在外国的直接投资。这种投资的双向流动反映在统计上，就形成了 FATS 的内向统计和外向统计。就报告国而言，记录外国附属机构在本国的交易情况的统计，称为内向 FATS 统计；记录本国在国外投资形成的附属机构在投资东道国的交易情况的统计，称为外向 FATS 统计。当然，FATS 统计在操作中仍存在一些难处，目前《国际服务贸易统计制度》仍存在较大的困难。②

（2）服务贸易新兴领域相关理论。

信息产业的高速发展，催生了很多跨界服务的新兴领域，以互

---

① 樊瑛：《异质企业贸易模型的理论进展》，《国际贸易问题》2008 年第 3 期，第 124 页。

② 张卫、陈志林：《完善区域国际服务贸易统计研究》，《统计科学与实践》2013 年第 8 期，第 15 页。

联网金融、跨境数据传输以及跨境电子商务为代表。互联网金融是在信息化背景下所产生的创新金融服务提供模式，在融通资金、资金供需双方的匹配等方面直接触及传统金融业务的核心部分。由于多元化的交易功能和便利性的支付功能，其发展的规模效应极为明显。跨境数据移动作为全球信息化的迫切要求，在很大程度上方便了人们的沟通和交流，然而由于市场开放水平、监管措施等环境的不同，跨境数据传输所表现出的外部效用很不稳定，在发展轨迹、对人们以及社会的福利提升作用等方面尚不清晰。跨境电子商务主要分为企业对企业（即 B2B）和企业对消费者（即 B2C）的贸易模式。跨境电子商务构建的开放、多维、立体的多边经贸分销网络，极大地拓宽了进入国际市场的路径，增强了企业的竞争优势，促进了多边资源的优化配置与企业间的互利共赢。①

二 国际与中国服务贸易政策

（一）国际服务贸易政策评述

近几年，服务贸易对经济的推动作用越来越显著，各国的外贸政策也逐渐偏向于服务贸易。随着经济全球化的不断推进，服务贸易自由化趋势进一步加强。国家之间的联系越来越紧密，越来越多的双边和多边谈判陆续拉开序幕，一国的服务贸易政策对别国的服务贸易开展所产生的联动反应，使得国际服务贸易政策环境也变得更加复杂。

1. 服务贸易总协定（GATS）的政策规则

WTO 作为管理世界经济和贸易秩序的国际组织，在其体制中对服务贸易规则的要求集中体现在附件《服务贸易总协定》中。GATS 自 1995 年生效至今，是一个促进服务贸易自由化的国际多边协定，

① 张向朋、袁玲玲、卜坤：《电子商务在我国现代国际贸易中的应用综述》，《现代商业》2014 年第 1 期，第 92 页。

凡签署了协定的国家在制定服务贸易政策时都要受其约束，因此它在很大程度上协调了各方的贸易政策，促进了国际服务贸易的自由化。

（1）GATS 中的服务贸易政策含义。

（a）最惠国待遇。

最惠国待遇是 GATS 的一项一般义务，规定了成员国在给予优惠待遇时，对各国都要秉持公平、无歧视的原则，并且这条规则适用于 GATS 中的任何措施。更重要的是，这项条款对于发展中国家与发达国家是“无条件的”。这样的规定就使得在进行服务贸易时，发展中国家不用被本国的服务业开放程度和发展水平所限制，可以同样分享减让措施。最惠国待遇原则消除了各国之间的待遇差别，对于打破国际卡特尔，实现国际服务贸易的公平起到了积极的作用。

（b）国民待遇。

国民待遇作为最惠国待遇的重要补充，在 GATS 中属于具体承诺的一项条款，不仅适用于服务产品，也同样适用于服务提供者。国民待遇是 GATS 中非歧视原则的另一体现，确保了国外的服务提供商与本国的商家可以拥有同等的商业机会，并且处在相同的竞争环境中。另外，由于国民待遇不是一般性义务，允许了政府对个别行业的管制，因此，该项条款在促进了服务贸易自由化的同时，也为各国保护本土弱势行业或命脉产业留下了回旋的余地。

（c）市场准入。

市场准入作为 GATS 的另一个具体承诺内容，直接针对的是一国的服务行业垄断以及政府对外来服务的政策限制。若要进一步提高服务贸易的自由化水平，各国的政策配合是非常重要的。对于目前广泛存在的服务行业市场准入限制，想在短时期内取消是不现实的。因此，GATS 规定各国可在谈判时，对市场准入的具体承诺提出开价单并制定实施时间表，从而逐步推进市场的开放，给予各国政策和经济调整的缓冲机会，使服务贸易自由化能够顺利实现。

（2）GATS 政策的局限性。

近年来，随着服务贸易发展迅速，GATS 暴露出了许多自身的问题。1995 年生效的 GATS 局限性越发明显。

（a）最惠国待遇存在例外条款。

在 GATS 中最惠国待遇是最基本的一般义务，然而却存在诸多例外，使这项条款作用的发挥大打折扣。[①] 某些成员国很有可能利用这种例外的存在，实行有差别的服务贸易政策，在制定具体规则的时候扭曲最惠国的原则性规定，对其他国家造成不公。同时，这种存在歧视的政策极易带来连锁反应，促使其他国家也纷纷效仿，规避 GATS 的限制，从而背离了 GATS 推进服务贸易自由化的初衷。

（b）市场准入与国民待遇条款缺乏约束力。

正如上文所述的，市场准入与国民待遇并不具有普遍性，对成员的约束力有限，也成为各国在具体承诺中争议的焦点。这样的规定是各国协调利益的结果，给予了国家更多的自主权。然而正因为这些政策不具有普遍的效用，在某种意义上允许了服务贸易保护，各方会从自身的利益出发，造成对条款的解释和执行不一致，甚至滥用这些规则，影响到各国对 GATS 政策的实际履行程度。[②]

（c）政府采购、补贴等领域政策缺失。

GATS 规定最惠国待遇、国民待遇等并不适用政府采购、补贴等领域。这类内容的缺失使作为多边服务贸易规则的 GATS 失去了完整性，给贸易保护创造了机会。虽然 GATS 鼓励各国谈判的时候对这些事项进行磋商，但是由于缺乏原则性的约束，成员国会更倾向于在这些领域实施保护，不仅提高了贸易摩擦的可能性，也增加了谈判的成本。

2. 国际服务贸易政策演变与最新发展动向

1972 年经济合作组织（OECD）专家组在《高级专家对贸易和

---

① 刘金花：《服务贸易总协定的缺陷及完善探讨》，《山西青年管理干部学院学报》2008 年第 2 期，第 53 页。

② 刘珈珞：《GATS 国民待遇条款缺陷之分析》，《台声》2005 年第 6 期，第 83 页。

有关问题报告》中，首次提出了“服务贸易”的概念并对开放服务业提出了建议。在此之前，虽然没有明确提出过“服务贸易政策”的说法，但是随着各国贸易的深入，在制定对外贸易政策时，已经逐渐纳入了有关服务贸易的措施和法规。

（1）二战后初期的发达国家服务贸易自由化与发展中国家服务贸易保护政策。

在二战之后，以美国为首的发达国家进行了大量的货物输出，这其中也伴随着大量资金和技术的输出。发达国家开始重视服务贸易所带来的利润，采取服务贸易自由化的政策，设置较少的服务贸易壁垒。与此相反，发展中国家大多刚摆脱殖民，各项产业百废待兴，对服务贸易态度保守，对境外服务贸易输入设置重重壁垒。因此，为了扩张市场，当时的美国积极推动关税与贸易总协定的建立，在世界范围内推行服务贸易自由化的政策。

（2）20世纪60年代以来有限制的服务贸易自由化政策。

由于服务贸易的附加值远远高于低端货物贸易，同时，开放的条件也引进了更多的技术，因此，发展中国家开始实行自由化的服务贸易政策，逐渐开放服务领域。虽然服务贸易自由化已是各国的共识，但由于服务贸易所涉及的领域越来越广，加之不同国家的发展程度不同，各国对服务贸易采取的自由化是有管制的。首先表现在保护本国的弱势产业，通过关税、市场准入、补贴等手段阻碍外来竞争者或是削弱外来服务产品的竞争优势。其次是对于控制一国经济命脉的行业，如通信、金融等，基于保护国家安全的需要，各国往往都会采取较高壁垒的保护政策。最后是对于意识形态领域的服务产品，为了抵御文化侵略，各国也进行了不同类别以及不同程度的进口限制。

（3）信息化时代的国际服务贸易政策动向。

随着信息革命浪潮的席卷，全球已经进入信息化时代，信息技术在生产力提升方面的作用越来越显著。出于对信息安全的考虑，各国在早期对本国的信息产业都采取保护的措施，然而信息全球流动以及网络全球覆盖的趋势迫使各国逐渐放开市场。因此，目前各国的服务贸易政策逐渐向信息网络服务领域倾斜，比如互联网金融、跨境数据传输和跨境电子商务。各国在这些新兴领域，一方面采取产业支持的措施，力求企业的创新；另一方面加强相关法律法规的建设，加大监管力度，以保证市场的正常运行。各国跨境整合新规则的出台，将引导互联网规则以及信息流动的规范式发展。

3. 主要国家与经济体的服务贸易政策特点

从全球范围来看，世界服务贸易额排名前十位的名单中只有中国和印度是发展中国家，发达国家仍然占主导地位。这些发达国家和地区往往已经具备成熟的服务贸易政策体系，具备开放的条件和实力，而发展中国家的服务贸易还处于探索阶段，因此政策更倾向于保护本国的市场。

（1）美国：以自由化服务贸易政策为名义，实则多领域服务贸易壁垒重重。

美国一直以来都是服务贸易进出口第一的大国，其之所以成为头号服务贸易强国，除了科技的进步以外，其服务贸易政策也发挥了积极的作用。

（a）以促进出口为导向的服务贸易自由化政策。

美国是服务贸易政策自由化的积极倡导者，在 GATS 中的多个服务行业都有较高的承诺水平。美国将“服务先行”作为国家出口的重要战略，其服务贸易政策特别强调向海外市场扩张。首先，美国政府联合相关部门制订了各种鼓励服务出口的计划，把政策重点放在有竞争力的金融保险、教育服务、旅游等领域。同时，美国不断加大在基础设施以及技术密集型服务行业的投资力度，对一些重大的服务项目出口还建立了特殊的支持体系。其次，美国将贸易法中的“301 条款”适用范围扩展至服务贸易领域，要求别国以公平互惠为原则，消除服务贸易壁垒，否则便实行单边报复。最后，美国常常订立双边或多边协议来拓展服务贸易市场，利用其在经济和政治上的影响力，降低别国的准入条件，达到扩大服务出口的目的。

（b）多领域实行服务贸易保护政策。

虽然美国的服务产品国际竞争力很强，但是在各个部门仍然实行严格的市场准入和经营业务限制。比如在银行业，美国仍未完全实现其承诺的公开银行准入标准、审批环节以及相关法规措施，这种故意的政策模糊导致别国银行在美国申请建立分行时会遇到种种麻烦；在保险业，美国各州对保险业的立法不统一，有不同的注册、运营规定，而且在经营时需要符合美国不同金融机构的多项要求，这无疑提高了外企的进入成本，构成了严重的政策障碍；在航空运输业，美国政府规定了对外国企业的股份有比例限制，同时外国的航空公司不能提供国内航线的服务。这项保护措施直接控制了外商在航空业的经营条件和范围，妨碍了市场的公平竞争。可以看出，美国虽在表面上积极推动服务贸易自由化政策，但实际上对进入者设置了较高的准入壁垒，背离了自由化的原则。

（2）欧盟：对内实行全面自由化政策，对外实行较为开放的服务贸易政策。

欧盟以发达的服务业为基础，是世界上最大的国际服务贸易集团，其服务贸易政策分为区域内政策和区域外政策两部分。

（a）区域内实行全面的服务贸易自由化政策。

欧盟委员会一直致力于消除各成员国之间的壁垒，促进盟内服务贸易一体化。2003年5月欧委会出台的《2003～2006年欧盟内部统一市场战略》便是促进盟内服务业市场一体化的重大战略决策。其后推出了《内部市场服务业指令》，对盟内服务的自由流动进行了原则上的指导性规定，要求各国降低准入标准，并且简化跨国服务企业的行政手续。[①] 欧委会不仅为区域内服务贸易提供便利，还要求各国颁布和实施鼓励服务贸易发展的指令，促进国内服务业的发展。其中，欧盟特别强调金融服务的完善，从而为服务贸易一体化建立基础。归功于欧盟内部的政策支持，目前盟内已经基本实现了服务的自由流通。

---

① 邵渭洪、戴越：《国际服务贸易——理论与政策》，上海财经大学出版社，2013，第144页。

（b）区域外实行较为宽松的服务贸易自由化政策。

在对区域外国家的服务贸易部分，欧盟的政策也表现出较高的开放水平。在银行业，非成员国对欧盟采取国民待遇，则也可以取得欧盟的银行执照，并自由建立分公司和提供服务。在保险业，欧盟根据互惠原则对第三国开放保险行业，并承诺给予第三国保险机构全面最惠国待遇基础上的国民待遇。在航空运输业，欧盟近几年采取开放的服务贸易政策，与众多国家签署了双边协议，扩大了航线范围，在很大程度上促进了航空服务的自由化。这一系列的对外服务贸易政策显示出对外商的较低准入门槛设置，总体来说基本可以实现公平竞争的市场环境。作为欧盟2020战略的核心组成部分，2011年出台的《欧盟2011～2015年贸易政策文件》中提出，欧盟接下来要进一步完善内部统一的服务大市场，并且与主要伙伴系统性地开展监管合作，从而消除隐匿在国境线之后的壁垒，进一步促进国际服务贸易。

（3）日本：渐进式服务贸易开放政策，某些行业管制较严。

（a）渐进式自由化服务贸易政策。

日本的服务贸易长期处于逆差，因此在服务贸易政策选择上也较为慎重。日本虽然在超过100个服务贸易领域承诺放宽准入限制，但采取的政策是逐步放宽的方式。[①] 例如在金融服务方面，日本从汇率开始，逐渐放松资本管制，同时加强金融监管，促进金融机构竞争，提高国际竞争力。在电信服务方面，《电信事业法》作为日本该领域的主要政策框架，前后进行了多次修改，逐渐取消了部分外资管制，并降低了进入门槛，然而日本电信市场垄断格局还未根本改变，有待进一步的开放政策。可以看出，日本在服务贸易开放上采取的政策较为保守，每一步的政策推进幅度不大，以求在最大程度上保护本国的服务业免受冲击。

（b）某些行业实行严格的服务贸易准入政策。

日本在推行服务贸易自由化政策的同时，在某些服务行业会设

---

① 何茂春：《各国服务贸易政策》，http：//tradeinservices. mofcom. gov. cn/index. shtml？ method = view&id，2007。

置严格的准入限制，突出表现在金融服务和建筑服务方面。在金融领域，日本的金融服务竞争力较强，日本政府对本国金融服务仍实施保护政策。例如外国银行虽然可以进入日本信托市场，但是日本对外资银行加入日本国债托管和清算系统会员资格规定了严格的限制。此外，作为日本支柱产业之一的建筑业，长期以来设置了较多不合理的管理制度和人员流动限制，在很大程度上削弱了外国企业的竞争力，排斥外来的进入者。日本这种在多个领域实行高度保护政策的做法，在短期内的确达到了削弱外商竞争力的效果，然而从长期来看，竞争的缺乏也容易造成国内服务产品水平难以提升的局面，反而有害于服务贸易的发展。

（4）印度：对于不同发展阶段的服务业，实行不同的服务贸易政策。

与大多数发展中国家不同，印度的服务贸易排在全球前列，其服务贸易政策在优势服务行业表现为自由化，而在竞争力较弱的服务行业则表现为政策保护。

（a）服务贸易政策高度自由化的领域。

印度的软件服务的出口增长迅速，服务外包更是占据了全球市场近一半的份额。正是鉴于在软件服务方面的强大竞争力，印度的软件服务方面的政策自由度很高，不仅对本国的软件服务出口企业提供了较多的资金支持，还大力改善投资环境，放宽外汇管理和准入限制，鼓励外商投资，并且外商控股可达100%。同时，印度对电信部门的政策开放度也普遍高于其他发展中国家。印度鼓励与外资联营的民营公司投资电信业，并且将电信业中外国直接投资的比例上限提高至74%，希望借引入竞争来促进本国电信服务的发展。[①]

（b）服务贸易政策适度自由化的领域。

印度的金融服务、航空服务、建筑服务等部门虽然已经对外开

---

① 刘东升、蒋先玲：《国际服务贸易：原理、政策与产业》，对外经济贸易大学出版社，2012，第136页。

放，但是国内服务贸易政策在一定程度上设置了保护壁垒。在银行服务上，对外资银行的经营形式以及设立的数量都有限制；在航空服务市场，外资进入有49%的控股上限；在建筑服务领域，对外资进入不设限，但对开发面积以及撤回初始投资的时间都做了规定。上述三项都是印度服务业中发展相对一般的行业，因此在政策上提供了适当的保护，不过，随着行业的发展，这些领域的服务贸易政策也在逐步放宽。

（c）服务贸易政策高度保护的领域。

会计服务、法律服务等都是印度服务贸易政策保护度很高的部门。在会计服务领域，明确规定禁止外商从事企业的审计业务，而且不允许外国直接投资。[①] 在法律服务领域，对外来人员注册律师方面设置了很多限制条件，同时，不允许外资进入。印度在这些非重点领域采取的政策非常保守，在规避了竞争的同时，也防止了外资的冲击。这种建立在产业发展基础上的服务贸易开放方式，使印度在最大程度上保持了行业政策的独立性和完整性。

（二）中国服务贸易政策评述。

我国近几年一直坚持服务业的开放，把服务贸易作为我国经济转型战略的重要调整方向，并先后出台了多个政策支持服务业和服务贸易的发展。2011年9月27日发布的《服务贸易发展“十二五”规划纲要》（简称《规划》），作为我国发展服务贸易的指导性文件，对我国在“十二五”期间的服务贸易的规模、结构、开放水平、国际竞争力以及区域发展均做出了要求，并且为了确保目标的实现，提出了七项战略任务、八项保障措施和三十个重点领域，对服务贸易的发展做出了细致的部署。而这其中，尤其是以服务外包、中医药服务贸易、文化服务贸易为代表的新兴领域最为瞩目。

① 刘东升、蒋先玲：《国际服务贸易：原理、政策与产业》，对外经济贸易大学出版社，2012，第137页。

1. 服务外包政策评述

目前跨国公司为了降低成本或是调整战略，将更多的业务外包到成本更低的国家，为我国的服务外包市场提供了机遇。同时，随着我国产业结构转型升级和建设创新型国家的深入推进，国内服务外包市场潜力巨大。

（1）中国服务外包政策措施。

我国近几年相当重视服务外包的发展，2009 年 2 月国务院办公厅发了《关于促进服务外包产业发展问题的复函》，批准了 20 个城市为服务外包示范城市（目前已增至 21 个），并对这些试点城市提供了税收、资金等各方面的支持。同时，这些示范城市根据各自园区的发展特色，出台了地方的配套政策。服务外包示范园区的建设可以产生很好的规模效应，是推动服务外包产业发展的着力点，配合政策的引导，在增加了资本的同时可以提高各项投入的利用率，打造较高水平的外包示范园区。

由于服务外包产业信息技术承载高，附加值大，需要大量的高素质智力型人才。因此在人才培养方面，商务部于 2006 年发布服务外包“千百十工程”人才计划，其后又陆续推出了不少关于服务外包人才培养的政策。统计显示，截至 2013 年底，我国服务外包从业人员达到 536.1 万人。其中大学（含大专）以上学历 355.9 万人，占从业人员总数的 66.4%。[①] 可以看出，我国服务外包人才政策的效果显著，将大量优质劳动力引向外包部门，有助于我国外包产品竞争力的提升，以及外包企业向新兴领域的转移。

（2）中国服务外包政策不足之处。

（a）政策措施力度不够。

我国虽然对服务外包的发展越来越重视，但是就目前的情况看，我国与服务外包相关的政策远不能满足服务外包进一步发展的需要。商务部等部委出台了一系列政策支持服务外包发展，然而由于门槛高、受益面窄等问题，对多数中小服务外包企业的政

① 数据来源于商务部发言人沈丹阳于 2014 年 1 月 16 日举行的例行发布会上的发言。

策效果不够好。同时，我国服务贸易补贴政策在高端服务外包领域的补贴力度非常有限，将重点放在了低端的外包领域，这不利于服务外包对中国服务业的带动作用。[①] 此外，服务外包涉及的领域较广，需要一整套的政策支持，对此，我国服务外包政策的覆盖面有待拓宽。

（b）离岸与在岸政策不协调。

从我国现行政策看，以鼓励离岸服务外包为主。虽然在部分省《商务发展第十二个五年规划纲要》和《中国国际服务外包产业发展规划纲要（2011～2015）》中均提到了要均衡离岸与在岸的服务外包发展，但也只是在原则上提出这一点，接下来的具体细则基本都是针对离岸外包，很少有实质体现对在岸外包支持的政策。[②] 因此在实际中，我国的服务外包发展偏向仍是离岸外包。

（c）对知识产权保护不足。

目前越来越多的跨国公司选择服务外包，外包的内容中核心业务的比例越来越高，这就要求接包方国家有良好的知识产权保护措施。然而我国目前的政策中对知识产权的保护还不够完善，在信息安全方面的法律法规尚未健全，一些与产品核心竞争力相关的研发外包，一旦泄露会给发包方造成巨大的损失。因此，上述因素会在一定程度上影响发包企业对我国承接地的选择。

（d）人才培养机制不够健全。

中国虽然人力资源丰富，但是缺少高端技术人才和管理人才。我国于2006年开始执行“千百十工程”计划，已经在很大程度上提高我国服务外包人才的数量和质量。然而，由于“千百十工程”主要是财政支持服务外包领域的人才培养，在落实的过程中会出现培训人员最终未从事服务外包工作的现象，导致了政策的执行偏差。此外，我国的人才计划大幅度地提高了服务外包的基础人才和中端人

① 蒙英华、于立新：《服务贸易补贴及中国政策绩效评估》，《国际贸易》2013年第10期，第66页。

② 李钢、李西林：《服务外包产业：中国经济升级版的新动力》，《中国流通经济》2013年第10期，第15页。

才，高端人才仍然缺乏。由此可见，我国的服务外包人才培养政策还不健全，这也是我国服务外包总在低端水平徘徊的重要原因之一。

2. 中医药服务贸易政策评述

（1）中医药服务贸易政策。

中医药产业作为服务贸易“十二五”规划中的重点领域，是我国的特色民族产业，具有巨大潜力和发展空间。2012 年 4 月，商务部会同国家中医药管理局等 14 个部委共同发布了《关于促进中医药服务贸易发展的若干意见》，就我国如何发展中医药服务贸易做出了全面的阐述和指导，确定了总体的原则、目标、任务以及政策措施，大大推进了中医药服务贸易的进度。我国中医药服务业市场的开放，一方面可以扩大中医药的国际市场份额和影响力，增加收益；另一方面引入了竞争，有利于刺激中医药服务质量水平的提升，推动中医药的科学发展。

2013 年 5 月 29 日，中国（北京）服务贸易交易会开设了中医药专题，布置了中医药服务贸易展区，为中医药国际化搭建了良好的平台。次日，商务部和国家中医药管理局联合公布了《关于开展中医药服务贸易重点项目、骨干企业和重点区域建设工作的通知》，计划经过 3 年努力建设一批中医药服务贸易骨干企业。中医药服务贸易平台的搭建为中医药“走出去”拓宽了道路，提高了国际交流合作的机会，另外，试点单位的建立不仅为中医药服务贸易提供了实质依托，还可以在试点的过程中探索适合我国中医药服务的发展道路，共同解决贸易中遇到的难题。

（2）中医药服务贸易政策不足之处。

（a）中医药服务及相关领域缺乏政策统筹。

虽然我国的中医药服务贸易已经遍布 168 个国家地区，却长期处于低水平无序的状态，比较分散，缺乏系统的整合。各个企业单位也是各自为政、粗放运行，无法在最大程度上发挥各自的优势，效率提高缓慢。同时，政府部门对医药服务贸易的管理和引导机制也不健全，体制的不顺导致某些扶持和优惠政策没有达到真正的促进目的。这些因素都直接影响了中医药服务贸易规模的扩大。此外，与中医药服务贸易相关的支持产业措施也没有同步推进，包括市场研究、信息咨询、营销、物流等，目前都不能在统一层面做出系统的管理和统筹。① 如果这一系列步骤不能顺利实行，中医药服务贸易也不能可持续发展。

（b）中医药服务与货物贸易促进政策缺乏互动机制。

在中药生产上，我国的中药由于技术、准入等原因一直只在亚洲市场上徘徊，2012 年才首次进入欧洲市场，中药的国际化进程缓慢且艰巨。虽然目前我国中医药服务贸易在国外已经具有一定规模，中医的诊断以及疗法（针灸、刮痧等）均得到了广泛好评，但正是因为中药的缺席，所以我国的中医药服务贸易模式多为保健而非医疗。在这一点上，我国现行的促进政策并未把两者联动考虑，只是单独针对两者做出了规划，导致目前中医药服务开放的脚步明显快于中药的开放。可见中药若迟迟未能进行大规模的贸易，最终会拖累中医药服务的开展。

（c）中医药服务国际标准的建立缺乏政策推进。

中医药是中国的特色产业，我国在发展中医药服务贸易时独具优势，然而也正因为中医药是我国独有，走出去时缺乏一个国际认可的质量标准和行业规范，这使得中医药服务的技术性和可靠性陷入了无法衡量的境地。2012 年出台的《关于促进中医药服务贸易发展的若干意见》中提出要推进中医药服务体系国际化，促进行业标准和国际标准的建立，然而在实际工作中任务的进展缓慢，并且缺乏进一步的政策支持。其一，我国的中医文化虽然在全球范围内传播很广，但是中医药作为一门医学的认可度和接受度还不高；其二，在制定中医药服务国际标准方面没有经验可供参考，也无疑提高了标准制定难度。

3. 中国文化服务贸易政策评述

我国的文化产业在 2009 年《文化产业振兴计划》出台后正式上升为国家的战略性产业。目前我国文化服务贸易由于起步较晚，存在出口不足、逆差较大、国际影响力弱等问题，发展严重滞后。

① 尚力：《中医药服务贸易发展空间很大》，《中国对外贸易》2013 年第 4 期，第 59 页。

（1）中国文化服务贸易政策。

为了支持我国的文化产品和服务的出口，商务部、文化部等部门在2007年共同制定了《文化产品和服务出口指导目录》，并于2012年进行修订，引导我国的优秀文化抓住机遇走出去。2013年初发布的《国家“十二五”时期文化改革发展规划纲要》中提出对文化贸易的优惠政策要继续加强，同时鼓励优秀的文化企业走出去。2013年5月推出的《文化部“十二五”时期文化改革发展规划》相比于前者，政策更加细化，在文化贸易方面，要求加大文化的传播覆盖面，培育文化品牌，扭转文化服务逆差过大的局面。这些文化服务贸易的支持政策一方面是针对我国文化服务产品水平低的情况，运用资金投入鼓励企业拓展规模，增强创新能力；另一方面积极创造我国文化服务走向国际的机会，以开放带动文化服务的发展。

（2）中国文化服务贸易政策不足之处。

（a）缺乏文化服务贸易促进政策。

我国的文化服务贸易才刚起步，各项发展措施都不健全，比较突出的一个问题就是缺少专门的文化服务贸易促进政策和法律。在我国发布的各种关于文化服务的文件中，虽然都提出要推进文化服务的出口，提高文化服务的水平，但是一般只是在原则上提出目标以及规划，一直都未提出一整套详细的，包括项目审批、税收优惠、外汇管理等方面的，重在推动本国文化服务开放的政策，而这类政策的缺位会直接拖慢我国文化服务出口的脚步。

（b）对文化企业资金扶持政策力度不足。

我国的文化产业近几年产值迅速增加，文化企业和金融机构也开始了合作，但大部分文化企业仍面临融资困难的问题。一方面，我国的政策明确限制了外资进入本国的文化产业，在一定程度上阻碍了资金来源。[①] 另一方面，我国的大多数文化企业规模化程度不

① 刘东升、蒋先玲：《国际服务贸易：原理、政策与产业》，对外经济贸易大学出版社，2012，第290页。

高，核心竞争力不强，融资机构不倾向对这类具有很大不确定性的企业提供资金。因此，我国政府对文化企业的资金支持显得尤为重要。然而就目前的情况来看，我国在文化产业资金方面的政策扶持明显满足不了需求。某些优秀的文化服务企业、有潜力的文化企业很有可能因为资金的问题而无法发展，不利于我国文化服务贸易规模和水平的提升。

三　国际服务贸易理论与政策发展的综合评论

（一）国际服务贸易理论发展的综合评论

1. 国际服务贸易尚未形成完整的理论体系

（1）服务贸易在全球经济中始终处于被低估的地位。

在古典经济学占统治时期，服务的价值属性较低，服务的不可贸易性思想占据了较长的时期。其主要原因在于，在社会经济的不同阶段，人类社会的发展进程中，由农业经济向工业经济社会过渡的过程里，服务对经济的贡献作用有限，得不到传统经济学界的承认。因此，长期以来，排除了服务贸易理论独立存在的可能性。20世纪70年代以前，主导国家间贸易交换的主体仍然始终是货物贸易，由于服务贸易没有引起足够的重视，理论的进展长期以来都较为缓慢。因此，服务贸易相关理论发展较晚，至今尚未形成完整的服务贸易理论体系。

（2）服务贸易的相关理论研究起步较晚。

从时间上来看，对服务贸易的研究开始的第一阶段是20世纪90年代。由于处于探索性阶段，认识较为有限，因此，最初对服务贸易的研究也仅仅局限在表面领域，主要是从服务贸易产生的原因、服务贸易的地位等理论外沿进行了探索性的研究，并没有进入实质性内容的研究领域。在最初的服务贸易理论研究阶段，主要研究内容包括：国际服务贸易产生的原因，以及在以往的贸易活动中地位长期被低估的原因，并分析了目前服务贸易在全球经济活动中的重要性。相关研究指出，服务贸易已经成为世界贸易的重要组成部分，并且在未来国际交换中，将上升至越来越重要的地位。未来的经济将是以服务经济为主导的国际经济格局。直到20世纪90年代，琼斯等学者提出的生产区段与服务链理论较为正规地解释了服务贸易的出现原因。该观点主要从服务的聚积、扩展与分散的视角进行了研究。主要观点认为，收益的增加和要素分工的益处，使服务的生产阶段出现了分散的态势，当生产过程的分散呈现出国际化的趋势时，这时服务的生产过程逐渐扩散到不同国家生产区段合作完成。在此过程中，国际服务纽带的需求就会明显上升，诱发了产生服务贸易的交换活动。①

2. 传统国际贸易理论是否适用于服务贸易一直处于争议状态

在服务贸易理论的研究中，对于比较优势理论和要素禀赋理论这种传统贸易理论，学者大多围绕其适不适用于服务贸易进行探讨。而对于其后的贸易理论，学术界则是在原有理论的基础上，在服务贸易领域进行了理论拓展，从而使其能解释并指导服务贸易的发展。

传统国际贸易理论中最基础的理论是比较优势论，该理论源于李嘉图（D. Ricardo，1817）在《政治经济学及赋税原理》中对劳动价值理论的继承和发展。对于传统货物贸易理论应用在服务贸易理论领域的适用性问题，主要存在“适用论”、“不适用论”和“修正论”三种不同观点。“适用论”观点认为，比较优势原理完全适用于服务贸易；“不适用论”观点认为，相比货物贸易，服务贸易的要素除了具有流动性的特点，投入要素中还有其他的非同质的特殊要素；“修正论”的观点，首先肯定了传统国际贸易理论对服务贸易领域的适用性。主张在服务贸易的实践过程中，传统理论的应用性要予以适时修正。长期以来，理论界基于这三种不同的论点，一直处于争议状态。

3. 现代服务贸易理论正在不断发展和逐步完善

劳动价值论和效用价值论是服务贸易理论的渊源，解释了

① 梅林：《服务供应链视角下服务业集群的评价研究》，《今日中国论坛》2013年第21期，第136页。

服务贸易活动的本质是交换服务产品中的人所付出的劳动。劳动价值不过是效用价值的一种形式而已。目前，学术界普遍使用的是服务贸易纯理论的显性比较优势论和贸易竞争优势论，其中的两个指数是研究服务贸易最具说服力的指标，可以判定一国的哪些产业更具出口竞争力，从而揭示一国在国际贸易中的比较优势。

不同于传统的服务贸易比较优势理论，国家竞争优势理论不仅说明了对固有资源禀赋产业优势的保持，同时更强调潜在优势的发挥。在当今的国际服务贸易竞争中，劳动力密集、自然资源等初级要素禀赋的优势正在被逐渐淡化。随着服务经济的不断发展，传统的比较优势理论并没有把握住国际服务贸易的新特征，对服务贸易竞争的解释力也越来越弱。在经济全球化、科学技术发展、新兴服务业态出现等多种力量的推动下，服务贸易正向高附加值的领域发展，其中金融、保险、咨询等知识密集型行业增长迅速。这种发展趋势决定了服务对劳动力的知识技能、专业水平、综合素质等方面的要求也越来越高。这就导致有些在过去看来是“比较优势”的特点，现在很有可能变为“比较弱势”，使一国长期陷于国际分工陷阱，难以向价值链高端迈进。因此，国家竞争优势理论给服务贸易带来了新思考，鼓励政府和企业从全局出发，制定相应的产业政策和企业发展战略，构筑具有可持续性的国家竞争优势。

服务贸易自由化理论主要是针对各国服务贸易开放对一国的利益影响进行的研究。从目前的国际服务贸易情况看，服务经济全球化、服务自由化是世界经济发展的必然趋势。但由于各国产业发展水平的差异性和经济发展阶段的不同，所表现的服务贸易开放程度也不同，总体上看是发达国家市场开放度大于发展中国家。随着经济一体化的深化，各国的门户不断拓宽服务领域的开放，服务贸易自由化理论的主要观点认为，服务贸易自由化是一把双刃剑，自由化是服务经济发展的趋势所向，既给发展中国带来了市场机遇，也给其带来了挑战和风险。

服务贸易统计方法仍存在一定的问题。目前，无论是BOP统计还是FATS统计，这两种体系的统计标准、核算的服务贸易领域的融合程度都不高，导致各国国际服务贸易统计数据的不可比性。目前，发达国家的服务贸易统计基本上是在完善BOP统计的同时进行FATS统计。如何进行服务贸易统计成为各国十分棘手的问题。目前关于FATS的统计主要在发达国家开展，但大多数国家由于资金、人力以及各国贸易重点等各种因素的限制，获得的数据非常有限，甚至有些服务领域还未开展统计工作，因此导致当前国际服务贸易的统计数据较少，研究缺乏可靠性。目前，服务贸易统计理论应该抓紧完善和规范，否则，基础的统计工作没有很好地进行，在此基础上的一系列研究工作也没法进行。

在服务贸易新兴研究领域，不同新兴服务业态与传统服务贸易产品有很大差别，在规模经济、竞争力、服务链等方面都具有新的特点，因此，需要理论界进行更多的研究和探索，从而更好地推动这些领域的健康发展。在新新贸易理论中，产业内部不完全契约与企业异质性相互作用，二者共同预测国际化和离岸生产，特别是解释了目前普遍存在的本土市场一体化、本土外包、国外一体化和国外外包四种主要的企业组织形式，为解释现有的国际服务贸易和国际服务投资模式提供了新的视角。

综上所述，目前理论界针对服务贸易的研究仍有不完善之处，尚未形成比较系统的服务贸易理论体系和统计方法。大部分对服务贸易理论的研究都侧重在宏观层面，主要是依据传统国际贸易理论和现代国际贸易对服务贸易领域进行理论解释，缺乏从服务业和服务贸易自身的研究视角出发，全面完整地反映服务贸易的内在机理。目前关于服务贸易的理论研究大多集中在较高的研究视角层面，例如对服务贸易整体竞争力、服务贸易竞争优势、服务业全要素生产率进行的研究，缺乏对服务贸易中不同行业的个体进行多元化的研究，总体来看，现有服务贸易理论的研究和现有的统计方法仍存在较大的局限性。

（二）国际与中国服务贸易政策发展评论与建议

1. 当前国际服务贸易政策的发展趋势

（1）各国服务贸易政策和国际谈判中涉及越来越多的新兴服务领域。

随着科技不断发展并融入服务行业中，服务贸易的种类也有迅速增加的趋势。其中，发达国家作为先进技术的领跑者，自然成为新兴服务贸易的主要推动者。众多发达国家的服务贸易政策中越来越多地体现出对新兴服务领域的支持，并且在双边及多边的谈判中，发达国家也开始主张将新兴服务列入谈判内容。同时，互联网金融、电子商务等服务行业的迅速崛起，得到了各国政策的支持，将会参与到更广的服务贸易领域中。信息已经作为生产要素，大数据、云计算改变着外贸供应链管理。目前正在进行中的服务贸易协定（TISA）谈判，在跨境数据流动方面极有可能建立新的规则。欧洲和美国对此在紧锣密鼓地进行跨境数据流研究，未来将会出现类似IMF或者WTO的对于数据贸易制定的新规则。

（2）各国服务贸易壁垒不断演变。

近几年，随着服务贸易迅速向各个行业纵深发展，服务贸易壁垒也出现了一些新的变化。现在的服务贸易壁垒早就已经不局限在关税、补贴方面，变得更隐蔽、更灵活、更复杂。[①] 很多国家利用GATS承诺中的漏洞，打擦边球，制定一些技术标准、安全标准，其合理性无法衡量，甚至有些标准对不同国家是不一样的。尤其是发达国家，制定的标准通常是多数发展中国家难以承受的，而且这些条件正变得越来越多、越来越苛刻。通过这种方式限制服务贸易进口，既可以有效地达到目的，又不易遭到贸易报复。此外，服务贸易壁垒这种隐蔽化和多样化的趋势也使得各国应对时更加困难。

---

① 彭曦：《国际服务贸易壁垒新变化及我国的应对》，《经营与管理》2012年第9期，第68页。

（3）各国之间签订区域或双边服务贸易协定成为主流。

在当今的国际服务贸易环境下，虽然WTO仍然维护着多边贸易体制，然而参与的国家越多，越容易出现众口难调的问题，在关键问题上难以达成一致的现象，最终导致新的服务贸易多边协定谈判进程异常艰难。2001年启动的多哈回合谈判在农业和非农业产品准入问题上遇阻而被迫中止，各国也对其渐渐失去信心，进而转向别的规则谈判。与此相比，区域内以及双边服务贸易协定由于参与方少，在谈判时更具灵活性，成为众多国家的选择。例如，中国与东盟自由贸易区于2007年签署了《服务贸易协议》，其后与智利、新西兰、新加坡、巴基斯坦等国签订的自贸区协议中，服务贸易自由化均为主要内容。此外，对于未能参与到TPP等高级协议谈判的国家来说，与TPP主要谈判国达成服务贸易双边协定也是破解困局的一个重要选择。

（4）服务贸易规则正在趋向重构。

在过去的将近20年中，GATS在促进国际服务贸易发展上做出了巨大贡献，但是GATS的制定大部分参考的是货物贸易的成功经验，再加上国际服务贸易环境已产生了不少新的变化，GATS不可避免地存在诸多缺陷，进一步推进的阻力增大。[①] 于是在各方的呼吁下，服务贸易协定（TISA）谈判绕开了WTO于2012年开始启动。相比于GATS，TISA要求更高层次、更宽领域、更深程度的开放。中国已于2013年9月30日正式宣布加入TISA谈判，并要求参与服务贸易新规则的制定。与此同时，以美欧为核心的跨太平洋战略经济伙伴关系协议（TPP）、欧美跨大西洋贸易与投资伙伴协议（TTIP）以及诸边服务业协议（PSA）也在如火如荼地展开。这三个协议将在很大程度上影响未来全球的服务贸易秩序，然而值得关注的是，这三个谈判中国均未加入。美国国家安全局（NSA）的监听行为增加了围绕数据保护的争论，美国政府和企业能否在未来利用

① 天雨：《服务贸易协定：服务贸易游戏规则的重构》，《国际经济合作》2013年第6期，第20页。

TTIP 进一步进行数据业务操作也成为未知数。[①] 美国公司寄望 TTIP 的谈判能够降低欧洲的数据保护等级，而欧洲尤其是德国公司则呼吁加强欧盟数据监管。可以确定的是，双方企业界的立场分歧将影响 TTIP 在数据业务上的谈判结果。2013 年 6 月，雅虎、美国在线、亚马孙等美国企业的游说组织向美国贸易代表发信表明它们的目标，通过 TTIP 创立全球单一数据信息市场，消除任何阻碍以及线下障碍。总体上看，旧的服务贸易总协定即将被新的服务贸易规则所取代，全球服务贸易秩序将进行很大的调整。

2. 国际服务贸易政策对中国的借鉴

（1）把握竞争优势，坚持选择性开放。

各国服务业市场的开放是大趋势，中国也应坚持开放的原则，但是，受限于我国服务业本身的发展水平，一蹴而就的开放方式必然对我国的服务行业带来严重冲击。鉴于此，我国的服务贸易应该有选择的开放，这种选择性包含了开放本国服务业以及打开别国市场两个方面。在开放本国服务业方面，上文中所述的四个国家和地区的服务贸易政策都秉持了这一点，尤其是印度，优先开放具有优势的服务业，对竞争力较弱的行业则实行不同程度的保护。我国的建筑服务、服务外包等在开放的过程中都存在获益的机会，因此，应该优先支持这些领域的开放，争取参与全球服务产业链的高端领域，维持产业竞争力。在打开别国市场方面，我国应该重点促进发展中国家市场的开放。[②] 我国服务产品的整体实力不如发达国家，在发达国家的获利空间较小，目前只有个别大型服务企业成功进入了发达国家市场。在这种情况下，我国应该侧重发展中国家市场的开放，可以获得更多机遇。

（2）积极参与国际服务贸易谈判，争取加入国际服务贸易标准的制定。

我国目前已经是全球服务贸易额排名第三的国家，应该运用

---

① 陆振华：《监听丑闻影响 TTIP 谈判欧盟意图推进数据新立法》，《21 世纪经济报道》2013 年 10 月 30 日。

② 徐琳：《服务贸易政策的国际比较及其启示》，《青海社会科学》2009 年第 3 期，第 35 页。

服务贸易大国的优势，积极参与服务贸易谈判。之前的GATS到如今的TISA，都是由发达国家主导的服务贸易谈判，发达国家利用在谈判中的主控优势，使得国际服务贸易规则的制定更有利于发达国家。而多数的发展中国家只能做出开放市场的具体承诺，作为既定规则的接受者，处境相当被动。我国既是服务贸易大国，又是最大的发展中国家，应该积极参与国际服务贸易谈判，不仅可以主动推进对我国更加有利的条款，也可以提高发展中国家的谈判地位，使谈判结果更加公平。目前，我国虽已申请加入TISA谈判，但还未得到许可。这在一定程度上显示出，以美国为首的发达国家在对己方利益权衡时发生了犹豫，担心失去谈判的主导权。因此，我国更应加快加入TISA谈判的进程，参与到国际服务贸易规则的制定中。

（3）加大力度支持服务贸易企业发展，打造适合企业发展的软硬件环境。

服务业属于技术和知识密集型行业，其优势禀赋不同于传统的货物贸易，因此服务型企业在发展的过程中需要政策的大力支持。在各国的服务贸易政策中，都有对本国开展服务贸易企业的支持政策，特别是服务业越发达的国家，针对服务型企业的扶持措施和法律体系就越完善。然而我国近几年才将发展服务业和服务贸易提升到战略高度，在很多服务领域都缺少对应的产业支持政策，服务型企业普遍缺乏核心竞争力。同时，我国支持服务贸易企业的各种补贴政策和税收优惠政策等都未形成完整的体系，而且没能和产业的相应发展阶段有机结合，法律环境也不完善，所以在政策落实的过程中，往往不能达到预想的效果。鉴于此，我国政策应该加大力度支持服务贸易企业的发展，同时完善各项产业政策和法律措施，为企业的发展营造适宜的环境。

3. 中国服务贸易政策建议

（1）服务外包政策建议。

（a）完善服务外包政策体系。

我国应该根据现阶段服务外包在我国的发展特点，借鉴印度、菲律宾等高水平接包国家的发展经验，给予服务外包企业更多的政策支持。例如可以在税收方面加大减免力度，在土地、公共设施的使用方面提供更大的优惠。同时，对相应的产业政策、投资政策、技术政策等进行系统的设计，使各项政策协调配合，保证服务外包政策得以实施。此外，我国服务外包以信息技术外包（ITO）为主，技术含量不高，对此我国可制定相应的激励和帮扶政策支持新兴技术的外包企业。

（b）协调离岸和在岸外包发展。

目前我国的部分外包运行方式是有发包需求的国内企业发包给跨国公司，跨国公司再外包给国内接包方，由此可见我国在岸外包发展不足，国内服务外包市场还有挖掘潜力。现行政策在鼓励促进在岸外包与离岸外包协调发展中还有政策调整空间，必须采取在岸和离岸一视同仁的政策导向。应出台在岸外包的具体发展规划，真正做到离岸在岸均衡发展，充分发掘利用本土优势。[①]

（c）加强知识产权法律制度建设。

为了防止外包过程中核心技术的流失，知识产权保护制度是一个重要的外包环境因素。我国虽然有知识产权保护法，但是我国一些外包企业仍然缺乏知识产权保护意识，这无形中削弱了法律的执行力度，也影响到企业的业务拓展。因此，政府应该进一步完善知识产权相关法律，同时加强宣传力度和执行力度，为企业创造良好的法律环境。

（d）健全人才培养机制。

服务外包是“以人为纲”的经济活动，人才是关键问题。我国的服务外包人才培养机制一方面要防止人才流失，另一方面要注意中高端人才的培养。具体来说，政策重点不仅要放在加强从业人员的专业培训和支持一些培训机构上，还需注意加深与高校的合作，革新培养理念，创新培养模式。此外，由于引进的人才在语言和文化方面具有

① 于立新、杨晨：《新阶段我国服务贸易发展战略路径研究》，《国际贸易》2013 年第 1 期，第 64 页。

很大的优势，所以还应加强在外包人才引进方面的政策支持力度。

（2）中医药服务贸易政策建议。

（a）强化中医药服务和相关领域的合作。

政府在制定中医药服务贸易促进政策时，不仅要加强对中医药行业和企业的扶持，还应在相应的供应链、信息平台建设等方面上进行政策的统筹和协调，从整个产业链的角度促进中医药服务的出口。同时，发挥中医药的文化优势，与相关的旅游、餐饮等产业相结合，使两者相互带动，实现多样化的发展。

（b）促进中医服务贸易和中药出口的协调发展。

目前我国的中医出口采取“以医带药”的方式较为合理。① 政府可以对中医药服务出口进行引导，以商业存在的形式在国外建立中医诊所，扩大中医在国外的影响力。而我国的绝大多数中药在欧美国家划归在健康食品一类，因此，政府在政策中应鼓励中医企业避开固有的行医理念，探索新的出口和拓展模式。一方面由中医服务带动中药的出口，另一方面积极提高我国中药的水平，主动打开市场。

（c）加快中医药服务的法规及标准的建立。

我国中医药的独特优势若想得到充分利用，就应尽快完善我国的中医药服务业的法律制度，从而规范国内的中医药服务业。同时，推动中医理论的现代化，呼吁学术界重新审视并完善中医理论，并给予其现代科学的解释，提高中医药在国际上的认可度。与国际上有关的医药组织进行合作交流，制定中医药的国际标准和规范，促进对中医学历和执照的认证，突破中医药服务贸易的发展瓶颈。

（3）我国文化服务贸易政策建议。

（a）完善对外文化服务的政策法规。

我国应该尽快建立一套适用的发展文化服务贸易的政策框架，配合我国当前的文化体制改革，共同促进我国文化产业的进步和文

① 雷兴长、葛林：《中医药服务贸易的SWOT分析》，《新乡学院学报》（社会科学版）2010年第5期，第64页。

化企业的壮大。一方面实施宽松的文化出口促进政策，比如对文化企业的项目审批以及人员流动简化审批手续，对文化出口企业不仅实行直接税优惠，还实行有侧重的间接税优惠等，鼓励文化服务走出去；另一方面加大对反垄断和知识产权的保护，规范市场准入、违规处罚等方面的法规，保障文化服务贸易健康发展。

（b）加大资金支持的同时拓宽企业投融资渠道。

鉴于目前我国文化企业融资环境不佳的情况，政府应充分发挥对投入资金的引导作用，增加对文化企业的政策资金支持。同时鼓励民间资本的投入，并适当放宽外资的准入限制，形成多元化的融资体系。此外，建立合适的企业信用评级和风险监控机制，并鼓励金融机构开发和使用相应的金融产品，增强企业的自主融资能力。①

（c）扶持重点企业，培育民族品牌。

我国文化服务在国际市场上竞争力弱的一个直接原因是缺乏品牌效应。我国的大部分文化企业规模较小，缺乏创新能力，经济效益低，根本无法与发达国家竞争。因此，我国应着力培育自己的民族品牌，才能真正带领我国的文化走向世界。对此，应该制定政策重点扶持一些龙头企业和明星产品，打造在国际上有较高知名度的文化品牌，从而产生示范效应，从整体上推动文化服务的进步，振兴文化产业。

参考文献

［1］于立新：《中国服务贸易研究报告 No. 1》，经济管理出版社，2011。

［2］邵渭洪、戴越：《国际服务贸易——理论与政策》，上海财经大学出版社，2013。

［3］刘东升、蒋先玲：《国际服务贸易：原理、政策与产业》，对外经济贸易大学出版社，2012。

［4］何茂春：《国际服务贸易：自由化与规则》，世界知识出版社，2007。

① 蒙英华、于立新：《服务贸易补贴及中国政策绩效评估》，《国际贸易》2013 年第 10 期，第 66 页。

[5] 刘庆林：《国际服务贸易》，人民邮电出版社，2004。

[6] 蒙英华、于立新：《服务贸易补贴及中国政策绩效评估》，《国际贸易》2013年第10期。

[7] 于立新、杨晨：《新阶段我国服务贸易发展战略路径研究》，《国际贸易》2013年第1期。

[8] 于立新、汤婧：《中国要不要加入TPP?》，《社会观察》2013年第7期。

[9] 杨玉华：《互惠贸易利益：基于马克思劳动价值论的现代证明》，《当代经济研究》2013年第2期。

[10] 孟奎：《经济学三大价值理论的比较》，《经济纵横》2013年第4期。

[11] 郭界秀：《比较优势理论研究新进展》，《国际贸易问题》2013年第3期。

[12] 刘文齐：《国服务贸易动态比较优势分析》，《商业经济》2013年第2期。

[13] 韩忠亮：《要素异质性与要素禀赋同质化定理——基于三国贸易动态收益的一般均衡模型》，《国际贸易问题》2014年第1期。

[14] 黄文升：《中国服务贸易出口规模竞争优势分析》，《对外经贸实务》2007年第8期。

[15] 江心英、冯雯：《服务贸易竞争力：国内外文献综述》，《中国商贸》2013年第8期。

[16] 张小琳、姚新超：《服务贸易自由化的争议与中国的发展趋势》，《国际经济合作》2013年第5期。

[17] 庄惠明、包婷：《基于服务贸易开放度的中国服务贸易竞争力研究》，《华东经济管理》2014年第1期。

[18] 陈景华：《服务业全要素生产率与服务贸易出口——基于新新贸易理论的视角》，《山东财政学院学报》2014年第1期。

[19] 樊瑛：《异质企业贸易模型的理论进展》，《国际贸易问题》2008年第3期。

[20] 张卫、陈志林：《完善区域国际服务贸易统计研究》，《统计科学与实践》2013年第8期。

[21] 张向朋、袁玲玲、卜坤：《电子商务在我国现代国际贸易中的应用综述》，《现代商业》2014年第1期。

[22] 刘珈珞：《GATS国民待遇条款缺陷之分析》，《台声》2005年第6期。

[23] 金孝柏：《GATS国民待遇与市场准入：一个文献综述》，《世界贸易组织动态与研究》2009年第10期。

[24] 汪忠华、方玉霞：《GATS国民待遇原则运用中的潜规则——以加拿大期刊进口措施案为例》，《科技广场》2013年第10期。

[25] 刘金花：《服务贸易总协定的缺陷及完善探讨》，《山西青年管理干部学院学

报》2008 年第 2 期。

[26] 陆燕：《美欧加速推动跨大西洋贸易与投资伙伴关系协定谈判的动因》，《国际贸易》2013 年第 7 期。

[27] 天雨：《服务贸易协定：服务贸易游戏规则的重构》，《国际经济合作》2013 年第 6 期。

[28] 梅林：《服务供应链视角下服务业集群的评价研究》，《今日中国论坛》2013 年第 21 期。

[29] 徐琳：《服务贸易政策的国际比较及其启示》，《青海社会科学》2009 年第 3 期。

[30] 李钢、李西林：《服务外包产业：中国经济升级版的新动力》，《中国流通经济》2013 年第 10 期。

[31] 陆振华：《监听丑闻影响 TTIP 谈判欧盟意图推进数据新立法》，《21 世纪经济报道》2013 年 10 月 30 日。

[32] 彭曦：《国际服务贸易壁垒新变化及我国的应对》，《经营与管理》2012 年第 9 期。

[33] 雷兴长、葛林：《中医药服务贸易的 SWOT 分析》，《新乡学院学报》（社会科学版）2010 年第 5 期。

[34] 尚力：《中医药服务贸易发展空间很大》，《中国对外贸易》2013 年第 4 期。

[35] 闫红丽：《教育服务贸易中高等教育境外消费的比较研究》，http：//www. docin. com/p－235386702. html。

[36] 何茂春：《各国服务贸易政策》，http：//tradeinservices. mofcom. gov. cn/index. shtml？method＝view。&id＝6522。

[37] Dick R, Dicke H. Patterns of Trade in Knowledge. *International Economic Development and Resource Transfer*, 1979: 98 - 105.

[38] Hill T P. On Goods and Services. *Review of Income and Wealth*, 1977, 23 (4) .

[39] Sapir A. Trade in Services: Policy Issues for the Eighties. ULB-Universite Libre de Bruxelles, 1982.

国际贸易与环境保护、气候变化相关文献综述

李小平*

内容摘要 国际贸易的快速发展和日益恶化的自然环境引发了国内外学者对贸易的环境效应的再次关注。按照经典的三分法，贸易的环境效应可以分解为规模效应、技术效应和结构效应，贸易对环境的总影响取决于这三种效应的合力。随着全球气候变暖的加剧，贸易与碳排放的关系成为当前贸易与环境问题的主要论题。国内外学者主要使用投入产出方法对贸易中的隐含碳进行测算，发达国家大多是隐含碳的净进口国，而发展中国家是隐含碳的净出口国。同时，环境要素对贸易发展也存在反馈影响，并存在两种不同的假说，一种是“污染避难所假说”，另一种是“要素禀赋假说”，相关的实证文献存在两类不同的结论。贸易对碳排放强度的影响机理、碳排放（碳排放强度）变动反馈影响贸易发展的机理及其后果、如何应对发达国家的各种碳税等新贸易壁垒是学术界需要解决的新问题。

关键词 隐含碳 污染避难所效应 环境规制 波特假说

* 李小平，经济学博士，中南财经政法大学经济学院教授、博士生导师、系主任，主要研究领域是国际贸易和环境、国际贸易和技术进步等；教育部新世纪优秀人才，曾获得安子介国际贸易研究奖，参与霍英东青年教师基金、国家社科基金和教育部人文社科基金等项目；电子信箱：chineselixp@126.com。本文获得2010年教育部新世纪优秀人才计划（NCET-10-0825）、国家基本科研业务费青年教师资助重点项目（2010001）、2012年度教育部人文社会科学研究青年基金课题（12YJC790104）的资助。

一　国际贸易对环境的影响

国际贸易对环境的影响在国外很早就得到了充分的研究。早在20世纪70年代，国外就曾经出现过一次研究高潮（Pethig，1976；Siebert，1977；Baumol，1971）。20世纪90年代以来，国际贸易的快速发展和日益恶化的自然环境引发了国内外学者对贸易的环境效应的再次关注。其中，最有影响力的研究是格罗斯曼和克鲁格（Grossman and Krueger，1991）对北美自由贸易区协议中贸易对环境的影响分析，其开创性地运用一般均衡模型，将贸易的环境效应分解为规模效应、技术效应和结构效应，认为贸易对环境的总影响取决于这三种效应的合力，并影响环境库兹涅茨曲线的斜率和形状。其“三分法”方法成为学术界研究国际贸易环境效应的经典分析框架。在格罗斯曼和克鲁格的分析基础上，朗格（Runge，1993）则把贸易的环境影响分解为五个方面：资源配置效率、经济活动的规模、产出结构、生产技术以及环境政策。帕纳约特（Panayotou，2000）将贸易对环境的影响归纳为六种效应：规模效应、结构效应、收入效应、产出效应、技术效应以及政策效应。此后，国内外学者采用不同的样本和污染物指标，运用各种计量模型对贸易的环境效应进行了许多的分析（Copeland and Taylor，2003；Dean，2004；Cole，2004；Halicioglu，2009；张连众等，2003；赵细康，2003；彭水军、赖明勇、包群，2006；叶继革、余道先，2007；罗堃，2010；彭水军等，2010）。与国外学者所得到的研究结论相似，国内学者对中国贸易发展的环境效应也得到了两类不同的结论，一类研究认为中国的贸易发展有利于环境的改善。如张连众等（2003）的研究结果显示，贸易对环境的规模效应为负，结构效应和技术效应为正，贸易发展总体上有利于我国环境的改善；徐圆（2010）也得到了相似的结论。但是另一类研究认为中国的贸易发展恶化了环境。如彭水军等（2010）的分析认为对外贸易对中国环境的综合影响是负面的，但随着进出口结构的调整和生产技术的进步，这种负面影响在逐年下降；王天凤等（2011）的分析也认为贸易对我国环境产生了不利的影响。

随着全球气候变暖的加剧，贸易与碳排放的关系成为当前贸易与环境问题的主要论题。实质上，二氧化碳作为污染排放物的一种，贸易对碳排放影响的实证分析同样可以参考格罗斯曼和克鲁格（Grossman and Krueger，1991）等关于贸易对环境影响的经典方法进行。但是大多数文献主要运用投入产出方法来测算一国或地区贸易中的隐含碳，以此衡量该国是碳的净出口国还是净进口国，从而分析贸易对一国碳排放量总量的影响。由于发展中国家和发达国家在减排技术、国际分工上所存在的差异，绝大部分文献都发现发达国家是隐含碳的净进口国，而发展中国家是隐含碳的净出口国（Strauman，2003；Mongelli et al.，2006；Maenpaa et al.，2007；Yan and Yang，2010）。现有对贸易中隐含碳的研究文献可以分为三类。

第一类是对单个国家的贸易中隐含碳的测算。这些文献以某个国家为样本，对其进出口贸易中隐含碳排放的差额、变动等进行了分析（Kondo et al.，1998；Maenpaa and Siikavirta，2007；Sanchez and Duarte，2004）。如谢弗和巴托尼（Schaeffer and Bartolini，1996）研究了巴西1972～1992年进出口贸易中的隐含碳，发现巴西为隐含碳的净出口国，为发达国家的产品消费排放了大量的二氧化碳；马赫等（Machado et al.，2001）的研究也指出巴西是隐含能和隐含碳的净出口国。第二类是对双边国际贸易中的隐含碳的研究。阿克曼等（Ackermana et al.，2007）研究了日美贸易中的隐含碳，发现美国和日本间的贸易减少了全球的碳排放，但是日本承担了与美国消费相关的部分碳排放。水和哈里斯（Shui and Harriss，2006）研究了中美贸易中隐含碳的排放，发现中国出口到美国的贸易品中隐含碳排放的增长率要高于中国每年碳排放的增长率；中美贸易有利于美国减少碳排放，由于中国的碳生产率比美国要低，因此，中美贸易会增加碳排放。此外，刘等（Liu et al.，2010）对中日贸易的研究，杜等（Du et al.，2011）、吴先华等（2011）的研究，也得出了类似的结论。第三类是对多国（地区）贸易中隐含碳的研究。沃克若夫和卢浦（Wyckoff and Roop，1994）的研究指出，6 个 OECD 国家（美国、德国、日本、法国、英国和加拿大）进口制造品中的隐含碳占其碳排放总量的 13%。艾哈迈德和威科夫（Ahmad and Wyckoff，2003）的分析发现，在 1995 年，OECD 国家国内消费品包含的碳排放要比其国内实际碳排放高出 5%；美国、日本、德国、法国和意大利是主要的隐含碳进口国；而最大的隐含碳排放的净输出国是中国，俄罗斯次之。总的来看，现有的研究基本发现发达国家大多是隐含碳的净进口国，而发展中国家是隐含碳的净出口国。

作为发展中国家和贸易大国，中国是隐含碳的净出口国（Jiahua Pan et al.，2008；齐晔等，2008；Lin and Sun，2010；张友国，2010；Liu et al.，2010；Bo qiang Lin et al.，2010；马述忠等，2010；张为付等，2011；傅京燕等，2011；闫云凤，2011）。但是中国净出口隐含碳为正或者净出口隐含碳的增加主要是中国净出口价值量的增加所引起的，国内外有一些文献证实了这种情况。如张友国（2010）采用非竞争型投入产出表的数据进行研究，认为 2005 年以来中国已经成为碳的净输出国。国际贸易中含碳量的迅速增加主要是由贸易规模的增长带来的；并且 1987～2002 年中国的出口含碳量一直低于进口节碳量，或者说中国在贸易总体上节约了碳排放。沈利生等（2008）的研究结论也表明，总体上来说由于中国出口污染排放强度低于进口污染减排强度，故对外贸易有利于中国的污染减排。

贸易中隐含碳的研究方法主要是投入产出法（Input-Output Analysis）。它是由 Leontief 提出的反映经济系统各部门间的投入与产出的数量依存关系的分析方法。基于投入产出分析的经济环境模型可以分析由最终需求变化所造成的直接和间接的环境影响，因而广泛应用于贸易隐含碳的分析。大多数现有文献所用的投入产出模型都是单一区域的投入产出模型（Single-Region Input-Output Model，SRIO），即利用一个国家的投入产出表来分析这个国家进出口贸易中的隐含碳。其一般都是基于一个“技术同质性”假设，即进口产品的碳排放系数与国内产品的碳排放系数相同，因而在计算进口隐含碳时，利用国内产品部门的碳排放系数来替代进口产品的碳排放系数（Peters and Hertwich，2006；Wilting et al.，2006；Maenpaa and Siikavirta，2007；Weber and Matthews，2007；Weber et al.，2008；Pan et al.，2008；Lin et al.，2010）。但是，由于一个国家的进口产品来自世界各国，而各国或地区具有不同的生产技术和进口需求，这些实际情况不能在一个只包含单一国家的模型中被模拟。因此，在技术同质性假设下，单一区域的投入产出模型只能反映因进口贸易而节约或避免的国内碳排放。而多区域投入产出模型（Multi-Region Input-Output Model，MRIO）由于考虑区域内的反馈效应，可以将隐含碳在中间消费中的排放分配到其最终消费国家，比较适用于分析全球生产系统。随着全球贸易分析项目（Global Trade Analysis Project，GTAP）数据库的建立，基于投入产出的多区域贸易模型逐渐发展起来（Yamano et al.，2006；Giljum et al.，2007；Roger，2007；Wiedmann et al.，2009）。总的来说，基于SRIO的模型适用于单个国家贸易隐含碳的变化情况，而基于MRIO的模型适用于研究贸易隐含碳在不同区域间的流向和分布。

对贸易中隐含碳的排放责任，目前国际社会通用的是生产者负责的原则（Munksgaard et al，2001）；但是生产者原则有一个缺陷，就是会造成“碳泄漏”，如果温室气体排放政策只是关注附件Ⅰ国家的国内市场，这些国家就可能简单地通过从非附件Ⅰ国家（主要为发展中国家）进口高碳商品，以代替国内生产，而发展中国家相对来说具有更低的减排技术和较高的碳强度，那么全球碳排放甚至不减反增。Peters和Hertwich（2008）的研究指出，“碳泄漏”占全部非附件Ⅰ国家碳排放总量的10.8%。彼得斯等（Peters et al.，2011）的研究发现，通过国际贸易，发展中国家向发达国家的碳转移已经从1990年的0.4Gt二氧化碳上升到2008年的1.6Gt二氧化碳，超过了京都议定书的碳减排量。因此，有许多学者认为消费者负责制原则能够更公平地确认发达国家和发展中国家的碳排放责任（魏本勇等，2010；Peters et al.，2008；Ahmad and Wyckoff，2009）。樊纲等（2010）基于长期的、动态的视角，提出根据最终消费来衡量各国碳排放责任是合理可行的。但是截至目前，还没有形成一个科学上严格的关于消费影响的宏观层面的责任分配方案（Spangenberg & Lorek，2002；Gallego & Lenzen，2005）。显然，基于消费而非生产来分配污染责任，会增加富有国家在气候问题上承担的份额（Ackerman et al.，2007）。因此，对于核算基准的争论成为后京都时代气候问题谈判的关键之一。

另外，有部分学者对不同贸易模式的碳排放等环境成本进行了比较分析，认为不同贸易模式的环境成本是不同的，并对中国一些典型区域的贸易发展模式进行了比较分析（李秀香等，2004；兰天，2004；马凯等，2010）。也有一些学者对我国国际贸易中的隐含碳排放及其空间特征进行了分析（张晓平，2009；付加锋，2009）。最近还有少数学者实证分析了国际贸易对中国碳强度的影响。如李小平、卢现祥（2010），李锴、齐绍洲（2011）分别就国际贸易对中国工业行业和中国省区的碳排放量和碳强度的影响进行了实证分析，但得到了有所不同的结论，前者认为国际贸易能够降低中国工业行业的碳强度，而后者认为国际贸易增加了中国各区域的碳排放量及其碳强度。

二　环境要素对贸易发展的影响

环境要素对贸易发展影响的理论依据以赫克歇尔－俄林的资源禀赋理论及其发展为基础。资源禀赋理论认为传统的劳动、资本等要素决定了一国的比较优势，但是“里昂惕夫悖论”以及产业内贸易的盛行对该理论提出了质疑。此后，资源禀赋理论在几方面进行了扩展：一方面是将资源禀赋的含义进行了扩展，以考虑更多的资源禀赋差异；另一方面是放松一些假设条件——规模报酬不变和贸易参加国获得相同技术的假设，新贸易理论就应运而生。近几十年来，将环境要素等纳入比较优势模型是贸易与环境相关理论的发展方向，并推动着该理论的进一步发展（Pethig，1976；Tobey，1990；Ederington et al.，2003；Levinson et al.，2004；Quiroga et al.，

2009）。Pethig（1976）较早地将环境因素作为一种要素禀赋纳入了赫克歇尔－俄林模型，其研究认为，环境要素丰裕的国家将集中出口污染密集型产品，而环境要素匮乏的国家将出口清洁型产品；当一国实行有效的环境政策时，这种由环境要素引发的污染密集型产品的贸易比较优势将会降低。此后，西伯特（Siebert，1992）的研究也得到了相似的结论，即环境规制相对宽松的国家为环境要素富裕国家，该国在"污染类"产业生产上具有比较优势；环境规制相对严格的国家为环境要素稀缺国家，该国在"干净类"产业上生产具有比较优势。但是也有一些文献认为环境要素的纳入并没有改变传统要素对一国贸易比较优势的决定影响，如托宾（Tobey，1990）构建了一个多要素、多产品的赫克歇尔－俄林模型，采用23个国家样本的实证发现，环境政策等没有显著影响一国的贸易比较优势，决定其比较优势的依然是劳动、资本等传统资源禀赋。国内有学者也尝试建立一些纳入环境要素的比较优势理论扩展模型（曲如晓，2009；陈红蕾，2010；迟诚，2010）。

环境要素等对贸易发展的影响存在两种不同的假说。一种就是"污染避难所假说"（Pollution Haven Hypothesis）。该假说认为发展中国家在"污染类"产品生产上具有比较优势，发达国家在"干净类"产品生产上具有比较优势，发展中国家将成为污染类产业的避难所。另一种是"要素禀赋假说"（Factor Endowment Hypothesis）。该假说认为资本、劳动等要素禀赋是比较优势的主要决定因素，污染密集型产品往往是资本密集型产品，而发达国家具有资本要素禀赋优势，发达国家具有生产"污染类"产品的比较优势，因此，发展中国家不会成为污染产业避难所。相关实证研究也有两种思路：第一种思路检验外商直接投资是否因为宽松的环境规则而形成。第二种思路检验发展中国家和发达国家之间污染产品贸易流量的动态变化，并得到了两类不同的结论。一类支持"污染避难所假说"（Low and Yeats，1992；Quiroga et al.，2009）；另一类不支持"污染避难所假说"（Grossman and Krueger，1991；Cole et al.，2003；Cole et al.，2005）。对于结论不一致的原因存在各种解释。一种解释是环境要素等对企业生产成本的影响相对于总的成本来说比较小，其对一国贸易发展模式的影响有限，其他传统要素禀赋仍然是决定比较优势的主要因素（Tobey，1990）。还有一种解释与“波特假说”（Porter Hypothesis）有关。波特和林德（Porter and Linde，1995）认为环境规制能够促进一国的技术创新，进而提高其国际竞争力，因此“污染产业避难所假说”不会出现。但是学者们对于“波特假说”本身是否成立也持不同的观点（Dean，2001；Copeland and Taylor，2004；Dean et al.，2009）。

环境要素对贸易影响的实证文献主要集中于环境规制对贸易比较优势的影响方面。相关的实证文献得到两类不同的结论。一类研究认为严格的环境规制会降低贸易比较优势。劳尔和也特（Low and Yeats，1992）就发现发展中国家的环境敏感性产业比发达国家获得了更大的比较优势；罗比森（Robison，1988）发现由于美国比其他国家具有更严格的环境规制，环境规制改变了美国产业的比较优势，高污染治理成本的产业更趋于进口，低污染治理成本的产业更趋于出口；卢卡斯等（Lucas et al.，1992）发现随着 OECD 等发达国家环境标准的提高，发展中国家的污染强度逐步增加了；梅里和韦勒（Mani and Wheeler，1998）的实证结论发现严格的环境规制会降低其产业的国际竞争力，但是污染产业从发达国家向发展中国家转移是暂时性的；Levinson 和 Taylor（2004）、Ederington 和 Minier（2003）等发现如果考虑环境规制的内生性时，严格的环境规制能够降低其比较优势；基罗加等（Quiroga et al.，2009）对 71 个国家样本进行实证分析的结果也支持“污染天堂假说”的结论。而另一类研究却没有发现环境规制会降低产业比较优势的显著证据（Tobey，1990；Xu and Song，2000）。Grossman 和 Krueger（1993）对美国和墨西哥之间贸易模式的实证分析也发现，墨西哥宽松的环境规制并没有显著促进其产业的比较优势。科尔和埃利奥特（Cole and Elliott，2003）发现采用 HOV 分析时，其结论不支持环境规制影响贸易模式的假说；而当采用“新贸易”模型时，其结论支持环境规制影响贸易模式的假说。

按照雷蒙德等（Raymond et al.，2001）的分类，已有的相关实证文献主要采用三种分析方法。第一种方法是所谓描述型的分析（Exploratory Studies），即分析发达国家的污染类产业向发展中国家转移的这种贸易模式是否发生，这种方法假设发展中国家较低的环境规制标准是这种产业转移的原因。第二种方法就是所谓的里昂惕夫方法（the Leontief Approach）。该方法基于里昂惕夫的投入产出模型，将一国进出口中内含的污染治理成本等估算出来并进行比较，这种方法暗含的假设就是污染治理将降低一国高污染治理成本产品（High-abatement-cost Goods）的比较优势，而提升低污染治理成本产品（Low-abatement-cost Goods）的比较优势。第三种方法就是所谓的计量分析（Econometric Studies）。这种方法主要基于赫克歇尔－俄林模型（Heckscher-Ohlin）或者重力模型（Gravity Model）。赫克歇尔－俄林模型认为本国应该专业化生产并出口密集使用本国丰富要素的产品，进口密集使用本国稀缺要素的产品；环境规制剥夺了产业排污的权利，从而使得其缺失这种生产要素而降低其比较优势。重力模型常用于估算双边贸易流的模型，贸易流假设为出口国潜在供给、进口国潜在需求和两国间贸易摩擦等变量的函数，环境规制也作为一个变量加入该模型中。①

现有相关文献绝大部分都以美国或 OECD 等发达国家为样本，而以发展中国家为样本相对较少。中国既是一个发展中大国，又是一个贸易大国，因此，中国为检验环境规制对比较优势的影响提供了很好的样本。国内学者对中国产业比较优势变动及其影响因素进行了一些分析。傅朝阳（2005）对 SITC 大类产业 1980～2000 年的比较优势变动进行了实证分析。盛丹等（2010）和包群等（2008）分别分析了劳动力流动和金融发展对中国工业产业比较优势的影响。代谦等（2009）分析了落后国家的二元技术进步是怎样由其比较优势决定的，并以中国近代产业为例进行了实证分析。林毅夫等

① 这段综述引用了李小平等（2012）的内容。

(2003）认为竞争优势的建立离不开比较优势的发挥，发展中国家只有充分依靠和发挥自己的比较优势才能够建立自己的竞争优势，最大限度地促进自己的经济发展。但是国内关于环境规制对中国比较优势影响的文献相对较少。这类文献可以分为两类。一类是关于环境规制对创新或生产力水平等影响的文献（张成等，2011；李强等，2010；解垩，2008)，另一类是关于环境规制和产业国际竞争力关系的文献。赵细康（2003）较早地对中国 17 个制造业 1991 ~ 1999 年的样本数据进行了实证分析，发现环境保护程度的高低并没有与中国产业国际竞争力的大小呈有规律性的变化；傅京燕（2006）和陆旸（2009）运用世界各国的样本就环境规制对贸易比较优势的影响进行了分析，他们都发现一国通过降低环境规制水平以获得污染密集型商品的比较优势是不可取的；曾贤刚（2010）发现中国的环境规制与 FDI 之间不存在显著的因果关系，因此“污染避难所效应”在中国成立的证据不足。

环境要素等对中国贸易发展的影响成为新的研究热点。众多学者都认为，低碳经济的兴起和全球资源、环境的约束对中国的贸易发展提出了严峻挑战，从依靠低价和数量竞争取胜的粗放型贸易发展模式走向自主创新、结构优化、均衡协调的贸易发展模式已成为中国贸易发展的趋势（王允贵，2004；朱钟棣，2005；陈飞翔等，2006；张亚斌等，2007；王跃生等，2010)。将环境要素作为生产要素来重新构建国际贸易理论，将会对各国的相对比较优势产生影响；发达国家已经掌握了低碳技术和拥有低碳商品，有可能出现“污染”在发展中国家、“消费”在发达国家的情况（林伯强，2010；孟祺等，2010；于双双，2010；吴福山，2011；施用海，2011)。学术界对于中国是否会成为发达国家的“污染产业避难所”存在不同的观点。基于不同的方法、数据，学者们得到了不同的结论。一些结论认为中国并没有成为发达国家的“污染产业避难所”（陈红蕾等，2006；曾贤刚，2010；李小平等，2010)，但是另一些结论认为中国已经成为发达国家的“污染产业避难所”（傅京燕等，2011)。

三　相关的政策研究

贸易与环境相关的政策工具主要有碳税、排放权贸易等。征收碳税能够起到降低碳排放量的作用，但会导致国内各部门生产成本的上升和国民福利的下降（Bruvoll et al.，2004；Floros et al.，2005）。由于碳税主要以燃料的含碳量为计税依据，所以，对能源密集型的工业影响最大，对农业的影响最小（Godal et al.，2001）。由于碳税制度的实施面临国际以及国内政治上的可接受性（刘小川，2009），所以，目前还仅仅在小范围内采用，并且主要局限于本国内部使用，不过，从近几年的全球气候大会来看，发达国家正在极力推进这一制度的国际进程。许多学者认为碳关税是发达国家设置的一种贸易壁垒，他们采用一般均衡模型方法（CGE）就国外实施碳关税对中国的影响进行了一些分析。惠利（Whalley，2009）等建立了一个包含美国、欧盟、中国及世界其他地区的一般均衡模型，其结果表明碳关税对福利、贸易、排放量方面的影响较小。鲍勤等（2010）测算了美国征收碳关税对我国在对外贸易、经济、环境等方面的影响，结果表明碳关税将直接给我国对外贸易及经济带来负面影响；黄凌云等（2010）利用GTAP模型就美国可能实施的碳关税对中国的影响进行了实证模拟，结果表明，碳关税政策将会使我国经济状况恶化，企业成本增加，国际竞争力减弱，GDP和社会福利减少。沈可挺（2010）也得到了与鲍勤等、黄凌云等相似的结论。此外，还有国内其他学者就环境税或碳税对经济的影响进行了研究，如贺菊煌等（2002）、建武和李善同（2009）、王金南等（2009）、财政部（2009）、姚昕和刘希颖（2010）等。但就中国实施碳税的影响来说，绝大部分文献都认为中国实施碳税利大于弊，因此中国实施碳税是可行且必要的（王淑芳，2005；刘强等，2006；张明文等，2009；张明喜，2010；黄凌云等，2010；张景华，2011）。由于产权保护和界定成本很高，相对于环境税而言，排污权交易有一定的操作难度。而且，由于中国实行的不是总量减排，这也加深了碳排放交易的难度。

尽管排放权交易是目前应用较广的政策工具，但是对于全球碳排放权交易而言，涉及初始碳排放量如何分配的问题，因为碳排放权的分配直接关系到公平与有效性问题。根据克拉森等（Klaassen et al.，2005）的研究表明，单一竞标拍卖、瓦尔拉斯拍卖、双边有序贸易三种分配方式都能节省减排的成本，但是不同的分配方式会改变参与国家的收益格局。埃尔曾等（Elzen et al.，2005）和WBGU（2003）认为由于发展中国家还没有完成工业化的过程，即便非常宽容的排放权分配方式也会对发展中国家的经济产生负面影响。但是爱德华兹和赫顿（Edwards and Hutton，2001）却认为，如果将碳排放权拍卖所得的收益以补贴或减免税收的方式进行再分配，将有可能产生“双重红利”，一方面碳排放权政策降低了二氧化碳的排放量（“绿色红利”），另一方面通过对碳排放权所得收益进行返还来削减具有扭曲效应的税收税负，还提高了产出水平和就业水平（“蓝色红利”）。已有的研究表明，减排政策必须根据各个国家或地区的特点配套使用才能够产生较好的效果。国内学者也提出了一些关于碳排放权分配的方案，主要有“紧缩与趋同”方案、历史责任方案、温室发展权框架（潘家华、陈迎，2009）、碳预算方案（潘家华、陈迎，2009）、国家排放账户方案（国务院发展研究中心课题组，2009）等。在如何建设我国碳交易市场方面，学者们有不同的观点。如刘铮、陈波（2009）认为中国碳市场的发展不能依赖CDM，中国必须建设自身独立的减排标准和交易系统，并与经济模式的转型有机结合起来。而张妙仙等（2011）认为我们应当借鉴国际碳排放权交易的经验，从法律、政策、信息透明度、政府职能等方面进行改进。杨晓妹（2010）在对比分析碳税和碳排放权交易在国外实践的基础上，认为在短期内我国宜先开征碳税，但从长远来看，碳排放权交易措施应成为调控主导。

四　现有研究评述

由于贸易发展和环境的关系不仅是重要的理论问题，而且是重大的现实问题，国内外学者对相关问题做了很多重要、有效的研究，但是许多问题还需要更进一步的研究。

第一，国内外相关文献强调国际贸易对中国碳排放的影响，即通过测算贸易的隐含碳，绝大多数研究都认为贸易增加了中国碳排放总量，这实质上只是分析了贸易对碳排放影响的规模效应，只是贸易对碳排放影响的一个方面。另外，贸易对中国碳强度的影响却可能是积极的，因为贸易作为配置资源的重要方式，能够通过结构效应、技术进步效应等来降低中国碳强度，并且现实中贸易发展对碳强度的影响是多方面的。国内外学者对中国碳强度的影响因素做了许多研究，但是很少考虑国际贸易对中国碳强度的影响，就国际贸易对中国碳强度影响的途径及其机理等问题的研究很少。

第二，一国碳排放的变动也能够反馈影响贸易发展。在碳税、碳关税等出现的背景下，碳要素已成为决定产品比较优势的重要资源禀赋；一国碳排放的变动，尤其是碳强度的变动意味着该国比较优势的变动，它将对一国的外贸发展模式产生重大的影响。在低碳约束下，发达国家和发展中国家所处的地位不同，不同于中国的碳强度减排目标，其他主要发达国家所提出的是碳总量减排目标，决定了中国和主要发达国家的贸易发展模式等路径选择、政策措施会有差异。尽管国内有许多文献都认为低碳约束必将改变我国的贸易发展模式，但是现有文献多以定性的逻辑和对策分析为主，对碳排放变动，尤其是碳强度下降反馈影响贸易发展的机理研究不够，并缺乏深入的对国内、国际的定量实证比较分析。

第三，国内贸易对中国各区域碳排放及碳强度的影响被相对忽视。国内贸易作为资源配置的一种方式，其不仅能够提高国内各区域生产的效率，而且会影响各区域的碳排放总量和碳强度。尽管国内存在一定程度的市场分割，影响了国内贸易的发展，但是作为对外贸易的基础和前提，在国内、国际市场呈一体化趋势的背景下，中国国内贸易的潜力巨大，其对中国碳排放总量以及碳强度的影响也会越来越明显。如何利用国内贸易的资源配置作用来减少中国的碳排放与碳强度等问题应该得到更充分的分析。

第四，在跨境污染、国内实施“碳税”等减排政策［如发改委和财政部（2010）对中国的碳税税制框架进行了设计，并希望在“十二五”期间实施］和国外发达国家出现“碳关税”等贸易壁垒的背景下，如何设置最优的减排政策与贸易政策等，如何应对发达国家的各种新贸易壁垒等成为包括中国在内的发展中国家面对的新问题。

参考文献

［1］包群等：《金融发展影响了中国工业制成品出口的比较优势吗?》，《世界经济》2008 年第 3 期。

［2］鲍勤、汤铃、杨列勋：《美国征收碳关税对中国的影响：基于可计算一般均衡模型的分析》，《管理评论》2010 年第 6 期。

［3］曾贤刚：《环境规制、外商直接投资与“污染避难所”假说》，《经济理论与经济管理》2010 年第 11 期。

［4］陈红蕾：《自由贸易的环境效应研究》，经济科学出版社，2011。

［5］陈红蕾、陈秋锋：《“污染避难所”假说及其在中国的检验》，《暨南学报》（哲学社会科学版）2006 年第 4 期。

［6］陈飞翔、吴琅：《由贸易大国到贸易强国的转换路径与对策》，《世界经济研究》2006 年第 11 期。

［7］迟诚：《我国贸易与环境问题研究》，南开大学博士学位论文，2010。

［8］代谦、李唐：《比较优势与落后国家的二元技术进步》，《经济研究》2009 年第 3 期。

［9］傅京燕：《环境规制对贸易模式的影响及其政策协调》，暨南大学博士学位论文，2006。

［10］傅朝阳：《中国出口商品比较优势的实证分析》，《世界经济研究》2005 年第 3 期。

［11］傅京燕、张珊珊：《碳排放约束下我国外贸发展方式转变之研究——基于进出口隐含 CO_2 排放的视角》，《国际贸易问题》2011 年第 8 期。

［12］樊纲、苏铭：《最终消费与碳减排责任的经济学分析》，《经济研究》2010 年第 1 期。

［13］付加锋、高庆先：《中国国际贸易中的内涵 CO_2 排放及其空间特征》，《资源

开发与市场》2009 年第 7 期。

[14] 国务院发展研究中心课题组：《全球温室气体减排：理论框架和解决方案》，《经济研究》2009 年第 3 期。

[15] 贺菊煌、沈可挺、徐嵩龄：《碳税与二氧化碳减排的 CGE 模型》，《数量经济技术经济研究》2002 年第 10 期。

[16] 何建武、李善同：《节能减排的环境税收政策影响分析》，《数量经济技术经济研究》2009 年第 1 期。

[17] 黄凌云：《李星美国拟征收碳关税对我国经济的影响—基于 GTAP 模型的实证分析》，《国际贸易问题》2010 年第 11 期。

[18] 李小平、卢现祥：《国际贸易、污染产业转移和中国工业 CO_2 排放》，《经济研究》2010 年第 1 期。

[19] 李小平、卢现祥、陶小琴：《环境规制强度影响了中国工业行业的贸易比较优势吗?》，《世界经济》2012 年第 4 期。

[20] 李锴、齐绍洲：《贸易开放、经济增长与中国二氧化碳排放》，《经济研究》2011 年第 11 期。

[21] 李秀香、张婷：《出口增长对我国环境影响的实证分析——以 CO_2 排放量为例》，《国际贸易问题》2004 年第 7 期。

[22] 李强等：《环境规制与中国大中型企业工业生产率》，《中国地质大学学报》2010 年第 7 期。

[23] 陆旸：《环境规则影响了污染密集型商品的贸易比较优势吗?》，《经济研究》2009 年第 4 期。

[24] 林伯强：《碳减排或将改变传统国际贸易模式》，《中国经贸》2010 年第 11 期。

[25] 林毅夫、李永军：《比较优势、竞争优势与发展中国家的经济发展》，《管理世界》2003 年第 7 期。

[26] 兰天：《贸易自由化在不同需求结构下的环境效果研究》，《经济问题探索》2004 年第 3 期。

[27] 刘小川、汪曾涛：《二氧化碳减排政策比较以及我国的优化选择》，《上海财经大学学报》2009 年第 4 期。

[28] 罗堃：《中国污染密集型产品贸易的环境效应及其扭曲—兼论效应分解与估计方法的改进》，《国际贸易问题》2010 年第 4 期。

[29] 马述忠、陈颖：《进出口贸易对中国隐含碳排放量的影响：2000 ~ 2009 年——基于国内消费视角的单区域投入产出模型分析》，《财贸经济》2010 年第 12 期。

［30］马凯、李娟、陈岩：《论贸易模式对碳排放的影响—基于浙、粤、苏三省面板数据的实证分析》，《商业时代》2010 年第 33 期。
［31］孟祺、贺立：《碳排放规制下中国对外贸易的发展》，《改革与战略》2010 年第 6 期。
［32］潘家华、陈迎：《碳预算方案：一个公平、可持续的国际气候制度框架》，《中国社会科学》2009 年第 5 期。
［33］彭水军、赖明勇、包群：《贸易与经济增长—理论、模型与实证》，上海三联书店，2006。
［34］彭水军、刘安平：《中国对外贸易的环境影响效应：基于环境投入－产出模型的经验研究》，《世界经济》2010 年第 5 期。
［35］齐晔、李惠民、徐明：《中国进出口贸易中的隐含碳估算》，《中国人口·资源与环境》2008 年第 13 期。
［36］曲如晓、马建平：《中国工业制品出口贸易与环境目标的相容性评估——基于环境效应分解模型》，《经济理论与经济管理》2009 年第 4 期。
［37］沈利生、唐志：《对外贸易对我国污染排放的影响——以二氧化硫排放为例》，《管理世界》2008 年第 6 期。
［38］沈可挺：《碳关税争端及其对中国制造业的影响》，《中国工业经济》2010 年第 1 期。
［39］盛丹等：《劳动力流动会影响我国地区出口比较优势吗?》，《世界经济研究》2010 年第 9 期。
［40］施用海：《低碳经济对国际贸易发展的影响》，《国际经贸探索》2011 年第 2 期。
［41］王允贵：《贸易条件持续恶化——中国粗放型进出口贸易模式亟待改变》，《国际贸易》2004 年第 6 期。
［42］王天凤、张珺：《出口贸易对我国碳排放影响之研究》，《国际贸易问题》2011 年第 3 期。
［43］王金南、严刚、姜克隽、刘兰翠、杨金田、葛察忠：《应对气候变化的中国碳税政策研究》，《中国环境科学》2009 年第 1 期。
［44］王淑芳：《碳税对我国的影响及其政策响应》，《生态经济》2005 年第 10 期。
［45］王跃生、焦芳：《低碳经济背景下我国对外贸易发展模式的转变》，《河北经贸大学学报》2010 年第 6 期。
［46］吴先华、郭际、郭雯倩：《基于商品贸易的中美间碳排放转移测算及启示》，《科学学研究》2011 年第 9 期。
［47］魏本勇、王媛、杨会民、方修琦：《国际贸易中的隐含碳排放研究综述》，

《世界地理研究》2010 年第 2 期。

[48] 吴福山：《低碳经济对中国对外贸易企业的影响》，《山东纺织经济》2011 年第 5 期。

[49] 徐圆：《国际贸易对中国环境的影响—规模、结构和技术效应分析》，《世界经济研究》2010 年第 10 期。

[50] 解垩：《环境规制与中国工业生产率增长》，《产业经济研究》2008 年第 1 期。

[51] 于双双：《低碳经济对我国经济贸易发展的影响分析》，《商业文化》（学术版）2010 年第 8 期。

[52] 闫云凤：《中国对外贸易的隐含碳研究》，华东师范大学博士学位论文，2011。

[53] 杨晓妹：《应对气候变化：碳税与碳排放权交易的比较分析》，《青海社会科学》2010 年第 6 期。

[54] 姚昕、刘希颖：《基于增长视角的中国最优碳税研究》，《经济研究》2010 年第 11 期。

[55] 叶继革、余道先：《我国出口贸易与环境污染的实证分析》，《国际贸易问题》2007 年第 5 期。

[56] 张为付、杜运苏：《中国对外贸易中隐含碳排放失衡度研究》，《中国工业经济》2011 年第 4 期。

[57] 张晓平：《中国对外贸易产生的 CO2 排放区位转移分析》，《地理学报》2009 年第 2 期。

[58] 朱钟棣、李小平：《中国工业行业资本形成、全要素生产率变动及其趋异化：基于分行业面板数据的研究》，《世界经济》2005 年第 9 期。

[59] 张亚斌、易先忠：《贸易结构圈层升级与不均质大国外贸增长方式转变》，《国际贸易》2007 年第 2 期。

[60] 张明文、张金良、谭忠富、王东海：《碳税对经济增长、能源消费与收入分配的影响分析》，《技术经济》2009 年第 6 期。

[61] 张明喜：《我国开征碳税的 CGE 模拟与碳税法条文设计》，《财贸经济》2010 年第 3 期。

[62] 张景华：《碳税的产业竞争力效应分析》，《财经科学》2011 年第 6 期。

[63] 张连众、朱坦、李慕菡、张伯伟：《贸易自由化对我国环境污染的影响分析》，《南开经济研究》2003 年第 3 期。

[64] 张友国：《经济发展方式变化对中国碳排放强度的影响》，《经济研究》2010 年第 4 期。

[65] 张友国:《中国贸易含碳量及其影响因素——基于（进口）非竞争型投入产出表的分析》,《经济学季刊》2010 年第 4 期。

[66] 赵细康:《环境保护与产业国际竞争力》，中国社会科学出版社，2003。

[67] 张成、陆旸、郭路、于同申：《环境规制强度和生产技术进步》，《经济研究》2011 年第 2 期。

[68] 张妙仙:《国际碳排放权交易及其对我国的启示》,《行政与法》2011 年第 1 期。

[69] Ahmad, N. and A. Wyckoff, Carbon Dioxide Emissions Embodied in International Trade of Goods. OECD Science, 2003, *Technology and Industry Working Papers*, No. 2003.

[70] Ahmad, N. and A. Wyckoff, Carbon Dioxide Emissions Embodied in International Trade of Goods. http: //www. oecd. org/ sti/working - papers, 2009 - 4 - 15.

[71] Annegrete Bruvoll, Bodil Merethe Larsen, " Greenhouse Gas Emissions in Norway: Do Carbon Taxes Work?" *Energy Policy*, 2004, 32 (4): 493 - 505.

[72] Baumol,W. , " Environmental Protection, International Spillovers, and Trade ", *Stockholm*: *Almkvist & Wicksell*, 1971.

[73] Boqiang Lin, Chuanwang Sun, " Evaluating Carbon Dioxide Emissions in International Trade of China", *Energy Policy*, 2010, 38: 613 - 621.

[74] Cole, A. , Robert, J. and Shimamoto, K. , " Why The Grass Is Not Always Greener: The Competing Effects of Environmental Regulations And Factor Intensities on US Specialization", *Ecological Economics*, 2005, 54: 95 - 109.

[75] Cole, A. , Robert, J. and Elliott, R. , " Do Environmental Regulations Influence Trade Patterns? Testing Old and New Trade Theories", *The World Economy*, 2003, 26 (8): 1163 - 1186.

[76] Cole. M. A. , " Trade, the Pollution Haven Hypothesis, and the Environmental Kuznets Curve: Examing the Linkages", *Ecological Economics*, 2004, 48: 71 - 81.

[77] Copeland, B. R. , Taylor, M. S. *International Trade and the Environment*: *Theory and Evidence.* Princeton: Princeton University Press, 2003.

[78] Copeland, B. R. , Taylor, M. S. , " Trade, Growth And The Environment", *Journal of Economic Literature*, 2004, 42: 7 - 71.

[79] Dean, J. M. *International Trade and Environment.* U. K. Ashgate Publishers, 2001.

[80] Dean,J. M. , et al. , " Are Foreign Investors Attracted To Weak Environmental

Regulations? Evaluating The Evidence From China?" *Journal of Development Economics*, 2009, 90: 1 - 13.

[81] Dean,J. M. , Lovely M. E. , H. Wang, "Are Foreign Investors Attracted to Weak Environmental Regulations? Evaluating the Evidence from China", *World Bank Working Paper*, No. 3505, 2004.

[82] Du Huibin, Guo Jianghong, Mao Guozhu, Smith Alexander M. , Wang Xuxu, Wang Yuan, "CO_2 Emissions Embodied in China - US Trade: Input-output Analysis based on The Emergy/dollar Ratio", *Energy Policy*, 2011, 39 (10): 5980 - 5987.

[83] Edwards, T. , Hutton, J. , "Allocation of Carbon Permits within A Country: A General Equilibrium Analysis of The United Kingdom", *Energy Economics*, 2001, (23): 371 - 386.

[84] Frank Ackerman, Masanobu Ishikawa, Mikio Suga, "The Carbon Content of Japan-US Trade", *Energy Policy*, 2007, 35 (9): 4455 - 4462.

[85] Gallego B. , Lenzen M. , "A Consistent Input - output Formulation of Shared Consumer And Producer Responsibility", *Economic Systems Research*, 2005, 17 (4): 365 - 391.

[86] Giljum S. , Lutz C. , Jungnitz A. , A Multi-regional Environmental Input-output Model to Quantify Embodied Material Flows. 16th International Input-Output Conference of The International Input - Output Association (IIOA), Istanbul, Turkey. 2007a.

[87] Ger Klaassen, Andries Nentjes, Mark Smith, "Testing The Theory of Emissions Trading: Experimental Evidence on Alternative Mechanisms for Global Carbon Trading", *Ecological Economics*, 2005, 53 (1): 47 - 58.

[88] Grossman, G. , Krueger, A. B. , "Environmental Impacts of A North American Free Trade Agreement", *National Bureau of Economic Research Working Paper*, 1991, (3914) .

[89] Grossman, Gene M. , Krueger, Alan B. , "Environmental Impacts of A North American Free Trade Agreement in Peter M. Garter, ed. , The US-Mexico Free Trade Agreement", Cambridge, MA: MIT Press, 1993.

[90] Halicioglu,F. , "An Econometric Study of CO_2 Emissions, Energy Consumption, Income And Foreign Trade in Trukey", *Energy Policy*, 2009, 37: 1156 - 1164.

[91] Jesper Munksgaard, Klaus Alsted Pedersen, "CO_2 Accounts for Open Economies: Producer Or Consumer Responsibility? " *Energy Policy*, 2001, 29 (4): 327 - 334.

[92] Jiahua Pan, "Welfare Dimensions of Climate Change Mitigation", *Global Environmental Change*, 2008, 18 (1): 8 - 11.

[93] Josh Ederington, Phillip McCalman, "Discriminatory Tariffs And International Negotiations", *Journal of International Economics*, 2003, 61 (2): 397 - 424.

[94] Josh Ederington, Arik Levinson, Jenny Minier, "Footloose and Pollution-Free", *NBER Working Papers* 9718, 2003.

[95] Kondo Y., Moriguchi Y., Shimizu H., "CO_2 Emissions in Janpan: Influences of Import And Export", *Applied Energy*, 1998, (59): 163 - 174.

[96] Levinson, A. and S. Taylor, "Unmasking the Pollution Haven Effect", NBER Working Paper Series, 2004, No. 10629.

[97] Lin B. Q., Sun C. W. "Evaluating Carbon Dioxide Emissions in International Trade of China", *Energy Policy*, 2010, 38: 613 - 621.

[98] Liu X. B, Masanobu Ishikawa, Wang C., Dong Y. L., Liu W. L., "Analyses of CO2 Emissions Embodied in Japan - China Trade", *Energy Policy*, 2010, 38: 1510 - 1518.

[99] Low,P., and Yeats, A., "Do Dirty Industries Migrate?" *World Bank Discussion Paper*, 1992, (159) : 9 - 104.

[100] Lucas,R. E. B., D. Wheeler and H. Hettig, Economic Development, Environmental Regulation and the International Migration of Toxic Industrial Pollution: 1960 - 1988 In Low, P. (ed.) International Trade and the Environment. World Bank Discussion Paper No. 159, 1992.

[101] Machado G., Schaeffer R., Worrell E., "Energy And Carbon Embodied in The International Trade of Brazil: An Input - output Approach", *Ecological Economics*, 2001 (39): 409 - 424.

[102] Maenpaa I, Siikavirta H., "Greenhouse Gases Embodied in The International Trade And Final Consumption of Finland: An Input-output Analysis", *Energy Policy*, 2007, 35 (1): 128 - 143.

[103] Mani, M., D. Wheele, "In Search of Pollution Havens? Dirty Industry in the World Economy 1960 - 1995", *Journal of Environment and Development*, 1998, 7 (3): 215 - 47.

[104] Michel den Elzen, Paul Lucas, Detlef van Vuuren, "Abatement Costs of Post-Kyoto Climate Regimes", *Energy Policy*, 2005, (33): 2138 - 2151.

[105] Mongelli I., Tassielle G., Notarnicola B., "Global Warming Agreements, International Trade And Energy/carbon Embodiments: An Input - output

Approach to The Italian Case", *Energy Policy*, 2006, 34 (1): 88 - 100.

[106] Nikolaos Floros, Andriana Vlachou, "Energy Demand And Energy-related CO_2 Emissions in Greek Manufacturing: Assessing The Impact of A Carbon Tax", *Energy Economics*, 2005, 27 (3): 387 - 413.

[107] Odd Godal, Bjart Holtsmark, "Greenhouse Gas Taxation And The Distribution of Costs And Benefits: The Case of Norway", *Energy Policy*, 2001, 29 (8): 653 - 662.

[108] Pan J. H. , Phillips J. , Chen Y. , "China's Balance of Emissions Embodied in Trade: Approaches to Measurement And Allocating International Responsibility", *Oxford Review of Economic Policy*, 2008, 24 (2): 354 - 376.

[109] Panayotou Theodore, "Globalization and the Environment", *CID Working Paper*, No. 53, 2000.

[110] Peters G. P, Hertwich E. G. , "Pollution Embodied in Trade: The Norwegian Case", *Global Environmental Change*, 2006, 16 (4): 379 - 387.

[111] Peters G. , Hertwich E. G. , "CO_2 Embodied in International Trade With Implications for Global Climate Policy", *Environmental Science & Technology*, 2008a, 42 (5): 1401 - 1407.

[112] Peters, G. , Hertwich, E. G. , "Post-Kyoto Greenhouse Gas Inventories: Production Versus Consumption", *Climatic Change*, 2008b, 86: 51 - 66.

[113] Peters,Glen, Jan Minx, Christopher L. Weber, "Ottmar Edenhofer Growth in Emission Transfers via International Trade from 1990 to 2008", *Proceedings of the National Academy of Sciences*, 2011, 108 (21): 8903 - 8908.

[114] Pethig, R. "Pollution, Welfare, And Environmental Policy in The Theory of Comparative Advantage", *Journal of Environmental Economics and Management*, 1976, 2: 160 - 169.

[115] Porter,M. and Linde, C. , "Toward A New Conception of The Environment Competitiveness Relationship", *Journal of Economic Perspectives*, 1995, 9 (4): 97 - 118.

[116] Quiroga,M. , Sterner, Thomas. , Persson, Martin, "Have Countries with Lax Environmental Regulations a Comparative Advantage in Polluting Industries?" Working Papers in Economics 412, 2009, Göteborg University, Department of Economics.

[117] Raymond J. G. M. , Abay Mulatu. , Cees Withagen, Environmental Regulation and Competitiveness. Tinbergen Institute Discussion Papers, No. 2001 - 039/3.

[118] Robison, H. D. "Industrial Pollution Abatement: The Impact on Balance of Trade", *Canadian Journal of Economics*, 1988, 21 (1): 187 - 199.

[119] Roger W. Amstalden, Michael Kost, Carsten Nathani, Dieter M. Imboden, "Economic Potential of Energy-efficient Retrofitting in The Swiss Residential Building Sector: The Effects of Policy Instruments And Energy Price Expectations", *Energy Policy*, 2007, 35 (3): 1819 - 1829.

[120] Runge,C. Ford, "Trade, Pollution And Environmental Protection", Staff Papers 14025, 1993, University of Minnesota, Department of Applied Economics.

[121] Sanchez C. J., Duarte R., "CO_2 Emissions Embodied in International Trade: Evidence for Spain", *Energy Policy*, 2004, 32 (18): 1999 - 2005.

[122] Schaeffer R., Sa' A. L., "The Embodiment of Carbon Associated With Brazilian Imports And Exports", *Energy Conversion and Management*, 1996, 37 (6 - 8): 955 - 960.

[123] Shui B, Harriss R. C., "The Role of CO_2 Embodiment in US - China Trade", *Energy Policy*, 2006 (34) : 4063 - 4068.

[124] Spangenberg J. H., Lorek, S., "Environmentally Sustainable Household Consumption: from Aggregate Environmental Pressures to Priority Fields of Action", *Ecological Economics*, 2002, 43: 128.

[125] Siebert, H., "Environmental Quality and the Gains from Trade", Kyklos, 1977, 30: 657 - 673.

[126] Straumann, R., "Exporting Pollution? Calculating The Embodied Emissions in Trade for Norway", Reports 17. Statistics Norway, Oslo, 2003.

[127] Siebert, H., *Economics of The Environment: Theory And Policy.* Berlin and Heidelberg, Springer Verlag, 1992.

[128] Thomas Wiedmann, "A First Empirical Comparison of Energy Footprints Embodied in Trade—MRIO versus PLUM", *Ecological Economics*, 2009, 68 (7): 1975 - 1990.

[129] Tobey,James A., "The Effects of Domestic Environmental Policies on Patterns of World Trade: An Empirical Test", Kyklos, 1990, 43: 191 - 209.

[130] WBGU (German Advisory Council on Global Change), *Climate Protection Strategies for the 21st Century: Kyoto And Beyond.* Berlin, Germany, 2003.

[131] Weber, C, l., Peters, G. P., Guan, D. and Hubacek, K., "The Contribution of Chinese Exports to Climate Change", *Energy Policy*, 2008, 36: 3572 - 3577.

[132] Weber,C. L. and Matthews, H. S., "Embodied Environment Emission in US

International Trade 1997 - 2004", *Environmental Science and Technology*, 2007, 41: 4875 - 4881.

[133] Wilting H. C., Hoekstra R., Schenau S., "Emissions And Trade; A Structural Decomposition Analysis for The Netherlands", The Intermediate International Input-output Conference of the International Input-output Association, Sendai, Japan, 2006 - 7 - 26, 28.

[134] Wyckoff A. W., Roop J. M., "The Embodiment of Carbon in Imports of Manufactured Products: Implications for International Agreements on Greenhouse Gas Emissions", *Energy Policy*, 1994, 22 (3): 187 - 194.

[135] Xu,X., Song, L., "Regional Cooperation and the Environment: Do 'Dirty' Industries Migrate?" *Weltwirtschaftliches Archiv*, 2000, 136 (1): 137 - 157.

[136] Yamano N., Nakano S., Okamura A., Suzuki M., "The Measurement of CO_2 Embodiments in International Trade: Evidences with The OECD Input-output Tables for The Mid 1990s-Early 2000s", The Intermediate Input-Output Meeting on Sustainability, Trade & Productivity, Sendai, Japan, International Input - Output Association. 2006 - 7 - 26, 28.

[137] Yan Y. F, Yang L. K., "China's Foreign Trade And Climate Change: A Case Study of CO_2 Emissions", *Energy Policy*, 2010, 38: 350 - 356.

[138] Yan Dong, John Whalley, "A Third Benefit of Joint Non-OPEC Carbon Taxes: Transferring OPEC Monopoly Rent", *CESifo Working Paper*, 2741, 2009.

对外直接投资篇

对外直接投资理论综述

申恩威　王婉如*

内容摘要　中国“走出去”战略提出以来，对外直接投资得到快速发展，我国也成为世界上重要的对外直接投资来源地之一。国内外学者对中国对外直接投资的研究也逐渐增多，本文主要从对外直接投资的发展水平、特点、动因、区位选择因素以及经济效果等方面对中国对外直接投资的理论观点与实证研究进行梳理，并提出相应建议。

关键词　对外直接投资　发展阶段　区位因素　经济效应

一　中国对外直接投资概况

改革开放以来，我国凭借良好的投资条件、廉价的劳动力市场、巨大的国内需求市场以及各种投资优惠政策在吸引外资方面取得了良好的效果。伴随着“走出去”战略的逐步实施，我国逐渐从吸引外商直接投资向促进对外直接投资的方向转变。中国对外直接投资规模总体呈现增长趋势，尤其是在加入 WTO 以后，开始快速增长。

* 申恩威，经济学博士，中国社会科学院财经战略研究院研究员，博士生导师，主要研究领域为国际贸易与投资、跨国公司理论与实务；王婉如，北京邮电大学经济管理学院，硕士研究生，主要研究领域为国际贸易。

1979 年 8 月，国务院发布文件提出要出国开办企业，标志着我国第一次把发展海外直接投资作为国家政策确立下来。但此后中国企业参与海外直接投资活动并不多，投资项目数目和金额都偏小。据联合国贸易发展会议（UNCTAD）数据，1982～1991 年，我国年均 FDI 流出只有 5.4 亿美元。直到 1992 年邓小平南方讲话后，我国对外直接投资才显著增长，1992 年对外直接投资由 1991 年的 9.1 亿美元猛增至 40 亿美元，我国 FDI 流出占世界和发展中国家流出比例也分别达到 2.1% 和 17.2% 的历史最高水平。但随后中国政府分别于 1993 年和 1997 年颁布了《境外企业管理条例》和《关于设立境外贸易公司和贸易代表处的暂行规定》，对新的对外直接投资进行严格审批，并对各部门、各地方已开办的海外企业进行重新登记，从而使对外直接投资增速放缓。1993 年后，中国 FDI 流出在世界份额中处于下降趋势，尤其是 2000 年世界跨国投资达到高峰时，我国对外直接投资却下降到 9.16 亿美元，以致该年我国对外直接投资在世界和发展中国家的比例分别下降到 0.07% 和 0.69% 的历史最低水平（黄武俊、燕安，2010）。①

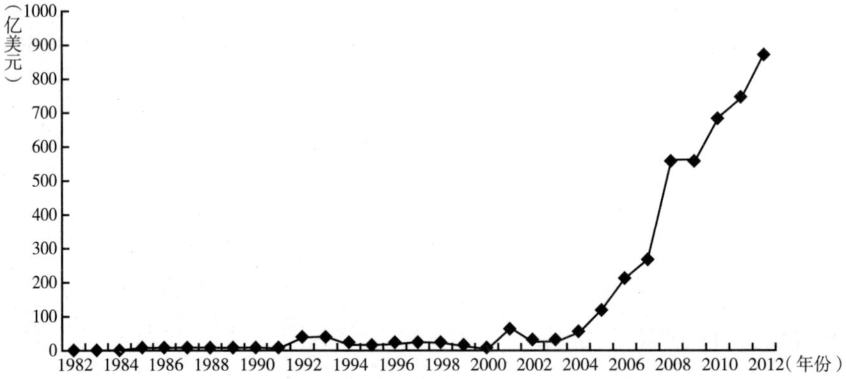

图 1　中国对外直接投资净额（1982～2012 年）

资料来源：UNCTAD 发布的《世界投资报告》数据以及我国商务部统计数据。

① 黄俊武、燕安：《中国对外直接投资发展阶段实证检验和国际比较》，《国际商务》2010 年第 1 期，第 69 页。

图 1 显示，从 2002 年开始，我国对外直接投资流量开始显著增长。商务部 2013 发布的《2012 年度中国对外直接投资统计公报》显示，2012 年度我国企业对外直接投资净额[①]达到 878 亿美元。截至 2012 年底，对外直接投资存量约为 5319 亿美元。

二　中国对外直接投资发展阶段及特点

随着各国贸易的增加与国际资本的频繁流动，直接投资在国际活动中也越来越重要。一个国家参与国际活动的程度常常与该国的经济发展水平密切相关。20 世纪 80 年代，英国经济学家邓宁（John H. Dunning）首先开始研究这种密切关系，并提出了国际生产折衷理论。伴随着发展中国家对外直接投资的兴起以及跨国公司的发展，此后的学者们开始越来越关注对外直接投资活动并就相关理论问题进行研究。下面主要从邓宁教授提出的理论展开有关对外投资发展阶段的文献述评。

（一）国外关于对外直接投资发展阶段研究

1981 年，英国的邓宁教授在研究经济发展水平与对外直接投资发展关系并实证分析了 67 个国家 1967 ~ 1978 年的二者关系后，提出了国际生产折衷理论（The Eclectic Theory of International Production，又叫三优势组合论）。此理论提出企业对外直接投资所能够利用的是所有权优势、内部化优势和区位优势，只有当企业同时具备这三种优势时，才完全具备了对外直接投资的条件。在此基础上考虑对外直接投资流入与流出净额、人均国民生产总值等宏观变量，进一步提出了投资发展周期理论（The Theory of Investment Development，简称 IDP 理论），该理论认为一国的对外直接投资规模与该国所处的经济发展阶段有周期性规律。因此将对外直接投资发

① 对外直接投资净额指境内投资主体对外直接投资额中扣除反向投资额后的净额，当期对外直接投资净额简称流量，对外直接投资累计净额简称存量。

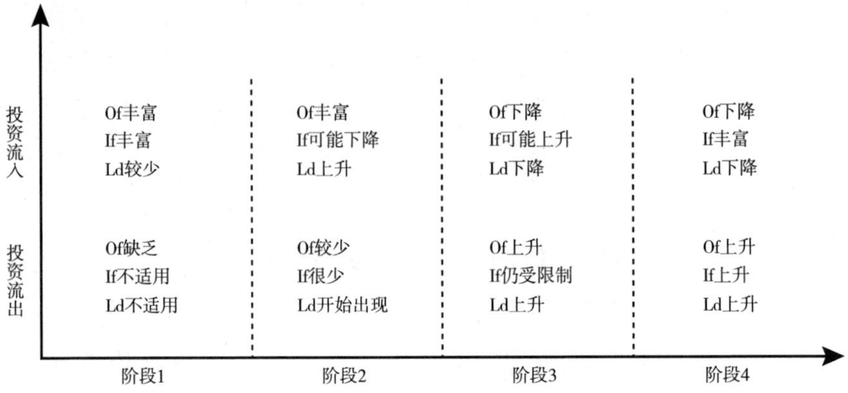

图 2　投资发展周期四阶段*

注：图中 O 表示所有权优势，L 表示区位优势，I 表示内部化优势，f 表示国外，d 表示本国。

资料来源：尹德先、杨志波：《中国对外直接投资发展阶段研究》，《商业研究》2013 年第 1 期，第 62 页。

展阶段划分为四个阶段（见图 2）。[①]

第一阶段（人均 GNP 不超过 400 美元），在这个阶段的国家尚处于工业起飞前阶段，较少接受直接投资，也没有对外投资，对外投资净额（流出的直接投资额减去流入的直接投资额）为零或负数。低水平的外资流入是因为该国不具备足够的区位优势来吸引外资，没有对外投资源于本土企业尚未具备足够的所有权优势和内部化优势，仅有很小的所有权优势往往是通过简单的渠道如出口来实现的。

第二阶段（人均 GNP 为 400～2000 美元），随着经济的发展，东道国基础设施的改进以及经济结构和政府吸引外资政策的调整，区位优势有所增强，资本流入开始大幅增加，而对外直接投资仍微不足道，所以对外投资净额变为更大的负数。同第一阶段一样，对外直接投资尚没能展开是由于本土企业的所有权优势还不足以弥补最初进入外国市场的成本。

第三阶段（人均 GNP 为 2000～4750 美元），随着经济发展水平

① Dunning, J. Explaining the International Direct Investment Position of Countries: Towards a Dynamic or Developmental Approach. *Review of World Economics*, 1981 (1): 30－64.

的进一步提高，本国企业的所有权优势和内部化优势日益上升，竞争力大为增强，而外国子公司的所有权优势相对下降。当地市场的扩大和政府的积极帮助是促使企业所有权优势提高的积极因素，所有权优势提高的结果是企业具有更强的能力通过对外直接投资来拓展国际市场。虽然对外投资净额仍是负数，但数值开始减小。这是由于：①相对于资本流出，资本流入开始降低；②对外投资增加的速度快于外资流入的速度。

第四阶段（人均 GNP 在 4750 美元以上），资本流出超过资本流入，对外投资净额大于零且不断扩大。这在邓宁的国际生产折衷范式中体现为相对于进入一国市场的外国企业，本国企业的所有权优势日趋明显，从而更可以通过内部化的途径来利用其优势进入国际市场，表现在企业规模越来越大，对外投资的地区分布越来越广，对外投资所涉及的技术和产业由低级向高级演进。

1988 年，邓宁教授又补充提出了第五阶段理论（见图 3），在第四阶段的基础上，将最后一阶段重新划分。第五阶段所受经济发展水平影响的程度大大减低，该阶段的对外投资主要通过跨国公司的内部交易，主要表现为发达国家之间不断增长的交叉投资行为。

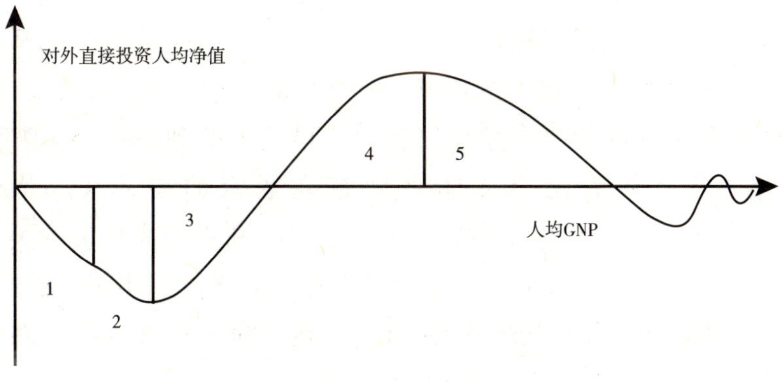

图 3　投资发展周期第五阶段[*]

资料来源：Dunning，J. H.，Location and the Multinational Enterprises：A Neglected Factor. *Journal of International Business Studies*，1998，29：45－67.

此后，有关对外直接投资发展阶段的研究逐渐增多。[①] Paz Estrella E. Tolentino（1993）利用横截面数据、时间序列模型和三个国家1960～1984年的数据，对邓宁提出的IDP理论进行了实证检验，并且在验证过程中加入了邓宁建议的其他参数，如经济开放度、城市化率、教育程度等。回归结果表明上面的指标加入模型中之后，*T*和*F*统计值都不显著，基本上验证了该理论的正确性。[②] Buckley和Castro（1998）对葡萄牙1943～1996年的数据进行了分析，同样验证了IDP理论的有效性，即葡萄牙的对外直接投资人均净值和人均GDP之间存在邓宁所描述的关系，此外葡萄牙的对外直接投资还受到政府政策和一些政治事件的影响，在分析IDP时应该把这些因素排除。另外，Dunning（1981）、Dunning（1986）、Tolentino（1993）和Dunning（1994）分别用二次函数来描述IDP曲线；Bellak（2001）利用一个四次函数对澳大利亚的IDP曲线进行了拟合估计；Buckley和Castro（1998）又使用五次函数对IDP曲线进行了拟合，并且得出五次函数比二次函数更适合描述葡萄牙的IDP。

从上面的研究可知对世界上所有国家并不存在一个唯一的函数形式，至于选取哪种估计方式要与该国家自身的特点相结合。Rizaudin Sahlan和Abu Sufian Abu Bakar（2000）利用1970～1998年的数据对马来西亚的IDP进行了实证研究，结果表明马来西亚的IDP符合邓宁的投资发展周期理论，并得出了马来西亚正处在由第一阶段向第二阶段转变过程中的论断。Dunning和Kimetal（2001）在分析台湾地区和韩国的投资发展路径时，借鉴IDP理论提出了贸易发展路径，并且认为两个概念之间存在紧密的关系。Conference（2002）对加拿大1895～2000年的人均GDP和人均净投资的关系进行了实证研究，结果证实了IDP理论的有效性。Barry和Strobl（2002）用最小二乘回归方法和GDP总量、净对外直接投资两个变

① Paz Estrella E. Tolentino, *Technological Innovation and Third World Multinationals*, Routledge, 1993.

② Buckley, P. J. and F. B. Castro. *The Investment Development path: the Case of Portugal*, *Transnational Corporations*, 1998 (1): 115.

量对 1980～1999 年爱尔兰的投资发展路径进行了实证研究，同样也验证了 IDP 理论的有效性。Shu（2005）对中国的对外直接投资利用 GMM 估计方法进行了研究，认为一个国家的对外直接投资不仅受到人均 GDP 的影响，还受到出口、人力资本、内流国际直接投资等因素的影响，但是人均 GDP 仍然是一国对外直接投资的主要影响因素，这与投资发展周期理论基本一致。Gorynia 和 Noawketal（2007）用波兰 1990～2003 年的 GDP 水平、FDI 流入和流出数据对波兰的投资发展阶段进行了判断研究，得出波兰从 1995 年进入第二阶段并在 2003 年开始了从第二阶段向第三阶段的过渡，即波兰整个第二阶段时间大约为 8 年。

（二）国内关于中国对外直接投资发展阶段的研究

国内学者基于投资发展周期理论对中国对外直接投资所处的发展阶段进行了研究。[①] 刘红忠（2001）在 Tolentino 的模型中进行改进，将净对外直接投资的绝对水平改为人均净对外直接投资，加入 1982～1994 年中国对外直接投资相关数据并利用 Panel 数据对 IDP 理论进行重新检验，验证了投资发展周期理论，并在此基础上对我国的投资发展路径进行了研究，得出我国正处在由第一阶段向第二阶段转变的过程中的结论；然后利用 1992～1993 年中国 26 个省区市的数据，分别做了横截面的投资发展周期模型和 Panel 数据的投资发展周期模型，得出中国 26 个省市自治区中，由于各自所处的不同经济发展周期（用人均 GNP 指标衡量），其净对外直接投资的分布呈“J”形。

高敏雪、李颖俊（2004）[②] 以购买力平价 PPP 口径计算的人均 GDP 作为经济发展阶段的评价指标，利用 IMD 国际竞争力数据库的 46 个样本国家 1995～2001 年的数据，首先用聚类分析方法进行分

① 刘红忠：《中国对外直接投资的实证研究及国际比较》，复旦大学出版社，2001。

② 高敏雪、李颖俊：《对外直接投资发展阶段的实证分析——国际经验与中国现状的探讨》，《管理世界》2004 年第 1 期，第 55～62 页。

组，分别为发达国家组和发展中国家组。其次在消除遗漏相关变量的情况下进行 Hausman 检验，对投资发展路径理论进行了实证分析，得出两组数据均满足发展周期理论的“J”形曲线，但我国处于投资发展周期的第二阶段，相对于国际投资水平，我国的对外直接投资滞后于总体经济发展水平的结论。他们认为我国在 IDP 理论上与多国样本模型得出不一致结论的原因有：一是与数据本身相关，由于各国对外直接投资口径不一致，数据差异较大；二是与中国近年来对外资的巨大吸引力有关；三是最重要的原因，即中国对外直接投资可能存在滞后发展。

姚永华、苏佳丽、陈飞翔（2006）① 采用 1982 ~ 2004 年 UNCTAD 数据库中国对外直接投资与吸收直接投资数据进行趋势分析，得出我国对外投资呈不稳定状况，这是因为中国的对外投资受国家宏观经济政策调整的影响非常大。基于投资发展路径理论，采用二次函数与五次函数分别研究了中国国际资本净流出值（NOI：Net Outward Investment）与人均 GDP 的关系，指出中国正处于投资发展路径理论的第二阶段，而且已经接近第三阶段。运用中国各地区横截面数据分析了不同地区和省份的投资发展路径所处阶段，证明中国各地区 FDI 的发展具有不平衡性，在很大程度上和各地区的经济发展水平相关，符合 IDP 理论所描述的情况。

薛求知、朱吉庆（2007）② 选取了中国改革开放后 1982 ~ 2003 年相关数据，将中国对外直接投资与人均 GNP 之间的关系引入二次方程进行实证分析。一方面，对中国对外直接投资的认识与邓宁的投资发展周期理论对经济发展与对外投资之间关系的规律性认识相吻合，我国对外直接投资正处于第二阶段；另一方面，我国现阶段的对外直接投资的实际情况与理论预期还存在较大的差距，对外直接投资的发展阶段滞后于经济整体发展水平。中国企业缺乏所有权

① 姚永华、苏佳丽、陈飞翔：《我国对外投资发展阶段的实证分析》，《国际贸易问题》2006 年第 10 期，第 96 ~ 101 页。

② 薛求知、朱吉庆：《中国对外直接投资发展阶段的实证研究》，《世界经济研究》2007 年第 2 期，第 36 ~ 41 页。

优势，进而无法充分利用其他国家的区位优势，这才是导致中国对外直接投资滞后的根本原因。

黄武俊、燕安（2010）[①] 选用1981～2007年的对外直接投资流量与存量数据以及人均GDP数据，分别建立二次函数与五次函数模型，对中国投资发展阶段进行了回归分析。结果显示，中国对外直接投资发展符合邓宁的投资发展路径（IDP）理论，使用存量数据较流量数据更具优点。同时说明从2005年开始中国对外直接投资就处于IDP第三阶段。最后将我国与其他发展中国家进行对比，得出虽然中国人均GDP较低，但对外直接投资发展阶段并不落后。

尹德先、杨志波（2013）[②] 选用了1982～2010年国内生产总值GDP、人口总量、外国对中国投资数据FDI、中国对国外投资数据ODI等数据，分别使用二次和五次函数来验证我国的投资发展路径，得出两个结论。第一，邓宁提出的投资发展周期理论对我国经济发展水平与对外直接投资的关系具有有效性，虽然人均GDP与人均对外直接投资的关系并不是很平滑，但是总体上发展趋势仍然符合IDP曲线走向。第二，我国对外直接投资目前正处在第三阶段的开始阶段，相对于经济发展水平存在滞后性。

总的来说，国内学者们对中国对外直接投资发展阶段的研究主要集中于邓宁的投资发展路径理论，运用二次函数与五次函数，从对外直接投资流量与存量两方面来研究我国的对外直接投资发展路径。学者们得出结论：我国对外直接投资基本符合投资发展路径“J”形曲线，然而对于我国对外直接投资所处的发展阶段是第二阶段还是第三阶段的认识不太一致。

（三）中国对外直接投资特点的研究

关于中国对外直接投资特点的研究，国内学者从投资规模、投

① 黄俊武、燕安：《中国对外直接投资发展阶段实证检验和国际比较》，《国际商务》2010年第1期，第67～73页。

② 尹德先、杨志波：《中国对外直接投资发展阶段研究》，《商业研究》2013年第1期，第61～67页。

资行业、区位分布、国际市场份额等方面进行分析。[①] 李静萍、高敏雪（2005）分析了1985～2003年的相关数据，中国对外直接投资的行业结构和地域流向，以及境内主体和投资方式等都在一定程度上实现了多元化，然而与在国际直接投资市场上占绝对主导地位的发达国家相比，我国的比重较低，差距较大。但是我国发展对外直接投资有巨大潜力。[②] 薛求知、朱吉庆（2008）对比1982～2002年的数据，认为2002年后我国对外直接投资主体逐渐由国有企业主导向投资主体多元化方向发展。我国对外直接投资高度集中于低附加值、低技术含量的劳动力密集型项目（资源开发及初级加工制造业）。中国大陆对外直接投资的流向主要集中于亚洲和拉丁美洲，占中国大陆对外直接投资存量的90%以上。[③] 刘宏、汪段泳（2010）分析2008～2009年的数据，认为我国跨国并购高度集中于能源和矿产行业，首先是由我国的经济长远发展战略所决定的。我国非金融类直接投资流量占总量的一半以上，但从整体来看，非金融类对外直接投资在我国经济构成中所占份额极为有限。从投资主体上看，国有企业特别是央企成为对外直接投资的主力军。[④] 朱华（2012）从多方面对中国近期的对外直接投资局面进行总结与分析，中国企业投资存量高度集中的地区主要为亚洲、拉丁美洲等发展中国家；租赁和商业服务业占最大的比重；中国企业主要进行的是投资控股活动；并购已经取代新建成为跨国公司对外直接投资的主要方式。

三　对外直接投资的动因研究

20世纪中期，随着国际直接投资活动的发展，学者们提出一系

① 李静萍、高敏雪：《中国对外直接投资的现状、差距与潜力》，《经济理论与经济管理》2005年第7期，第16～20页。

② 薛求知、朱吉庆：《中国对外直接投资与“走出去”战略：理论基础与经验分析》，《复旦大学学报》2008年第1期，第23～31页。

③ 刘宏、汪段泳：《中国对外直接投资现状与特点研究2008～2009》，《国际经贸探索》2010年第12期，第63～68页。

④ 朱华：《中国对外直接投资：新格局和新特点》，《国际经济合作》2012年第1期，第18～21页。

列对外直接投资理论，其中在对其动因的研究中最早且具有影响力的是国际生产折衷理论。国外学者基于国家角度研究本国的对外直接投资动因并提出了不同看法。邓宁教授研究英美两国数据，将对外直接投资动因分为四大类：资源导向型、市场导向型、效率导向型及战略导向型。[①] Becker、Ekholm、Jackie 和 Muendler（2005）分析了德国和新西兰的对外直接投资动因，发现德国对外直接投资的动机主要是东道国丰富、熟练的劳动力，但此因素对新西兰跨国公司的对外直接投资却没有显著的影响。[②] Filippaios 和 Papanastassion（2008）选取 1982 ~ 2002 年的数据分析研究了美国对外直接投资的动机，发现市场规模、产业集聚、劳动力市场的发展程度与东道国市场成本等因素是美国对外直接投资的主要考虑因素。[③] Fung、Herrero 和 Siu（2009）比较分析了中国大陆、日本、韩国及中国台湾地区对外直接投资的动机，结果表明亚洲四国（地区）的对外直接投资均具有市场寻求动机，而韩国和日本还具有人力资源寻求动机，中国大陆和中国台北具有技术寻求动机。中国大陆倾向于流向劳动力质量较弱的地区，日本则倾向于流向更开放的地区。[④] Passakonjaras（2012）研究发现泰国服装业对外直接投资的主要原因是寻求更高的效率，劳动力短缺和成本压力也是其对外直接投资重要的推动力量。东道国低廉的劳动力成本和较强的文化相似性是泰国服装业对外直接投资区位选择考虑的主要因素。

国内学者们结合我国对外直接投资的实际发展情况，对对外直

---

① Sascha O. Becker, Karolina Ekholm, Robert Jackie & Marc-Andreas Muendler. “Location Choice and Employment Decisions: A Comparison of German and Swedishmultinationals”, *Review of World Economics*, 2005, 41 (4), 693 - 731.

② Fragkiskos Filippaios & Marina Papanastassion. “US Utward Foreign Direc Tinvestmentin the European Union and the Implementation of the Single Market: Empircal Evidence from a Cohesive Framework”, *Journal of Common Market Studies*, 2008, 46 (5), 969 - 1000.

③ K. C. Fung, Alicia Garcia-herrero & Alan Siu. A Comparative Empirical Examinationof Outward foreign Direct Investment from Four Asian Economies; People's Republic of China; Japan; Republic of Korea; and Taipei, China Working paper, 2009.

④ Somchanok Passakonjaras. “Thailand's Outward Foreign Direct Investment: The Caseof the Garment Industry ASEAN”, Economic Bulletin, 2012, 29 (2): 101 - 115.

接投资的动因提出了不同看法。刘红忠（2001）认为跨国公司从事对外直接投资的动因包括五个方面：寻求海外市场、出口导向、寻求资源、寻求技术和寻求效率。其中，前四种动因在发展中国家企业对外直接投资中最为普遍。从政策角度看，中国企业对外直接投资具有以下几方面的积极作用：有利于中国经济加入世界经济的一体化进程，有利于获得国内短缺原材料的稳定供应，有利于增加出口，有利于加强与周边国家的经济联系等。从企业角度分析，中国对外直接投资最重要的两个动因是寻求市场和寻求资源，寻求技术与效率也是动因之一。

魏东、王璟珉（2005）① 将中国对外直接投资的主要动因分成五大类型，即自然资源导向型、市场导向型、效率导向型、战略资产导向型与政治导向型。这些动因互相联系与影响，使企业进行直接投资的动因一般具有多重性、差异性和发展性。邱立成、王凤丽（2008）② 利用 1993～2006 年的相关数据，选择出口量、国内工资水平、能源需求作为解释变量来进行计量分析。结果显示，出口增长、劳动力成本和资源需求上升对我国对外直接投资影响显著，验证了我国对外直接投资有市场导向型、效率导向型和资源导向型特点。同时说明，我国目前的对外直接投资符合国际直接投资产业选择的发展规律，处于对外直接投资的起步阶段。黄静波、张安民（2009）③ 基于 1982～2007 年的中国对外直接投资流量、年平均汇率、年出口总额、能源年需求总量、国内生产总值和出口制成品显性比较优势（RCA）指数数据进行协整检验与因果关系检验等实证分析，得出以下结论：第一，能源的需求上升对中国对外直接投资影响显著，验证了中国对外直接投资有资源导向型的特点；第二，出口增加与对外直接投资的增长关系显著为正，这与很多文献得出

① 魏东、王璟珉：《中国对外直接投资动因分析》，《东岳论丛》2005 年第 5 期，第 88～92 页。

② 邱立成、王凤丽：《我国对外直接投资主要宏观影响因素的实证研究》，《国际贸易问题》2008 年第 6 期，第 78～82 页。

③ 黄静波、张安民：《中国对外直接投资主要动因类型的实证研究》，《国际经贸探索》2009 年第 7 期，第 4～10 页。

“中国对外直接投资与出口是替代型”的结论有些不同；第三，出口、能源需求、人民币汇率、GDP、制造业RCA和中国对外直接投资额之间存在着长期稳定的关系，即使短期内有所偏离，但是长期来看还是会恢复到均衡状态；第四，出口额、能源需求水平不仅同期变动而且滞后变动对中国对外投资的变化都会造成影响；第五，从综合利益来考虑，中国GDP增长对对外直接投资的影响是显著为正的，这类投资最符合一般意义上的跨国投资原理；第六，中国经济自由度和出口遇到的贸易壁垒对对外直接投资都没有明显影响，这和中国对外直接投资处于起步阶段、总体水平不高是有关系的，国内企业真正能做到跨国生产和销售的还很少。

衣长军（2010）[①] 对比分析了中日美三国的对外直接投资动因。首先认为美国型企业对外直接投资的特点是从具有垄断优势的产业开始，并凭借技术创新优势可以在一定程度上形成垄断性的产业或产品，从而控制当地市场以谋取高额利润。垄断、占领、控制和争夺某些原材料、燃料（例如石油等自然资源）、工业品市场，降低生产成本，提高生产效率，增强企业的国际竞争优势也是美国企业对外直接投资的基本动因。其次分析日本对外投资的动因，认为其是以扩大对外贸易为中心展开的。同时，结合本国国内经济发展的不同需要，其投资的目的和动因也不断发生变化，取得发达国家的先进技术也是其对发达国家直接投资的一大动机，得到相对廉价的劳动力和原材料是其向亚洲直接投资的一大动机。最后分析中国对外直接投资的动因，认为我国既不拥有美国的垄断优势产业，也无日本急需向国外转移的边际产业。中国企业发展对外直接投资的主要动因是为了学习、演练和提升自身的国际竞争实力，是为了国内产业结构优化、调整和升级，这与西方发达国家对外直接投资动因有着本质的不同。王海军和宋宝琳（2013）[②] 利用2004～2012年中国

① 衣长军：《中国与美日对外直接投资战略动因国际比较》，《宏观经济研究》2010年第4期，第63～67页。

② 王海军、宋宝琳：《中国对外直接投资的动因研究——基于市场与资源两种因素的探讨》，《西安交通大学学报》2013年第5期，第22～27页。

对外直接投资流量（OFDI）以及选取50个中国对外投资的代表国家建立混合面板模型，进行协整检验等实证分析，探析了市场驱动和自然资源驱动两种内在力量对中国OFDI的作用。研究发现，中国OFDI具有明显的市场寻求和资源寻求特征，中国OFDI受东道国绝对和相对市场规模的影响显著，且相对于发达东道国国家，发展中东道国的自然资源对于OFDI具有显著的吸引力。此外，双边贸易联系、东道国市场开放程度以及温和的通胀都与中国OFDI存在着积极的正向关系，而东道国政治风险与OFDI呈现负相关关系。

四　中国对外直接投资的区位选择因素研究

区位（location）包括两层含义：一方面指该事物所处的位置，另一方面指该事物与其他事物在空间上的联系。区位活动是人类活动的最基本行为，是人们生活、工作最初步和最低的要求，可以说，人类在地理空间上的每一个行为都可以视为一次区位选择活动。投资的区位选择活动的相关研究中典型代表的有杜能的农业区位论、韦伯的工业区位论、廖什和克里斯塔勒的中心地理论以及霍特林的空间竞争性理论。对于国际投资区位选择理论的研究，具有典型代表的包括基于产业组织的内部化理论、基于市场结构的垄断优势论、基于产品生命周期的区位理论，以及基于产业分工的比较优势理论与产业集群理论等。

目前对于中国企业对外直接投资区位选择的研究逐渐增多。[①] Buckley等人（2007）选取了1984～2001年中国对49个国家的直接投资流量数据分析中国对外直接投资的区位影响因素。结果表明，市场规模大、更接近的文化、政治风险高的国家或地区对中国对外

① Buckley, P. J., Clegg, L. J., Cross, A. R., Liu, X., Voss, H., Zheng, P., The Determinants of Chinese Outward Foreign Direct Investment. *Journal of International Business Studies*, 2007, 38 (4): 499－518.

直接投资影响显著，而东道国具有的资源禀赋和专利注册情况的吸引力不大。Cheng 和 Ma（2007）[①] 选择 2003～2006 年中国对 90 个国家或地区的直接投资流量和存量数据结合引力模型分析，发现中国对外直接投资受市场规模和地理距离的影响显著，市场规模大、地理距离近的国家能吸引更多的 OFDI 流量。Cheung 和 Qian（2009）[②] 选择 1991～2005 年中国对 31 个国家的直接投资流量数据进行分析发现，市场规模大、工资水平低、自然资源丰富的东道国对中国对外直接投资影响显著。Ramasamy、Yeung 和 Sylvie（2010）[③] 利用 2006～2008 年中国上市公司对外直接投资数据运用泊松回归模型进行分析发现，国有控股企业倾向于对资源丰富、政治关系比较密切的国家进行投资，而私有企业则主要为市场寻求型投资。此外，部分学者还基于更大的发展中国家样本对其对外直接投资的影响因素进行了研究。

赵春明、何艳（2002）[④] 借鉴国际对外直接投资产业和区位选择经验来分析适合中国的区位选择。认为发达国家的区位优势主要体现在：政局稳定、基础设施良好、技术和管理水平高、劳动力素质高、市场容量大、经济一体化程度高、经济自由度较大、法律制度完善。发展中国家的区位优势主要包括丰富的自然资源和廉价的劳动力、较大或不断增长的市场容量以及优惠政策等。所以，我国对外直接投资发展初期的区位选择应遵循“就近原则”和“地区渐进原则”。然后结合不同地区的特点选择重点投资行业，充分发挥“区位比较优势”。最后提出构筑多层次的对外直接投资格局（如：优势型和学习型两种）。杨大楷、应溶（2003）[⑤] 分别从弗农的产品

① Cheng, L. K., Ma, Z., “China's Outward Foreign Direct Investment”, *China's Outward Foreign Direct Investment*, 2007: 545－578.

② Cheung, Y. W., Qian, X., “Empirics of China's Outward Direct Investment”, *Pacific Economic Review*, 2009, (3): 312－341.

③ Ramasamy, B., Yeung, M., Sylvie, L., “China's Outward Foreign Direct Investment: Location Choice and Firm Ownership”, *Journal of World Business*, 2010, (10): 1－9.

④ 赵春明、何艳：《从国际经验看中国对外直接投资的产业和区位选择》，《世界经济》2002 年第 5 期，第 38～41 页。

⑤ 杨大楷、应溶：《我国企业 FDI 的区位选择分析》，《世界经济研究》2003 年第 1 期，第 25～30 页。

生命周期理论、小岛清的比较优势理论与邓宁的生产折衷理论出发，分析我国企业对外直接投资的区位选择因素。他们认为我国工业体系已相对完整与独立，市场上出现生产过剩现象，故增加对经济发展水平类似或低于我国的发展中国家的投资，发挥比较优势。以知识密集型和技术密集型企业居多的发达国家和地区对高新技术跨国企业来说也具有特殊的区位吸引力。投资国与东道国的社会文化差异有时会对直接投资的效果产生直接影响。

程惠芳、阮翔（2004）① 选取 1995 年、2000 年及 2002 年这三年间中国对 32 个国家（地区）的 OFDI 数据样本，把这些样本国的经济规模、人均国民收入及与中国的地理距离等变量纳入引力模型，按地理位置划分七组后求出样本国家与中国国际直接投资的引力系数，并用引力系数就中国对外直接投资的区位选择进行分析，证明国家之间的国际直接投资流量与经济变量之间存在相关关系，并揭示国际直接投资区位分布的规律。结果表明，投资国与东道国的经济规模总和、人均国民收入水平及双边贸易量与两国间的国际直接投资流量呈正相关，投资国与东道国的经济规模和经济水平越相似，两国之间的国际直接投资流量越大。投资国与东道国的距离与国际直接流量和区位分布呈显著负相关，这表明地理位置是影响国际直接投资流向和分布的重要因素。马先仙（2006）② 采用 2001 年我国对 28 个国家或地区的直接投资流量数据以及由于贸易对国际直接投资的影响具有滞后性，采用滞后一期的进出口数据即 2000 年的进出口数据，来检验 28 个国家和地区影响我国对外直接投资区位选择的因素。他采用剔除变量的逐步回归法得出结论，出口和东道国 GDP 对我国对外直接投资有显著影响，其中出口与对外直接投资正相关，东道国 GDP 与我国对外直接投资负相关。我国从东道国的进口、与东道国的建交时间、东道国人均国内生产总值和我国与东道国的距

① 程惠芳、阮翔：《用引力模型分析中国对外直接投资的区位选择》，《世界经济》2004 年第 11 期，第 23 ~ 30 页。

② 马先仙：《我国企业对外直接投资的区位选择》，《国际商务》2006 年第 2 期，第 69 ~ 73 页。

离等因素对我国对外直接投资没有显著影响。我国当前对外直接投资的区位选择是以国内市场相对狭小、与我国有密切贸易关系的国家和地区为主，符合发展中国家在对外直接投资区位选择方面的一般规律。

张为付（2006）[①] 综合发达国家和发展中国家的对外直接投资理论，结合我国企业的具体实际，对我国企业在实施“走出去”战略过程中的东道国区位选择和路径安排进行分析，分别研究不同类型投资的东道国区位选择和投资安排。对于市场寻求型的中国企业来说，理想的对外直接投资路径选择是通过对发达国家周边发展中国家的直接投资，生产工业产品后再出口进入发达国家市场，实行一种“迂回式”的间接出口。对于低成本需求型中国企业而言，对外投资要以自然资源和人力资源丰裕的国家和地区为目标东道国，这也就决定了这种类型的直接投资以发展中国家为主。对于技术寻求型企业来说，对外直接投资应以拥有世界领先的技术水平和自主的研究能力的发达国家为目标市场。对于全球发展战略寻求型企业而言，对外直接投资以企业的未来全球发展战略为基础，投资于发展中国家应兼并其战略性资源生产和上游企业，投资于发达国家则应利用其技术和管理资源。

胡博、李凌（2008）[②] 采用我国 2003～2006 年对 54 国直接投资流量的面板数据，选用了东道国 GDP、科技水平、进出口总额、矿产及燃料资源所占比重、经济活动自由度、外贸依存度等 8 个指标，在对样本国聚类的基础上考察了我国对外直接投资区位选择的影响因素。他们发现在控制了东道国治理基础和双边贸易量后，对我国直接投资而言，发达国家的区位优势在于较高的科技水平，而发展中国家则在于丰富的矿产能源禀赋或潜在的国内市场。同时，发达国家的市场对我国直接投资并不具有吸引力，而在对一些资源丰富

① 张为付：《中国企业对外直接投资的区位选择和路径安排》，《国际贸易问题》2006 年第 7 期，第 105～110 页。

② 胡博、李凌：《我国对外直接投资的区位选择：基于投资动机的视角》，《国际贸易问题》2008 年第 12 期，第 96～102 页。

的发展中国家进行投资时市场因素的作用也不明显。

项本武（2009）[①] 使用2000～2007年中国对50个国家或地区的对外直接投资流量的面板数据，选取东道国兑人民币汇率、出口流量以及东道国人均国民收入和真实GDP等指标，采用广义矩估计（Generalized Method of Moments，GMM）方法检验中国对外直接投资区位分布的影响因素，揭示中国对外直接投资的动态效应。研究发现：东道国市场规模对中国在东道国的投资具有显著的负影响，东道国工资水平的影响并不显著。以出口度量的双边贸易联系及双边汇率对中国在东道国的投资具有显著的正影响。从动态来看，前期投资对当期投资的影响并不显著，表明中国对东道国的直接投资缺乏连续性。

宋维佳、许宏伟（2012）[②] 采用2005～2009年中国与51个对外直接投资东道国的面板数据为样本，分析了东道国市场规模、自然资源禀赋、技术禀赋、工资水平、基础设施、外资开放度、汇率水平、与东道国的贸易联系和地理距离9类因素对中国对外直接投资区位选择的影响，考察中国企业对外直接投资区位选择的决定因素。研究发现：东道国资源禀赋、技术禀赋、基础设施条件、外资开放度及与中国的贸易联系等因素对中国对外直接投资区位选择具有显著影响，是中国企业对外直接投资区位选择的主要影响因素。而东道国市场规模、工资水平、汇率水平和地理距离等因素的影响并不显著。余士波（2013）[③] 利用2003～2011年中国对28个国家的对外直接投资面板数据，基于经济增长的视角，定量分析了出口贸易额、国内生产总值、人均国内生产总值和经济增长率对中国对外直接投资的影响。结果显示，与东道国的贸易联系有助于中国对外直接投资，市场规模对中国对外直接投资具有显著的正影响，而劳动力工

① 项本武：《东道国特征与中国对外直接投资的实证研究》，《数量经济技术经济研究》2009第7期，第33～46页。

② 宋维佳、许宏伟：《对外直接投资区位选择影响因素研究》，《财经问题研究》2012年第10期，第44～50页。

③ 余士波：《中国对外直接投资的区位选择—基于经济增长的视角》，《广西财经学院学报》2013年第4期，第8～12页。

资水平影响不显著，经济增长对中国对外直接投资具有显著的负影响。中国对外直接投资的效率寻求目的不明显，而市场寻求的目的较明显。

五　对外直接投资经济效应的实证研究

针对对外直接投资的经济效应研究，国内外许多学者从多个方面发表了意见，主要集中在对外直接投资促进母国经济增长、两国贸易、增加就业以及技术等方面。下面分别就这几方面的研究进行综述。

（一）经济增长

最早对对外直接投资对经济增长的影响进行研究的学者之一是 Saltz（1992）[①]，他采用了 1970 ~ 1980 年的 75 个发展中国家的直接投资流量数据进行检验分析，将对外直接投资存量增长率作为 OLS 回归的解释变量之一，得出回归系数是负的并且统计上显著，据此推断一个较大的直接投资一般减慢增长，而不是预期的结果。此外，他注意到虽然投资水平与对外直接投资存量正相关，但源于其“额外”投资对增长没有贡献。Blomstromet 等（1994）[②] 基于国家横截面数据，得出高经济增长率与直接投资流入相关。研究也发现，对连续五年的数据进行检验分析，表明 FDI 与经济增长率之间存在因果关系。Balasubramanyam 等（1996）[③] 基于新经济增长理论使用 1970 ~1985 年的 46 个国家的对外直接投资横截面数据进行检验，分析 FDI 对按不同贸易政策管制分类的发展中国家的增长过程的影响，

① Saltz, S.,“The Negative Correlation between Foreign Direct Investment and Economic Growth inthe Third World: Theory and Evidence”, *Rivisa Internazionale di Scienze Economiche eCommerciali*, 1992, 39 (7): 617 -633.

② Blomstrom, M., Lipsey, R., & Z. Mario, What Explains the Growth of Developing Countries. In: William, B, et al., eds. Convergence of Growth. Cross-National Studies and Historical Evidence. New York: Oxford University Press, 1994.

③ Balasubramanyam, N., Salisu, M. & D. Sapsford.“Foreign Direct Investment and Growth in EP and IS Countries”, *Economic Journal*, 1996, 92 -105.

得出外向度和开放度较高的国家比内向型国家更能从 FDI 中受益。Borensztein 等（1998）① 使用从经济合作与发展组织国家流向 69 个发展中国家的国家横截面数据进行回归分析，表明 FDI 作为技术转移的重要载体，对增长的贡献大于对国内投资的贡献。只有东道国拥有人力资本的较小值时，较高的经济增长率才会出现。Olofsdotter（1998）② 使用联合国 WID 提供的 1980～1990 年 50 个国家对外直接投资的数据进行实证分析。结果表明，FDI 增长率与经济增长率正相关，而且相对于设定来说其回归结果是平稳的。在国内，有关对外直接投资经济效应的研究已经取得了不少的成果，但大多数都是从理论层次进行的研究，利用统计方法进行实证分析的相对较少。

刘红忠（2001）认为对外直接投资促进了中国的经济发展。①对外直接投资拓宽了中国利用外资的渠道，有助于更多的外国直接投资涌入中国。一方面，中国的对外直接投资大多采用合资企业的投资形式。另一方面，中国的对外直接投资过程中存在着一个非常特殊的现象——资本回流。②对外直接投资加速了中国企业学习国外先进技术的步伐，促进了国内的技术进步。③对外直接投资，尤其是资源开发型的投资，为国内某些短缺资源的需求提供了长期稳定的供应渠道。于超、葛和平（2011）③ 首先选用了 1982～2009 年中国对外直接投资与人均 GNP 数据，就改革开放以来中国的经济发展水平和对外直接投资之间的关系进行实证研究。结果表明，中国的对外直接投资与经济发展水平之间的关系符合邓宁的投资发展周期理论，并且中国的对外直接投资处于投资发展周期理论的第三阶段。然后使用 2003～2009 年面板数据对中国 25 个省市的人均国内生产总值（PGDP）和对外直接投资流量（OFDI）进行单位根检验、协整检验以及误差修正模型等实证分析，结果发现，长期内，中国

---

① Borensztein, E. Gregorio, J. & W. Lee., "How does Foreign Direct Investment Affect Economic Growth", *Journal of International Economics*, 1998, 45: 115 - 135.

② Olofsdotter, " K. Foreign Direct Investment, Country Capabilities and Economic Growth", *Weltwirtschaftliches Archiv*, 1998, 134 (3): 534 - 547.

③ 于超、葛和平：《中国对外直接投资与经济发展水平关系的实证研究》，《统计与决策》2011 年第 18 期，第 129～131 页。

的经济发展水平和对外直接投资之间互为因果关系，而在短期，二者之间的关系并不显著。

（二）贸易效应

有关对外投资与贸易关系的理论研究由来已久[①]，最初学者对于两者关系的研究主要围绕讨论两者是互补关系还是替代关系，这又分化为以美国学者和日本学者为代表的两种观点，其中 Mundell（1957）在赫克歇尔－俄林模型基础上，进一步证明在存在关税的情况下贸易和投资之间是相互替代的关系，后来随着日本二战后经济的快速发展，日本学者开始对日本的 FDI 投资模式进行了研究并提出了边际产业转移的投资模式理论。对该理论的集大成者是该国学者小岛清，他基于要素禀赋差异的原理提出日本式和美国式 FDI 分别与贸易促进型 FDI 和贸易阻碍型 FDI 相对应，并认为日本式 FDI 和贸易是相互补充的关系，能扩大贸易量进而增进社会福利；而美国式 FDI 和贸易是相互替代的关系，从而将缩减双边贸易量起到限制福利的作用。此后的实证分析大多围绕投资与贸易的互补与替代两种关系展开。Host（1972）[②] 运用回归分析的方法分析了美国对加拿大的投资与出口的关系，发现美国在加拿大子公司销售额的增长与美国对加拿大出口的增长为负相关，即美国在加拿大子公司销售额的增长导致美国对加拿大出口的减少。他认为导致直接投资对出口贸易替代关系的原因在于，美国公司投资的动机是为了绕过加拿大的高额关税，也就是关税引致投资替代了出口贸易。Pfaffermayr（1994、1996）[③] 在较早的研究中采用时间序列数据，运用格兰杰因

① 王婉如、安佳、王荣艳、陈明明：《日本对中国直接投资与贸易的模式研究》，《中国科技论文》2014 年第 4 期。

② Horst, T., "The Industrial Composition of U. S. Exports and Subsidiary to The Canadian Market", *The American Economic Review*, 1972, 62 (1/2): 37 - 45.

③ Pfafermayr, M., "Foreign Direct Investment and Export: A Time Series Approach. *Applied Economics*", 1994, 26 (4): 337 - 351; Pfafermayr, M., "Foreign Outward Direct Investment and Exports in Austrian Manufacturing: Substitutes or Complements?" *Welwirtschafliliches Archiv*, 1996, 132: 501 - 521.

果检验和协整检验的方法对奥地利的对外直接投资和贸易进行了分析，分析结果显示投资与贸易存在弱正相关关系。在1996年的研究中，使用寡头垄断模型，证明奥地利的资本密集型产业对外直接投资与出口之间存在替代关系。Makki（2004）[①] 对66个发展中国家的对外直接投资与贸易的关系进行研究，得出对外直接投资能够显著地促进对外贸易的发展。

国内的学者也对中国对外直接投资与贸易的关系进行了研究。项本武（2005，2006，2009）[②] 在较早时期的研究中，运用引力模型，利用2000年和2001年中国对49个东道国的出口及中国对这些东道国的年直接投资流量和年末直接投资存量，采用面板数据分析方法分析中国对外直接投资与中国进出口的关系，得出结论是中国对外直接投资是出口创造型的，中国对外直接投资导致中国出口水平的增加。2009年的研究中选取2000～2006年我国对50个国家或地区直接投资和进出口的面板数据，运用面板协整模型和面板误差修正模型对我国对外直接投资的长短期贸易效应进行了检验。研究结果显示：中国对外直接投资与中国出口及进口均存在长期协整关系。在长期，中国对外直接投资对中国进出口的拉动作用相当大。在短期，我国对外直接投资与出口及进口的长期稳定（协整）关系，对短期的出口及进口的抑制（调节）作用并不显著，对短期的对外直接投资具有显著的正向调节效应。总结得出中国对外直接投资是贸易创造型的，不存在对外直接投资对贸易的替代效应。

胡昭玲，宋平（2012）[③] 使用1993～2009年中国对105个国家（地区）直接投资和进出口贸易的面板数据，应用动态自回归模型和

① Makki S.，“Impact of Foreign Direct Investment and Trade on Economic Growth”，*American Journal of Agriculture Economics*，2004，(3)．

② 项本武：《中国对外直接投资：决定因素与经济效应的实证研究》，社会科学文献出版社，2005；项本武：《中国对外直接投资的贸易效应研究：基于面板数据的协整分析》，《财贸经济》2009年第4期，第77～83页。

③ 胡昭玲、宋平：《中国对外直接投资对进出口贸易的影响分析》，《经济经纬》2012年第3期，第65～69页。

面板格兰杰因果检验方法对我国的对外直接投资与贸易情况进行实证研究。结果表明：我国对外直接投资与出口及进口之间均存在双向格兰杰因果关系，对外直接投资是贸易创造型的，但这种创造效应还较为有限。对外直接投资对进口具有带动作用，这说明在我国对外直接投资中占有一定比重的资源导向型投资促进了资源性产品的进口，而将其他类型的对外直接投资考虑进来，投资与进口贸易总体上也呈互补关系。柴庆春、胡添雨（2012）[①] 运用引力模型，采用 2003 ~ 2008 年中国对东盟十国和欧盟十国的出口额与直接投资流量、直接投资存量作为面板数据，分别对比研究中国对东盟与欧盟直接投资的贸易效应。结论显示：①中国对东盟十国的直接投资对出口贸易的固定影响存在着国别差异。在出口效应模型中，直接投资对出口贸易的固定促进效应由高到低的排序依次是新加坡、马来西亚、菲律宾、印度尼西亚、泰国、越南、缅甸、柬埔寨、文莱、老挝。②中国对欧盟 10 个代表国的直接投资对出口贸易的固定影响存在着国别差异。在出口效应模型中，直接投资对出口贸易的固定促进效应由高到低的排序依次是荷兰、德国、意大利、法国、英国、西班牙、波兰、匈牙利、丹麦、瑞典。③中国对东盟的投资贸易效应大于对欧盟的投资贸易效应。④中国的对外直接投资对出口形成促进作用，但促进的效果不明显。我国对外直接投资的长期贸易效应大于短期效应。张春萍（2012）[②] 使用 1996 ~ 2010 年中国对 18 个国家（地区）直接投资与进出口贸易的面板数据进行实证研究。结果表明，中国对主要东道国（地区）的直接投资具有明显的进口和出口创造效应，除少数几个国家（日本、巴西、南非、澳大利亚和赞比亚）外，OFDI 的出口创造效应均大于进口创造效应；中国 OFDI 的贸易效应具有较为明显的国别差异。整体来看，中国对资源富裕类国家的直接投资具有最强的出口创造效应与进口创造效应，

① 柴庆春、胡添雨：《中国对外直接投资的贸易效应研究——基于对东盟和欧盟投资的差异性的考察》，《世界经济研究》2012 年第 6 期，第 64 ~ 72 页。

② 张春萍：《中国对外直接投资的贸易效应研究》，《数量经济技术经济研究》2012 年第 6 期，第 74 ~ 85 页。

对发达经济体的直接投资具有较强的出口创造效应与进口创造效应，对新兴经济体及其他发展中国家的直接投资具有较强的出口创造效应与较弱的进口创造效应。

（三）就业效应

对外直接投资对母国就业的影响问题主要是围绕着对外直接投资对就业的替代效应、补充效应以及对就业区位分布的影响来进行的。Jasay（1960）[①] 认为对外直接投资将替代一部分国内投资或消费。如果对外直接投资没有伴随出口增加或进口减少，则会产生对母国就业的替代。与 Jasay 持相反看法的 Hawkins（1972）[②] 从投资与贸易互补的角度研究了对外直接投资对母国就业的影响，认为在对外直接投资属于防御性投资的情况下，此类投资往往能增加国外子公司对母国资本设备、中间产品或辅助产品的需求，进而对国内就业产生补充效应。Hamill（1992）[③]从公司战略的角度出发，认为公司战略能够影响母国就业的数量、质量及就业区位，因此采取不同战略的跨国公司对母国就业的影响是不同的。随着跨国公司一体化程度的加强，国际生产的劳动力市场状况变得更为复杂，跨国公司对就业数量、质量和就业区位在母国和东道国之间的配置就越具有主动性和灵活性，从而对外投资的母国就业效应就越具有不确定性和不稳定性。Blomstrom（1997）[④] 对美国与瑞典对外直接投资与母国就业关系进行对比研究，认为瑞典公司在给定母公司生产规模的条件下，国外生产越高则国内就业越多，尤其在发展中国家的效应特别大，其原因可能在于瑞典公司较少将劳动密集型生产配置于

---

① Jasay, A. E., "The Social Choice between Homeand Oversea Investment", *Economic Journal*, 1960, Vol. 70, No. 277.

② Hawkins, R. G., "Job Displacement and Multinational Firm: A Methodological Review", *Washington: Center of Multinational Studies*, 1972, June.

③ Hamill, J., "Employment Effect of Changing Multinational Strategies in Europe", *European Management Journal*, 1992, Oct.

④ Blomstrom, M., Fors, G. &R. Lipsey., "Foreign Direct Investment and Employment: Home Country Experience in the United States and Sweden," *NBER Working Paper 6205*, 1997.

低工资国家。国外生产尤其是在发展中国家的生产需要母公司较多的监督和辅助就业。美国跨国公司将其劳动密集型生产配置于发展中国家。母公司生产规模一定的情况下，国外生产越多则母公司就业越少。

刘红忠（2001）通过实证研究得出，对外直接投资对母国就业的影响取决于对外直接投资之前母国企业的国际竞争力状况和对外直接投资之后对母国国内资本形成的影响两方面的因素。在对外直接投资之前，当在某些产业母国已经或即将丧失国际竞争力，而且这些产业对外直接投资之后，不仅没有影响国内的资本形成，反而促进了国内经济结构的调整时，那么，对外直接投资将在减少劣势产业就业的同时，大大增加国内新兴产业的就业机会。反之，在对外直接投资之前，如果对外直接投资产业仍然具有较强的国际竞争力，并且对外直接投资严重影响了国内资本形成，那么，对外直接投资势必减少母国的就业机会。目前，对外直接投资对中国产业结构和就业的影响仍然是不显著的。但是，随着中国对外直接投资的进一步发展，特别是当中国进入投资发展周期的第三阶段之后，对外直接投资对中国的国际收支、技术进步、产业结构和就业等的影响必将越来越显著。

黄晓玲、刘会政（2007）[①] 选取 1981 ~ 2004 年中国对外直接投资和失业率的数据，利用 Granger 因果关系检验和最小二乘回归方法分析中国对外直接投资与国内就业之间的关系。研究结果表明对外直接投资对我国就业具有双重效应，对外直接投资当期对就业的总体影响体现为刺激效应，通过创造更多的就业机会促进国内的就业，而第二年对就业的总体影响体现为替代效应，但较为有限。同时对外直接投资促进我国就业结构，主要通过两种方式：一是促进劳动力由农业向非农业转移，即优化就业的产业结构；二是促进劳动力素质结构的提升，即增加熟练劳动力在总体就业中的比重。对外直接投资对我国就业的影响虽然从就业总量上看，替代效应和刺激效

① 黄晓玲、刘会政：《中国对外直接投资的就业效应分析》，《管理现代化》2007 年第 1 期。

应基本相互抵消，但从就业结构上看，对外直接投资推动了我国劳动力由第一产业向第三产业的转移。姜亚鹏、王飞（2012）[①] 选取了 1981 ~2010 年全国年末在岗人数、对外直接投资流量与进出口额、全社会固定资产投资总额与每年高校毕业生数量等数据，分析了中国对外直接投资母国就业效应的区域差异。经过对中国全国范围内及各省（市、区）对外直接投资的母国就业效应的检验，结果证实：在长期内我国对外直接投资与就业正相关，而最近 8 年各省（市、区）对外直接投资的母国就业效应存在一定差异，其中“一线城市”及沿边省份呈微弱负相关，其余省份为正相关。

（四）其他效应

对外直接投资对母国经济效应的影响还包括技术、经济结构调整、企业自身发展增长等各方面。Wolff（2000）[②] 认为，日本从 20 世纪 70 年代的中等技术含量经济体转变为 20 世纪 90 年代的高技术含量的经济体。日本转型速度比其主要竞争对手美国和德国要快得多，这其中对外直接投资是较为重要的原因。Blomstrom（2000）[③] 认为，FDI 流出在日本经济结构的调整中起着重要作用。自 1985 年日元升值以来，日本公司的海外生产和就业的重要性快速上升。随着制造业海外子公司相对母公司和制造业总体变得越来越重要，母公司在日本制造业中的份额在萎缩。日本公司生产活动区位的重新配置改变了日本经济的特征。Taun-Jy Chen 和 Ying-Hua Ku（2000）[④] 对台湾制造业对外直接投资与公司增长进行研究表明，利用公司优势的扩张型 FDI 对公司销售有利，寻求低劳动力价格的防御型 FDI 对公

---

① 姜亚鹏、王飞：《中国对外直接投资母国就业效应的区域差异分析》，《上海经济研究》2012 年第 7 期，第 43 ~54 页。

② Wolff, E., *Has Japan Specialized in the Wrong Industries?* In: Blomstrom et al., eds. Japan's New Economy: Continuity and Change in the 21st Century. Oxford: Oxford University Press, 2000.

③ Blomstrom, M., Konan, D. & R.. Lipsey., “FDI in the Restructuring of the Japanese Economy”, *NBER Working Paper 7693*, 2000.

④ Tain-Jy Chen, Ying-Hua Ku. The Effect of Foreign Investment on Firm Growth: the Case of Taiwan's Manufacturers. Japan and the World Economy, 2000, 12: 153 –172.

司销售增长是中性的。两类型FDI都有利于公司的存活，因此FDI将增加而非减弱国内产业的生命力、竞争力，而不是导致产业空心化。扩张型FDI通过公司的销售增长，增加母公司的增长率，它是投资者扩张市场份额以求进一步增长所采取的进攻行动。防御型FDI常发生于衰落产业，而海外生产经营通过国际劳动分工能帮助改善产业的生存能力，使公司免于破产，它是投资者面临商业环境所采取的生存战略。

刘红忠（2001）认为对外直接投资会对母国产业结构产生影响，包括三个层次：①企业内部的结构调整（Intra-firm Restructuring），在对外直接投资之后，用新的生产线改造母国的原有企业；②产业内部的结构调整（Intra-industry Restructuring），在对外直接投资之后，将母国的企业向原来所在产业的上游或下游部门转移；③产业之间的结构转移（Inter-industry Restructuring），在对外直接投资之后，将母国的原有企业向新的产业转移。[①] 马亚明、张岩贵（2003）对Motta（1996）模型加以扩展。从技术扩散的角度阐明，技术落后的厂商进行对外直接投资可能是为了在地理上靠近先进厂商以分享技术溢出的好处，而不是为了利用已有的优势。技术扩散的存在使得通过对外直接投资来寻求技术成为可能，一些发展中国家的公司以合资的形式到发达国家进行直接投资，其主要目的之一就是最大化公司之间的技术溢出，以最大可能地寻求和利用发达国家企业的先进技术。王英、刘思峰（2008）[②] 借鉴国际R&D溢出回归分析的框架，测算了中国1985～2005年通过外国直接投资、对外直接投资、出口贸易和进口贸易4种渠道溢出的外国研发资本存量对全要素生产率的影响。研究结果表明，对外直接投资渠道的国际研发溢出并没有对我国的技术进步起到促进作用。欧阳艳艳（2010）[③] 从

① 马亚明、张岩贵：《技术优势与对外直接投资—关于技术扩散的分析框架》，《南开经济研究》2003年第4期。

② 王英、刘思峰：《国际技术外溢渠道的实证研究》，《数量经济技术经济研究》2008年第4期。

③ 欧阳艳艳：《中国对外直接投资逆向技术溢出的影响因素分析》，《世界经济研究》2010年第4期，第66～72页。

东道国的创新能力、国际技术传递渠道和中国的消化吸收能力3个方面归纳出中国对外直接投资逆向技术溢出的10个影响因素，建立偏最小二乘回归模型并运用辅助分析手段对这些因素进行了实证检验。结果发现：东道国的研发资本存量、人均国民收入和中国的GDP是影响中国对外直接投资逆向技术溢出的三大因素，真实汇率水平与我国对外直接投资逆向技术溢出负相关，而政府支持力度的影响很小，中国对外直接投资寻求逆向技术溢出主要还是企业的要求和行为。

六 中国对外直接投资存在的问题及风险研究

2002年以后中国对外直接投资取得了快速的发展，但是我们的对外直接投资规模与一些发达国家相比还是有很大差距。首先，中国对外直接投资在国际市场上地位相对较低；其次，我们的区位优势还不明显。我国的对外直接投资发展还处于较初级水平，这有一定的自身原因。下面从分析我国对外直接投资存在的问题以及风险入手，在第七部分给出相应的政策建议。

（一）存在的问题

国内学者在这方面的研究主要是从宏观角度出发，建立实证分析的相对较少。王文举、徐琳（2000）[①] 从我国对外直接投资的整体方面，发现我国对外直接投资存在的主要问题如下。①对外直接投资规模和我国整体经济实力与我国在世界上的经济地位不相称，不利于我国争取到国际分工体系中的有利地位。②对外直接投资规模偏小，难以形成规模经济，也难以与世界大型跨国公司相抗衡。③对外直接投资地区分布不均衡。美、加、澳三国投资额占我国对外投资额的45%，这种过分集中的地区分布往往造成我国的海外企

① 王文举、徐琳：《试论我国对外直接投资的主要问题和对策》，《财贸研究》2000年第4期，第51~55页。

业自相竞争。④对外直接投资结构低级化。第一、第二产业占总对外投资额的81%。⑤对外直接投资方式单一，大多数为投资新建企业。⑥对外直接投资决策不够谨慎，企业自主性的投资还带有较多行政色彩。⑦我国企业对外直接投资资金短缺。大部分为自有资金，在国际资本市场上融资量少。

张汉亚（2006）[①] 通过分析2002～2005年我国企业对外直接投资的情况以及发展特点等，从企业的角度分析我国企业对外直接投资存在的问题。①缺乏对投资环境的深入了解。企业到境外投资，面对的是与我国政治、法律、文化、风俗等有很大差异甚至完全不同的环境，涉及所在国的法律问题很多，企业走出去往往对投资环境了解不足。②对投资方向缺乏认真的分析。许多企业到境外投资，对境外的商机、自身的优劣势及竞争风险缺少客观的分析。③缺乏前期的准备程序。在对境外许多情况不了解，各种关系和渠道没有疏通的情况下就进行投资，往往会遇到很多的困难。④合作渠道狭窄。由于国内企业大多数是初次走出国门，缺乏对投资目的地的了解，很难找到在当地有影响力的合作伙伴或介绍人，往往很少进行调查分析。⑤对并购后的困难估计不足。例如，被收购企业的组织结构调整，原有人员的调配、使用和辞退，产品和生产的调整，市场营销渠道的维持和扩大，经营外部环境的和谐、与当地政府关系的协调等；有经济问题、法律问题、社会问题，甚至还有政治问题，无论哪一点处理不当，都可能给企业经营带来困难。⑥缺少专业人才。缺乏熟悉境外投资业务的法律、财会、资产管理、市场分析和营销、公关、生产运营管理等方面的专业人员。

吉粉华（2008）[②] 使用2002～2006年我国对外直接投资相关数据，从对外投资规模、产业分布与区位分布等方面说明我国对外直接投资存在的问题。①对外直接投资滞后于经济的发展。②我国对

---

① 张汉亚：《中国企业境外投资的现状、问题与策略》，《宏观经济研究》2006年第7期，第3～9页。

② 吉粉华：《我国企业对外直接投资存在的问题和对策》，《经济纵横》2008年第7期，第102～105页。

外直接投资绩效指数OND[①]低。OND反映一国企业对外直接投资的两种决定性因素：所有权优势和区位因素。从我国OND指数可以看出，中国跨国公司缺乏所有权优势，对外直接投资项目的技术含量不高、效益较差。③我国企业对外直接投资行业和区位分布不合理。其中，我国对外直接投资的行业中，低附加值、低技术含量的劳动力密集项目居多，技术密集型产业和高层次服务业的投资偏少；从事商品流通的贸易企业偏多，而生产性企业和金融服务性企业偏少；我国企业对外直接投资过于集中在发达国家和地区，具有较大的地域局限性。

万丽娟、石睿、陈立泰（2011）[②]采用2005～2008年中国对外直接投资相关数据，从对外直接投资的产业结构、区位选择、进入方式等方面分析我国企业对外直接投资存在的问题。得出结论：①对外直接投资产业结构过于单一，产业层次低，位于小规模技术及技术本地化投资阶段。②我国对外直接投资大部分集中在周边的发展中国家和地区，区位选择过于单一化。③企业对外投资进入方式存在问题。首先是并购企业人员安置问题；其次是并购企业与国内企业相磨合的问题；再次是企业对外直接投资并购活动之前，过于急功近利，对并购企业并未考察清楚。④其他问题有：一是我国企业在对外直接投资中并不太注重品牌问题；二是我国企业在对外直接投资过程中缺乏专业化人才。

（二）风险

风险是指关于不愿发生的事件发生的不确定性的客观体现（威利特，1901）。奈特（1921）认为风险是可测定的不确定性，而不可测定的确定性才是真正意义上的不确定性。它具有客观性、主观认知性、不确定性、可控性等特征。境外投资风险作为风险的具体化

① 对外直接投资绩效指数（OND）指一国对外投资流量占世界对外投资流量的份额与该国国内生产总值占世界生产总值的份额的比率。

② 万丽娟、石睿、陈立泰：《中国企业对外直接投资存在的问题及对策》，《探索》2011年第4期，第95～99页。

形式之一，表现为由于一定客观因素、外部环境等的影响导致企业境外投资相关的损失以及不确定性变化，包括经济因素、政策因素，还包括企业声誉、本国的国际形象等非经济方面的因素。

张留禄（1997）[①] 认为境外投资风险主要表现为管理风险、竞争风险、资金风险、政治和制度风险。其中，管理风险主要表现为管理制度不健全、盲目投资等；竞争风险主要表现为企业境外投资中面临国外高科技企业的竞争以及跨国公司的规模化经营，其在技术和规模经济上会相对较弱，进而导致竞争压力和成本上升；资金风险指企业境外投资中所面临的资本瓶颈；政治和制度风险指投资地的政策或其他因素所带来的投资不确定性。

刘红霞（2006）[②] 认为中国境外投资面临着许多风险，按不同的研究角度分类，其主要风险表现为企业境外融资风险、投资决策风险、政府监管及服务风险、境外投资保护风险、投资环境风险等。其中，从政府角度看，主要有监管及服务风险、投资保护风险；从投资所在国角度看，主要是投资环境风险；从企业角度看，主要是融资风险和投资决策风险，其风险程度受投资所在国环境和政府监管、服务与保护力度制约。

蒋长流、熊小奇（2001）[③] 认为制度风险是制约我国企业海外投资的重要原因，是最重要的风险之一。其具体表现为管理制度风险、国有资产体制风险、监管制度风险、法规制度风险和投资体制风险。其中，管理制度风险指境外投资的宏观管理处于无章无序之中；国有资产体制风险指受产权关系影响所导致的国有资产大量海外流失；监管制度风险指外部的监督和企业风险内控的缺位；法规制度风险指我国境外投资保障制度滞后；投资体制风险指多元化的体制以及政企不分所导致的产权和权责模糊所带来的风险。与制度

① 张留禄：《中国海外投资的风险与防范》，《河南大学学报》（社科版）1997年第3期，第60~63页。

② 刘红霞：《中国境外投资风险及其防范研究》，《中央财经大学学报》2006年第3期，第63~67页。

③ 蒋长流、熊小奇：《制度风险是我国海外投资的瓶颈》，《经济问题探索》2001年第5期，第22~25页。

风险相比，王锦珍（2004）[①]指出管理风险是我国企业境外投资的最大风险，其具体表现为管理水平有限、投资规模与经济水平失衡、信息咨询服务缺失、管理人才缺失等。

与实体风险相比，陶短房（2007）[②]指出在一个陌生的国度，从股份比例、金融汇兑到经营、关税和市场准入，乃至政治环境的稳定，这当中每一个环节都可能潜伏着令中国投资者血本无归的杀机。从中国企业境外投资多集中在非洲、东南亚和拉美国家的现状出发，其主要面临以下四类不规范风险：股权比例风险、金融汇兑风险、经营风险和关税市场准入风险。其中，股权比例风险指央企在这些地区的投资都受到严格的股权限制，即最高持股不超过49%，这意味着央企无决策权；金融汇兑风险指受外汇管制、通货膨胀以及商业信誉的影响而承受的直接损失；经营风险指由于文化和经营理念冲突而导致的风险；关税市场准入风险指由于该地区贸易政策以及贸易壁垒所形成的进入风险。

颜晓晖、聂名华（2007）[③]认为中国企业对外直接投资中政治风险是影响最大的一种风险，一旦发生，企业所遭受的损失将不可估量，主要表现为：国家干预风险、政策变动风险、劳工权益风险、民族主义风险、恐怖主义风险与国际战争的威胁；并对中国企业境外直接投资主要目标国的政治风险进行了分析，得出结论并提出相应的防范措施。①亚洲国家的主要政治风险有：政局动荡，投资政策连续性差；政治腐败；恐怖主义活动存在。②非洲国家的主要政治风险有：非洲的部族、种族、宗教及地区矛盾存在；军队干预政治的可能性存在；犯罪率居高不下；腐败问题严重。③拉美国家的主要政治风险有：政治不稳定；社会问题严重；工会的力量强大。④欧美国家的主要政治风险有欧美国家对重大投资审查非常严格；

① 王锦珍：《我国对外投资的经验、问题及政策建议》，《世界经济研究》2004年第4期，第37~42页。

② 陶短房：《六大风险笼罩中国海外投资》，《南风窗》2007年第11期，第48~50页。

③ 颜晓晖、聂名华：《企业境外投资的政治风险及应对策略》，《国际经济与合作》2007年第7期，第21~25页。

法律规定纷繁复杂；突发性事件和恐怖活动的存在。

聂名华（2009）[①] 从传统风险和非传统风险的不同表现形式出发，全面概括了中国企业在对外直接投资中面临的主要风险，具体表现在7个方面。①政治风险。主要包括：政治势力“区别性干预”风险；蚕食式征用风险；战争或内乱风险；②恐怖主义与民族主义风险。我国企业境外投资的资源开发投资项目一般地处偏僻区域，政府疏于防护，极易成为恐怖分子和地方武装势力攻击的对象。加之语言交流障碍、风俗习惯不同、文化传统有别等因素的影响，有些对外投资企业往往存在短期行为，不注重搭建本土化的公共关系，很少实施当地化经营战略。③政策与法律变动风险。在大多数发展中国家，由于经济基础较薄弱，为了解决资金缺乏和技术落后的困难，一般对外商投资和引进技术采取鼓励政策。与此同时，为了保护本国脆弱的民族工业和有限的经济资源，又通过多种政策立法手段，对外资加以不同程度的限制。大多数发达国家对外国投资的管制比较宽松，但这并不意味着允许外资放任自流。即使在对外开放和经济自由化程度都很高的美国，对外国投资也有一些限制性政策和法规。④汇率变动与汇兑风险。对从事境外投资的中国企业来说，通常会在国际范围内收付大量外汇，或有以外币表示的债权和债务由于汇率变动导致企业资产和负债的价值发生变化，从而形成汇率风险。汇兑风险是指东道国由于种种原因发生国际收支困难，因而实行外汇管制，限制甚至禁止外国投资者将其投资收益或其他合法收入转移到东道国境外（资本输出国或第三国）。汇兑风险可以分为禁兑险和转移险两种。⑤投资决策与经营风险。投资决策风险主要表现为我国有些企业对东道国各方面情况缺乏全面深入的考察和论证。经营风险主要表现为企业财务风险、劳工权益方面的风险。⑥文化冲突风险。尤其是东西方文化存在着巨大的差异，中国传统文化孕育下的企业行为方式与西方企业往往大相径庭，这可能从多

① 聂名华：《中国企业对外直接投资风险分析》，《经济管理》2009年第8期，第52～56页。

方面影响中国企业对外投资。⑦管理体制与道德风险。管理体制不够完善，一些企业尚未建立规范的法人治理机制，存在“内部人控制”的现象。由于对外投资企业的管理体制不完善，极易诱发经营管理者的道德风险。除上述风险外，中国企业对外直接投资过程中还面临着其他许多风险，如东道国违约风险、利率风险、融资风险、技术风险等。这些风险既相互交织，又相互影响。

七　中国对外直接投资的促进对策

2000 年之前，我国的国际投资政策是以鼓励吸引外资、限制对外直接投资为主要内容。这在很大程度上限制了我国企业对外直接投资规模，致使我国对外直接投资的发展缓慢。2000 年以后，我国开始实施“走出去”战略，从而使得企业境外投资的发展规模迅速提高，国际投资政策也逐渐由限制对外直接投资向放松与鼓励企业境外投资转变。

国内学者在研究如何促进中国对外直接投资时，主要基于我国的国情，结合我国企业对外直接投资的发展水平、特点、区位选择以及经济效应等来适当给出建议；还有对比国际上其他国家的对外直接投资政策来分析我国的对外直接投资政策等。

刘红忠（2001）比较分析了发达国家和发展中国家对外直接投资政策，发现发达国家不仅取消了本国企业对外直接投资的限制措施，而且在采取一系列的鼓励和刺激本国企业对外投资的国内政策的同时（如信息与技术援助、直接的财政和金融支持、投资保险），还强调增强国家间的政策协调和合作。发展中国家中只有少数亚洲国家和地区采取了一些促进本国对外直接投资的政策措施，例如，新加坡、韩国、中国香港等先后为本国和本地区企业的对外投资，提供信息和培训服务以及直接的财政和金融支持等政策。发展中国家对外直接投资政策自由化的改革方案中，围绕对外直接投资的条件和相应的评估标准，比较了 5 种可选方案；在解决外汇资金短缺的可选方案中，建议资本账户的自由化应该是一个渐进的过程；同时，强调对外投资并非完全依靠本国的自有资金，在东道国市场和国际金融市场融资是弥补本国外汇资金短缺的重要途径。最后对比我国政策，提出建议：①我国应该制定和颁布中国企业对外直接投资的专门法规，不断提高豁免审批的投资规模标准；②建立海外投资信息中心，为中国企业对外投资提供信息服务；③中国进出口银行应该帮助中国对外投资企业融资，并开展对外直接投资的投资保险业务；④为对外投资企业培训管理人员建立专门的机构等。

在研究发达国家促进对外直接投资政策方面，林巧燕、贺勇(2003)[①] 认为发达国家的对外直接投资政策体现在以下几个方面。①技术与信息的支持：一是通过与政府有关的媒体向企业提供相关信息，如政府出版物、政府研讨会等；二是由政府牵头组成官员企业家考察团外出考察或接待来访的外国团体；三是最主要的，由政府部门或相关机构提供东道国的宏观经济状况、企业背景与直接投资相关的法律管理程序等资料。②提供融资便利：如有专门机构为本国的公司提供融资便利。③税收优惠：通常在所得税和关税两方面实行优惠政策，其中所得税方面有税收抵免、税收饶让、税收延付、税收损失退算和税收损失结转。④投资担保：为本国跨国公司在国外直接投资活动中可能面临的国有化征收、战争、内乱、投资收益汇出管制等风险提供担保。⑤国际协调政策：包括签订关于国际投资保护的双边协定、区域协定和多边协定三个层次的内容。

从我国对外直接投资政策的角度分析，卜伟、叶广辉（2004)[②] 提出并论证了非公有制企业是未来实施“走出去”战略的主导力量，并分析我国对外直接投资现行政策存在的问题，提出了政策建议。①国内政策：建立企业境外投资信息中心、中国进出口银行为开展境外投资的企业提供必要的融资服务以缓解我国境外企业在国际市场上融资难的状况；建立专门的培训机构，培养相关人才；制定相

---

① 林巧燕、贺勇：《发达国家促进对外直接投资的政策借鉴》，《科学学与科学技术管理》2003 年第 1 期，第 46 ~ 48 页。

② 卜伟、叶广辉：《我国对外直接投资政策研究》，《国际贸易问题》2004 年第 8 期，第 57 ~ 61 页。

应的纲领性战略框架及实施办法。②国家经济政策：签署双边协定、积极参与区域协定。张洁颖、周煊（2007）[①] 比较分析对外直接投资政策新旧体系下境外投资项目审核等政策，提出四项建议。一是积极鼓励开展境外投资服务，中国政府应该进一步简化程序，便利企业外投资行为，加强外派人员的培训服务，建立完善的对外直接投资的促进、管理、保障和服务体系；二是设立海外产业投资基金，增强我国产业的全球竞争力；三是设立海外投资保险，针对的是东道国的政治或政策风险，如战乱风险、征用风险、外汇风险；四是完善境外投资监管政策，例如中央企业监管应该由国资委配合进行，建立内部风险控制机制。而对于民营企业，要着重防止投资移民、资本外逃和境外非法经营问题。

刘忠庆（2011）[②] 分析了当期我国对外直接投资的促进政策体系，认为我国主要从信息和技术支持（如2004年投入运行的“中国对外经济合作指南网”以及中国出口信用保险公司针对境外项目的特点为投资者提供免费或有偿的项目级咨询服务等）、直接的财政金融支持（1995年设立了中央对外贸易发展基金；2000年制定了《中小企业国际市场开拓资金管理（试行）办法》，对中小企业“走出去”到海外投资办企业给予前期费用等资金补助；2003年设立了境外矿产资源勘查开发专项资金；先后成立了四只产业投资基金，即中瑞合作基金、中国－东盟中小企业投资基金、中国比利时直接股权投资基金和中非发展基金扶持企业境外投资等）、放松外汇管制（2009年发布了《境内机构境外直接投资外汇管理规定》）、投资保险与双边或多边投资保护（中国的海外投资保险由中国进出口信用保险公司提供等）、税收支持等方面给企业对外直接投资提供政策支持，同时提出如下改进建议。①加强有关对外直接投资促进政策的宣传和培训。②建立促进对外直接投资的专门协调机制。③加大对

① 张洁颖、周煊：《“走出去”战略背景下中国对外直接投资政策体系的思考》，《国际贸易》2007年第4期，第27～30页。

② 刘忠庆：《对外直接投资促进体制的建立与完善》，《国际经济合作》2011年第3期，第25～29页。

技术开发型对外直接投资的政策支持力度。④加大对民营企业对外直接投资的管理和政策支持力度。⑤注意培育服务于对外直接投资的中介力量。徐婧、朱启荣（2008）[①] 对我国对外直接投资政策体系存在的问题进行了分析，并提出了政策建议。①以监管为核心，以审批为辅助，完善对外投资的监管体制。设立统一独立的管理机构，改多部门审批为单一部门审批；改革审批体制，提高审批效率，增强透明度；加大监管力度，落实监管措施，建立健全监管体系。②以立法为基础，通过外交手段，健全对外投资的保障制度。构建立法体系，完善保险制度，健全对外投资的单边保障制度；加强国际政策协调，完善对外投资的双边、多边保障体系。③加大支持力度，丰富支持手段，建立对外投资的支持和服务体系。

从我国对外直接投资制度方面看，李敬、冉光和、万丽娟（2006）[②] 分析了从改革开放初期到 2002 年“走出去”战略的实施以来，中国对外直接投资制度变迁的过程，通过中国对外直接投资制度与中国经济制度变革的对比，得出中国对外直接投资制度的变迁过程实际上是政府主导的对外直接投资制度的形成过程，企业在对外直接投资制度变迁中主动性较差。他们提出了制度创新促进建议，具体包括：①切实转变政府职能，培养服务观念，建立企业主导的对外直接投资制度。②培育有国际竞争力的对外直接投资主体，让企业成为对外直接投资制度创新的主体，形成“自下而上”的对外直接投资制度变迁模式。③从组织和管理入手，建立有效的对外直接投资监管制度。④为对外直接投资企业打造良好的融资平台，建立对外直接投资的经济杠杆和有效的投资调控制度。⑤建立对外直接投资风险管理制度。具体的，从我国对外直接投资管理制度方面看，李众敏（2010）[③] 介绍外汇管理体制、行政审批体制、融资

① 徐婧、朱启荣：《对外直接投资政策体系的问题与对策》，《国际经济合作》2008 年第 5 期，第 9～13 页。

② 李敬、冉光和、万丽娟：《中国对外直接投资的制度变迁及其特征》，《亚太经济》2006 年第 6 期，第 81～84 页。

③ 李众敏：《对外直接投资管理体制面临的挑战与改革建议》，《国际贸易》2010 年第 10 期，第 57～63 页。

体制和政策支持体系等，表明我国在对外投资管理体制上存在一些明显的局限，并提出了改革建议。①简化审批程序，促进企业对外投资。②变管理为服务，发挥政府性质的服务功能。③搭建政府参与支持的平台，建立中国企业全球网络。

有些国内学者从实际情况出发，研究分析并提出我国对外直接投资的促进政策。其中凌丹、赵春艳（2007）[①] 通过对中国对外直接投资现状的描述及其特点的分析，剖析了中国对外直接投资的问题，认为促进中国对外直接投资发展，需要从 2 个层面和 2 个方面进行提高。它包括在宏观层面上，制定中国对外直接投资总体战略、完善对外直接投资的法律规范、加强对国际投资环境的研究、进一步促进投资主体多元化、完善对外直接投资的服务体系与促进体系和监管体系；在微观层面上，加强境外投资企业战略管理、经营机制，提高企业创新能力和发展核心技术，重视培养跨国经营人才。王天龙（2013）[②] 采用了 1990～2011 年中国对外直接投资数据，从对外投资的主体、行业分布、地区选择、所占比重变化等方面分析了我国对外直接投资的特点与原因并提出如下建议。①中国企业“出海”投资自身要做好准备。②政府应加强与外国政府的政策沟通与协调。③加快签订双边或者多边投资保护协定。④加大促进对外直接投资的机制建设力度。⑤政府要积极帮助中国企业做好海外投资的相关服务工作。

综上所述，国内学者们通过研究提出的建议主要围绕着政府与企业自身两个角度展开。首先，政府应该提供良好的外部环境，包括制定相关法律法规，简化程序；对外签署双边协定或多边投资保护协定，对内提供信息技术支持以及便利的融资服务与保险制度等。其次，企业在进行境外投资时，必须进行充分的准备与调查，详细了解被投资地区的政治、经济与文化因素，进行风险分析并提前做

① 凌丹、赵春艳：《中国对外直接投资状况及对策》，《武汉理工大学学报》2007 年第 4 期，第 135～139 页。

② 王天龙：《加快我国对外直接投资的对策建议》，载《中国经济分析与展望（2012～2013）》，社会科学文献出版社，2013，第 322～332 页。

好防范措施等。最后，政府与企业应该共同努力，推进我国对外直接投资的发展。

八　中国对外直接投资理论评述

随着中国企业“走出去”战略的提出与发展，中国企业对外投资规模迅速增长。与此同时，国内外学界对中国的直接对外投资关注度升温，并提出许多有参考意义的理论与观点。中国作为最大的发展中国家，国际经济活动的参与度逐渐上升，国内外学者对中国对外直接投资的研究越来越多，这些研究具有重要的理论与指导意义。

总体来看，国外学者对中国对外直接投资的研究主要偏向于理论层次，具体表现在探讨中国对外直接投资占比与本国对比、中国对外直接投资的动因以及影响等方面。尽管国外学界对中国对外直接投资的关注度在增加，且相应研究结果也具有重要的借鉴意义，但相对于中国对外资的研究而言，中国企业境外投资尚未得到足够的关注与认识。对于中国企业境外投资的发展程度、格局、区位因素及其效应等诸多问题仍缺乏深入的探讨。

关于对中国对外直接投资方面的研究，主要是由国内学者进行的。内容上大多表现为对中国对外直接投资发展状况和趋势进行实证分析，研究中国对外直接投资的特点、动因、优势、区位选择和行业选择、经济效应等方面。国内学界的研究基本上是立足于西方传统的对外直接投资理论，结合我国历史数据以及相关案例，运用数理运算和逻辑推导等论证方法建立模型，对原有理论进行检验、补充和修正。

具体来说，针对中国对外直接投资发展阶段的研究，大多数学者是基于邓宁教授的投资发展周期理论，运用我国对外直接投资等经验数据进行趋势分析与模型分析，验证了中国对外直接投资基本符合“投资发展周期理论”。针对中国对外直接投资特点的研究，学者主要从投资分布、行业分布、投资主体、优势等数据上分析我国对外直接投资呈现的特点。针对动因的研究，大多数研究结合国内外国家环境与企业自身发展状况对企业境外投资的动因进行分析，具体而言分为五类，即自然资源、市场、效率、战略资产与政治。针对中国对外直接投资区位选择问题，虽然有一些学者进行了理论创新，但是更多研究集中在问卷调查和案例分析的方法实证方面，从传统影响因素的角度分析的居多。针对对外直接投资经济效应的研究，国内外学者主要从经济增长、贸易、就业、技术进步、产业结构等方面进行探讨。经济增长效应方面，对外直接投资可以同时有效促进本国与东道国的经济增长；贸易效应方面，多数学者认为长期来看中国对外直接投资存在贸易创造效应，两者是互补关系；就业效应方面，对外直接投资对投资国的就业既存在替代效应，又存在促进效应，实际情况取决于这两种效应的相互作用等，在对外直接投资之后，将母国的原有企业向新的产业转移；技术进步效应方面，发展中国家依靠接受外国投资获得的技术进步有限，当经济发展到一定阶段，发展中国家需要积极地开展对外直接投资，进一步促进技术积累和进步，我国对外直接投资对于我国技术进步影响并不显著；产业结构方面，对外直接投资会对母国产业结构产生影响，将母国的原有企业向新的产业转移。

综上，对于中国对外直接投资的研究还有待进一步提升。① 首先，多数研究以传统的对外直接投资理论作为分析的框架展开。事实上，传统的对外直接投资理论主要用于解释发达国家具有垄断优势的企业对外直接投资的行为，而将这些理论运用于作为发展中国家的中国，显然存在着理论的适用性问题。其次，目前的研究多基于宏观层面展开，但对外直接投资的主体是企业。因此，基于微观数据的研究可能更具有说服力和针对性。最后，目前的研究多是基于东道国展开的，这样的研究虽然能在一定程度上揭示出中国对外直接投资的特点，但由于没将母国与东道国作为一个统一的整体展

① 郑展鹏：《中国对外直接投资国内学者研究综述》，《首都经济贸易大学学报》2012 年第 6 期，第 101～102 页。

开研究，难以全面研究中国对外直接投资的规律，使得研究存在一定的误差，研究结论也不具有一般性。因此，在现有研究的基础上，如何构建适合发展中国家，尤其是适合作为转型大国和发展中大国的中国的对外直接投资的理论分析框架，以及展开基于微观数据的研究，可能是今后中国对外直接投资研究的主要内容和方向。

参考文献

[1] 尹德先、杨志波：《中国对外直接投资发展阶段研究》，《商业研究》2013年第1期。

[2] 黄俊武、燕安：《中国对外直接投资发展阶段实证检验和国际比较》，《国际商务》2010年第1期。

[3] 刘红忠：《中国对外直接投资的实证研究及国际比较》，复旦大学出版社，2001。

[4] 高敏雪、李颖俊：《对外直接投资发展阶段的实证分析—国际经验与中国现状的探讨》，《管理世界》2004年第1期。

[5] 姚永华、苏佳丽、陈飞翔：《我国对外投资发展阶段的实证分析》，《国际贸易问题》2006年第10期。

[6] 薛求知、朱吉庆：《中国对外直接投资发展阶段的实证研究》，《世界经济研究》2007年第2期。

[7] 黄俊武、燕安：《中国对外直接投资发展阶段实证检验和国际比较》，《国际商务》2010年第1期。

[8] 尹德先、杨志波：《中国对外直接投资发展阶段研究》，《商业研究》2013年第1期。

[9] 李静萍、高敏雪：《中国对外直接投资的现状、差距与潜力》，《经济理论与经济管理》2005年第7期。

[10] 薛求知、朱吉庆：《中国对外直接投资与“走出去”战略：理论基础与经验分析》，《复旦大学学报》2008年第1期。

[11] 刘宏、汪段泳：《中国对外直接投资现状与特点研究2008~2009》，《国际经贸探索》2010年第12期。

[12] 朱华：《中国对外直接投资：新格局和新特点》，《国际经济合作》2012年第1期。

［13］魏东、王璟珉：《中国对外直接投资动因分析》，《东岳论丛》2005 年第 5 期。
［14］邱立成、王凤丽：《我国对外直接投资主要宏观影响因素的实证研究》，《国际贸易问题》2008 年第 6 期。
［15］黄静波、张安民：《中国对外直接投资主要动因类型的实证研究》，《国际经贸探索》2009 年第 7 期。
［16］衣长军：《中国与美日对外直接投资战略动因国际比较》，《宏观经济研究》2010 年第 4 期。
［17］王海军、宋宝琳：《中国对外直接投资的动因研究—基于市场与资源两种因素的探讨》，《西安交通大学学报》2013 年第 5 期。
［18］于超、葛和平：《中国对外直接投资与经济发展水平关系的实证研究》，《统计与决策》2011 年第 18 期。
［19］王婉如、安佳、王荣艳、陈明明：《日本对中国直接投资与贸易的模式研究》，《中国科技论文》2014 年第 4 期。
［20］项本武：《中国对外直接投资：决定因素与经济效应的实证研究》，社会科学文献出版社，2005。
［21］项本武：《中国对外直接投资的贸易效应研究：基于面板数据的协整分析》，《财贸经济》2009 年第 4 期。
［22］胡昭玲、宋平：《中国对外直接投资对进出口贸易的影响分析》，《经济经纬》2012 年第 3 期。
［23］柴庆春、胡添雨：《中国对外直接投资的贸易效应研究—基于对东盟和欧盟投资的差异性的考察》，《世界经济研究》2012 年第 6 期。
［24］张春萍：《中国对外直接投资的贸易效应研究》，《数量经济技术经济研究》2012 年第 6 期。
［25］黄晓玲、刘会政：《中国对外直接投资的就业效应分析》，《管理现代化》2007 年第 1 期。
［26］姜亚鹏、王飞：《中国对外直接投资母国就业效应的区域差异分析》，《上海经济研究》2012 年第 7 期。
［27］马亚明、张岩贵：《技术优势与对外直接投资——关于技术扩散的分析框架》，《南开经济研》2003 年第 4 期。
［28］王英、刘思峰：《国际技术外溢渠道的实证研究》，《数量经济技术经济研究》2008 年第 4 期。
［29］欧阳艳艳：《中国对外直接投资逆向技术溢出的影响因素分析》，《世界经济研究》2010 年第 4 期。
［30］王文举、徐琳：《试论我国对外直接投资的主要问题和对策》，《财贸研究》

2000 年第 4 期。
[31] 张汉亚：《中国企业境外投资的现状、问题与策略》，《宏观经济研究》2006 年第 7 期。
[32] 吉粉华：《我国企业对外直接投资存在的问题和对策》，《经济纵横》2008 年第 7 期。
[33] 万丽娟、石睿、陈立泰：《中国企业对外直接投资存在的问题及对策》，《探索》2011 年第 4 期。
[34] 张留禄：《中国海外投资的风险与防范》，《河南大学学报》（社科版）1997 年第 3 期。
[35] 刘红霞：《中国境外投资风险及其防范研究》，《中央财经大学学报》2006 年第 3 期。
[36] 蒋长流、熊小奇：《制度风险是我国海外投资的瓶颈》，《经济问题探索》2001 年第 5 期。
[37] 王锦珍：《我国对外投资的经验、问题及政策建议》，《世界经济研究》2004 年第 4 期。
[38] 陶短房：《六大风险笼罩中国海外投资》，《南风窗》2007 年第 11 期。
[39] 颜晓晖、聂名华：《企业境外投资的政治风险及应对策略》，《国际经济与合作》2007 年第 7 期。
[40] 聂名华：《中国企业对外直接投资风险分析》，《经济管理》2009 年第 8 期。
[41] 林巧燕、贺勇：《发达国家促进对外直接投资的政策借鉴》，《科学学与科学技术管理》2003 年第 1 期。
[42] 卜伟、叶广辉：《我国对外直接投资政策研究》，《国际贸易问题》2004 年第 8 期。
[43] 张洁颖、周煊：《“走出去”战略背景下中国对外直接投资政策体系的思考》，《国际贸易》2007 年第 4 期。
[44] 刘忠庆：《对外直接投资促进体制的建立与完善》，《国际经济合作》2011 年第 3 期。
[45] 徐婧、朱启荣：《对外直接投资政策体系的问题与对策》，《国际经济合作》2008 年第 5 期。
[46] 李敬、冉光和、万丽娟：《中国对外直接投资的制度变迁及其特征》，《亚太经济》2006 年第 6 期。
[47] 李众敏：《对外直接投资管理体制面临的挑战与改革建议》，《国际贸易》2010 年第 10 期。
[48] 凌丹、赵春艳：《中国对外直接投资状况及对策》，《武汉理工大学学报》

2007 年第 4 期。

[49] 王天龙：《加快我国对外直接投资的对策建议》，载《中国经济分析与展望（2012～2013）》，社会科学文献出版社，2013。

[50] 郑展鹏：《中国对外直接投资国内学者研究综述》，《首都经济贸易大学学报》2012 年第 6 期。

[51] Wolff, E. , Has Japan specialized in the Wrong Industries? In: Blomstrom et al. eds. Japan's New Economy: Continuity and Change in the 21st Century. Oxford: Oxford University Press, 2000.

[52] Blomstrom, M. , Konan, D. & R. Lipsey, FDI in the Restructuring of the Japanese Economy. NBER Working Paper 7693, 2000.

[53] Tain-Jy Chen, Ying-Hua Ku. , "The Effect of Foreign Investment on Firm Growth: the Case of Taiwan's Manufacturers", *Japan and the World Economy*, 2000, 12: 153 - 172.

[54] Jasay, A. E. , "The Social Choice between Home and Oversea Investment", *Economic Journal* 1960, vol. 70, No. 277.

[55] Hawkins, R. G. , Job Displacement and Multinational Firm: A Methodological Review, Washington: Center of Multinational Studies, 1972, June.

[56] Hamill,J. , "Employment Effect of Changing Multinational Strategies in Europe", *European Management Journal*, 1992, Oct.

[57] Blomstrom, M. , Fors, G. &R. Lipsey, "Foreign Direct Investment and Employment: Home country Experience in the United States and Sweden", *NBER Working Paper* 6205. 1997.

[58] Horst, T. , "The Industrial Composition of U. S. Exports and Subsidiary to The Canadian Market", *The American Economic Review*, 1972, 62 (1/2): 37 - 45.

[59] Pfafermayr, M. , "Foreign Direct Investment and Export: A Time Series Approach", *Applied Economics*, 1994, 26 (4): 337 - 351.

[60] Pfafermayr, M. , "Foreign Outward Direct Investment and Exports in Austrian Manufacturing: Substitutes or Complements? " *Welwirtschafliliches Archiv*, 1996, 132: 501 - 521

[61] Makki S. , "Impact of Foreign Direct Investment and Trade on Economic Growth", *American Journal of Agriculture Economics*, 2004, (3)

[62] Saltz, S. , "The Negative Correlation between Foreign Direct Investment and Economic Growth in the Third World: Theory and Evidence", *Rivisa Internazionale di Scienze Economiche e-Commerciali*, 1992, 39 (7): 617 - 633.

[63] Blomstrom,M. , Lipsey, R. , & Z. Mario. , What Explains the Growth of Developing countries. In: William, B, et al. eds. Convergence of Growth. Cross-National Studies and Historical Evidence. New York: Oxford University Press, 1994.

[64] Balasubramanyam,N. , Salisu, M. & D. Sapsford. "Foreign Direct Investment and Growth in EP and IS Countries", *Economic Journal*, 1996,: 92 - 105.

[65] Borensztein,E. Gregorio, J. & w. Lee. , "How does Foreign Direct Investment Affect Economic Growth", *Journal of International Economics*, 1998, 45: 115 - 135.

[66] Olofsdotter,K. "Foreign Direct Investment, Country Capabilities and Economic Growth", *Weltwirtschaftliches Archiv*, 1998, 134 (3): 534 - 547.

[67] Buckley,P. J. , Clegg, L. J. , Cross, A. R. , Liu, X. , Voss, H. , Zheng, P. "The Determinants of Chinese Outward Foreign Direct Investment", *Journal of International Business Studies*, 2007, 38 (4): 499 – 518.

[68] Dunning, J. H. , "Location and the Multinational Enterprises: A Neglected Factor", *Journal of International Business Studies*, 1998, 29: 45 - 67.

[69] Paz Estrella E. Tolentino, *Technological Innovation and Third World Multinationals*. Routledge, 1993.

[70] Buckley P. J. and F. B. Castro, "The Investment Development Path: the Case of Portugal", *Transnational Corporations*, 1998 (1): 115.

[71] Dunning, "Explaining the International Direct Investment Position of Countries: Towards a Dynamic or Developmental Approach", *Review of World Economics*, 1981 (1): 30 – 64.

[72] Sascha O. Becker, Karolina Ekholm, Robert Jackie & Marc-Andreas Muendler, "Location Choice and Employmentdecisions: A Comparison of German and Swedish Multinationals", *Review of World Economics*, 2005, 41 (4), 693 - 731.

[73] Fragkiskos Filippaios & Marina Papanastassio, "US Outward Foreign Direct Investment in the European Union and the Implementation of the Single Market: Empirical Evidence from a Cohesive Framework", *Journal of Common Market Studies*, 2008, 46 (5), 969 - 1000.

[74] K. C. Fung, Alicia Garcia-herrero & Alan Siu. , "A Comparative Empirical Examination of Outward Foreign Direct Investment from Four Asian Economies: People's Republic of China; Japan; Republic of Korea; and Taipei, China", *Working Paper*, 2009.

[75] Somchanok Passakonjaras, "Thailand's outward Foreign Direct Investment: The Case of the Garment Industry", *ASEAN Economic Bulletin*, 2012, 29 (2): 101 - 115.

跨国公司和国际直接投资文献回顾及新进展

张　宁*

内容摘要　本文回顾和总结了近三年来关于跨国公司和国际直接投资问题的重要文献和研究成果，并加以梳理和提炼，试图勾画出近三年来学术界关于跨国公司和国际直接投资问题研究的新进展和新趋势。

关键词　跨国公司　国际直接投资　发展趋势　社会责任　转移定价

本文共六个部分，以六个主题加以总结和梳理。第一部分，分析了全球国际直接投资的发展趋势和发展前景，包括国际直接投资的流向和区域趋势、国际直接投资政策的新发展等。第二部分，对跨国公司的全球化属性与战略选择、跨国公司发展的新趋势和新特点、跨国公司的监管与全球化治理等问题进行了分析和梳理。第三部分，重点研究了跨国公司的社会责任，包括低碳经济背景下跨国公司的环境责任、国际环境争端与跨国公司的国际责任、跨国公司在华承担社会责任的状况与对策等内容。第四部分，重点分析了跨

* 张宁，博士，中国社会科学院财经战略研究院助理研究员，国际商务师，研究方向为国际投资、国际贸易，近年来承担和参与多项中国社会科学院重大课题、重点课题，国家社科基金重大课题等。E - mail：zhangningbj@ 126. com。

国公司转移定价和税收规避问题，包括跨国公司转移定价面临的风险、外国跨国公司在华实施转移定价和避税的主要手段、中国跨国公司运用转移定价策略的现状、对跨国公司转移定价与避税行为的规制和应对等。第五部分，研究和梳理了如何培育和发展中国的跨国公司，包括促进中国跨国公司发展的重大意义、中国跨国公司境外投资的风险管理、中国跨国公司的合规化经营、中国跨国公司与国家形象等内容。第六部分，归纳了外国跨国公司在中国的发展，包括跨国公司在华投资与运营的新趋势和新特点、跨国公司在华投资的产业结构效应、跨国公司在华研发的人力资源效应等内容。

一　全球国际直接投资的发展趋势和前景

（一）全球国际直接投资的总体趋势和前景展望

由于跨国投资者对经济环境的变化极为敏感，因此近年来全球国际直接投资的波动幅度远大于全球经济、国际贸易、就业等经济指标的变化。根据联合国《2013 年世界投资报告》中的统计数据，全球国际直接投资由于国际金融危机的影响，在 2008 年出现了小幅下跌，从 20027 亿美元下跌到 18164 亿美元，下跌了 9.3%。在 2009 年出现了明显下跌，下跌幅度达到 33%。2010 年和 2011 年受全球经济复苏的积极影响，全球国际直接投资出现了稳步回升的态势，2010 年和 2011 年增长率分别为 15.7% 和 17.2%。但 2012 年再次出现回落，全球国际直接投资流量从 2011 年的 16515 亿美元下跌到 13509 亿美元，下跌 18.2%。这主要是受全球经济持续低迷、欧元区债务危机、美国财政悬崖等因素，以及全球主要经济体政策调整、政府换届等因素的影响，跨国公司对外投资更趋谨慎。2012 年的这种急剧下降与国际贸易、GDP、就业人数等其他关键经济指标形成鲜明对照，从世界经济的整体来看，这些指标都呈正增长。由于一些主要经济体经济脆弱，政策难以预测，因此跨国投资者持谨慎态度。此外，许多跨国公司都对其海外投资战略做了调整，包括重组资产、撤回投资和将公司迁移等。因此，全球国际直接投资回升的道路并不平坦，回升需要的时间可能比普遍预期的要长。

关于未来的增长前景，联合国贸发会议预计，未来三年全球国际直接投资有望实现温和增长。预计2013年全球直接外资仍将接近2012年的水平，上限为1.45万亿美元，相当于2005～2007年的危机前平均水平。之后，全球直接外资流量可能会在2014年攀升至1.6万亿美元，在2015年达到1.8万亿美元左右（见图1）。随着宏观经济状况改善以及投资者信心的恢复，跨国公司可能会将其所持有的创纪录的现金转化为新的投资。同时，主权债务投资和主权财富基金的活动也会使资本流动速度进一步加快。但也要看到，主要发达经济体的结构性矛盾依然突出，经济复苏基础依然脆弱，今明两年实现复苏的风险较大，也不排除宏观经济环境进一步恶化的可能性。经济环境的不确定性及相关政策调整，会导致投资者信心不足，进而阻碍跨国投资的快速复苏。

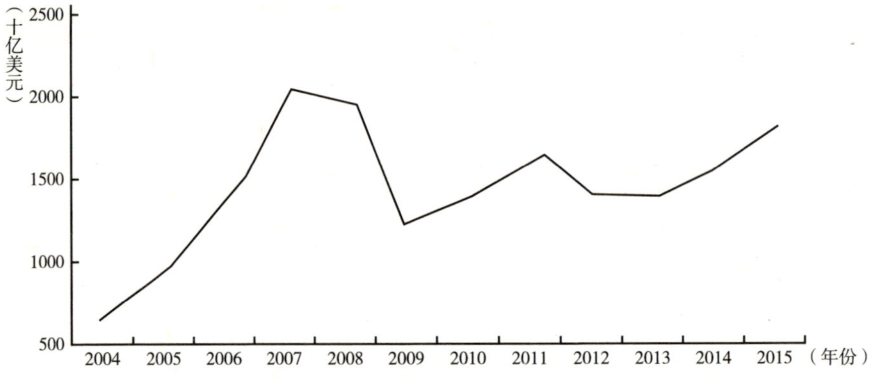

图1　2004～2012年全球国际直接投资流量和2013～2015年预测

资料来源：联合国贸发会议《2013年世界投资报告》。

（二）全球国际直接投资的流向和区域趋势

联合国《2013年世界投资报告》中的统计数据显示，发展中经济体目前在接受直接外资方面超过了发达经济体。2012年，流向发展中经济体的直接外资创纪录地占全球直接外资流入量的52%，有史以来首次超过发达经济体（见表1）。接受直接外资的经济体的全球排名也反映出投资流动格局的变化：除美国外，前5大国际直接投资东道经济体中，有4个是发展中经济体（见图2）。在各区域，流向发展中经济体亚洲和拉丁美洲的直接外资仍保持在历史高位，但它们的增长势头有所放缓。发达国家国际直接投资流入急剧下跌。2012年发达国家国际直接投资流入量跌至十年前的水平，约为5489亿美元，比2011年减少2589亿美元，约占同期全球外国直接投资下降总额的90%。与此同时，发达国家的国际直接投资的流出量也大幅下降，2012年同比下降23%，接近2009年低谷的水平。流入非洲的直接外资在2011年和2012年连续两年出现增长，增幅为5%左右，达到500亿美元，使其成为少数几个在2012年实现同比增长的区域之一。2012年非洲的直接外资流出量几乎增长了两倍，达140亿美元。在中国方面，2012年在对外投资流量排名中，中国从第六位升至第三位，仅居美国和日本之后。

国有企业和主权财富基金的国际化快速发展，国有跨国公司数目从2010年的650家增至2012年的845家。它们的直接外资流量为1450亿美元，几乎占全球直接外资的11%。2012年收购外国资产的国有企业多数来自发展中国家，所涉及的收购项目多数出于寻求战略资产（品牌、技术、知识产权等）和自然资源的动机。全球主权财富基金的对外直接外资流量2012年约为200亿美元，比2011年增长了一倍左右。从地域分布来看，主权财富基金的直接外资70%以上投向发达经济体。主权财富基金的对外直接外资存量约为1270亿美元，其中大部分投向了金融、房地产、建筑和公用事业等行业和部门。据联合国统计，全球73个获认可的主权财富基金的合并资产价值约为5.3万亿美元。

此外，离岸金融现象引起人们对避税问题的关注，目前离岸金融中心接受的投资量处于历史较高水平。离岸金融中心在全球直接外资流量中所占的比重逐步上升，目前约为6%。

表1和表2分别为全球国际直接投资流量统计和存量统计。

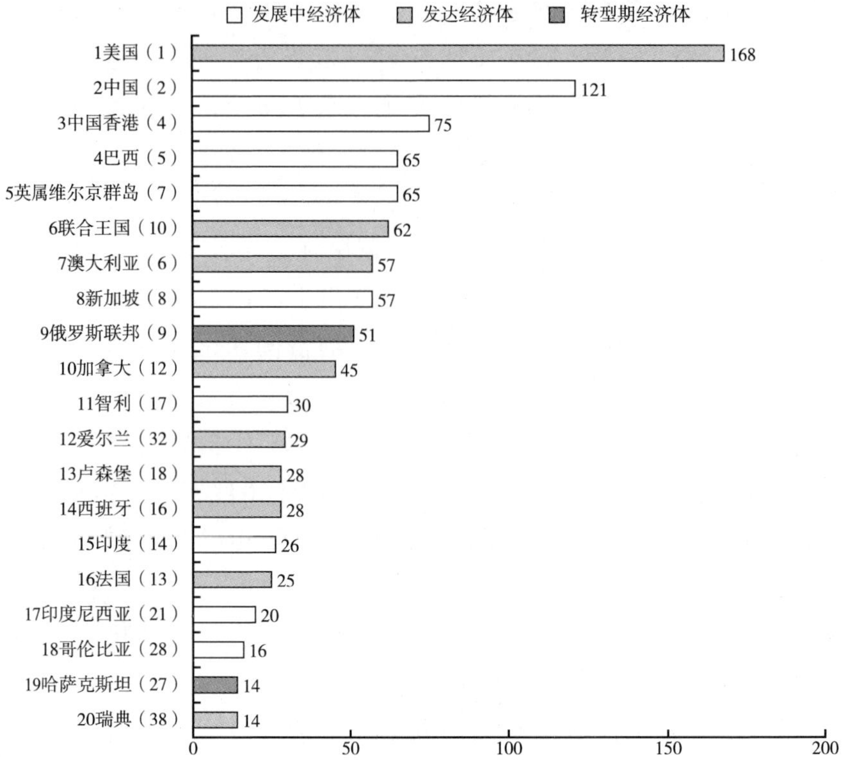

图 2　全球 FDI 前 20 大投资东道国

资料来源：联合国贸发会议《2013 年世界投资报告》。

表 1　全球国际直接投资流量统计

单位：百万美元

年份	2005	2006	2007	2008	2009	2010	2011	2012
全球	989618	1480587	2002695	1816398	1216475	1408537	1651511	1350926
发展中国家	334521	432113	589430	668439	530289	637063	735212	702826
转型期经济体	33612	62585	93371	121429	72750	75056	96290	87382
发达国家	621485	985888	1319893	1026531	613436	696418	820008	560718

资料来源：根据联合国贸发会议统计数据库整理，其中的转型期经济体包括：东南欧国家、独立国家联合体和格鲁吉亚。下表同。

表 2　全球国际直接投资存量统计

单位：百万美元

年份	2005	2006	2007	2008	2009	2010	2011	2012
全球	11673845	14405342	18038044	15586249	18311537	20380267	20873498	22812680
发展中国家	2798291	3456059	4611525	4367449	5295644	6515703	6896963	7744523
转型期经济体	272902	395150	677307	427320	627913	765095	764343	847854
发达国家	8602652	10554134	12749212	10791479	12387979	13099469	13212192	14220303

资料来源：根据联合国贸发会议统计数据库整理。

（三）全球国际直接投资政策的新发展

近年来，全球新近签署的双边投资条约数量继续减少。根据联合国贸发会议的统计，截至2012年末，全球国际投资协定制度共有3196项，其中包括2857项双边投资条约和339项“其他国际投资协定”，例如涉及投资问题的一体化或合作协定等。2012年共达成30项国际投资协定（20项双边投资条约和10项“其他国际投资协定”）。这是近20多年来所达成的条约数目最少的年份（见图3）。

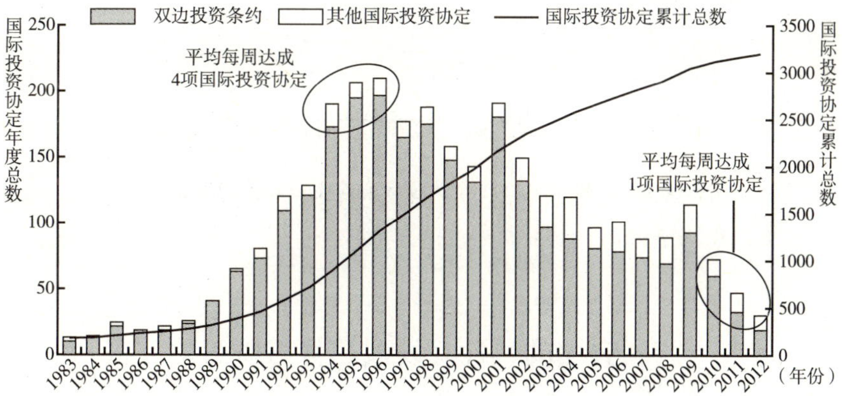

图 3　国际投资协定的发展趋势

资料来源：联合国贸发会议《2013 年世界投资报告》。

应该看到，自21世纪以来，全球各国对国际直接投资的政策趋势是逐渐收紧的。在各种针对国际直接投资的新政策、新措施中，自由化政策、促进政策所占的比重逐渐降低，限制性政策、监管性政策所占的比重逐渐上升。这一趋势在国际金融危机前后表现得更为明显。各国政府更多地利用产业政策，调整先前的投资自由化措施，收紧了筛选和监测程序，并严格审查跨境并购。对采掘业等具有战略意义的产业特别实施了限制性投资政策。总体而言，各国政府对外国直接投资在本国经济不同行业中的参与程度采取了更加挑剔的态度，投资保护主义的风险依旧存在。在 2011 年和 2012 年，随着全球经济的逐步复苏，这种趋势有所缓和，2012 年全球至少有 53 个国家和经济体共通过 86 项影响外国投资的政策措施。这类措施的 75% 与投资自由化、便利化及促进有关，限制性、监管类政策的比重为 25%（见图 4）。

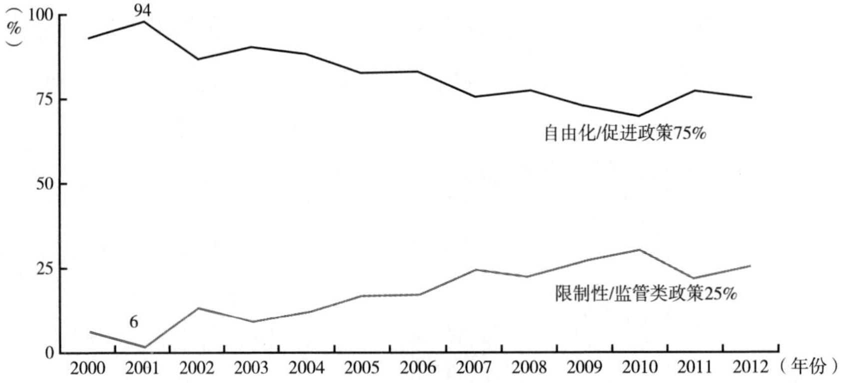

图 4　2000 ~ 2012 年全球国际直接投资政策的变化

资料来源：联合国贸发会议《2013 年世界投资报告》。

二　跨国公司的属性、发展趋势与监管的完善

（一）跨国公司的全球化属性与战略选择

关于跨国公司的国籍属性问题，贾琳（2012）的研究指出，跨国公司与一般国内公司的根本区别就在于跨国公司存在复杂的“国籍问题”。国际上对于如何确定法人的国籍问题尚无统一的标

准。尽管学界对于何谓跨国公司还争论不休，仅确定跨国公司的主要标准就有结构标准、股权标准、管理控制标准、经营业绩标准等，但不可否认的是，跨国公司必然具有国际关联的特质。跨国公司这种国际关联特质使得确定法人国籍的传统制度面临严重的挑战。首先，打破了一个公司一个国籍的传统。其次，跨国公司组织结构日趋网络化淡化了总部的地位，冲击着传统的确立公司国籍的住所地标准。再次，全球整合企业的出现，在一定程度上冲击着跨国公司的“国籍属性”。跨国公司的发展使得一些国家有关公司国籍标准的实践日趋灵活化，这种灵活化直接侵蚀着传统标准的单一性和明确性。经济学上，母公司的国籍等同于跨国公司的国籍，但网络组织结构的发展使得考察跨国公司国籍的因素更加开放。法学意义上，跨国公司的各个成员具有所在国的国籍，作为整体的跨国公司不具有任何一国的国籍。跨国公司在经济上的一体化和法律上的分离化，造就了跨国公司的国籍制度在经济学和法学上的不同景象。

关于跨国公司的全球化属性，姚璐、刘雪莲（2012）的研究认为全球化将原本属于民族国家的平面世界重塑成一个多维的空间，而这个多维空间却开创了多元主体共治的新纪元。全球化带来全球经济对国家间政治的超越、跨国关系对国际关系的超越、跨国空间对传统地理空间的超越，这三种超越为跨国公司行使权力、塑造权威创造了空间。同时，跨国公司将超强的实力转化为权力资源，在全球体系中逐渐拥有了安全、生产、金融、知识四种结构性权力，从而赋予其在全球政治经济体系中与民族国家分享权威的能力。在全球化为跨国公司提供的行为空间中，跨国公司运用其结构性权力在全球政治经济体系中与国家分享权威。虽然跨国公司在众多方面严重地侵蚀着民族国家，甚至在某些领域使民族国家不得不屈从于它，但由于全球化塑造的是一个多维的空间，“大量非国家行为体和所有国家各自在各功能领域的存在与活动，连同它们相互之间纵横交错和形式繁多的合作、抵触和冲突，形成了一个远比过去时代广泛和丰富的世界政治构造——当代全球‘复杂聚合体系’”。在这个体系中，跨国公司不得不学会与其他众多的、包含国家在内的国际行为体竞争并合作，从而在全球化所重塑的多维空间中创造一种共治的新纪元。

关于跨国公司向全球公司发展的战略转型，罗虎（2013）研究认为，为适应全球经济危机以来新的发展形势，跨国公司正在加快推进向全球公司的系统性战略转型，主要体现在以下“十化”，即经营市场“全球化”、经营业务“服务化”、发展手段“外包化”、发展途径“集成化”、管理架构“网络化”、管理平台“信息化”、人才使用“国际化”、资源配置“资本化”、治理理念“责任化”和治理结构“多元化”。关于异质性与跨国公司的战略选择，张庆昌、蒋殿春（2011）的研究认为，新新贸易理论将公司异质性引入国际贸易理论中，从理论上很好地解释了公司国际化的战略选择。但是他们假定两国是同质的，即要素禀赋是一样的。在这样的假设下，跨国公司只有出口贸易和水平型直接投资两种选择。张庆昌、蒋殿春考察了三个国家——两个发达国家和一个发展中国家，两个行业——一个生产同质产品和一个生产差异化产品，试图来研究跨国公司的战略选择。研究认为：生产率最高的公司选择水平型国际直接投资；生产率较高的公司选择出口平台国际直接投资；生产率次之的公司选择出口贸易；生产率较低的公司选择出口贸易；生产率最低的公司退出市场。发展中国家的劳动力成本上升时，将会有更多低生产率的公司进入市场，选择出口贸易和水平型直接投资的公司会增多，选择出口平台投资的公司会减少。当在发展中国家建厂生产的固定成本变大时，选择出口贸易和水平型直接投资的公司会增多，选择出口平台投资的公司会减少。当在发达国家建厂生产的固定成本变大时，选择出口平台直接投资的公司会增多，选择水平型直接投资的公司会减少。行业内公司生产率差别越大，即异质性越大时，选择只供应国内市场的公司会减少；选择水平型直接投资的公司会增多；而选择出口贸易和垂直型投资的公司可能是先增多后减少。

（二）跨国公司发展的新趋势和新特点

关于跨国公司近年来的发展新趋势和新特点，樊增强（2013）研究认为，进入21世纪以来，特别是在经历了金融危机之后，作为世界经济发展主推手的跨国公司，为了适应经济全球化发展而进行了相应的战略调整，通过更合理、高效的方式以保持公司可持续发展和对利润的最大化诉求。主要表现为：第一，跨国公司战略技术联盟地位不断上升；第二，跨国并购的行业范围广泛且垄断性增强；第三，跨国公司研发国际化并追求产业和知识的聚集效应；第四，品牌营销成为跨国公司营销的重点。

关于金融危机后新兴经济体跨国公司投资战略的调整和变化，李珮璘（2013）的研究表明，新兴经济体跨国公司（简称新兴跨国公司）投资战略的调整主要表现在以下几个方面。第一，金融危机后，总体上呈现战略收缩。受危机的冲击，总体上，无论国有还是非国有新兴跨国公司都进行了战略收缩。新兴经济体跨国公司之所以在全球进行战略收缩，除了直接与危机带来的世界经济衰退相关外，也与以下因素相关：首先，新兴跨国公司自身也存在弱点，给后续发展埋下了一定的隐患，危机带来的全球流动性紧缩迫使其放慢扩张步伐；其次，危机后贸易保护主义抬头，使得新兴跨国公司面临的跨国经营环境恶化，如一些国家在经济刺激计划中强调优先购买本国货等，会压制新兴跨国公司的市场空间；最后，危机带来了一些国家和地区的社会动荡，跨国经营政治风险增加，而经济民族主义可能使得正常的市场交易充满变数，如跨国并购交易中，一些新兴跨国公司会因为其国有或国有控股的身份遇到障碍。第二，拓展低成本战略的发展空间。低成本战略发展空间的扩大首先得益于危机后全球范围内支出减少的需要。金融危机发生后，随着危机导致财富效应破灭并向实体经济蔓延，世界范围内企业和消费者两大部门都不得不降低支出，特别是在发达国家跨国公司在全球范围内进行战略收缩和战略转移的背景下，新兴跨国公司基于国内低成本劳动力的低成本生产模式，能产生较大的优势。另外，尽管危机发生后，发达经济体、新兴经济体和其他发展中国家经济增长均放缓，但并非同步降低，目前全球经济增长相当程度上是依靠新兴经济体拉动的，这也为新兴经济跨国公司通过低成本战略开拓本国国内市场和其他新兴经济体市场提供了机遇。第三，加强在自然资源领域的一体化。危机后在国外资源类企业通过出售资产应对危机的情况下，那些危机前深受国际大宗商品价格高企之苦的新兴经济体获得了通过境外投资获取海外资源的机会，特别是国有新兴跨国公司开始加强在自然资源领域的并购。那些来自本国资源供应不足的新兴经济体的跨国公司，加快了通过后向一体化战略确保获得稳定的自然资源供应的步伐。第四，择机进行跨国并购，包括通过并购向产业链高端延伸，进一步提升行业地位。

关于后危机时代新兴经济体跨国公司的发展趋势，李珮璘（2013）的研究认为：第一，新兴跨国公司对外直接投资将逐步恢复并增长，从而巩固新兴经济体作为国际直接投资重要来源国的地位；第二，新兴跨国公司将进一步崛起，若干公司拥有成为世界一流跨国公司的潜力，但与发达国家跨国公司相比，总体上仍存在较大差距；第三，新一轮技术革命将为新兴跨国公司带来发展机遇，一些新兴跨国公司除了会有优异表现外，总体上难以在此轮技术革命中占领先机；第四，随着新兴跨国公司的成长与壮大，新兴跨国公司与发达国家跨国公司将呈现更大的相似性，但由于国内外经济与制度条件的不同，新兴跨国公司将保留其一定的独特性。

关于新兴经济体跨国公司国际直接投资的特征方面，首先，新兴经济体跨国公司 FDI 主要集中在其他新兴经济体和发展中国家，但进入 21 世纪后开始向全球扩张。其次，从 FDI 动因来看，发展所有权优势的资产寻求动因是新兴跨国公司 FDI 的重要动因（Rui & Yip, 2008），这一动因会驱使新兴跨国公司在发达国家通过跨国并购来获得技术、品牌、国际销售渠道等战略资产，这一特点在进入 21 世纪后尤为明显（Dunning et al., 2008）。不少新兴跨国公司的实践表明，所有权优势并非跨国公司形成的先决条件，而有可能是其形成后进行 FDI 所要实现的战略目标。最后，从所有权优势表现来看，新兴经济体跨国公司通常缺少发达国家跨国公司所拥有的高端专有技术或其他优势资源（如管理诀窍、营销技能、知名品牌等），因此，它们不得不在其他方面开发新优势，其中网络联系和资本支持（主要来自政府）等是新兴跨国公司所有权优势的独特表现。网络关系是新兴经济体与发展中国家，特别是亚洲新兴跨国公司竞争优势的重要来源的观点被普遍接受（Peng & Zhou，2005）。资本支持是新兴跨国公司所有权优势的另一个重要表现（Buckley et al.，2007），在新兴经济体内，这类资本支持通常来自实施有计划的追赶战略的政府部门。

（三）跨国公司的监管与全球化治理

全球化背景下，跨国公司与东道国的关系变得更加复杂，双方之间的关系充斥着矛盾、竞争与合作。由于跨国公司是从整个公司的利益出发，从全球范围内考虑公司的运营策略，以攫取最大限度和长远的高额利润，其试图绕开东道国政府监管而违规操作，从而获得更高利润的意图从来也没停止过，一些跨国公司利用强大的市场和技术优势，通过代理人运作，钻发展中国家监管体系不完善的空子。除商业贿赂外，不少跨国公司在纳税和项目竞标等方面也存在问题。近年来，在华跨国企业涉嫌商业贿赂、逃税漏税、职务侵占的例子屡见不鲜，比较有代表性的如2013年的葛兰素史克的商业贿赂案，此外，沃尔玛、朗讯、辉瑞制药、IBM、摩根士丹利等国际知名企业，都曾涉嫌在华商业贿赂。

问题的关键是，如何才能有效地完善跨国公司的监管机制。跨国公司通常实力强大，其利益网牵扯到方方面面。对广大发展中国家来说，监管跨国公司是一个新课题。现行跨国公司监管机制，概括而言，分为两个层面，即政府监管机制和国际监管机制。其中，政府监管机制由东道国监管和母国监管两部分组成；国际监管机制又包括双边监管、区域监管和多边监管三个层次。但这两种监管目前在相当大程度上仍是分离的，各国之间有关跨国公司“作案”信息的交流渠道也不畅通，政府间关于跨国公司监管问题的磋商多数停留于个案，尚未系统化、机制化。

总体而言，现行跨国公司监管框架在执行层面上面临的最大问题是过分依赖东道国国内监管，而母国监管和国际监管发挥的实际效能很小。以上文提到的葛兰素史克的贿赂案为例，出现这样的问题，其母公司和母公司所在国政府，亦有不可推卸的责任，其过于注重外国子公司利润，同时又疏于监管的行为，也是造成如此违法行为的重要原因。另外，国际监管机制又常常面临多方利益博弈、相互推脱责任、制度执行力十分有限等问题。

经济全球化加速纵深发展是不可逆转的历史趋势，跨国公司监管走向全球综合治理在国内外的学界和业界得到越来越多的认可。应该承认，当前无论政府监管机制层面，还是国际监管机制层面，已有的监管体系都无法有效解决跨国公司监管问题这一状况。在这种状况下，跨国公司监管的“第三条道路”，又作为一个重要观点被提出，其基本含义是：通过生产守则来约束跨国公司，这些生产守则又分为跨国公司内部制定、行业协会制定及其他利益相关者制定三大类。

当前，对跨国公司的监管仅凭任何一方面的力量都无法单独完成。为避免上述不良现象的发生，应该各方共同努力。首先，从一个国家内部来看，深入研究跨国公司的运行特点及其利益网，并根据实际情况制定监管法规，是全面推进预防腐败体系建设的重要一环。我国相关政府部门应加快完善与在华跨国公司经济活动有关的法规和规定，进一步加大执行力度。其次，在华跨国企业的母国政府，也应切实加强对本国对外投资企业的监管和审查，积极维护互利共赢的双边经贸关系。再次，跨国企业自身需切实提升自我约束能力，积极承担社会责任。最后，积极推动跨国公司全球监管的国际谈判，完善国际监管机制的有关制度，切实提高其执行力。

展望未来，跨国公司全球监管和治理机制的模式应该是：首先，在政府、政府间组织、非政府组织和跨国公司之间形成跨国公司监管与治理事务调节的合作伙伴关系，而不是依靠单一的组织机构或监管主体。其次，监管和治理规则既包括正式的国家法律或国际条约与惯例，也包括非官方的规则与惯例。最后，执行体系是非强制力的执行与国家强制力执行的结合，以政府和国际组织为中心，在程序化的范畴内对跨国公司的监管和治理实行动态调节管理的过程。

关于跨国公司全球化治理模式，王彬（2013）的研究认为，跨国公司正以其巨大能力来影响全球经济，如果不能建立有效地对抗其逐步独裁化的内外部治理的法律框架，必然带来跨国公司的失控和全球经济更加两极分化。基于跨国公司的特殊性，这种框架必然要求对内改善并加强公司的自我管控，在外部治理上引入全球治理理论，打破其内部治理不平衡膨胀的藩篱，引入政府、国际组织、市民社会等多种力量建立多层次、多中心的治理模式。跨国公司的巨大能力和影响必然产生它们正试图建立的独裁体制与加强监管间的矛盾和对抗，进而阻碍上述全球性公司治理模式的建立。然而面对世界经济“系统性崩溃”的威胁，建立这样一种约束全球性公司的负效应，建立跨国公司的自我和外部管控的法律框架是必要的，有助于逆转世界资源不断两极分化的倾向。然而，困难在于找到一个合适的监管者，全球治理模式的构建就试图将公司的利益相关者等私权主体与国家、国际组织等公权主体都纳入监管者范畴。跨国公司全球治理法律框架的建立一方面千头万绪、困难重重，另一方面也具有很强的现实可能性和可行性。就其内部治理而言，究其实质仍旧是地区性公司法的改革和完善问题，从公司法的最新研究看，职工、债权人、消费者、社区等利益相关者和压力集团被纷纷引入各国公司法中以加强公司内部治理，并呈现法典化和程序化的趋势，即要引入“利益相关者”，完善跨国公司内部自治。外部全球治理模式的建立则要复杂和困难得多，根据全球治理理论，全球治理的主体主要包括各国政府、国际组织和非正式的全球公民社会组织三类，自由市场经济的传统、国家发展的不平衡和对发展的追求都使民族国家对跨国公司的监管乏力，而国家利益冲突、国家议程边缘化、执行不力及认同危机也使得国际组织的协调能力受限，非政府组织也因其固有的组织松散、地位模糊、执行乏力而举步维艰。但国家合作、全球治理是处理跨国难题的必然选择，依赖自由市场契约理论带来的监管缺失的后果也引起全球的重视，建立跨国公司的全球治理框架必将为那些在经济事务中寻求公平和可持续发展的人们提供一项选择。

跨国公司在激烈的全球竞争中频繁地通过公司政治行为影响政府政策和法律法规，力图营造一个有利的体制环境。对于跨国公司而言，有效的政企关系不仅直接影响企业的经营业绩，而且在很大程度上决定跨国公司的生存与发展。另外，跨国公司子公司在东道国大多具有独立的法人地位，并且通过雇用当地员工以及利用产业联系网络或战略协作关系对供应商、上下游企业进行利益捆绑，提高了其政治行为的合法性。为了规避政治风险和实现全球经营战略，跨国公司在东道国广泛地参与政治活动，通过政治行为规避风险和谋求各种利益。关于跨国公司的政治行为及其监管和治理，赵平（2012）的研究认为，跨国公司实施政治行为的动机包括：第一，规避政治风险，确保对外直接投资安全是跨国公司政治行为的先决动机；第二，获取竞争优势，保障对外投资经济收益是跨国公司政治行为的根本动机；第三，提高政治地位，获得社会尊重是跨国公司政治行为的附属动机。跨国公司政治行为的方式包括：第一，游说母国政府对东道国的态度；第二，与东道国政府进行政治谈判；第三，支持或扶持东道国的政治势力；第四，制造舆论压力，影响东道国的政策；第五，以贿赂、收买等非法手段腐蚀东道国政府官员，获得不正当收益。跨国公司政治行为的影响包括：第一，影响东道国与相关国家的国际关系；第二，影响东道国的公共政策；第三，影响东道国国内的政局稳定；第四，影响东道国的政治环境和社会价值观念。关于东道国政府应对跨国公司政治行为的思路和措施，赵平认为，第一，正确理解和评估跨国公司政治行为的战略动机、方式和影响，是东道国政府应对跨国公司政治行为的前提；第二，构建交流渠道和平台、引导跨国公司合法适度参与政治，是东道国政府应对跨国公司政治行为的必然选择；第三，加快民主政治和法律制度建设、提高执政能力和管理水平，是东道国政府合理应对跨国公司政治行为的保障。

三　跨国公司的社会责任

（一）低碳经济背景下跨国公司的环境责任

近年来，低碳经济迅猛兴起，英国、美国、日本、德国、法国、瑞典、意大利、中国等许多国家或通过立法或通过计划，限制企业的碳排放行为，跨国公司在环境保护和减少碳排放方面也受到了严格的要求和约束。低碳经济对跨国公司的直接影响就是主动或被动地采用低碳技术、承担环境责任。针对低碳经济背景下跨国公司环境责任问题，陶冉、金润圭、高展（2011）的研究表明，传统观点认为公司采用低碳技术、承担环境责任，会造成成本增加、利润下滑、公司竞争力下降。但这样的分析是以完全竞争市场为前提的，他们分别以封闭经济体的一国市场，以及开放经济体的两国市场为例，分析了在更贴近实际情况的寡头垄断竞争市场条件下，采用低碳技术、承担环境责任对公司竞争力的影响。结论是当总收入的价格弹性大于总成本的价格弹性时，公司采用低碳技术、承担环境责任，会使产品市场价格上升，总收入和利润率水平也会因此上升。总收入的增加反映的是公司销售额和市场占有率，是公司在全球市场中所处的地位。利润率水平反映的是公司在全球竞争中的获利能力，是在同样的成本水平上创造利润的能力，或是在同样的销售水平上控制成本的能力。无论是市场地位，还是获利能力或成本控制能力，都是跨国公司竞争力的重要因素，在短期或长期内影响跨国公司全球竞争。对这个结论的合理解释如下。第一，高水平的环境责任建立在低碳技术和低碳投资基础上，在一些追求技术领先的行业，例如汽车、计算机和医药行业，环境责任和低碳技术是公司研发设计综合实力的体现。低碳技术、环境责任引导研发设计向更高水平迈进。第二，低碳技术、环境责任在一定程度上代表某些行业未来的发展方向，例如能源、汽车和机械行业，谁能率先掌握更清洁的低碳能源，谁就能掌握未来市场。第三，低碳技术和环境责任倡导节能减排、产品或包装回收再利用等低碳措施，这些举措能切实降低跨国公司运营成本，例如食品、造纸、电子、通信行业。当低碳技术和环境责任超越义务植树、环卫清洁的初级阶段，与生产和消费环节的技术、责任对接，将为跨国公司带来直接的利润回报。

（二）国际环境争端与跨国公司的国际责任

国际环境争端与经济贸易问题密切相关，当代许多国际环境争端往往都是与国际投资贸易相关的环境争端。由于跨国公司或多国公司在国际投资贸易领域发挥着举足轻重的作用，因而国际环境争端问题很难回避跨国公司在其中的相关作用和影响。关于国际环境争端与跨国公司的国际责任问题，谭宇生（2011）的研究表明，随着当代国际法律秩序的发展，国际法律责任制度呈现出新的态势，其中一个重要发展是，除了国际不当行为外，国际法不加禁止但造成了损害结果的损害行为也成为国际责任的根据，从而形成了所谓的国际损害责任。这种损害行为虽然是国际法不加禁止的，但却通常具有潜在的危险性，而且一旦造成损害后果，往往都是跨国界的，如能源运输、资源开发过程中所造成的跨界环境污染等，因而需要一定的国际法规则对其进行规制。实践中就确定国际损害责任的归属问题时，存在着如下几种处理方式：第一，绝对国家赔偿责任，如《空间实体造成损害的国际责任公约》规定，国家对无论是国家机关还是非政府团体发射的空间物体造成的损害均承担绝对的赔偿责任；第二，国家和经营者共同承担赔偿责任，主要运用于民用核事业领域；第三，经营者承担赔偿责任。然而，《国际法未加禁止之行为引起有害后果之国际责任条款》却并未对此做出明确规定。目前，“污染者付费原则”已得到国际社会的普遍认可，在此共识的基础上，明确将跨国公司作为责任主体纳入现有的国际责任体制中，由跨国公司对其自身的污染行为承担责任，这样就可以有效地遏制跨国公司无视环境保护的经营活动，从而避免和解决国际环境争端。这对缓解发展中国家当前面临的两难处境，即既要引进外资，又要控制和避免跨国公司的经营和运作危及本国甚至邻国的生态资源环境也是大有裨益的。在这一过程中，除了国内立法外，通过区域合作缔结相关的地区性条约是先行的做法。

（三）跨国公司在华承担社会责任的状况与对策

关于外国跨国公司在中国履行社会责任的状况，应该说，在华的跨国公司是推动我国企业开展社会责任运动的示范者和先锋军。然而，在华跨国公司在企业社会责任方面的表现并不是完美的。近几年，随着对跨国公司的劳工权益问题的揭露，在华跨国公司在其他方面也相继暴露出一些问题。郭立银（2011）的研究认为，在华跨国公司社会责任缺失主要表现在以下几个方面。第一，环境污染问题严重。一方面，由于发展中国家环保标准低，环境保护力度弱，对环境污染的惩罚轻，企业破坏环境造成的社会治理成本没有完全内部化（即由企业承担）；另一方面因为地方政府单纯追求经济增长速度，迁就企业（包括外商投资企业和内资企业），甚至庇护那些高污染企业，使之免受惩罚。第二，跨国公司人员在我国行贿。跨国公司要打开中国的市场，除了熟悉中国的法律、政策等显性规则，还要深谙中国商业环境所谓的“潜规则”，即向客户或有关官员行贿。第三，跨国公司常常会非法避税。由于国与国之间在产品价格、利率、各种人工和非人工费用、税率等方面的不同，跨国公司常常通过在关联企业间人为地控制定价的方式，达到偷逃税款、使集团利益最大化的目的。第四，劳工权益保护问题突出。一些跨国公司直接或间接地侵犯劳工权益的情况已变得越来越严重，主要是对外加工贸易企业和出口企业，涉及电子、纺织、服装、制鞋、玩具、工艺品六大行业。它们忽视生产过程中的安全卫生、环境保护以及劳工标准、侵占公休日、压低工资与福利、无视健康与安全标准、工伤、医疗救治不足，逃避社会责任。第五，跨国公司对我国某些行业的控股与垄断逐渐加强。跨国公司凭借其技术优势、品牌优势和规模经济优势，构筑起较高的行业进入壁垒，并长期把价格提高到完全竞争水平以上以获得巨额垄断利润，不公平地阻碍同业竞争者发展。第六，一些跨国公司在华企业的产品质量、安全不达标。

提供安全可靠的产品，是企业生存发展最基本的要求，是最应该履行的社会责任和义务。但一些本来在母国生产着高质量、安全可靠产品的跨国公司，进入东道国市场投资设厂后却降低安全标准，所生产的某些产品甚至安全不达标。

关于在华跨国公司社会责任缺失的原因，王晓春、欧珣（2011）的研究指出，首先，部分跨国公司钻了我国法律不完善的空子。目前我国关于社会责任的法律比较少，在华跨国公司逃脱了许多应该承担的社会责任。他们的理由却是荒谬的“为适应中国市场特点做出的调整”，出现了“橘生淮南则为橘，生于淮北则为枳”的无奈景象。其次，个别地方政府官员陷入对跨国公司优惠过度的误区。过分强调地方经济发展，过分的甚至是完全依赖招商引资来提高地方经济的发展，一旦有了一个投资方案，某些地方政府会尽最大可能地得到这个项目，从而放松了对跨国公司的管理，甚至放纵或包庇它们的某些违法行为，部分跨国公司正是利用了我们一些地方官员这种急于求成的心理，从而获得它们想要的优惠，助长了它们弱化在华社会责任的气焰。最后，跨国公司在华缺乏利益相关者的制衡。在当代，企业的利益相关者包括企业的投资者、政府部门、消费者、合作企业、社会公众、各类非政府组织等。在西方国家，企业的经营行为受到健全的法制和企业的利益相关者的制约。而在我国，民间团体等利益相关者对跨国公司的恶劣行为只是以退出合作等方式加以抵制，谈不上对跨国公司的利益制衡。同样针对这个问题，郭立银（2011）的研究指出，跨国公司未在中国承担社会责任的原因应包括：第一，我国相关的法律法规不完善和执法力度不到位；第二，政府政策助长了跨国公司的傲慢气焰；第三，行业协会没有发挥应有的作用；第四，我国媒体和消费者发挥的监督作用也比较有限；第五，消费者存在盲目偏好洋品牌的消费倾向。关于应对跨国公司在华社会责任缺失的措施，目前来看，主要应采取以下措施：第一，健全相关法律制度，建立有效的监督机制；第二，建立跨国公司社会责任的指标体系和评价体系；第三，发挥非政府组织的职能，确立其在消费者心目中的地位；第四，引导消费者理性消费，树立正确的消费观；第五，加强媒体舆论监督，形成良好的舆论氛围。

关于如何促使跨国公司在中国更全面地承担相应的社会责任，王晓春、欧珣（2011）的研究指出，第一，应完善我国立法体制，将企业社会责任法制化。现阶段，我国应学习和利用国际上有关跨国公司在东道国的各种法律，完善我国各项相关的立法工作，尤其是公司立法。政府要循序渐进地提升执法水平，加强监督力度，发挥对跨国企业引导和推动两方面的作用，打造良好的实施跨国企业社会责任的法制保障环境。通过立法，强化企业自律，保护劳工权益、消费者权益，减少环境污染，建立良好的监管部门，从立法上强化跨国公司在中国的社会责任。第二，建立企业社会责任评价体系。在许多西方国家，对任何一个企业的评价都是从经济、社会和环保三方面进行的，经济指标仅仅被认为是企业最基本的评价指标。我国目前对企业的评价仍然停留在经济指标上，这样的评价体系已经不适应经济全球化的趋势和我国经济发展的现状。曾经一度有人表示我国经济“过热”，我国应从根本上改变这种状况，注重其他方面如环境保护、资源保护、劳工权益保护、文化保护等。政府应该建立一系列行业组织，对企业进行多项考核指标的评比，将社会评价纳入评估体系，并完善资料库的建设，平衡社会发展的各个方面，有利于我国的全面健康发展，也更有利于跨国公司在我国更好地履行社会责任。第三，纠正招商引资带来的误区。如今，全国范围的招商引资竞争激烈，甚至到了招商抢资金的境地，招商引资存在很大的盲目性。一些地方对引资项目缺乏评估和论证，盲目追求任务和指标，把粗放型的、资源消耗型的项目拉来，造成新的污染。欠发达地区急于求成，脱离实际的情况，盲目给予优惠政策，为跨国公司规避社会责任创造了条件。要强化跨国公司在华的社会责任，需要树立正确的招商引资心态，才能在源头上遏制跨国公司逃避在华的社会责任。针对这个问题，全国的相关部门都应该发挥其作用。跨国公司在我国进行投资，必须要经过我国相关部门的同意。所以，相关部门人员要严把质量关，不能为了一时的利益，而忘了整个城市的长远发展。对于那些转移过来的污染密集型产业而且环境保护意识差的跨国公司的投资，我们要谨小慎微。第四，发挥跨国公司本土员工的监督功能。由于跨国公司中相当大一部分的员工都是本土的，因此本土员工应肩负起监督跨国公司生产过程是否合法或合理的责任。不能为了保住自己的饭碗而对跨国公司不合法的行为忍气吞声，最终损害的还是自己与同胞的利益。一旦发现问题，一定要“老鼠过街，人人喊打”，这会使跨国公司受到更多的内部压力和舆论压力，从而控制自己的非法行为。

四 跨国公司转移定价和税收规避

（一）跨国公司转移定价面临的风险

国际转移定价一直以来都是各国政府关注的税务焦点。国际金融危机后，世界主要经济体经济复苏过程曲折，为了保证稳定的税务收入，各国政府不仅加强转移定价立法，完善或制定新的国际转移定价规则，而且增大转移定价审查力度，以期增加税务收入，这使得国际转移定价的审计环境日趋严峻。关于跨国公司转移定价的风险，康亚华（2011）的研究指出，跨国公司转移定价的财务风险包括：补交被转移出去利润的税款，这意味着双重课税；还要被处以罚款，往往是巨额罚款；增加大量的人力成本和时间成本，因为调整涉及多个国家的关联企业，被处罚集团要抽调专门的人员进行谈判和协调（包括与税务机关的谈判以及集团公司内部的协调）以及补充相关文档。对转移定价的处理不当还会带来非财务风险，如政治风险、声誉受损风险以及管理风险。所谓政治风险，是指跨国公司利用转移定价暂时提高了自身的利润，但使得东道国的税收收入减少，使跨国公司和东道国政府及其他相关部门的关系紧张和恶化，以致公司在东道国的后续经营中处于困难重重的境地。跨国公司声誉受损的风险主要包括两个方面。第一，当公司出现避税丑闻时，其市场形象必然会受到严重影响，这可能会使跨国公司失去一些客户和供应商，如果这些客户和供应商是公司的命脉，那么会影响整个公司的生产经营状况。第二，跨国公司声誉受损也会在不同程度上影响其在其他国家子公司的税务形象，导致税务部门对其关注，进行税务审计及监督管理，这无疑增加了税收筹划代价。管理风险也包括两个方面。第一，转移定价的过度运用会影响到对子公司经理进行业绩评估的公正性，导致业绩评估的偏差。而这种不合理的评估，必然打击管理人员的士气，降低员工的工作积极性，使他们失去动力而选择另谋高就，最终导致人才的流失。第二，转移定价也会给决策人员带来风险，如果公司的高层管理人员不希望承担相应的风险，那么公司可能会面临一些有能力的高管人员的流失，人才的流失就是竞争力的流失。这对跨国公司而言也是一个巨大的潜在风险。

（二）外国跨国公司在华实施转移定价和避税的主要手段

外国跨国公司在中国的避税行为，包括通过转移定价避税、通过避税港避税、通过资本弱化避税、利用税收优惠政策避税四个方面。

张华鲁、李崇刚、张华伟（2011）的研究认为：在通过转移定价避税方面，其手段包括以下几点。第一，通过购销业务转移定价。这是在我国使用最为普遍的转移定价避税手段，即在购销环节采用关联交易定价来达到转移利润的目的。体现在：①利用我国行业间、地区间税收优惠政策的不同，采取转移定价的手段将利润由高税率的行业和地区向低税率的行业和地区转移，达到降低税负的目的。②利用我国廉价的劳动力资源和环保标准相对宽松的条件，在我国设立加工车间生产产品，节约本企业的人工成本和环保成本，然后利用“高价进、低价出”的转移定价手段将利润从我国转移出去。第二，通过劳务服务实施转移定价。这是指外资企业对与境外关联企业发生的劳务服务实施转移定价，增加劳务费用支出，从而将利润转移出境。劳务服务包括向境外关联企业提供市场调查信息、供求状况信息等服务，或境外关联企业向境内外资企业提供技术咨询、技术培训等。第三，通过设备供给转移定价。主要有两种方式：一种是以设备作价投资入股，另一种是以经营租赁方式提供设备。前者是投资者通过抬高设备的价格，增加资产原值，多提折旧，实现冲减利润，同时还享有较大的股权比重，分得较多的税后利润，在初始投资时这种现象较明显。后者是通过在税前列支较高的租赁费造成当期利润的减少。

关于通过避税港避税，其手段包括：第一，在境外设立基地公司，即在华子公司以高价向设在避税地的母公司或关联子公司购进原材料，又以低于成本的价格返销给母公司或销售给其他关联公司，造成子公司亏损的假象，利润转移至避税地的母公司或关联子公司。第二，增加在华子公司的贷款。母公司在解决在华子公司资金需求时，变原来的追加投资为增加在华子公司的贷款，利用税法对支出利息免税的规定，巧妙转移利润，规避税收。第三，向在华子公司收取高额费用，即避税地的母公司对在华子公司收取高额特许权使用费和劳务费用，造成在华子公司亏损，逃避税收。

在通过资本弱化避税方面，主要是通过关联企业之间的资金往来，通过资金借贷方式增加企业的利息费用，转移利润。比如跨国外资企业以贷款方式注入资本金，形成资本弱化，每年在税前列支巨额的利息费用以减少当期应纳税所得额，变相将利润转移出境。再如在中外合资企业中，外方投资者往往不愿采取权益资本的形式与中方合资，而是以流动资金不足为借口，充分利用其境外的关联企业，以债务资本的形式贷给企业，且贷款利息往往比正常水平高许多。

利用税收优惠政策避税，即利用外商身份或行业优惠政策获取优惠。外资企业深谙我国税收政策，有些甚至滥用政策。如在 2007 年我国将《外商投资企业和外商企业所得税法》和《中华人民共和国企业所得税暂行条例》统一合并为《中华人民共和国企业所得税法》（以下简称新企业所得税法）之前，外资企业往往利用我国对外商的“两免三减”政策千方百计避税。据调查，深圳市近十年来累计登记开办的外资、合资企业近万家，但实际经营的不足三分之二，余下的企业除极小部分转产或停产外，大多数在免税期满后，通过换招牌变成了新办企业，再次享受免税。合并之后，国家对生产性外资企业的优惠政策设置了五年过渡期，对西部大开发地区继续实行优惠政策，一些外资企业又逐渐转向行业优惠寻求避税。

（三）中国跨国公司运用转移定价策略的现状

关于我国跨国公司转移定价的研究和运用现状，秦娟、吴清坤（2011）的研究认为，我国转移定价理论本身起步时间比较晚，对理论方面的研究和讨论还处于初级阶段。就跨国公司转移定价目的而言，我国跨国企业的认识还不够充分，超过半数的企业认为是避税，不足三分之一的企业认为是取得价格优势以占据市场，少部分企业认为是为了实现全球战略目标。专门出于避税目的制定国际转移价格，加之对东道国转移定价的监管措施了解不充分，很容易由于采取的策略不当而遭受东道国的制裁。就运用转移定价的跨国公司行业而言，目前主要是一些贸易和消费品行业，而这些行业主要依靠价格进行国际竞争，这一特点在一定程度上限制了转移高价的使用。就使用方法而言，使用方法很单一，多采用成本定价法，部分使用协议定价法，很少使用市场价格定价法和其他特殊定价方法。就跨国公司转移定价的准备条件而言，由于我国跨国公司起步较晚但发展迅速，在一些信息系统和人才储备上很可能落后于其发展速度，这也使转移定价的使用受到一定限制，不能在我国跨国公司中发挥其应有的作用。从我国跨国公司对外直接投资的现状和目前对转移定价策略运用的现状可以看出，随着我国跨国公司的发展，应该遵循全局性、激励性、自主性、公正性、灵活性等原则，加大转移定价的研究和运用，积极构建合适的转移定价决策系统。这不仅要注重转移定价为跨国公司发挥的避税作用，同时要注重其避险、控制成本、加强对子公司监督等作用，使其成为重要的跨国公司管理手段。

（四）对跨国公司转移定价与避税行为的规制和应对

在转移定价避税问题上，跨国公司的决策与东道国税务机关的监管是互相作用和影响的。跨国公司转移定价避税的效果不仅取决于自身的筹划与策略，也依赖于税务机关的监督和管理。跨国公司的目标是如何使自己被税务机关审计或调整的概率最小，以获取转移定价所带来的最大税收收益；税务机关的目标是如何运用现有的法律法规，在适当的范围内审计或调整转移定价并使之趋向合理化。东道国政府在制定转移定价税制时，必须充分考虑相关因素，诸如：东道国税务机关对避税行为的处罚率、东道国税务机关反避税调查的成本、跨国公司转移定价的避税成本以及跨国公司可能的避税额度与税务机关的罚款额度等一系列因素的影响，使跨国公司运用转移定价避税的情况得到最大限度的约束。

关于控制跨国公司转移定价避税的对策，张辑（2012）的研究指出：第一，要加大对跨国公司滥用转移定价避税的处罚力度，从世界各国转移定价税制看，通常大多数国家对纳税人未能按时提供应报关联交易资料的处罚都比较轻，但对纳税人因转移定价少报应纳税额的处罚一般比较重，亦即罚款额度比较高。比如 OECD 规定罚款额为转移定价调整额的 10%～200%；意大利为 100%～200%。借鉴国际通行的做法，东道国应对跨国公司制定专门的转移定价处罚规则，规定一个转移定价调整额度的“警戒线”。对跨国公司未达到“警戒线”的一般性转移定价，税务机关只需对转移定价进行调整而不必对纳税人进行处罚。如果跨国公司不按公平交易原则实施转移定价的调整额度超过了规定的“警戒线”，目的已经与故意逃税无实质性差异时，则在法律上可以推定为逃税，除进行纳税调整外，还应对少申报缴纳的税款加收滞纳金，并根据避税情节的严重程度按规定的处罚率给予相应的处罚。

第二，增大跨国公司转移定价避税的成本。提高跨国公司利用转移定价避税成本的基本途径包括：首先，完善税务操作规程与细则，减少其避税的可乘之隙，挤压其可操作的避税空间；其次，加强税收征收管理，实施高效的监管，建立健全审计制度；最后，加强国际反避税合作，通过互换税收情报缩减跨国公司转移定价避税可利用的税制差异。

第三，提高税务机关对转移定价反避税的成效。有效控制反避税成本意味着既要提高反避税工作的效率，又要提高反避税调查的成功率。这两点是紧密联系在一起的，要实现这样的目标，首先，要通过增加人力资本投资培训专业人员，提高单位时间内对转移定价反避税调查的效率；其次，根据案情适当延长反避税调查的时间以提高成功率；最后，要利用先进的技术手段强化税务稽查的深度。

第四，降低税务机关的反避税调查成本。税务机关降低反避税调查成本的一个有效途径是采取预约定价制度，变事后调整为事先确认。预约定价又称为预约定价安排（Advance Pricing Arrangement，APA），是税务当局和纳税人在受控交易发生之前，就一定期间内交易的转让定价问题而确定一套适当的标准、调整和重要假设的安排，其特点是东道国税务机关将对跨国公司转移定价的管理从事后调整向事先确认转换，签订预约定价协议作为以后征纳税的会计核算依据。预约定价协议主要涉及交易价格的评价方法、与交易对象（关联企业）的关系和评价交易价格的幅度，这使跨国公司就集团内部转让价格等问题与税务机关达成一致，既保证跨国公司经营的相对稳定，又简化了税务机关对转让价格的税负处理。传统的规范价格转移的做法主要是事后调整，其缺点是：税收收入不稳定，容易引起征纳双方的争议和矛盾，税务处理的不确定性和滞后性会影响企业的经营决策，造成对经济的过分干扰，还消耗双方大量的人力、费用和时间。而预约定价协议的优点是降低了转让定价税务调整的不确定性；节约了税收成本，提高了税收效率，有利于税收征管；有效地避免了国际重复征税。

同样针对这个问题，张金萍（2012）的研究认为，关于政府规制跨国公司在华避税的措施应从以下几个方面入手。第一，填补现行税收制度的漏洞，中国税法也不完善，这为在华跨国公司进行避税提供了空间。例如，中国消费税是按照出厂价进行征收的，一些跨国公司便成立自己的销售公司，用较低的出厂价把产品卖给销售公司，这样便可规避消费税以增加利润。再如，中国税法规定，外商投资企业获得利润分配给外商投资者、外国所有者的部分，可以免征预提所得税，这样，外商投资企业就可以通过先分配股息，再转让股权，达到节省税收的目的。第二，推进反避税立法及实施工作。目前中国已经建立了较为完善的反避税立法和相关制度，但当务之急是如何使这些立法和相关制度“落地”，即要有一套科学的、严密的、规范化的操作程序和方法，使其更有操作性和实际意义。例如，应进一步明确劳务收费标准，对相应的劳务项目确定税务上可接受的最低标准；对不同无形资产内在价格估价和使用寿命应给出相应的判断标准等，使反避税工作者有统一的行为规范和操作标准。第三，逐步完善“预约定价”税制。2010 年，中国对外公布了第一份《中国预约定价安排年度报告（2009）》，目前“预约定价税制”还有待进一步完善，特别是具体的操作细则与相关配套制度的建设。一是尽可能获取充分的在华跨国公司的经营信息和其所在行业的信息，科学地确定“预约定价”；二是尝试和探索更为科学合理的“预约定价”标准和方法。第四，加强信息化建设。首先，由政府成立专门机构，建立商品价格、市场行情、各国税制差异等与避税有关的信息库，为各地税务机关的执法提供及时准确的信息依据，改变过去由于信息不畅所带来的被动状况，提高这方面的工作效率和服务质量。其次，利用现有的网络资源在全税务系统实现反避税信息共享，进行反避税联查，降低反避税成本。再次，建立税务部门与工商管理、商检、卫检、海关、商务部等多方信息联网与反避税协调，形成一个覆盖面很广的反避税监控系统。最后，完善上市公司关联交易中转移价格的信息披露制度，要求企业在财务报告中详细披露关联交易转移定价的基本要素；加强注册会计师对关联交易的审计，判断其是否符合公平原则；加大对信息披露违规公司的处罚力度。第五，将地方政府的引资工作与政绩分开。如果税务部门对在华跨国公司进行严格的税务稽查，将会减少在华跨国公司的利益，影响其投资热情，地方政府官员的政绩难以完成。因此，在某种程度上地方政府可能会为外商避税开绿灯，纵容外商的避税行为。这实际上是一种牺牲税收权益为代价的盲目引资行为，而且这种地方保护主义倾向也进一步加大了对跨国公司转移定价避税查处的难度。第六，对在华跨国公司采取抽查加罚款制度。对在华跨国公司纳税情况的抽查要重点关注以下对象：①持续亏损或微利且不断扩大经营规模的公司；②存在大量关联交易且价格不正常的公司；③资本来源于国际避税港或关联交易公司设在避税港的公司；④利润水平明显低于行业水平，或与其承担的功能风险明显不匹配的公司；⑤曾经被查处过有避税行为的公司；⑥其他明显违背独立交易原则的公司。

五　培育和发展中国的跨国公司

（一）促进中国跨国公司发展的重大意义

总体来看，中国跨国公司的成长还是刚刚起步，多数企业仍然缺乏足够的跨国经营能力和经验，跨国公司成长需要的制度和政策环境还很不完善。有关研究表明，促进中国跨国公司发展是我国当前经济发展阶段的客观要求，有利于提升我国企业的国际竞争力，有利于加快传统产业转型升级，有利于提高我国经济发展的均衡水平，有利于加强和深化我国对外经济关系。赵晋平（2013）的研究指出，促进中国跨国公司发展战略意义重大，这体现在以下六个方面。

第一，促进中国跨国公司发展是我国当前经济发展阶段的客观要求。表现在：①从国际经验来看，我国已进入了大力培育跨国企业的经济发展阶段。②从发展趋势来看，新兴经济体在推动跨国公司发展中的作用日益重要。③从国际比较来看，我国跨国企业的海外相对实力仍然落后于世界主要新兴经济体，今后具有较大的发展空间。

第二，促进中国跨国公司发展有利于提升我国企业的国际竞争力。表现在：①增强本土企业的国际化经营能力。本土企业通过“走出去”投资，建立跨国生产和营销网络，将有助于稳定和开拓海外市场，在促进企业产品和设备出口的同时，逐步积累在全球市场整合和配置要素资源的经验，加快提升企业的国际化经营能力。

②获得全球品牌、技术等战略性资产。根据邓宁的国际投资理论，企业跨境投资的主要目的之一在于获取品牌、技术等战略性资产。为了提升我国产业技术水平和在全球价值链中的地位，除了加快培育自主品牌、推动自主创新之外，通过跨境并购投资和企业跨国经营，获取重要品牌和技术专利，同样不失为一种十分有效的途径。不能简单地将并购企业是否盈利作为中国企业对外投资成功与否的唯一标准，获得战略性资产对于公司整体发展的战略意义更为重要。

第三，促进中国跨国公司发展有利于加快传统产业转型升级。当前，我国传统的劳动密集型和资源型产业面临着巨大的转型升级压力。表现在：①劳动力成本迅速上升，传统的劳动密集型产业竞争力受到其他发展中国家低成本优势的冲击，如我国的纺织、服装、杂项制品等产品在全球占有较大市场份额，继续上升的可能性大大降低。②投资驱动作用下形成的大量产能过剩行业需要采取强有力的控制措施，如中低端钢铁产品、建筑材料等。③使用新技术、新手段装备传统产业，实现生产方式转变的难度明显上升。发展跨国企业有助于提升应对上述挑战的能力，如将纺织、服装等劳动密集型产品的生产基地转移到劳动力成本相对低廉的发展中国家。

第四，促进中国跨国公司发展有利于提升我国资源供给的安全性和利用效率。表现在：①增加能源和重要矿产资源的开发和配置权。扩大投资获取资源开发和配置权，是确保能源和重要矿产资源供给的重要方式之一。②可以调整能源和资源性产业布局。鉴于我国能源和重要矿产资源匮乏的基本国情，通过鼓励高耗能、资源型产品生产企业的海外产业转移，有助于减少国内能源和资源消耗，缓解环境保护压力。

第五，促进中国跨国公司发展有利于提升我国经济发展的均衡性。表现在：①增加海外直接投资收益，促进国民收入增长。本土企业“走出去”开展跨国经营有利于国民生产总值和国民收入增长。②增加海外直接投资支出，促进国际收支平衡。本土企业“走出去”

投资开展跨国经营对于改善我国的国际收支平衡具有积极作用。从日本的经验来看，资本收支逆差成为平衡经常收支长期顺差的主要手段。

第六，促进中国跨国公司发展有利于扩大和深化我国对外经济关系。表现在：①跨境延伸产业链条，促进我国出口市场多元化。我国企业通过在境外设立生产和加工企业，跨境延伸生产链，有助于扩大相关产品的零部件、设备出口，提高本土企业产品的全球市场份额。②促进东道国经济发展，深化双边经济关系。我国企业的跨国投资和生产经营活动，将为投资东道国带来就业和经济增长机会，有利于加强企业和当地之间的交流与往来，增进相互了解。

（二）中国跨国公司境外投资的风险管理

国际投资环境纷繁复杂，存在着巨大的风险。据国务院发展研究中心调查，中国跨国公司境外投资不盈利甚至亏损的比例高达67%。因此，加强中国跨国公司境外投资风险管理具有紧迫的现实意义。关于中国跨国公司境外投资的风险管理，吴钧（2012）的研究认为，中国跨国公司境外投资面临的主要风险包括政治风险、外汇风险、商业风险、文化风险等。中国跨国公司境外投资风险管理现状：首先，风险管理意识淡薄，漠视风险管理的发展趋势；其次，缺乏科学系统的风险管理理论方法指导，未能建立起有效的风险管理机制；最后，风险管理人才匮乏，风险管理基础薄弱。关于如何构建具有执行力的中国跨国公司境外投资集成风险管理系统，他提出，在跨国公司内控方面，中国跨国公司进行集成风险管理首先要根据公司总体发展战略和管理层的风险偏好制定相应的集成风险管理目标。高层管理者必须透彻了解公司各方面的运营状况，将境外投资所能承担的风险设定在一定的水平之内。其实施步骤主要包括三个。第一，明确董事会在风险管理中的主导作用，在董事会中引入风险管理专家，设立风险管理委员会，并在管理层设立直属董事会的首席风险管理总监。第二，优化整合公司各部门的专业人员组建独立的集成风险管理部门，专门负责公司境外投资风险信息的搜集和风险的监管工作。第三，将境外投资集成风险管理目标和任务逐层分解，制定责、权、利明晰的集成风险管理制度，设立从业务部门到董事会的信息流程和报告路径，并将风险管理作为公司境外投资绩效考核的依据。建立全面有效的信息系统是实施集成风险管理的关键所在，通常包括四个组成部分。第一，风险识别。收集企业境外投资所面临的各种风险信息，通过对风险信息进行连续监测和动态追踪，分析这些信息的变化趋势，确定是否出现风险征兆。第二，风险评估。根据相关风险评估方法和评价指标体系衡量各类风险的级别，判断各种风险因素相互作用对企业的综合影响程度。常见的风险评估方法主要有敏感性分析法、故障树分析法、蒙特卡罗模拟法、风险指数模型评估法等。第三，风险预警。根据风险的变动情况和设定的预警标准，及时向有关主体通告风险信息。第四，风险控制。依据风险分析结果，采取相应的风险管理措施，控制风险发生的概率和损失，并尽量实现风险与收益的平衡。

（三）中国跨国公司的合规化经营

进入21世纪以来，越来越多的跨国公司在强调企业经济责任的同时，也在强化企业的社会责任和环境责任。企业责任是包括经济、社会和环境责任在内的一个不可分割的完整的责任体系，即企业的全面责任。国际组织和一些国家政府机构以及跨国公司在强化企业社会环境责任的基础上正在加大合规反腐的力度。最近几年，跨国公司更多地在强化合规经营，强化合规经营已经成为全球企业发展的一个新趋势，中国的跨国公司也不例外。王志乐（2012）的研究认为，随着全球反对商业腐败力度的加强，以及中国对外投资的增加，中国“走出去”企业在合规反腐方面的问题已经面临越来越多的批评。世界银行发布因涉嫌欺诈和贿赂而在一定时期内被禁止承接世界银行资助项目的企业名单（包括其直接或间接控制的公司），中国被列入这个黑名单的企业有：中国地质工程集团公司、中国路桥工程有限责任公司、中国建筑工程总公司、中国武夷实业股份有限公司。被列入这个名单的中国企业在全球竞争中显然处于非常被动和不利的地位。中国在美国上市的几十家企业更是集体遭遇不断升级的诚信危机。另外，在一些高风险地区，中国企业海外员工屡屡成为当地政治和武装冲突的人质，使中国企业海外投资的风险陡升。有的地区虽然没有发生人员被劫持事件，但是由于当地矛盾激化，中国企业投资项目被迫停止。强化企业合规经营是促进中国企业对外投资健康发展的关键所在，在这方面，应该从以下几个方面入手和提升。第一，高度重视合规经营的重要意义。中国有关政府机构应当制定中国海外企业合规管理指引，也可以制定中国企业反海外腐败的法规，引导企业在海外强化合规管理，遏制商业贿赂。第二，借鉴国内外公司强化合规经营的经验。我们不仅要借鉴国际跨国公司的合规经验，也要借鉴中国企业自身的经验。中国企业完全可以强化合规经营，关键在于领导的认识与重视。第三，建立和健全公司合规经营体系。英国、美国等发达国家反商业腐败的司法实践，都强调企业要建立健全合规管理体系。一旦企业某个部门或个人出现问题，只有在举证自身建立了“完善的合规管理企业制度”的企业才能免责。这个思路值得我国有关部门和企业借鉴。第四，要特别关注在高风险地区投资的合规性。在受冲突影响和高风险地区投资，首先需要对当地投资风险特别是潜在风险有足够的调查和分析。我们不仅要从当地政府，而且要从当地非政府组织和与政府对立的反对派或者地方势力了解情况。如果仅根据在台上的政府提供的信息做决策，往往会陷入当地政治矛盾之中。

（四）中国跨国公司与国家形象

国家形象于一国而言具有十分重要的意义，对内关系着国人对国家的整体认同感，影响着民族的尊严感、归属感以及凝聚力；对外关系着其他国家和民族对本国的接受与认同度，影响着一国在世界政治经济舞台上的地位。作为在东道国发挥重要作用的经济活动主体，跨国公司在塑造国家形象中的地位与作用日益凸显出来。郭秋梅（2012）的研究认为，在“走出去”战略的指导下，大量中国企业走出国加快对外投资的步伐，为东道国的经济发展及人民生活福利水平的提高提供了动力源。然而，一些西方媒体极力鼓吹“新殖民主义”“掠夺非洲资源”“漠视人权”“破坏环境”等言论，扭曲了中国跨国公司和中国国家形象，对一部分人认知中国公司和中国造成了极大误导，甚至催生了对中国的“脸谱化”印象和异类认知。这其中，中国跨国公司在投资过程中的不足是造成西方国家误读的原因之一。首先，中国企业开发能源和原料的采掘型工业对环境本身破坏较大。其次，个别中国企业将国内的工作模式如劳动时间、工作待遇与条件、安全生产意识等搬到非洲，造成不良影响。再次，个别中国企业制售假冒伪劣产品、损害东道国人民利益等问题也时有发生。最后，有些中国企业忽视了对当地民族特点、宗教信仰、文化传统、风俗习惯等方面的知识储备，企业行为中存在着与其相背离的情况。因此，履行社会责任是中国跨国公司塑造国家形象的重要途径。中国跨国企业在东道国履行社会责任，对中国国家形象的建构具有积极的意义。针对一些国家对中国国家形象的错误研判，应该从以下几点入手应对。第一，积极应对，揭开这些言论的真实目的。第二，积极拓展新领域。例如，中国在非投资项目上不应局限在传统的能源领域，要积极拓展到机械设备、通信、医药卫生、家电、日用品、食品加工等领域，弱化西方国家对中国只注重能源、忽视其他领域开发与合作的误判。第三，中国企业应通过本土化，使企业融入当地社会，实现与东道国的互利双赢和共同发展。中国跨国公司面对多样化的政治、经济、文化背景，需要考虑东道国和母国的行为规范、社会责任标准相互冲突的问题，选择合适的行为尺度进行生产经营活动，积极履行社会责任。第四，国家形象的塑造并非一朝一夕，在西方话语霸权体系下，仍要认识到塑造国家形象的重要性，争取话语权，并积极发挥中国海外企业在塑造国家形象中的作用。

六　外国跨国公司在中国的发展

（一）跨国公司在华投资与运营的新趋势和新特点

随着我国的国内投资环境不断改善，我国吸引外资的规模越来越大，领域越来越广，日益增长的市场成为对外商最大的引力，吸引了越来越多的跨国公司在华投资。我国多年来名列发展中国家吸引外商投资数量的第一位。近年来，在低成本劳动力优势减弱的同时，中国逐渐形成了规模庞大、高效率的制造业配套生产体系，并且这一体系正努力实现着升级换代。中国目前仍然是对外商直接投资最有吸引力的国家之一。与此同时，在近两三年，跨国公司在华直接投资呈现新的特点和发展趋势。樊增强、李捷（2013）的研究认为，跨国公司在华直接投资的新趋势表现如下。

第一，跨国公司投资资金技术密集型项目增加。由于国内外经济形势和产业的发展变化，我国廉价劳动力带来的竞争优势逐渐消失，在原有劳动密集型产业的基础上，更多的跨国公司选择了向以资本技术密集型产业为代表的上下游环节扩张，来完成在华企业的转型。一方面，跨国企业把受劳动力成本上升影响较大、科技含量不高、附加值较低的产业，如鞋帽制造业、服装加工业等企业迁移到越南、缅甸等劳动力价格更加低廉的国家；另一方面，通过对化学原料及制品、医药制造企业等高技术、高投入产业链的扩展，来满足着本地市场与全球价值链的需求，确保企业利益的最大化。

第二，服务业成为跨国公司投资的重点。国际金融危机爆发之后，服务业在全球跨国公司投资总额中的比例出现了明显下降，但与全球市场中以服务业为代表的跨国公司投资金额大幅下降相反，跨国公司对中国的服务业一直保持着较高的热情。2011 年服务业占实际利用外资金额的比例为 50.21%；而 2004 年，服务业占实际利用外资金额的比例仅为 23.18%。外资对服务业的投资不断增加，跨国公司对华投资的结构趋于合理。在服务业利用外资的结构上，主要还是集中在房地产业、租赁和商务服务业、批发和零售业领域。

第三，跨国公司在华投资的集群化和“独资化”趋向日益强化。在集群化方面，跨国公司在政府外力的推动下，形成了以国家经济开发区为核心的产业集群格局。在以政府为代表的外力的助推下，外资中小企业投资的产业聚集区，不断发展壮大，形成政府、外资双方齐力推动的产业集群区域。政府希望通过对外资企业的引进来促进当地社会经济的发展；相关企业则希望通过对先入外资企业的跟进，来获取规模效应，降低生产成本，并获取相应的技术溢出，通过良性的“生态圈”效应，形成各个企业间的协同发展，通过对开放系统的构建，融入全球经营的相应环节。在“独资化”趋势方面，近年来在新设立的外资企业中，外商独资企业无论在数量上还是在所占外资投资总额的比例上都占据了主导地位。根据机遇交易费用视角下的内部化理论，以利益最大化为诉求的跨国公司，在华投资的跨国公司在经历了合作企业、合资企业发展的两个阶段之后，由于中国政府制度体制不断与全球接轨，中国市场投资环境不断提升与完善，基于跨国公司自身的战略考量，在以技术创新为代表的当今时代，其更倾向于以独资的方式来保护自身对核心技术的独占性，以此来降低技术外溢的危险。通过对企业的绝对控股，更好地制定、履行企业的战略决策，确保企业在当今瞬息万变的市场上的主动性，更好地将企业融入全球的生产运行体系，改变以往只服务于中国市场的局面。

近年来，跨国企业在华经营中的当地化程度也不断提高，呈现出了许多新的趋势和特点。跨国公司在华当地化是建立在对中国文化、价值观念的深入了解和对中国消费者的行为习惯以及经济、社会、资源状况的充分调研之上的，近年来其当地化策略更加突出地表现在产品、研发、营销和人力资源等多个方面。关于跨国公司在华经营中的当地化策略的新趋势，张静芳、孙剑（2012）的研究认为，这主要表现在以下几个方面，第一，产品当地化进一步深入，产品设计更契合国内市场需求。在这方面，肯德基作为跨国快餐品牌是产品本土化当之无愧的引领者。第二，在华研发投入不断增加，全球或区域研发中心逐步向中国转移。如微软中国已拥有微软亚洲研究院、微软亚洲工程院、微软中国技术中心、微软互联网技术部（中国区）等科研机构，研发本土化步伐进一步加快。目前，外资在华研发活动进一步向研发密集型和高附加值制造方向转变，中国已经成为许多跨国公司的亚洲研发中心，甚至是全球性研发中心，中国丰富的人才资源和广阔的市场前景将吸引更多跨国集团将其研发中心向中国转移。第三，加快并购步伐，以开拓分销渠道、增加市场份额。近年来，通过并购来拓展营销渠道、抢占市场份额成为许多跨国企业快速实现渠道当地化的途径，这种并购案例在日化、食品饮料和药品行业尤其突出。第四，更加注重与政府和公众公共关系的建设。由于广告的作用力有所削弱，营销经营正在更多地求助于公共关系。无论企业的目标市场是什么，都是存在于特定的社会环境中。企业与政府、企业与公众的关系，都是一种十分重要的社会组织资源。企业能否得到政府的支持、公众的认可，决定着跨国公司在中国的投资战略能否成功、能否获得消费者的信任。在这方面，如微软近年来十分注重在我国的公共关系建设，不断通过投资、合作、人才培训等形式，支持中国信息化进程，帮助推动本土软件生态系统和信息产业的发展。第五，本土精英上位，在华外企高管当地化趋势越发明显。长期以来，在华跨国公司的高层管理岗位一般都由外国人或港台人士占据，外企高管人才选拔上的“成长天花板”一直是本土人才难以突破的瓶颈。近些年来，更多地任用本土高管已经开始成为很多驻华外企的共识，许多跨国公司越来越多地培训和任命中国本土中高层管理人员，并开始有步骤地撤出本国高级管理人员。从近期火爆的外企高级人才调动上就不难印证这一点，联合利华中国区工作的外籍员工人数已经减少了80%，目前90%的高级管理职务已由中国人担任。

（二）跨国公司在华投资的产业结构效应

跨国公司投资是一把双刃剑，既可推动东道国加快产业结构优化升级，提升本国产业的国际竞争力，也可在一定程度上控制东道国关键产业的发展，影响其国家经济安全。关于外国跨国公司在中国投资的产业结构效应，樊增强、赵昭平（2012）的研究表明，跨国公司投资对我国产业结构的影响既有积极的一面，又有消极的一面。

在积极影响方面，第一，促进我国产业结构调整与升级。首先，带动了我国高新技术产业的快速发展。跨国公司在高新技术产业的大量投资，相当程度上能够产生技术溢出效应，如在微电子、生物遗传工程、新能源新材料、航天航空等高新技术产业都取得了较快的发展。其次，促进了我国第三产业快速发展。目前，许多大型跨国公司筹划将在华投资性公司升级为在华地区总部甚至是亚太总部，并在地区总部设有研发中心、培训中心、采购销售中心、结算中心等机构。这种与制造业有关的服务业项目的投资将进一步推动我国服务业的发展与跨国公司在华竞争力的提升。最后，促进了我国工业结构的调整。长期以来，跨国公司的投资重点是我国第二产业中的劳动密集型产业、资源密集型产业，同时资本密集型产业、技术密集型产业的投资比例也有所上升。第二，促进了我国产业技术进步。跨国公司在华投资对我国产业技术进步效应体现在以下几方面。首先，产业技术研发风险有所降低。我国通过技术贸易的方式引进先进技术，往往因为资金供应缺少相应的配套、缺乏成熟的商业策略、忽视市场开发、成本过高等原因，许多引进的技术项目都无法充分发挥其作用。而借助于 FDI 引进的基础，引进相关联的技术转移、相关的资金供应、市场开拓、商业计划和管理知识等，能更好地发挥其作用。其次，研发投资增加。跨国公司不但对我国技术资本密集型产业进行投资，而且开始在我国设立研发机构，通过与先进技术创新和扩散主体的跨国公司合作，以获取技术，提高技术水平。跨国公司在我国投资使用的技术是占其母公司相当比例的先进技术，而且高于我国同类行业的技术水平，能够提升我国企业技术水平，促进产业技术进步。第三，提升产业国际竞争力。跨国公司在华投资形成了产品国际化标准效应。近年来，跨国公司直接引进国外品牌与国外的技术，并在我国贴牌生产后再出口到国际市场。通过这种企业内贸易的形式，我国承接生产的产品不断接近国际化、标准化的水平。

在消极影响方面，第一，跨国公司投资造成了三大产业结构的偏差。这种结构性偏差同时造成了我国三大产业发展水平和竞争力的差别。跨国公司在华投资主要集中在第二产业，对第一产业的投资相对较少，第三产业投资比重也偏低。第二，跨国公司投资对我国工业的消极影响。外商直接投资主要集中在我国工业部门，对我国工业结构影响比较明显，主要体现在：助长了消费品工业的过度扩张，加剧了工业过度重复建设，一定程度上抑制了我国新兴产业的成长。

（三）跨国公司在华研发的人力资源效应

跨国公司在华研发投资主要有独资和合作两种模式。独资模式下研发人员受跨国公司单方面直接管理，有利于跨国公司掌握研发方向和自主性以及充分利用中国高端人才，是大多数跨国公司的首选；合作模式下研发人员主要是中国科研机构和企业的科研人员，常见形式有项目委托、联合研发、建立培训中心等，相对于独资来说，这种模式更有利于跨国公司了解和应用国内最新研究成果并为未来发展储备人才。章文光（2011）的研究表明，跨国公司在华研发投资的人才本土化战略对中国人力资源状况的影响主要体现在人才吸引效应、人力资本培育效应、人才流动效应和人力市场效应四个方面。

第一，人才吸引效应。跨国公司以其良好的薪资条件、优越的研究环境等吸引了众多研发人才，在一定程度上留住了中国的人才，体现了人才的价值、发挥了人才的作用。其正面效应表现在：跨国公司在华研发投资给在本土就业的科研人才提供了更加优越的研发岗位、更好的平台、更大的发展空间和更多的学习机会，对本土科研人才产生了巨大的吸引力。跨国公司之所以能够产生如此巨大的人才吸引效应，吸引众多高端人才，与其优越的研发环境和先进的管理体制密不可分。在研发环境方面，跨国公司在华研发投资力度大，并拥有世界一流的先进设备和技术作为研发基础，能提供更多的培训和深造机会，研发的软硬件环境都明显优于本土科研机构。其负面效应表现在：本土企业和科研机构的人才吸引和培养体制方面与跨国公司有较大差距，整体实力远不如跨国公司，大量人才从本土企业和科研机构流动到跨国公司研发机构，造成了本土机构的成本损失。由于流出者和流入者的人力资源具有一定的差异性，流失高质量的雇员或流失具有较大潜力的雇员对企业造成的损失将是长期的。在这种情况下，很容易导致企业对人力资源的投资受到限制，不利于企业的长远发展。而且，人才的流失容易造成团队工作绩效和企业凝聚力的下降，进一步造成本土企业发展的障碍。

第二，人力资本培育效应。跨国公司重视研发和员工培训，尤其是研发机构，具有完善的高级技术人才的培养机制，员工可以在科研开发、创新与管理过程中锻炼和学习。其正面效应体现在：跨国公司和中国高等院校等科研机构的合作，除了为高校人才培养提供了资金支持、技术支持外，还带来了高校人才培养体制的创新，使高校传统的以理论知识为主的人才培养模式逐步转向理论知识与技术应用并重的人才培养模式。其负面效应体现在：跨国公司在华研发机构研发人员的待遇水平大大低于发达国家同等研发人才的待遇水平，对研发人员的激励也多以奖金、休假等常规激励为主，研发人员的技术成果绝大多数都归跨国公司所有，不利于完全激发研发人员的技术创新热情，在一定程度上阻碍了人力资本的提升。

第三，人才流动效应。跨国公司在华研发投资的人才流动效应是指发生在跨国公司研发机构和本土企业、研发机构间的人员流动，具有明显的双面性。其正面效应体现在：一方面，跨国公司与本土间的人才竞争有利于形成对本土的激励，刺激本土企业和科研机构重视人才、提高研发投入、创新技术人才培养和管理体制；另一方面，一旦跨国公司的研发人员回流到本土企业和科研机构，必然带回在跨国公司学习到的先进技术和管理经验，提高本土的创新能力和管理能力。其负面效应体现在人才单向流动上。从短期来看，跨国公司在华研发机构提供的岗位明显优于本土企业和科研机构，吸引了大批国内高等院校和研究机构的骨干，给本土企业的人才招聘和研发活动的开展带来了巨大压力。

第四，人力市场效应。跨国公司在华研发投资的人力市场效应主要体现在两个方面。一方面，跨国公司在华研发投资带来了先进的技术和管理机制，改善了中国的人力资源结构；另一方面，由于跨国公司在华研发机构多分布于东部经济较发达地区，拉大了中国东西部地区的人力资源差距。

参考文献

[1] 樊增强、李捷:《跨国公司在华投资的新趋势和新特点》,《经济问题》2013年第10期。

[2] 张静芳、孙剑:《跨国公司在华当地化策略的新趋势》,《国际经济合作》2012年第3期。

[3] 章文光:《跨国公司在华研发人才本土化战略的人力资源效应》,《山东社会科学》2011年第8期。

[4] 樊增强、赵昭平:《跨国公司在华投资的产业结构效应与战略选择》,《山西师大学报》(社会科学版)2012年第5期。

[5] 郭秋梅:《中国在非跨国公司与国家形象》,《开放导报》2012年8月第4期。

[6] 王志乐:《中国跨国公司需要强化合规经营》,《亚太经济》2012年第4期。

[7] 吴钧:《中国跨国公司境外投资集成风险管理研究》,《学术论坛》2012年第11期。

[8] 赵晋平:《促进中国跨国公司发展战略意义重大》,《国际贸易》2013年第6期。

[9] 张金萍:《新税制下在华跨国公司的避税与政府反避税》,《会计之友》2012年第3期。

[10] 张华鲁、李崇刚、张华伟:《跨国公司在华避税行为及法律适用问题研究》,《会计之友》2011年第3期。

[11] 秦娟、吴清坤:《跨国公司转移定价浅析》,《财会通讯》2011年第2期。

[12] 康亚华:《跨国公司转让定价风险规避探析》,《会计之友》2011年第6期。

[13] 张辑:《跨国公司转移定价避税的应对策略》,《统计与决策》2012年第1期。

[14] 王晓春、欧珣:《浅析跨国公司在我国承担社会责任的问题与对策》,《中国商贸》2011年第18期。

[15] 郭立银:《跨国公司在华社会责任缺失的现状与对策研究》,《湖北社会科学》2011年第5期。

[16] 谭宇生:《国际环境争端与跨国公司的国际责任》,《江苏商论》2011年第9期。

[17] 陶冉、金润圭、高展:《低碳经济背景下跨国公司环境责任研究》,《亚太经济》2011年第3期。

[18] 赵平：《跨国公司的政治行为及对策研究》，《商业研究》2012年第2期。
[19] 张庆昌、蒋殿春：《异质性与跨国公司的战略选择》，《当代经济科学》2011年第5期。
[20] 李珮璘：《危机后新兴跨国公司的投资战略与发展趋势》，《国际经贸探索》2011年第7期。
[21] 王彬：《跨国公司全球化治理模式探究》，《社会科学辑刊》2013年第1期。
[22] 罗虎：《跨国公司向全球公司战略转型的十大趋势》，《福建论坛·人文社会科学版》2013年第4期。
[23] 樊增强：《跨国公司发展的新趋势和新特点》，《中国流通经济》2013年第9期。
[24] 姚璐、刘雪莲：《跨国公司对民族国家的超越》，《吉林大学社会科学学报》2012年第3期。
[25] 贾琳：《再论跨国公司的国籍问题》，《企业经济》2012年第9期。
[26] Pasi Heikkurinen, "Image Differentiation with Corporate Environmental Responsibility", *Corporate Social Responsibility and Environmental Management*, 2010 (17).
[27] Rui, H. & Yip, G. S., "Foreign Acquisitions by Chinese Firms: A Strategic Intent Perspective", *Journal of World Business*, 2008 (43): 213 - 226.
[28] Dunning, J. H., C. Kim & D. Park., "Old Wine in New Bottles: a Comparison of Emerging Market TNCs Today and Developed Country TNCs Thirty Years ago", SLPTMD Working Paper Series, No. 011, 2008.
[29] Peng, M. W. & Zhou, J. Q., "How Network Strategies and Institutional Transitions Evolve in Asia", *Asia Pacific Journal of Management*, 2005, 22: 321 - 336.
[30] Buckley, P. J. et al., "The Determinants of Chinese Outward Foreign Direct Investment", *Journal of International Business Studies*, 2007, 38: 499 - 518.
[31] Booz & Company., The 2010 Global Innovation 1000: How the Top Innovators Keep Winning. 2010.
[32] Deng, Guosheng, Kennedy, Scott, "Big Business and Industry Association Lobbying in China: The Paradox of Contrasting Styles", *The China Journal*, 2010, (63).
[33] Zinnov. Management Consulting MNC R&D Landscape: A China Perspective. 2011.
[34] Ramamurti, R., "What Have We Learned About Emerging-Market MNEs?", presentation at the Conference on "Emerging Multinationals: Outward FDI from Emerging and Developing Economies", 2008.
[35] UNCTAD. Cross-border M&A Database.

[36] UNCTD. World Investment Report 2011: Non-Equity Modes of International Production and Development.

[37] UNCTD. World Investment Report 2012: Towards a New Generation of Investment Policies.

[38] UNCTD. World Investment Report 2013: Global Value Chains: Investment and Trade for Development.

金融危机与中国企业对外直接投资理论综述

张 炜 陈 馗*

内容摘要 金融危机对中国企业对外直接投资的发展造成了不可忽视的影响，其中既有负面的，又有正面的。虽然此轮全球金融危机最严峻的时刻已经过去，但金融领域的阴霾还依然存在。欧洲主权债务危机、美国财政问题依然是全球经济系统内重大的不确定因素，国内国外金融体系都面临着新的问题。在此时点，考察金融危机对国际直接投资的影响，对中国企业“走出去”意义显著。本文简要地回顾了经典对外直接投资理论中涉及金融与贸易条件等因素的内容，以及国内学者在金融危机之前进行的部分相关论述，并在此基础上，重点总结危机之后对国内学者关于金融危机如何影响中国对外直接投资的研究，做了理论评论和意义评估，并尝试提出该领域内进一步研究的可行方向。

关键词 金融危机 对外直接投资 中国企业

---

* 张炜，女，经济学博士，对外经济贸易大学国际商学院副教授，研究领域为国际企业管理、组织理论、跨文化管理。“我国创意产业园区形成机理和管理模式研究”项目主持人，获2010年国家社科基金资助（项目号：10BGL031）。陈馗，男，对外经济贸易大学国际经济贸易学院本科生，研究兴趣为国际投资、跨境资本流动、金融市场改革及与网络金融相关的电子商务课题等，发表有《中国跨境第三方支付平台现状分析》。

一　研究意义与经典理论

中国企业对外直接投资不可避免地受到了此次全球金融危机的影响。虽然这一轮全球性危机最严峻的时刻已经过去，金融风险却依然潜伏在国内外的金融系统之中。为了解金融危机如何作用于企业的对外直接投资，金融风险将如何影响中国企业“走出去”战略的实施，以及国家如何采取措施引导企业规避国际金融风险、促进对外直接投资的增长，就有必要回顾对外直接投资的经典理论。这些早期论述说明，与金融危机相关的金融、贸易与经济政策等因素能够影响对外直接投资。未来的理论研究，都必然要建立在这些经典研究之上。本章将探讨相关研究的意义，并对这些早期论述进行回顾。

（一）研究意义及概念

经由对外直接投资实现国际化经营，这是中国企业“走出去”的重要方式。然而，金融危机却能够通过多种途径，对企业的直接投资活动产生显著的影响，干预企业的经营战略与国家的经济发展。发生在一国的金融危机通过金融系统、经济政策甚至心理预期等方式从一国向多国溢出，从金融系统向多个产业传导，能够改变跨国投资企业的成本与收益预期、业务的风险水平，影响国家的宏观经济形势乃至投资国（资本流出国）与东道国（资本流入国）之间的相对优势，以及对外直接投资需要考虑的方方面面，从而改变全球范围内直接投资的模式和格局。研究金融危机下中国企业的对外直接投资情况显得非常必要。它有助于国内企业识别、应对未来的经济金融系统风险，帮助企业开展国际化业务，并能够在一定程度上服务于国家转变经济发展方式、优化经济结构的政策制定，使“走出去”战略更好地实施。

1. 研究意义

此次全球金融危机对中国的经济增长产生了客观冲击，也使中国企业的对外直接投资遭遇了更加复杂的外部环境。此次危机改变了许多投资东道国的经济稳定性、经济发展潜力、贸易开放水平、汇率与利率水平、政治稳定性等因素，增加了整个国际投资环境的不确定性，使跨国投资的金融与政治风险上升。而目前，虽然此轮危机最严峻的时刻已经过去，但欧洲主权债务危机、美国财政困难等宏观金融风险依然存在，国内、国外金融体系都出现了新的情况、新的问题，不能简单地认为未来数十年中国企业“走出去”不会遇到新的金融危机。出于这种谨慎的考虑，针对金融危机可能对中国企业对外直接投资造成何种影响的研究与总结，是极有意义的。

在当前国际经济形势尚不稳定的背景下，探讨金融危机对中国企业对外直接投资的影响，总结最新的相关理论研究成果，主要具有理论与实践两个方面的重要意义。

一方面，从理论上讲，国内针对金融危机影响对外直接投资的最新研究能够弥补传统理论的不足。传统的发达国家对外直接投资理论不适用于发展中国家的情况，无法解释中国企业的“走出去”，而传统的发展中国家对外直接投资理论又普遍从投资企业、投资国家的主观条件，如技术创新和投资周期等方面，进行理论解释，缺乏对客观经济条件如宏观金融因素变动的考虑，也基本无法解释金融危机条件下中国企业的对外直接投资。因此，中国学者针对中国情况、当前问题进行有的放矢的讨论，能够在理论上有所建树。

另一方面，研究新问题、新情况，并对最新理论进行总结，可以从一定高度指导中国企业在未来更好地开展海外投资业务，实现全球化经营，同时也能够为国家经济建设提供合理建议，促进“走出去”战略更加有效地实施。作为一个发展中国家，中国的国内企业，无论是国有企业还是民营企业，都或多或少有着国际化经营经验不足、国际风险控制类人才储备不充分等类似问题。在面临金融风险时，企业往往付出不必要的成本，遭遇巨大损失。为解决这一问题，既需要企业自身加强实力，又需要学术界的智力支持，以及来自国家的适度引导、鼓励。

国际直接投资的经典理论中有许多涉及宏观金融与贸易条件等

因素的探讨。虽然这些探讨没有直接指出金融危机与对外直接投资的联系，但由于其明示了可能影响跨国投资多样化的因素，也就间接指示出金融危机影响对外直接投资的途径，因此对后来的研究具有指示作用。2008 年次贷危机之前中国国内对国际直接投资的研究也具有同样的意义。而到次贷危机逐渐演化为全球性金融危机之后，国内专门针对金融危机和对外直接投资的论题就涌现得更多。其中既有基于传统理论的分析与探讨，又有基于最新统计数字的实证研究；既有从宏观的国家层面对金融危机下汇率、国家经济政策影响直接投资的考察，又有从企业角度出发，力图为企业出谋划策的应用性分析。

本文希望通过文献综述，使目前国内对该问题研究的理论与实践意义更充分地实现。

2. 对外直接投资的概念与分类

在此需要说明，本文所讨论的对外直接投资概念，又可以被称为国际直接投资、外国直接投资。在指代对象明确的情况下，也可以简称为直接投资或对外投资。对外直接投资是国际投资的主要形式之一。如果按照投资的性质来对国际投资分类，也就是考虑投资主体是否拥有对海外企业实际经营的有效控制权，那么国际投资可以被划分为对外直接投资和对外间接投资两种主要形式。按国际货币基金组织的定义，对外直接投资是指“投资者获取所在国境外企业长期利益的投资活动，且投资者意图拥有对企业的经营管理权的有效控制”①。从定义可以看出，对外直接投资是投资者以拥有境外企业或控制境外企业经营管理权为直接目标，以获取长期利润为最终目的而进行的投资活动。由于涉及企业经营，直接投资不仅意味着资金的流动，而且包括人力资本、生产设备、专利技术、经营管理知识、信息等一系列生产要素从投资国特定产业部门向东道国相关产业部门的转移。通常而言，在直接投资中，投资国的自然人、法人或其他经济组织依照东道国的法律法规，在东道国单独出

① 杜奇华：《国际投资》，对外经济贸易大学出版社，2009，第 10 ~ 14 页。

资或与其他投资者共同出资创立新企业，或增加资本扩展原有企业，或并购当地现有企业以形成经营性资产，并按照东道国的有关法律法规和与其他投资者所签订的投资协议来获取该经营性资产的收益，承担其经营的风险和亏损。

与对外间接投资相比，对外直接投资有四大特征可以识别。首先，直接投资中投资者往往能够有效控制外国企业的经营管理权；其次，直接投资不仅涉及货币资本的移动，而且包括无形资产的输出；再次，直接投资获取的收益主要以企业利润的形式存在，而非债券利息和优先股股息等；最后，直接投资的风险通常更大，它与企业的具体经营项目更加紧密相关。在这四点之中，企业经营管理权是核心，后三个特征均在其基础上建立。

因此，为对外直接投资分类，就往往以经营管理权的获取方式为出发点。在这种分类标准下，对外直接投资主要划分为两种主要形式，分别是创建境外新企业（绿地投资）和并购境外既有企业；如果考虑海外盈利的利用方式，那么还有当地利润当地再投资这第三种形式。与经营管理权紧密相关的是企业的所有权。如果从企业的所有权角度出发，直接投资又可分为国际独资经营、国际合资经营与国际合作经营三种。直接投资还可以按投资的产业不同划分、按投资的主体不同划分、按投资者的融资方式不同划分等。

在此需要与对外直接投资相区分的是“非股权参与”这一概念。非股权参与是指跨国公司并不持有东道国境内企业的任何股份，而是通过提供技术、管理、品牌、销售渠道等直接关系到企业成功经营的无形资产与各种服务，来换取东道国企业某种程度的经营管理权，并从中获取相应的利润报酬，实现自身的经营目标。比如许可证贸易和特许经营，就是这一概念的典型代表。有些观点将非股权参与也视为对外直接投资方式的一种，与绿地投资、跨国并购并列，视其为企业获取境外企业控制权、获得经营利润的方式之一。如果说用无形资产、各种服务而非货币资本的投入来换取企业经营利润也属于投资活动，那么非股权参与也确实基本符合国际货币基金组织对直接投资所下的定义。但与一般的直接投资不同的是，非股权参与不涉及控股权，所涉及的合同关系往往期限较短，且投资者承担的境外经营风险更小，甚至往往不必动用投资者的资金，因而这一概念还是与其他的直接投资方式有实际意义上的不同。更重要的是，非股权参与方式更多取决于投资企业自身的生产、技术、管理优势等主观条件，而金融危机经由多种客观途径对直接投资产生的影响，与之联系不大。所以在本文中，我们不妨将非股权参与这一概念与对外直接投资区别开来，以展开更有针对性的讨论。当然，意图实现国际化经营、最终“走出去”的中国企业，还是可以考虑非股权参与这种进入海外市场的独特方式。

（二）对外直接投资经典理论概要

在国际直接投资研究领域内，虽然传统理论基本没有针对金融危机的直接讨论，也无法明确解释目前以中国为代表的发展中国家对外直接投资的情况，但其中涉及宏观经济条件，特别是金融、贸易与国家经济政策因素等方面的探讨，对于金融危机如何影响中国企业对外直接投资的研究，仍然具有宝贵的参考意义。本节将按所探讨的影响因素对文献分类，简要回顾国外经典直接投资理论中涉及利率、汇率、交易成本、国家政策等问题的论述，并通过理论回顾来探讨直接投资与贸易的关系。

1. 利率

揭开国际直接投资理论研究序幕的是爱沙尼亚经济学家纳克斯（Nurkse，1933）。在《资本流动的原因和效应》这篇1933年的论文中，纳克斯对产业资本在不同国家之间的流动进行了分析，提出了利率诱因理论。他指出，国际利差是导致资本进行跨国流动的诱因。由于各国国内的资本供求关系不同，形成的利率水平也往往不同。在资本供小于求的国家，借贷利率往往更高。而资本为追求更高回报，总是倾向于流向资本供小于求的国家，即从利率较低的国家流向利率较高的国家，由此便产生了跨境资本流动。随着资本流动改变供求的相对关系，国际利差情况将发生逆转，导致资本又向初始投资国回流。如此形成的动态平衡，使资本做循环往复的运动。

由于历史的局限，纳克斯在论文中并未明确区分国际直接投资和间接投资，而是基于借贷关系，以产业资本逐利的跨国流动来概括表述。然而，学术界依然认为他是国际直接投资研究的先驱。因为他在论文中主要分析的是产业资本流动，基本上与后来出现的国际直接投资概念具有相同的含义。同时，在他论文中所涉及的市场需求、生产活动、技术创新与利润等概念，都是后来研究国际直接投资时的要素。

纳克斯的研究结果实际上表明，产业资本跨国流动最直接的动机是追求更高的资本回报率，而回报率高低的表现在于利率的高低。由于可以将纳克斯的产业资本概念理解为直接投资资本，那么一个符合逻辑的推论就是，对外直接投资将在本国利率低于外国利率时发生，且与投资国利率成负相关，与东道国利率成正相关。然而国内外一些学者的实证研究已经反驳了这一观点。如著名的垄断优势理论的提出者海默（Hymer，1976），就对 20 世纪 50 年代的美国跨国企业进行了大量的实证分析。他发现，美国企业的对外直接投资对东道国与母国的利率差异并不敏感，且其中许多美国公司的海外投资资本都是通过在海外举债筹得的。这就意味着外国利率降低，反而有可能更加吸引对外直接投资。

实证研究提出了相反观点，这说明由于时代局限，纳克斯在 1933 年提出的利率诱因理论不能完美地解释关于直接投资的真实情况，存在一些缺陷。首先，他将产业资本的流动主因归结为利率差这一客观外部因素，而对产业资本的所有者——企业自身的主观条件，如经营能力、技术优势、规模经济优势等同样影响投资的重要因素强调得不够；其次，他默认产业资本追求利润，这一假设虽然符合现实，但忽略了企业多样化的其他直接投资目标，如技术创新、市场进入等，这些因素不能由资本回报率一概而论；再次，将产业资本的回报率等同于市场利率，将资本流动建立在市场内一般的借贷关系上，没有考虑到产业间、企业间的不同，一方面说明利率诱因论还不是纯粹意义上的对外直接投资理论，另一方面也说明该理论不适应复杂的现代情况；最后，纳克斯没有考虑产业资本的来源问题，也没有认识到具有不同企业性质的投资主体可能对利率变化有不一致的反应这一事实。

当然，在今天，关于纳克斯早在1933年提出的利率诱因理论，学术界可以很容易地指出许多问题。但无论如何，作为研究跨境资本流动和国际直接投资的学界先驱之一，纳克斯提出的利率与跨国资本流动相关理论，指明了利率这一宏观经济因素与跨国直接投资存在重要关系，对国际直接投资理论的贡献功不可没，也对研究金融危机影响企业对外直接投资有重要的指示意义。

2. 汇率

汇率对国际贸易及跨国投资的影响得到经济学家长期普遍的关注，一直是学术界研究的焦点问题。而在对外直接投资的理论研究领域，比较早地提出汇率相关理论的是美国经济学家阿利伯（Aliber，1970）。他的研究成果通常被称为通货区域优势理论，对有关学术研究的发展有重要的影响。由于在解释该理论时不能离开资本化率这一重要概念，所以有时该理论也被称为阿利伯的资本化率理论。

在1970年麻省理工学院出版社出版的《对外直接投资理论》一书中，阿利伯首次分析了汇率对跨国直接投资的影响。他认为，货币币值相对坚挺的国家往往倾向于对外直接投资。具体地说，阿利伯认为国际货币市场并不自由完善，而是根据币种不同被分割为不同的“通货区域”。其中，强势货币国际地位较高，币值稳定而倾向上升，弱势货币国际地位较低，币值不稳而在波动中倾向下降。而阿利伯将对外直接投资理解为一种资产在不同通货区域之间流动的现象，比如美国对日本进行直接投资，实质就是资本从“美元通货区域”流向“日元通货区域”。他认为直接投资资本总是从强势货币的通货区域流向弱势货币的通货区域。

不同货币的币值强弱不同，这就导致来自不同通货区域的企业在资产方面存在优势差异。根据阿利伯对现实情况的分析总结，一国货币的坚挺往往与较高的资本化率[①]相联系；反之，货币币值疲软则经常意味着资本化率较低。根据资本化率公式可知，在资产收益流量一定的情况下，更高的资本化率就意味着更高的资本价值；而在资本价值一定时，更高的资本化率就意味着更低的资产要求收益流量。因此，相比来自弱势通货区域的企业，来自币值强势区域的企业往往资产价值更高，融资成本更低。这就使企业产生了资产与融资方面的优势，称为“通货区域优势”。拥有了这种竞争上的优势，便更有利于企业在境外市场上投资。同时，强势货币币值较为稳定，对企业而言跨国经营的汇率风险更小，有利于对外投资。即使在母国货币溢价这种看似不利于企业对外投资的情况下，企业也可以借母国货币溢价而在东道国市场上获益，即在海外获得额外的购买力。这有利于企业提升自身的境外竞争力，对开展直接投资是一种鼓励。

一方面，与币值疲软的东道国国内企业相比，币值坚挺国家的企业拥有“通货区域优势”，有利于企业开展海外竞争；另一方面，来自强势通货区域的企业实际上也面临着一些压力，促使其进行对外直接投资。举例来说，当一国的货币汇率持续升值或被明显高估时，在国际市场上，该国可贸易商品的生产成本和销售价格也会上升或偏高，较其他国家同类产品的竞争力下降，非常不利于销售、出口。这种情况将刺激该国企业转移生产，进入汇率未升值，甚至币值被低估的国家。这一方面能促进企业的产品销售，另一方面也能抓住时机利用高估的母国货币购买东道国的生产资源，获取境外资产。

在阿利伯提出通货区域优势理论的那段时期，该理论可以较好地解释国际直接投资的现实情况，特别是美、德、日等国企业的海外投资发展。“二战”后形成了以美元为核心的布雷顿森林国际货币体系。美元至高的地位、坚挺的币值与当时美国旺盛的对外直接投资同时出现；之后，随着德国马克及日本日元的逐渐崛起，德日两

① 在此，资本化率公式为 $K=C/I$，K 为资本化率，C 为资产价格，I 为资产收益流量。

国资本开始对外投资；而到了20世纪70年代初到80年代初，特别是1973年布雷顿森林体系由于制度内在的矛盾性、愈演愈烈的美元危机以及美国经济的严重问题而解体后，美元作为世界货币的地位受到重大打击，欧洲各发达国家货币地位逐渐上升，随之而来的就是欧洲公司大量进入美国，开展对美直接投资。这些都基本能够由阿利伯的理论解释。甚至直到今天，通货区域优势理论还依然得到一些引用。单就国内而言，陈阳等（2004）的实证研究、谢皓等（2007）的规范研究等都依然认可三十多年前提出的这一理论。

当然，由于时代局限，通货区域优势理论也必然存在一些不足。一方面，这一理论不能解释当今在世界范围内广泛出现的双向投资现象。因为按照阿利伯的结论，对外直接投资在一段时期内只能从一个通货区域流向另一个，反向的流动不能同时出现。另一方面，通货区域理论也不能解释来自弱势货币区域的许多企业也开展对外直接投资的情况。如果说该理论还有其他的主要缺陷，那就是它关于世界货币市场被分割的基本假设有可能在未来不复存在。随着国际金融市场的不断发展，国际通货的未来难以预测。如果某一天“货币一体化”在世界范围内实现，那么相互独立、相互分割的通货区域将会消失。届时，通货区域优势理论也就完全失去了应用能力。

当然，从学术发展的角度来看，阿利伯的通货区域优势理论较早地在对外直接投资研究领域指出了汇率的影响，功不可没。对于研究金融危机影响对外直接投资的课题，该理论有重要意义。

3. 交易的成本

金融危机影响对外直接投资，不仅有利率、汇率等金融系统途径，市场交易成本变化、国家经济政策变动等其他因素，也是影响国际直接投资的重要方面。比如，在金融危机中，许多国家都会采取贸易壁垒性质的保护性经济政策，以图维护本国产业。但这些政策往往增加了交易的成本、阻碍，使得市场不完全的问题更加明显，进而影响跨国投资。研究金融危机下的对外直接投资，必须关注市场交易成本问题。

关于交易成本变化影响对外直接投资的研究，内部化理论是较为知名的理论之一。该理论说明，降低或避免市场交易的成本是企业对外投资的直接目的，即动因。虽然内部化理论到20世纪70年代才形成，但早在20世纪30年代英国经济学家科斯①（Coase，1937）就已经提出了“内部化”这一概念。科斯认为，市场上的行为往往存在各种成本和风险。企业在外部市场上进行贸易活动，必须支付交易成本，承担交易风险。而为了避免或降低企业在市场活动中必须面对的成本和风险，企业可以将外部市场“内部化”，即通过机构横向和纵向的扩张，实现由企业自己组织原先完全依赖市场的交易活动。科斯认为，这种以企业计划代替外部市场的行为，对企业而言通常是一种效率较高的生产方式。当内部组织交易活动的成本足够低，以至低于市场交易的一般成本时，企业就会实行内部化交易。在企业内部对交易活动的组织管理可以比国际市场“看不见的手”的组织效率更高、成本更低，这就是科斯的内部化思想。

20世纪70年代，一些西方学者尝试进一步发展科斯的思想，将其引入当时的对外直接投资研究中，建立新的投资理论。由巴克莱（Buckley）及卡森（Casson，1976）提出的内部化理论，就将科斯的市场交易成本思想融入进去。内部化理论以市场不完全为基本假设之一。与科斯的观点相同，这一假设的体现之一就是跨国贸易活动存在着种种成本、风险和障碍。巴克莱和卡森认为，由于市场不完全，特别是生产要素市场不完全，如果把企业生产所需的各项资源完全交由市场来组织配置，则无法保证企业利润最大化，且交易往往会遇到阻碍，增加不必要的成本。特别是技术、信息、原材料等要素在市场上的交易，不仅可能高于在企业内部进行交易的成本，有时甚至难以保证交易正常进行或按企业的利益进行。反之，在进行交易时，更多地在企业内部而非依赖市场来配置各项要素，企业才更有可能降低交易成本，同时对交易的正常运行将更有把握。因此，把低效的外部市场内部化，以高效的内部市场取代外部市场，

① R. H. Coase，1937，“The Nature of the Firm”，*Economica*，Volume 4，Issue 16，pp. 386 – 405.

以企业内部的管理机制替代市场机制行使配置职能，可以降低企业的生产和交易成本。而为了建立内部化的国际市场，就需要对外直接投资、建立跨国公司。

通过讨论交易的障碍问题，内部化理论实际上已指出了贸易问题也可能对投资产生影响。虽然这一理论的提出主要是针对发达国家情况，但单就贸易问题而言，它说明了发展中国家企业开展对外直接投资的一个原因，即内部化可以避免贸易壁垒带给产品出口的额外成本。这在一定程度上能够用于解释金融危机下中国的对外直接投资发展。

在贸易的影响问题上，美国经济学家希尔施（Hirsch，1976）针对国际贸易的成本与直接投资二者的相互关系所做的研究佐证了内部化理论的观点。类似巴克莱和卡森，希尔施也以企业的贸易存在成本作为基本假设。研究认为，企业在进入海外市场时，通常会在出口贸易和直接投资两种方式之中选择一种。于是希尔施建立了企业出口贸易模式与投资模式的比较模型，通过数量研究方法来分析企业进入海外市场的决策。在考虑了国内外生产成本、出口销售成本、运输成本、知识资产泄露成本等一系列变量后，希尔施得出了结论。他认为，当企业的国内生产成本与出口贸易成本之和既大于国外生产成本与国外经验成本之和，又大于国外生产成本与技术丧失成本之和时，企业就应选择对外直接投资、建设海外分支。这样能够获得比出口销售模式更大的利润。反之，则应放弃对外直接投资。希尔施的研究以量化方式，较好地细化、补充了内部化理论的观点。

当然，内部化理论虽然指出了对外直接投资与交易成本的相关关系，但也难免存在一些缺陷。首先，内部化理论虽然指出了对外直接投资的一个重要原因，但难以解释投资流向的选择，更不能用于分析投资的地理分布、区域特征；其次，它着重强调了市场不完全对于对外直接投资的鼓励作用，而没有强调其也有消极的一面；最后，内部化理论过于强调成本与利润关系，在一定程度上忽略了产品创新、技术进步以及非生产要素等多元化的因素对跨国公司对外直接投资也有巨大影响。

4. 政策因素等

内部化理论认为跨境交易中存在的较高成本会导致对外直接投资，但却没有强调，许多跨境交易的成本与障碍，如贸易壁垒，实际上都源于国家政策。谈及政策或是政府因素与跨国公司、直接投资的紧密关系，就不能不提邓宁（Dunning，1981）的国际生产折衷理论。由于折衷理论在解释对外直接投资时总结了许多经典的研究，考虑了大量的相关因素，所以在分析金融危机影响中国企业对外直接投资问题时，折衷理论能为我们带来的启发远不止政策因素这一个方面。只是由于这一理论的许多方面与前文所述的其他经典理论的观点比较重复，所以在此只简要叙述邓宁理论中涉及政策的部分。

在提出国际生产折衷理论之前，邓宁首先总结了之前的投资方面的主流研究。他认为，当时的对外直接投资研究领域仍然缺乏一个理论，能将企业竞争优势、国际贸易问题与投资区位选择等因素综合起来考量。于是，他提出的国际生产折衷理论就总结、综合了前期主流研究的成果，力图更加全面准确地解释对外直接投资和国际生产活动。邓宁这一理论的核心是“三优势模型”。具体而言，他指出，企业进行对外直接投资的动力和能力，取决于三方面，即所有权优势、内部化优势与区位优势。三者不分主次，共同构成了企业对外直接投资的充分必要条件。其中，所有权优势是指一家企业所拥有的竞争优势，如设备、技术、商标、创新能力、所持货币等；而内部化优势同内部化理论所述概念一致，指企业通过内部化交易自身的所有权优势而获得的盈利能力；而区位优势则是针对潜在的投资东道国，指可供投资的国家或地区所拥有的自然条件、经济发展水平、产业结构以及国家制度和政策等。

在分析内部化优势时，邓宁采纳了市场不完全这一内部化理论的基本假设，并将其划分为两种情况，即结构性的市场不完全和自然性的市场不完全。政府干预，比如贸易壁垒，会造成结构性的市场不完全；而自然性的市场不完全，则特指市场本身由于信息不对称而导致的种种问题。邓宁认为，无论市场是结构性的还是自然性的不完全，只要企业依赖外部市场组织交易，其自身的所有权优势就有可能因为市场的缺陷而丧失。为了在国际市场继续保有自身独特的竞争力，企业必须对外直接投资，建立国外子公司，再将自己所拥有的各种资产向海外子公司转移，以打入海外市场。这种内部化的交易，可以比将自身优势转移给其他企业的做法获得更多利益。

邓宁的分析实际上表明，他认为政策性因素在造成市场不完全方面，与市场本身的缺陷一样影响重大。因而政策性因素也像“不完全性”这一不可克服的市场特性一样，对投资有显著的作用力。在分析区位优势对投资的影响时，邓宁明确指出，政策性因素必定会影响直接投资的流向选择。东道国的贸易壁垒以及政府对待外国投资的态度等问题，都会影响投资者的经营成本、生产活动。

虽然同其他的经典理论一样，邓宁的国际生产折衷理论也主要以发达国家的跨国企业为研究对象，但这一理论关于贸易壁垒的分析，也许可以部分解释中国跨国企业的对外直接投资行为。金融危机下一些国家的产业保护性政策，很可能是导致中国企业直接投资的原因。关于中国企业相关问题的研究，应该考虑折衷理论的观点。

另外，在探讨区位优势时，邓宁提到了东道国的经济发展水平、产业结构特征与跨国企业生产和销售的联系。但由于相关因素在小岛清的直接投资理论中也得到了充分讨论，且更具启发性，因而具体内容将在下面说明。

5. 对外直接投资对贸易的影响

本文主要探讨金融危机如何影响中国对外直接投资。由于贸易是金融危机作用于投资的重要途径之一，所以在此应该集中讨论贸易对投资的影响。然而，由于对外直接投资对贸易的反作用同样不可忽视，而这种显著的作用力很可能会影响国家经济政策制定者对外国直接投资所采取的态度、制定的政策，进而反过来影响投资。因此，在前文已经提及贸易对投资作用力的情况下，有必要再在本文中借小岛清的投资理论，简单介绍对外直接投资对贸易的影响力。小岛清的投资理论讲到了贸易方面的比较成本概念，说明东道国不同的经济发展情况和投资不同产业的分布情况可能使直接投资造成不同的贸易结果。这将帮助我们进一步认识投资与贸易两者关系的紧密程度，并有助于我们理解并研究相关经济政策的制定。

在经典理论中，由日本学者小岛清（Kiyoshi Kojima，1978）提出的对外直接投资理论对贸易与投资关系进行了较为深入的分析。因为小岛清对直接投资的解释基于不同产业的国别优势，所以他的对外直接投资理论常被称为产业选择理论、边际产业扩张理论或契合比较优势理论。在这一理论中，小岛清指出贸易壁垒可能诱使企业进行对外投资。这点基本与内部化理论观点一致。不仅如此，他还进一步指出，贸易与投资的影响是双向的，投资也能够影响贸易。按投资的结果分类，对外直接投资存在不同类型，一些可能有创造贸易的效应，另一些可能有替代贸易的效应。这一结论对研究金融危机下的对外直接投资具有一定的启发性。

具体地讲，小岛清的这一理论专门对企业对外投资的动机做了深入分析。他发现，企业的对外直接投资存在多种动机，包括自然资源导向、劳动力导向、国际化导向及市场导向等。而在市场导向这一动机下，企业进行对外直接投资，或是为了绕过东道国的贸易壁垒，或是为了抢占国际市场。但这些以市场为导向的对外投资，其结果往往导致投资国与东道国之间贸易量的下降，即形成一种“贸易替代型”的投资。小岛清认为，贸易替代型与贸易创造型两种直接投资之间有显著的区别。

以美国和日本为例。小岛清在研究中发现，美国的对外直接投资就往往以市场为导向，其投资主体多是制造业企业。这些进行对外投资的企业，本身通常拥有制造方面的技术垄断，是美国比较优势的所在。然而，当企业向海外投资时，就会将自身的制造优势转移向东道国，使得美国与东道国之间的比较成本差距缩小。随着美国企业对一个产业投资的增加，东道国对该产业美国产品的需求将下降，因而减少进口，甚至不再进口。这就形成了贸易替代型的投资。投资会替代贸易，这实际上也是小岛清提出契合比较优势理论之前学术界的主流观点。小岛清认为，欧美发达国家之间的直接投资多是由贸易壁垒引起的，因此往往是这类市场导向的投资，其结果总是造成对贸易的替代，很难产生经济效益，不会为投资国和东道国整体增加新的福利。但日本的情况与之相反。小岛清指出，日本的对外直接投资多是自然资源导向型及劳动力导向型，选择投资的东道国往往是发展中国家，选择投资的行业也与欧美对外投资完全不同，通常是日本已经或即将处于比较劣势的产业，即外国具有比较优势的产业。因此，这种类型的直接投资会促进东道国的比较优势增加，进一步扩大两国间比较成本的差距，增加东道国向日本的产品出口，因而是贸易创造型的投资。

直接投资能够使东道国扩大出口，而来自日本的同类产品出口竞争力却随之下降。小岛清指出，这种看似并不利于日本自身的对外投资，在增加了东道国福利的同时，也使日本获益匪浅。它一方面充分利用了东道国不可再生的资源以及日本国内难以提供的大量劳动力，另一方面也使东道国收入上升后增加对日本高利润产品的进口。这种贸易创造型的对外直接投资在20世纪50年代至80年代的日本占据主流。从实际情况来看，针对自身比较劣势的投资确实增加了日本国内的福利。

小岛清提出的契合比较优势理论，主要基于日本在第二次世界大战后至20世纪70年代中期的情况，就其他国家、其他历史时期的对外直接投资情况解释能力不足，许多观点不具有普适性。但是，小岛清比较早地将国际贸易与国际投资理论在比较成本的基础上结合了起来，指出了贸易与直接投资相互作用的复杂性，强调了投资分布在不同产业能带来不同影响这一之前鲜被探讨的现象。因此，对于研究金融危机如何由贸易途径影响投资，以及投资对贸易的作用力如何影响国家经济政策的制定，进而影响直接投资本身，契合比较优势理论还是具有一定的启示意义。

二　国内关于对外直接投资的新研究

经典理论指出的对外直接投资各项宏观影响因素中，不乏与金融危机相联系的内容。这些理论为研究金融危机与宏观金融风险对直接投资的可能影响提供了宝贵的参考。而在既有理论的基础上，中国学者也对金融、贸易等相关条件的改变如何影响对外直接投资进行了大量分析。

在2007年前，国内就已有许多关于直接投资的论述。其中特别是针对汇率变化、贸易壁垒及东道国经济政策等因素的论述，对危机后的研究具有与经典理论等同的参考与指示意义。2007年次贷危机爆发，并逐渐向外传导，演化为全球性金融危机。在此之后，国内的理论研究对金融危机与直接投资关系的论题就探讨得更加直接和具体，从多种角度对危机影响中国对外直接投资进行了研究。本章将重点回顾国内学者针对金融危机做的一系列总结、分析、预测，以及学者提出的企业与国家层面的可实践建议。

（一）2007年前国内的相关论述

2007年前国内关于直接投资的论述，为我国投资理论的发展做出了重要贡献。当然，由于这些论述出现在美国次贷危机发生和扩大之前，所以其中能够比较直接地与金融危机影响对外直接投资产生联系，因而能明确指导危机后相关理论工作的研究仅占一部分。本节对这些文献择要回顾，整理出了一些具有代表性的研究成果。

1. 汇率

汇率对于跨国公司经营与国际贸易的影响力不可忽视，同时它也是对外直接投资研究领域的焦点问题之一。针对汇率这一重要的宏观金融条件对中国企业开展对外直接投资的可能影响，项本武（2005）利用了计量手段进行研究。他的实证研究以2000～2001年为样本期，以中国制造业和服务业对49个东道国的直接投资流量为因变量，选取了包括东道国汇率在内的一系列对外直接投资的宏观条件作为解释变量，构建了面板数据并建立了模型，进行回归分析。回归的检验结果表明，东道国的汇率水平与中国对外直接投资呈现显著的负相关关系，符合阿利伯的通货区域优势理论关于汇率的经典论述。也就是说，在东道国货币币值相对人民币币值升水时，中国企业的对外直接投资倾向减少；反之，人民币相对外币升水，往往伴随着中国企业对外直接投资的增加。

但与项本武（2005）的结论相反，张新乐等（2007）更新的研究结果显示，中国的现实情况与阿利伯通货区域优势理论的描述不符。张新乐等选用了 2003～2007 年中国对 51 个投资东道国的对外直接投资数据构建面板，进行了数量化的实证分析。他们的研究发现，东道国货币的汇率水平与中国对其直接投资的流量呈显著的正相关关系。这表明，东道国货币的币值相对人民币上升，会使中国对其直接投资上升。张新乐等尝试对此提出解释。他们推测，这种与先前的实证研究结果相悖的结论，一方面体现出在这一历史阶段的中国对外直接投资发展不足，投资行为不成熟；另一方面也可能是由于中国国情与西方不同，比如某些对外直接投资具备援外性质，并不会充分考虑经济因素。另外，他们认为，这种独特情况的出现也可能是由于中国投资企业的战略取向往往是占领东道国市场，较强的东道国货币意味着东道国消费者拥有更强的购买力。同时，市场上也有一些中国企业希望通过对外直接投资转移风险，而这类直接投资一般都会倾向于货币币值比较坚挺的国家。

张新乐与项本武的实证研究结果看似矛盾，但事实上，由于选取的样本期并不相同，不同研究对中国企业对外直接投资的实际情况得出不同结论是可以理解的。这种研究结论上的“矛盾”其实充分说明了汇率与直接投资关系的复杂性，以及学者进一步对其加以探讨的潜在空间。项本武（2004）在对汇率问题的实证研究综述中证明，关于投资国与东道国之间汇率的相对变动对直接投资的作用情况，西方学者所做的大量研究得出了各式各样的结论。这说明，汇率与直接投资之间复杂的相关关系，不能简单地以“正”“负”表示，还需要结合产业特征、区位分布等许多其他因素来综合考虑，具体问题具体分析。

2. 贸易壁垒

金融危机下，受危机冲击的各国经常会采取各式各样的经济与政治措施，或明显或隐蔽，来限制本国进口，以保护国内企业的市场占有率。贸易壁垒实质上应是从属于经济政策因素的一部分。然而，由于贸易壁垒作为保护性经济政策中最为常见且具有重大影响的措施之一，并且在国内外学者的研究中普遍得到特别的关注和论述，所以在此将其从政策因素中提取出来，给予专门说明。

针对贸易壁垒影响直接投资的问题，张为付等（2007）从国际分工和国际贸易的角度出发，对中国当时的现实情况进行了分析。他们认为，中国企业的对外直接投资具有较强的贸易壁垒规避特征，以市场导向型为主，而技术导向型不足。他们总结了1990~2005年的中国对外直接投资年度总流量与增速，以及截至2005年末中国对外直接投资存量的洲区位分布、国家（地区）区位分布和行业分布数据。基于这些数据，他们指出，中国企业对外直接投资的动机与模式基本可按邓宁的国际生产折衷理论所进行的分类，分为四种基本类型，即市场导向型、资源导向型、效率导向型和战略资源导向型。而在这几类之中，规避贸易壁垒的市场导向型所占比重较大。张为付等指出，虽然也存在一些中国国内的制造业领军品牌向欧美投资，寻求利用当地的技术禀赋和人力资源等，但是从整体上看，更多企业对外投资是出于技术以外的原因。

如果认同张为付等的这一研究结论，并结合小岛清的契合比较优势理论关于投资动机的基本观点，即以规避贸易壁垒为目的的市场导向型投资会替代两国间贸易，那么一个看似合理的推论就是，中国与投资东道国之间的贸易量将与中国对外直接投资流量呈负相关关系。然而，同时期的情况显然并非如此。事实上，上文已经提到过的项本武（2005）的实证研究，也就贸易流量与直接投资的关系进行了量化分析。结果显示，中国企业对外直接投资与中国对投资东道国的出口水平呈显著正相关。将张为付等的结论与之结合，这似乎又暗示中国企业市场导向型的投资与贸易能相互促进。

这种研究之间的“矛盾”，其实能够理解。一个可能的解释是，处于张为付等研究样本期内的中国，在国际分工中最主要的比较优势或者说要素禀赋优势，是充裕、廉价的劳动力和丰富的自然资源等难以跨国流动的要素。这些生产上的优势既然很难跨境流动，也就不会因企业规避贸易壁垒的对外投资而减小、消失。而小岛清所研究的欧美企业市场导向型的投资，却往往在企业内部将投资国非常重要的比较优势，如技术、管理、信息等生产要素转移向东道国，使两国间比较成本差距缩小而产生贸易替代效应。中外学者研究对象的情况不同，得出相异的结论也就可以理解。而本文所提到的“合理推论”，实际上是把问题过分地简单化，忽略了理论的应用前提和具体的研究对象。而这也再一次说明了直接投资与贸易之间关系的复杂性，以及这一课题继续研究的潜在空间。在金融危机下，一国是否可采取某些对待外资的特别措施以实现贸易政策目标，或采取某些对待进出口的特别措施以实现引导投资的政策目标，这些都值得学者与相关决策部门考虑。

3. 政策因素等

受金融危机冲击、陷入经济困境的国家往往不仅采取贸易壁垒措施，还会推出一系列、全方位的经济政策和法规，以期保护国内产业、推动经济复苏。这些政策因素对投资能产生直接或间接的影响，其作用持续的时间往往不长，但却关乎跨国企业的盈亏乃至存亡，绝对不容忽视。

关于政策因素影响对外直接投资的情况，在次贷危机之前国内学者就早有研究和论述。其中，鲁明泓（2000）的论著是论述比较充分、具有一定代表性的文献之一。鲁明泓以当时既有的国际直接投资区位理论为研究基础，搜集、选用了全球110多个国家的相关数据，考察了30多个可能影响对外直接投资区位分布的定性、定量因素。经过全面而细致的实证研究，鲁明泓得出了结论。他认为，制度因素是影响直接投资区位选择的重要变量。这说明政府对于直接投资具有显著的干预能力。当然，如果进一步细化，这里所说的制度因素是指贸易壁垒措施、政府对待外资的态度以及政府间双边投资保护协定等多项要素。鲁明泓当时的研究结果显示，对外直接投资一般趋于流向那些对外开放度更高、贸易壁垒更低，且与投资国签署过双边投资保护条约的国家或地区。

在鲁明泓的研究中提到的政府对外资的态度以及政府间双边投

资保护协定，与跨国公司的国际化经营、直接投资的成本与收益直接相关，重要性不言而喻。同时，值得注意的是，这一研究指出贸易壁垒低的国家或地区更能够吸引投资，表明贸易壁垒可能不是引发直接投资的主要原因。这种与内部化理论、国际生产折衷理论等经典观点对直接投资的解释不甚相符的结论，也证明了政策因素对投资作用的复杂性和可探讨性。

（二）2007 年后国内的相关论述

总的来说，2007 年以前国内关于对外直接投资的学术研究远远不止于上述，涉及的宏微观经济、政治因素也远不限于此。上文择要选取的文献仅是其中的一些代表，要全面总结还需占用大量篇幅。然而，由于在 2007 年后国内涌现了更多紧密贴合金融危机课题的对外直接投资研究，就相关因素论述得也更为具体而充分，所以本文将国内理论综述的重点放在 2007 年后的文献上。同时，因为文献众多，且同一篇文献往往就涉及多种投资影响因素，所以本节将不再按照讨论的影响因素来对文献分类综述，而是基于金融危机下直接投资的发展大势与趋势预测，金融危机带给中国企业对外直接投资的机遇、收益、成本、风险，再通过国内学者提出的企业与国家层面的建议，来全面地回顾国内最新研究。

1. 危机下对外直接投资动向分析与趋势预测

要对中国企业的对外直接投资进行研究，首先需要建立全球视野。针对直接投资在全球范围内的总体发展趋势，一些国内学者进行了研究，并在此基础上，探讨了中国对外直接投资的增长情况。王维等（2009）就对金融危机后投资领域的新情况做了及时总结。他们指出，在金融危机下，包括中国在内的新兴市场国家正在加速进行对外直接投资，表现出“逆势增长”的趋势。一方面，金融危机使全球范围的国际直接投资总体规模萎缩；另一方面，新兴市场国家，特别是中国、印度等的对外直接投资逆危机之势上涨。王维等认为，金融危机重挫了欧美发达国家经济，各行业重组开始进行，西方国家的跨国公司纷纷收缩全球战线，着手全球战略调整。这给受金融危机冲击较小的新兴市场国家企业一个好机会，收购廉价优质资产，同时扩大海外市场份额。单就中国企业而言，以资源及市场为导向的对外直接投资日益突出，在金融危机的阴霾下表现得引人注目。然而王维等人也表示，在未来，高新技术产业及现代服务业将成为对外直接投资的集中分布行业。

王维等人的研究指出，全球金融危机极大地冲击了发达国家跨国公司，是发展中国家企业开展海外投资的好机会。但随后也有一些研究显示，自2007年危机以来，虽然中、印等国对外直接投资趋于活跃，但全球范围内发达国家主导直接投资的格局还未发生根本改变；新兴市场国家企业引导全球投资尚需时日。程伟力等（2010）就分析了当时全球的国际直接投资总体特点。研究承认，从直接投资的总量上看，发达国家企业依然在对外直接投资领域处在领先地位，占据全球直接投资的主要份额。特别是在发达国家之间，依然保有规模可观的相互直接投资。但是，从增量和发展速度来观察，以中国、印度为代表的新兴市场国家有机会改变局面。稍后的研究也支持了这一积极的观点。毕吉耀等（2011）基于中国对外直接投资统计数据的分析指出，在金融危机之后，中国对外直接投资已开始进入快速发展阶段。研究援引的数据显示，2009年，在金融危机导致全球跨国资本流动大幅度萎缩的情况下，我国对外直接投资仍然持续增长，继续稳居发展中国家首位。同时，我国对外直接投资不但规模扩大，投资的主体也更加多元化，投资领域也正变得更加广泛。毕吉耀等认为，国际金融危机，以及危机所促发的国际产业结构调整，是我国企业“走出去”难得的机遇。在“十二五”期间，中国企业“走出去”可以实现跨越式发展，因此有必要采取措施鼓励企业开展对外直接投资。研究还特别引用联合国贸发会议2010年的《世界投资报告》，预测中国有望在不远的将来成为全球仅次于美国的第二大对外直接投资大国。

刘宏等（2012）也尝试指出宏观上的新趋势。他们认为，危机后中国企业对外投资规模高速增长，虽然投资的领域仍然以能源资源业为主，投资的主体仍然以央企等国有企业为主，但是同时，我国的对外投资方式开始呈现多元化的特征，跨国并购模式开始和绿地投资模式并行发展。王习农（2012）则在文章中指出，发展中国家和新兴经济体日益成为重要的直接投资来源地。中国、印度、俄罗斯等，将成为金融危机后一段时期内最具增长潜力的对外投资国。但与之前的研究不同的是，王习农援引的联合国贸发会议《2011 年全球直接投资回顾与 2012 年展望》的报告显示，尽管全球经济持续动荡，但 2011 年全球 FDI 仍实现了 17% 的正向增长，达 1.5 万亿美元，超过危机前三年的平均水平，全球的直接投资正出现复苏迹象。至于微观层面的发展趋势，黄益平（2012）做了分析，研究以对外直接投资的生命周期假设在现实中成立为前提，预测我国中小企业将在下一个阶段大规模地“走出去”。

至于金融危机下中国企业对外直接投资为何能保持“逆势增长”，李国（2010）进行了原因分析。他认为，可能的解释包含两个主要原因。第一，是金融危机导致海外企业大量、低价出售无形与有形资产，为我国直接投资创造良好条件；第二，与内部化理论的思想类似，李国认为多国贸易保护主义复苏导致了中国企业规避壁垒式的对外直接投资。马光明（2011）在李国之后做了更加充分的论述。他认为，中国企业投资逆势增长原因众多，一是我国对外直接投资的重心并非受金融危机影响严重的地区；二是人民币汇率、外汇储备的变化为我国近期直接投资增长提供了动力和压力；三是 2008～2009 年的能源价格低位使得能源导向的对外直接投资迅速增加；四是贸易保护主义迫使我国贸易替代型对外直接投资被迫增长。另外，对亚非拉国家的经济援助项目，海外大幅度增加的基础设施建设支出，各国实行较为宽松的货币政策降低了企业融资成本，以及商务部在 2009 年为扩大直接投资所采取的一系列措施，包括《境外投资管理办法》的推出等，都可用来解释金融危机时期及之后我国对外直接投资的逆势增长。姚枝仲（2013）也从境外企业陷入困境、政府推出大量基建计划等方面总结了增长原因。在国内的研究中，这些观点具有一定代表性。下文将在探讨中国企业对外直接投资的机遇与收益时，对逆势增长原因问题做更详细的讨论。

与原因分析相比，认真考虑我国对外投资进一步增长所面临的问题实际更为重要。李国（2010）的研究就没有局限于探讨增长原因。他特别指出，我国对外直接投资持续增长，却没能避免地区分布、产业分布上的结构性问题。在区位方面，这些投资过于向发达国家集中，特别是美、加、澳等国，而对拉美、非洲的投资虽有增长却仍总体偏少；在产业分布方面，我国企业对外投资过于集中于工程、运输和能源资源行业，结构单一，咨询、银行、科研、电信等资本或技术密集型产业投资比例较小。

区位分布与产业分布是对外直接投资研究中的重要课题，涉及投资环境、投资决策多个方面，对企业经营有直接的现实意义。其中，特别针对投资区位选择问题，郑莹（2011）总结了危机爆发后截至2010年的中国对外直接投资增长状况，对危机前后中国对外直接投资的不同区位分布作了对比。她以2007年次贷危机爆发为界限，搜集了2003～2006年和2007～2010年两个样本期、70个国家和地区的信息，构建面板数据。借助引力模型，她对前后两个样本期分别做了量化分析，进行对比。对比结果显示：第一，无论是危机前还是危机后，东道国的对外开放水平[①]都一直是中国对外直接投资区位选择的主要影响因素，但危机后其对直接投资的吸引力相对变小；第二，政治风险因素在次贷危机前对中国对外直接投资区位选择有显著的影响，但在危机后其影响作用变得不再显著；第三，危机爆发后，中国对外直接投资比危机前更倾向于流向物价水平高的国家和地区；第四，危机前中国对外直接投资更倾向于流向GDP规模较小的经济体，而金融危机爆发后东道国GDP因素对中国对外直接投资流向的影响不再显著；第五，汇率与直接投资流量变化有计量意义上非常显著的相关关系，但其影响系数却稳定在极低水平，

① 郑莹：《金融危机对我国对外直接投资区位选择影响研究》，湖南大学硕士学位论文，2011。此处“对外开放水平”以商品和劳务出口总额占该国国民生产总值的比值作为指标来衡量，下文的“政治风险因素”选取了政府稳定性、国际争端、内部争端、腐败程度、军人在政治中的地位、宗教局势、法律制度、种族局势、民主程度以及政府效率等风险因素来综合计算各国政治风险得分。

所以无论在危机前后都几乎可以忽略不计。这又为汇率与直接投资关系的研究提供了一个新的观点，从侧面印证了项本武（2004）在综述中所证明的，汇率与投资关系的复杂性。

针对金融危机的爆发如何影响企业直接投资的区位选择这一课题，郑莹的分析充分利用了大量的统计数据和严谨的计量方法，论据不局限于案例、条款和局部数据，论证方法具有较强的说服力。这值得未来相关课题的研究借鉴。

2. 危机下中国对外直接投资的机遇、收益

金融危机席卷全球，这对国内企业开展跨国经营产生了复杂的影响。一批国内学者提出了危机的机遇论。他们认为此次危机对中国企业的负面影响不大。所以，在考虑危机冲击的同时，这些学者讨论了国内企业在危机后开展对外直接投资所拥有的优势与可能获得的收益。

汤敏（2007）是比较早地在文章中提到危机“机遇”的学者之一。他指出，次贷危机是对美国进行直接投资的好机会，因为危机导致美国市场低迷，一些资产以低价出售，适合投资。然而，如何实施投资，避免经济衰退初期市场前景不明朗带来的风险，还尚待研究。自然，汤敏的这一研究由于时间较早，并未考虑到次贷危机引发全球性金融危机后的情况。当美国次贷危机失控，逐渐向全球各大主要经济体蔓延时，他所说的直接投资“机遇”，其目标东道国就不再局限于美国。而随后学者所做的“危机机遇”论述，也就不再专指对美投资。

与汤敏观点类似，胡祖六（2008）认为，不论是从投资的环境还是从投资的时机来说，此次金融危机都给中国提供了一个千载难逢的机会。面对全球流动性干枯、信用紧缩，有很多较有远见、管理较好、盈利也比较稳健的公司，特别是高科技企业，其资产估值处于历史低值，值得投资。他认为，对于经济比较稳定的国家和资本比较雄厚、流动性比较充足的企业而言，金融危机是前所未有的机会。他呼吁中国企业审慎而积极地“走出去”。而王鑫超（2010）也认为金融危机是难得的历史机遇。国内企业可以通过收购国外优

质的企业资产，实现“走出去”。全球金融危机和经济普遍低迷导致众多发达国家的跨国公司陷入经营困境，不仅盈利下降，还遇到融资困难，甚至被迫出售名下资产。此时如果实现成功收购，中国企业就能够获取大量的海外优质资产，如先进技术、设备以及知名品牌等。另外，王宏纲（2010）的研究指出，中国企业在对外投资时不但遇到海外资产被低估这一机会，还有人民币升水带来的额外购买力。金融危机严重冲击了美国经济，使美元对人民币保持贬值趋势，降低了中国企业对外直接投资的资本成本。在国家政策的鼓励下，中国企业应当以对外直接投资来高效利用我国雄厚的外汇储备，避免美元贬值带来不必要的损失。关于人民币升值是否有利于中国企业对外直接投资，潘益兴（2010）的实证研究支持阿利伯通货区域优势理论的观点。他认为，升值的人民币为企业带来更强的国际购买力，增强了我国对外投资的资本优势。

国内学者不但关注金融危机对外部经济运行的影响，也认识到必须考虑危机对中国企业本身的影响程度。通过分析金融危机正、负两面效应的传导机制，仲鑫等（2009）指出金融危机对投资的影响是间接的，对中国企业已有的对外直接投资的消极影响有限。同时，危机时期我国企业有开展直接投资的必要性和可行性。首先，由于发达国家消费下滑和贸易保护主义复苏，一些企业需要以直接投资代替疲软的产品出口；其次，在危机下，世界各大主要经济体降低利率，使得我国企业对外直接投资的融资成本相对降低；最后，危机国家的政府普遍推出大规模经济刺激、财政扩张计划，其中大量的基础设施建设项目如交通、建筑、仓储等，为我国企业进行对外直接投资提供了充分机会。

针对仲鑫提到的利率或是融资问题，一些国内学者在随后进行了论述。潘益兴（2010）关于中国企业对外直接投资发展的研究考察了多个投资影响因素，其中就包含贷款利率。他搜集了我国1984～2008年的相关数据，进行了回归分析。与海默的实证研究结论类似，该研究也说明了与纳克斯利率诱因理论观点相悖的情况。分析证实，中国企业的对外直接投资与中国国内一年期银行贷款基准利率呈显著正相关，即国内银行贷款利率的上调，往往伴随着企业对外直接投资的增加，而不是按照纳克斯理论的观点，在国内利率上升时对外直接投资减少。潘益兴对这种结论上的相悖提出的解释是，我国国内银行利率的上升将增加存款储蓄，从而能动用更大规模的资金支持中国对外投资企业开展跨国经营，这使得对外投资的流量上升；而外国企业并不依赖银行融资，所以对利率变动的反应与中国对外投资不同。暂且搁置对这一解释对错的讨论，潘益兴实际点到了融资模式这一非常现实的影响因素。基于不同融资方式的对外直接投资，可能在金融危机下受到不一样的影响。不同的直接投资方式是否应运用不同的融资模式，如何融资有助于降低投资成本、规避投资风险，若学界对这些议题做进一步的研究，必将更好地服务我国企业与“走出去”战略。另外，我国正处在利率市场化的重要进程中，利率、融资乃至整个金融系统的各个方面都存在值得探讨的新课题。国内金融市场的新变化很可能影响我国企业的跨国投资，这值得业界与学界分析、讨论。

以上提及的研究主要以金融危机造成的经济运行、企业经营等客观变化为切入点，探讨危机带来的机遇。而也有一些国内研究专门从受危机冲击国家的外资政策转变入手，指出危机中蕴涵的机会。梅新育（2008）撰文指出，金融危机时期是开展能源资源开发型直接投资的极佳时机。他认为，海外能源开发的最大障碍就是政治性风险。油气资源属于一国战略性资源，与此有关的跨国并购往往触动相关国家的敏感神经，在经济景气时面临政府的重重限制。然而，在危机之下，初级产品市场价格的下跌提高了海外投资者相对于东道国企业、政府的谈判地位，此时进行收购的政治性风险就比通常要小。只要我国企业资金充足，并事先做好调查，就应该在危机时大胆出手。王宏纲（2010）也认为危机下多国政府降低了外国资本进入该国市场的门槛。他指出，受危机冲击的国家流动性严重不足，面临企业大量倒闭、失业率大幅增加的问题。为了振兴经济，这些国家不得不把投资的大门向海外资本敞开，并以税收优惠政策、简化审批手续等各种方式，吸引外资。

正是因为拥有着资金充裕、收购对象价值低估、海外政策利好等客观优势，中国企业的对外直接投资才能够逆势增长。而一些国内学者从宏观角度研究了这种持续增长可能带来的收益。徐菲（2009）的文章指出，中国企业扩大对外直接投资能为我国产生三方面效益。其既有助于缓解以美元为主的巨额外汇储备的贬值压力，又能形成出口引致效应、稳定中国的外贸出口，同时还有助于调整国内产业结构、缓解国内就业压力。夏雨等（2011）的研究也持类似观点。他们指出，在全球金融危机之后，由危机本身和各国应对危机的政策所引起的一系列形势变化对中国经济的发展形成了阻碍，比如外需疲软、外汇储备贬值以及通胀压力等。研究认为，解决这些问题的关键在于促进产能和资金向国外转移，而这必然要求国内企业加强对外直接投资。通过投资，其一可以规避贸易保护主义，利用当地生产或第三国生产减少中外贸易顺差，改善贸易关系；其二可以获取国外先进的技术，服务于产业结构调整，改善中国企业的出口产品结构；其三可以合理利用外汇资金，缓解外汇储备贬值压力与国内通货膨胀压力。

然而，金融危机显然不可能仅仅为我国带来“机遇”与收益。全球金融危机大潮的影响非常复杂，其负面效应与正面影响掺杂在一起，必须加以识别。比如政策因素的变动，实际就并不简单。程伟力等（2010）的研究指出，发达国家对待外资的政策，在危机中既有放松，也有收紧。部分发达国家推出了一系列吸引外资的政策，比如法国政府推出了鼓励外国企业投资创新项目的政策，在2010年伦敦的全球投资大会上，英国政府代表也大力宣传吸引外资的优惠政策。但同时，以美国为首的一些发达国家，却又在金融危机时期连续推出针对某些外资投资的限制政策，增大了危机下我国企业对外直接投资的政治风险。刘恩专等（2013）的最新研究也强调了投资保护主义在欧美的复苏，具体内容将在下文进一步说明。

3. 危机下中国对外直接投资面临的成本、风险与问题

虽然金融危机被许多学者视为中国企业开展对外直接投资的机遇，依然有研究指出其中潜藏着不可忽视的成本和风险。另外，相关研究也明示了中国企业在力图抓住“机遇”时难以回避的短板，以及国家相关政策上的一些欠缺。这类强调危机负面冲击的研究有助于企业规避经营风险，避免不必要的成本，因而有着非常重要的现实意义。

上文已经提到，金融危机时期各国政府往往改变本国对待外资的政策。其既有可能实施吸引外资的措施以促进经济复苏，也有可能对某些外来投资采取更为排斥的态度。特别是一些发达国家，为了避免本国能源资源、技术专利等优质资产被他国趁机“抄底”，便在危机时期加大了对某些产业外资的限制力度。程伟力等（2010）的研究就特别指出了政策对投资的负面影响。他们认为，全球金融危机使得一些发达国家开始实施限制外资并购本国企业的政策。比如美国国会就在2007年通过了《外国投资与国家安全法》，旨在加强行政部门对外资在美收购企业活动的监督和控制。2008年4月，美国财政部又颁布了《关于外国人兼并、收购的条例》，更大幅度地加强了对外资收购美国实体产业活动的限制。作为美国历史上最严格的限制外资的法案，《条例》使得外国企业对美国实体产业的收购难度大大增加。与此同时，欧洲国家对于非欧盟国家的投资者，也普遍存在“歧视性”问题。2008年上半年，法国表态不会同意外资“恶意”并购法国大银行。这就给该国监管部门对外资的限制留下了足够的空间，在极大程度上阻止了具备资金实力的外国金融机构实现并购。

而刘恩专等（2013）也特别指出，在金融危机时期及之后一段时间，投资保护主义正在抬头。以美国为首的传统对外投资大国纷纷以保护“国家利益”“基本安全利益”为由，对外国投资者实施严格的审查与监管措施，从而在国家层面上阻止直接投资的进入。投资保护主义，尤其是那些在执行现有法律或规定过程中的“隐性”投资保护，已对中国的对外直接投资构成了威胁。中国正值对外直接投资发展的关键期，却因为金融危机的后续影响而面临着更为严苛的审查和投资保护壁垒。姜华欣（2013）则进一步指出，全球投资保护主义的复苏态势，不仅局限于欧美发达国家，在拉美、非洲等地区也广泛出现。比如，在部分拉美国家，出现了为限制外资而发起的国有化运动；而在非洲，一些国家开始对此前签订的外资开采合同进行重新谈判。

除了政策上的不利因素，我国企业对外直接投资还面临着众多其他困难。周科选（2010）的研究对此进行了多因素的总结。他认为，虽然危机后中国并购型的直接投资以及对资源性行业的直接投资迎来了增长新契机，但也面临着国际市场萎缩、劳资冲突加剧、现金流紧张以及汇率波动的风险。特别的，针对汇率问题，王宏纲（2010）的研究认为金融危机导致企业面临的汇率风险加大。而姜华欣（2013）则指出，我国企业当前的对外直接投资面临越来越大的不确定性风险。世界经济增长动力极度虚弱，美国经济可能重新陷入衰退，欧元区经济在继续萎缩，日本经济备受多方困扰，而新兴经济体也受到外需疲软的困扰。对于海外经济体的增长乏力，我国企业必须在开展投资活动之前予以认真考虑。

国内关于直接投资成本、风险与困难的研究，不但有针对海外这一方面的探讨，也有一些研究专门从中国自身情况与企业自身情况出发，对开展投资的主观限制进行了分析。通过及时总结金融危机的传导路径和中国对外投资的发展情况，胡彦涛（2009）认为，中国企业要抓住危机带来的机会，还存在四方面的欠缺，即风险评估能力不足、科技创新能力不足、对国外劳资关系的认知能力不足以及人才储备体系尚未建立。在梳理了金融危机后中国企业对外投资的增长路径后，李国（2010）的研究证明，虽然中国企业对外投资规模在金融危机中逆势上涨，却存在投资地域过于集中、投资产业过于单一的问题。从长远看，中国企业缺乏清晰的发展战略，缺少跨国经营人才。而针对国家层面的问题，该研究认为，中国的对外直接投资相关政策尚不健全，需要进一步建设，以促进对外投资。

而谢旭峰等（2010）的研究则指出，虽然全球金融危机使得海外投资成本不断降低，但海外投资的环境多变。中国企业力图对外投资，一方面要面临融资上的困难，另一方面也难以确定该对哪些海外产业展开投资。另外，危机后“中国制造”出口的相对疲软，也很可能限制了对外直接投资的进一步增长。上文已经提到过的潘益兴（2010）的实证研究认为，我国企业对外直接投资与出口具有显著的正相关关系，这表明出口与对外直接投资相互促进、互相依赖。而危机爆发使得贸易保护主义复苏、外需疲软，我国出口面临的困难也可能为对外投资活动带来一些困难。刘宏等（2012）也从宏观角度考察了我国现阶段对外直接投资的问题。根据他们的总结，主要问题可分为四大方面。第一是对外直接投资增速在近期回落，且整体规模仍滞后于国内经济发展水平；第二是所占全球份额有限，对外投资发展尚未实现质的飞跃；第三是我国对外直接投资绩效指数低，投资的国际影响力与我国经济规模在世界上的地位不匹配；第四是投资主体结构单一，且缺乏竞争力。

在选择开展投资的方式时，中国企业也面临难题。正如上文所述，开展国际直接投资的方式主要有两种，分别为绿地投资和跨国并购。一些国内学者按照投资方式的分类进行研究，希望说明对中国企业而言不同方式各自的利弊。通过对理论、案例及金融危机后美国产业状况的研究，徐丽萍（2009）认为跨国并购是金融危机时期中国企业实施海外直接投资较好的方式之一。但跨国并购却对于我国企业经营水平提出较高要求。一方面，跨国并购活动往往需要投资企业具备非常雄厚的资金储备；另一方面，并购活动需要企业拥有应对政治风险的实力，比如回应、解决东道国的行政干预问题。

4. 企业及国家层面的建议

针对全球金融危机期间及之后一段时期内中国开展对外直接投资的时机与方向，以及在投资过程中遇到的困难和问题，国内学者尝试着给出了一些企业与国家层面的建议。其中，企业层面的建议对跨国公司经营有着非常直接的意义。程伟力等（2010）基于我国直接投资现状与特点的研究，建议我国企业应当抓住危机后的有利时机，加快海外并购与投资的步伐，实现与并购所在国战略共赢。他们指出，我国企业应趁机扩大对发达国家的投资，获取先进技术。如英国的生命科学、金融服务和创意产业，挪威的石油产业、炼油设备制造业，瑞典的机械制造产业等都拥有国际领先技术，其所在国的投资保护主义和经济民族主义势力本身相对较弱，在危机之后又正在积极吸引外资，机不可失。我国企业通过并购，不但可以将自身的金融资产转变为更具价值的企业股权，还能够缩短我国和西方国家的技术水平差距。程伟利等指出，目前的机遇应及时把握，一旦经济开始复苏，发达国家海外并购的步伐将重新加快，一些国家也将加强对外资并购的限制。届时，我国企业“走出去”必将面临更大困难。

当然，也有学者强调，企业在计划开展对外投资时必须小心谨慎。谢旭峰（2010）的研究指出，我国企业应当适时把握投资时机，但也要冷静思考，分析自身所面临的、复杂多变的国际环境。王强（2010）基于中国对外直接投资现状的研究也建议，中国企业进行对外直接投资时不能盲目“抄底”，而要慎重考虑风险问题。同样，王雯雯（2010）发现，2007年之后的金融危机时期为中国对外投资提供了机遇，但中国企业匆忙的投资行动在一定程度上缺乏理性，不但丧失了一些机会，也出现了严重的投资失误。为避免类似情况再次发生，她建议企业、行业与政府三方面针对直接投资进行统筹规划，并且要对世界经济情况做长期跟踪。

次贷危机以来，我国对美直接投资实现了较大规模的增长，所谓的对美“逆向投资”问题得到了学者们的关注。一些研究专门针对我国企业对美投资提出了建议。当然，这些建议在某种程度上也可适用于对其他发达国家的直接投资。尹伊（2013）就特别探讨了我国企业在对美投资中出现的问题。他呼吁我国企业从战略层面认识对美国投资的意义，并选择合适的投资方式，多尝试运用中美合作的模式，并争取以自主技术创新带动投资。他还建议企业应加深对美国国内市场与政治环境的认识，熟悉其监管制度。类似的，杜琼等（2013）也专门针对中美双边投资做了分析。研究认为，美国正处在“再工业化”进程之中，是对其直接投资的良好时机。我国企业应加快现代企业制度建设，完善企业经营机制，增强企业的国际竞争力，更深入地了解美国政策法律，多管齐下克服对美直接投资遇到的阻力。

也有学者提出了更具普适性的意见。在回顾了我国企业“走出去”的现状及外国企业直接投资的经验教训后，易纲（2012）从相当的高度，为金融危机后中国企业“走出去”明确了几项原则。第一是企业“走出去”要遵循市场化原则，尊重市场规律；第二是产权归属要明晰，同时明确决策责任，建立有效的激励与约束机制；第三是“走出去”的项目应能够承担合理的融资成本；第四是要保障资金安全与合理的收益；第五是注意企业形象、社会责任和劳资关系等问题；第六是要注意地缘政治、政权变动、恐怖主义等安全问题。

以上研究的建议主要从大方向上出发，指明企业在投资中需要注意的重要因素或事项；而也有一些学者以更加贴近企业经营的角度，对直接投资的具体产业选择和区位选择提出了自己的看法。胡彦涛（2009）就进行了投资产业选择的分析。他认为，发达国家资产价格泡沫被危机充分挤压，这为中国企业海外投资提供了有利机会，但各个行业的情况却也不尽相同。他将中国对外直接投资的对象大致划分为资源、金融与高科技三个主要行业，并指出，危机发生后的情况更有利于中国企业对资源性和高科技行业进行投资，而金融行业的投资业绩却在危机下受到了明显的负面影响，需要谨慎进入。殷越男（2012）则提出了投资区位选择的建议。经过对金融危机后我国民营企业对外直接投资情况的分析，殷越男建议企业继续将美、欧、日作为技术导向型投资的首选地区，同时优先选择到具有优惠政策措施的国家去投资。另外，研究还建议我国企业在“走出去”的进程中尽快实现“本土化”，熟悉当地政策、法规，接受、适应东道国文化，履行应尽的社会责任，与当地政府、民众、媒体良性互动。毕红毅（2012）的研究则同时从产业选择和区位选择两方面为我国企业提供了可行策略，涉及面较广，值得未来的相关研究参考借鉴。

一些国内学者不仅在企业层面上提出自己的意见，也给出了国家层面上的政策性建议。初春莉（2008）建议国家采取措施，积极调整“走出去”的主体结构，改变以国有企业作为中国海外投资发展主力的局面，鼓励中小型私营企业海外投资，培育类似华为、中兴等优秀的民营企业走出去。她认为，充分发挥民营企业灵活高效的市场化经营优势，能够提高我国的海外投资收益。程伟力等（2010）建议我国吸取国际经验，建立国家级的对外投资促进机构，整合我国优势资源，为中小企业“走出去”提供支持。陈方（2011）则对中国“走出去”的国家战略进行了理论分析，并提出，金融危机使国内外经济发展情况出现显著差别，使得“中国威胁论”甚嚣尘上，不利于中国企业海外投资并购行动。他建议国家继续推进市场经济体制建设，以促进企业海外投资，特别是并购活动。夏雨等（2011）则认为中国应适度放宽涉及对外投资的监管、简化审批环节，以加快实施技术追赶型的对外投资，并继续鼓励资源获取型的对外投资。夏雨还建议我国要注意抓住低碳经济的发展机遇。

以上研究多从国家对外投资总体战略上进行分析，而也有学者专门从产业上提出了意见。毕吉耀（2010）就建议我国鼓励国内产能过剩的行业对外投资，向海外转移生产能力。同时，他强调国家应引导和支持有条件的企业到国外建立研发中心和营销网络，提升企业、产业的国际竞争力。谢旭峰等（2010）则建议政府调整涉及对外直接投资的产业、法律和税务政策，鼓励高新技术产业、低碳经济产业的对外投资和跨国经营，同时适当控制能源和原材料行业的对外投资力度。

另外，也有一些学者特别关注风险问题。他们对我国政府能否采取措施，帮助企业规避海外风险做了讨论。上文已经提到过的初春莉（2008）的研究，就建议国家建立健全科学的海外投资风险预警机制，有效帮助企业防范各种经济与政治风险。与初春莉关于建立风险预警机制的观点类似，王海军等（2011）基于统计数据和计量经济学模型的研究专门提出了“国家经济风险”概念，即与国家或政府层面相联系的、由东道国的宏观经济和金融等经济因素引起的外商投资损失的风险，并指出我国企业规避此类风险的重要性。他们认为我国应帮助本国企业规避海外风险，并提出两个可行方案。

一方面，要尽快建立中国自己的国家经济风险评估预警系统或机构，重点对经济和金融风险因素进行识别和评估，从国家层面高度重视国家经济风险可能对中国企业对外直接投资的影响；另一方面，要在政府主导下，建立以经济和金融风险为投保要素的海外投资保险制度，并尽快签署覆盖面广的双边和多边投资担保协议，为中国企业海外投资构建政府层面的风险保障体系。

三　研究评述与展望

近年来，国内学者针对中国企业对外直接投资这一热点问题的研究已初步形成体系，而对于金融危机问题做出的总结、论述也非常及时，涉及宏观金融条件、贸易条件、政策条件变化等多个方面。不同学者在不同时间、不同角度，针对不同对象、运用不同方法的研究，取得了丰硕的成果，相互之间形成了探讨、争鸣的良性互动关系。

如果从纳克斯的利率诱因理论开始算起，对外直接投资理论已经历经 80 多年的发展。大致梳理相关理论的演进轨迹，可以发现，从探讨宏观的利率、汇率等因素，到研究微观的行业、企业的投资优势，再到综合了金融条件、贸易条件、政策条件等宏微观因素的全面讨论，投资理论经历了系统的发展。从国内的研究来看，我国学者站在前人的肩膀上，利用了既有的理论成果，研究当前投资领域的新情况，同时也没有拘泥于传统理论，而是通过实证分析，指出新的问题，提出新的观点。在金融危机之后，国内学者的研究不但能够解释我国的对外直接投资具体情况，还能够对投资领域的进一步发展做出预测，同时从实际出发，为企业的跨国经营和国家的投资政策提出切实、具体的建议和意见。

当然，在金融危机之后的很长时间，面对全球多国经济增长乏力和金融系统风险依然存在的问题，我国未来的对外直接投资研究还有很大空间。通过对既有文献的综述，本文希望提出一些可行的研究方向和研究方法。

首先，国内研究可以在考虑外部因素的前提下，对中国国内投资主体的主观条件在危机后出现何种变化做更深入的研究。金融危机对直接投资的影响，自然首先体现在外部环境，如汇率、利率、外国政府政策等客观因素的变化上。但投资活动成功的根本，还在于投资主体自身的情况。如果学者对这一方面的课题予以进一步研究，那么很可能会取得非常有现实意义的学术成果。比如，我国企业的跨国并购是否像之前希望的那样，普遍借危机的“机遇”成功获得了先进技术或其他优质资产，或我国企业是否在投资中面临着第三国的激烈竞争，而没有像之前预测的那样轻易地打入海外市场，这些议题都值得跟进。

其次，关于中国企业对外直接投资的研究可以在未来变得更加具体，更多地从融资成本、市场进入方式等现实问题入手。当前的研究主要从机遇、挑战等较宽泛的层面着眼，分析金融危机对中国对外直接投资的影响。这些研究分析的投资有利条件、可能收益以及成本、风险等问题，都存在进一步细化的空间。如果从这方面着手，具体探讨金融危机下企业对外直接投资的区位选择、行业分布、市场进入方式、融资模式选择等，必将使学术研究更好地服务于我国企业经营和国家“走出去”战略。这些非常实际的论题存在进一步研究的潜力。

再次，本文在综述的过程中注意到，国内针对金融危机与对外直接投资课题的研究，还应该加强对计量经济方法的运用。特别是在探讨各因素与投资的相关关系、影响程度时，不妨更多借助定量分析。目前，大部分研究都会在论证过程中不同程度地引用统计数据，增强文章说服力。但在获取大量数据的基础上建立模型，运用计量手段来处理数据、得出科学结论的分析方法，在研究中所占比例不大。而且，在运用了定量分析手段的部分研究中，对影响因素指标的选取也还存在进一步全面、细化的可能。未来的研究，可以从这点出发，改善研究方法。

最后，本文希望指出，在现有的以定性为主的研究中，部分论述应在掌握更多论据、考虑更加全面的情况下再进一步展开。有些课题可以在未来重新予以讨论。比如，在论证金融危机中海外企业资产价格普遍下跌时，一些研究缺乏足够的统计数据支持。当论证外国企业流动性紧张，甚至破产有利中国企业跨国收购时，部分研究仅从资产价格下跌单方面入手，未考虑多国企业竞购的可能，也没有考虑到企业债务随并购转移等问题。另外，像关于政策因素的讨论，国内既有研究认为外资政策会在危机中放宽，又有研究认为外资政策会在危机中收紧。一方面，这似乎体现出学界的争鸣与活力，但从另一方面看，如果我们对文献一一考察，就容易发现一些研究由于提出时间较早而没有掌握充足论据，得出的结论也就显得有些仓促。在金融危机最严峻的时刻过去多年以后，如果再仔细回顾这些课题，国内学者必将得出更加严谨、有力的结论。

无论是在全球金融危机期间还是在正常时期，中国企业“走出去”都面临着宏观金融风险以及其他各式各样的问题。金融危机与金融风险对中国企业对外直接投资的影响，关乎中国未来数十年的经济发展与全球布局，意义重大。在该领域内，目前已经取得的学术成果较好地总结了之前一段时间的问题，并尝试预测了投资的未来走向。这对中国企业开展对外直接投资、应对金融风险，对我国顺利推进“走出去”战略具有重要参考意义。当然，面对未来，这一方面的经济与商务研究还有充分的发掘空间。我们应当以国内外最新的学术研究成果为基础，继续追踪和分析国际投资环境的动态、自身比较优势的变化等具有重要影响的经济和政治问题。有理由相信，在我国对外直接投资学术研究已经取得的丰硕成果之上，我们必然能够实现更大的成就。

参考文献

[1] 毕红毅：《以投资替代贸易应对贸易保护主义》，《中国流通经济》2012 年第 8 期。

[2] 毕吉耀：《国际金融危机给我国扩大对外投资带来新机遇》，《中国金融》

2010 年第 3 期。
[3] 毕吉耀、张一:《中国有望成为世界第二投资大国》,《中国经贸》2011 年第 1 期。
[4] 陈方:《后金融危机时代中国企业海外并购探索》,首都经济贸易大学硕士学位论文,2011。
[5] 陈阳、唐红涛:《汇率与 FDI 关系的实证研究及传导路径》,《吉林财税高等专科学校学报》2004 年第 3 期。
[6] 程伟力、张亚雄:《当前国际直接投资特点及我国政策建议》,《发展研究》2010 年第 6 期。
[7] 初春莉:《次贷危机背景下全球 FDI 的发展及中国的选择》,《中国经济问题》2008 年第 5 期。
[8] 杜奇华:《国际投资》,对外经济贸易大学出版社,2009。
[9] 杜琼、王蒙:《中美双边直接投资的特征及发展趋势》,《中国经贸导刊》2013 年第 15 期。
[10] 胡彦涛:《全球金融危机下中国对外直接投资的战略调整》,厦门大学硕士学位论文,2009。
[11] 胡祖六:《危机给中国提供千载难逢投资机会》,《中国对外贸易》2008 年第 11 期。
[12] 黄益平:《中国资本项目开放与对外直接投资》,《中国市场》2012 年第 29 期。
[13] 姜华欣:《国有企业对外直接投资面临的国际环境与主要风险》,《调研世界》2013 年第 5 期。
[14] 鲁明泓:《国际直接投资区位决定因素》,南京大学出版社,2000。
[15] 李国:《金融危机背景下我国的对外直接投资》,《改革与开放》2010 年第 18 期。
[16] 刘恩专、刘立军:《投资保护主义与中国对美国直接投资策略的适应性调整》,《河北学刊》2013 年第 3 期。
[17] 刘宏、赵晓敏:《中国对外直接投资的现状与问题研究》,《国际贸易》2012 年第 11 期。
[18] 马光明:《评后金融危机时期中国对外直接投资的逆势增长——成因探析与趋势预测》,《国际贸易问题》2011 年第 9 期。
[19] 梅新育:《危机大幅度降低海外资源开发投资的政治性风险》,《中国外资》2008 年第 11 期。
[20] 潘益兴:《基于宏观经济变量的对外投资实证检验》,《求索》2010 年第 6

期。

[21] 汤敏：《美国次级债危机对中国经济有多大影响》，《现代商业银行》2007 年第 10 期。

[22] 王海军、齐兰：《国家经济风险与 FDI——基于中国的经验研究》，《财经研究》2011 年第 10 期。

[23] 王宏纲：《金融危机背景下中国对外直接投资面临的机遇与挑战》，《现代信息经济》2010 年第 15 期。

[24] 王维、黎峰：《国际直接投资的新动向与趋势分析——兼议对中国的影响》，《江苏社会科学》2009 年第 5 期。

[25] 王雯雯：《中国对外直接投资现状、机遇与策略研究》，外交学院硕士学位论文，2010。

[26] 王强：《我国对外直接投资现状与问题研究》，《中国商界》（下半月）2010 年第 5 期。

[27] 王习农：《后金融危机时期国际直接投资走势及中国战略应对》，《科学社会主义》2012 年第 4 期。

[28] 王鑫超：《“十二五”期间我国企业对外投资研究》，《金卡工程》2010 年第 10 期。

[29] 夏雨、尚文程：《金融危机“后遗症”与中国对外投资的战略选择》，《财经问题研究》2011 年第 8 期。

[30] 项本武：《对外直接投资决定因素的实证研究综述》，《湖北省社会主义学院学报》2004 年第 3 期。

[31] 项本武：《中国对外直接投资：决定因素与经济效应的实证研究》，社会科学文献出版社，2005。

[32] 谢皓、杜莉：《汇率波动对外国直接投资的影响——基于跨国公司的视角》，《中南财经政法大学学报》2007 年第 1 期。

[33] 谢旭峰、阴晋魁：《金融危机后中国企业海外直接投资面临的机遇与挑战》，《商场现代化》2010 年第 12 期。

[34] 谢旭峰、郑瑞雪：《中国企业海外并购所引发的思考》，《中国市场》2010 年第 26 期。

[35] 徐菲：《金融危机背景下的我国对外直接投资》，《高等函授学报》（哲学社会科学版）2009 年第 8 期。

[36] 徐丽萍：《金融危机下中国大企业海外并购研究》，天津大学硕士学位论文，2009。

[37] 姚枝仲：《中国企业对外直接投资动因》，《中国金融》2013 年第 1 期。

[38] 易纲:《中国企业走出去的机遇、风险与政策支持》,《中国市场》2012 年第 37 期。

[39] 尹伊:《我国企业对美逆向投资的问题探讨》,《商场现代化》2013 年第 2 期。

[40] 殷越男:《后危机时代民营企业对外直接投资的机遇与对策》,《当代财经》2012 年第 7 期。

[41] 张为付、武齐:《我国企业对外直接投资的理论分析与实证检验》,《国际贸易问题》2007 年第 5 期。

[42] 张新乐、王文明、王聪:《我国对外直接投资决定因素的实证研究》,《国际贸易问题》2007 年第 5 期。

[43] 郑莹:《金融危机对我国对外直接投资区位选择影响研究》,湖南大学硕士学位论文,2011。

[44] 仲鑫、马光明:《金融危机对近期中国对外直接投资的影响》,《国际贸易》2009 年第 7 期。

[45] 周科选:《后危机时代下我国对外直接投资的区位分析》,暨南大学硕士学位论文,2010。

[46] Dunning J. H, 1981, *International Production and the Multinational Enterprises*, Allen & Unwin. Hymer, 1976, *the International Operation of National Firms: a Study of Direct Foreign Investment*, MIT Press.

[47] Kojima Kiyoshi, *Direct Foreign Investment: A Japanese Model of Multinational Business Operation*, London: Croom Helm, 1978.

[48] P. J. Buckley and M. Casson, *The Future of the Multinational Enterprise*, Macmillan, London, 1976.

[49] R. H. Coase, "The Nature of the Firm", *Economica*, Vol. 4, Issue 16, 1937.

[50] Robert Z. Aliber, *A Theory of Direct Foreign Investment*, MIT Press, 1970.

[51] S. Hirsch, "An International Trade and Investment Theory of the Firm", *Oxford Economic Papers*, New Series, Vol. 28, No. 2, 1976.

国际产业分工篇

国际分工下的产业价值链理论评述

王迎新　刘学智*

内容摘要　本文回顾和评述了近年来学术界关于国际分工下的产业价值链与全球价值链交集的研究成果。文章从评析国际分工、产业价值链到国际产业转移的研究成果入手，进而提炼出国际分工与产业价值链、国际产业转移模式和国际产业转移历程，并归纳出跨国公司主导地位逐渐加强、国际分工的国别边界趋于弱化、国际分工由产业转移变为价值链转移以及国际分工趋于外包化等国际产业转移的趋势及特点。文章指出，研究成果从世界制造业的战略性重组，致使制造业中心呈现多层次化、多极化的趋势，到世界制造中心与世界科技中心、世界贸易中心“三位一体”相分离，以及全球产业价值链的不对称性等诸方面，探讨了基于产业价值链的国际分工新格局以及后危机时代国际分工下产业价值链的特征。本文还总结了关于“微笑曲线”的研究争论，以及中国参与国际产业分工的策略。

关键词　国际分工　产业价值链　全球价值链　产业转移　加工贸易

* 王迎新，中国社会科学院财经战略研究院研究员，《财贸经济》编辑部主任，研究领域包括国际经济、对外贸易；刘学智，交通银行金融研究中心研究员，研究领域包括国际经济、对外贸易。

国际分工是产生国际贸易的重要基础之一，特别是在当今经济全球化的大背景下，由国际分工而形成的产业价值链进而产生的国际贸易具有普遍性。在研究中可以发现，一个国家的对外贸易，特别是加工贸易的发展历程，不仅只是一个贸易方式的问题，而且是与一个国家的工业化进程密不可分的。因此，回顾近年来国际分工下的产业价值链研究，掌握新形势下该领域的研究动态，对我们认清国际贸易的实质和发展方向很有必要。

需要指出的是，在近几年学界讨论国际分工下的产业价值链时，也出现了全球价值链（Global Value Chains，GVCS）的概念和研究。从某种意义上看，两者有不少共性，比如，国际分工、价值链的概念。但从严格意义上讲，两者并不等同，这需要专门对之论述。在本文中，我们只评述与国际分工下的产业价值链交集的全球价值链研究。

一　从国际分工、产业价值链到国际产业转移

（一）国际分工与产业价值链

国际分工理论是关于国家间分工合作的原因及其规律的分析论断。早期的分工理论主要从劳动与生产率的角度加以研究，例如李嘉图根据劳动生产率在不同生产部门之间的差异定义比较优势，解释了贸易的产生；赫克歇尔－俄林进一步将比较优势与劳动生产率的差异追溯至要素密集度，形成著名的H－O模型。随着世界经济格局的衍变与交融，对国际分工的理解也在逐渐深入与转变。当前，对国际分工理论的主流定义为：国际分工是国民经济内部的劳动分工发展到一定程度后，跨越国家界限在世界范围内的延伸和继续。影响国际分工的因素主要有各国生产力水平、科技发展、社会经济结构、市场规模等社会经济条件，以及地理环境、资源禀赋等各方面自然条件。在经济全球化的浪潮席卷下，国际产业经历了由劳动密集型产业到资本、技术甚至知识密集型产业的梯度转移。与此同

时，国际分工也经历了一系列的变化，由产业间分工到产业内分工再到产品内分工的演进，国际分工呈现出多层次、多样化的特征。不仅有产业间分工、产业内分工，也有产品内分工；不仅有产品分工，也有要素分工；不仅有有形产品的生产分工，也有无形产品服务的生产分工；不仅有垂直分工和水平分工，也有混合形态的分工（唐海燕、张会清，2009）。当前，国际分工与贸易呈现出两个新的特点：一是国际分工方式逐渐从产业内分工和产品内分工转变成为工序分工；二是贸易对象逐渐从最终产品转变成为中间产品（郭秀慧，2013）。

近年来，在以信息技术为基础的新技术革命推动下，以垂直专业化为核心的新型国际分工迅速兴起，深刻地改变了经济全球化的形式和内涵。有的学者以比较成本学说为基础，阐明国际分工的发生原因、分工格局、国际分工与贸易的利益源泉及其分配方式。经济全球化充分利用了各国的比较优势，同时又加速了各国比较优势的释放，二者循环作用的结果是全球投资和贸易的加速发展（孙绪鑫，2013）。随着经济全球化趋势的不断加快，西方学者对国际分工理论与政策进行探讨的重心也有很大的改变，研究热点已经从传统完全竞争的产业间、厂商间分工理论，转变到对不完全竞争的产业内、跨国公司内部分工理论，成为当前国际分工与贸易理论热门研究课题。同时，服务与知识产权方面的贸易成为国际分工与贸易新的研究领域和对象（徐建炜、姚洋，2010）。现代社会生产的不仅仅是制造品，生产的服务产品也越来越多，其中金融服务更是占了极大的比例。因此，将比较优势理论拓展至一个囊括制造业和服务业的情形，可以用于分析国际分工的新形态。

已有的共识是，从研发到生产、营销以及售后服务等一系列连续的商业活动，其实就是一个价值创造过程，每个环节的价值创造连接在一起，就形成了价值链。价值链理论最早由 Michael E. Porter 于 1985 年所著的《竞争优势》一书中提出，他指出每一个企业都是在设计、生产、销售、发送和辅助其产品的过程中进行种种活动的集合体，所有这些活动可以用一个价值链来表明。价值链可以分为企业价值链、产业价值链两类，企业价值链是以企业内部价值活动为核心所形成的价值链体系，它分别与上游的供应商价值链和下游的销售渠道价值链、买方价值链相联系，这种联系可称为“纵向联系”。同样，一个产业按其价值也可分解为一系列既独立又相互关联的经济活动，“6＋1”产业价值链理论（郎咸平，2006）把整个产业链分成产品设计、原料采购、产品制造、仓储运输、订单处理、批发经营和终端零售7个部分。近年来，这一理论在国内受到学界和实务界的重视，不但学者们普遍引用研究，而且一些企业在实践中也加以运用——从战略的高度找准企业处于7个环节中的定位，利用行业价值链来降低成本，实现利润最大化。

在国际分工日益深化、细化的过程中，由于各国生产要素禀赋的差异，国与国之间的比较优势逐渐出现了在产业价值链上某一特定环节的优势。在成熟型的全球价值链中，根据主导企业的作用不同，全球价值链可以分为生产者驱动型和购买者驱动型（李春伟，2013）。有学者从组织规模、地理分布和生产性主体3个维度来界定全球价值链（Sturgeon，2001）。全球化的价值链导致国际分工中的比较优势更多地体现为价值链上某一特定环节或工序上的优势，是国际分工进一步细化和深入的表现（任金玲，2011），促进了全球加工贸易的快速发展。加工贸易的本质就是基于全球价值链的水平分工与交换方式（王子先，2012），各国选择最合适的参与主体融入到全球价值链体系中，全球加工贸易的发展提高了整个价值链系统的效率，同时也促进了国际经济一体化的进程。

（二）国际产业转移模式

学术界对国际产业转移的研究已较为系统，以国际产业转移实践为研究基础主要形成了“雁型模式”“梯度转移模式”“产业循环发展模式”等比较完善的研究模式。

自1956年日本经济学家赤松要提出“雁型模式”以来，之后的很多学者使用该模式分析国际产业转移现象，并不断对该模式加以完善。该模式是通过对明治维新以来日本工业发展的统计研究与产业发展路径的研究，发现工业化的后来者会效仿工业化的先行者，学习产业发展经验，吸收资本与技术，在一个以横轴为年代的坐标图上形成了大雁群飞的图像，揭示出发展中国家通过参与国际分工，可以实现自身产业结构优化调整的目标。“雁型模式”作为后进国家的赶超战略，得到了广泛应用且产生深远影响，日本及“亚洲四小龙”的崛起与这一模式息息相关。也有学者试图利用该模式说明中国的经济发展，认为中国将出现从东南沿海地区向中西部地区的雁型发展模式。事实上，中国的对外贸易发展，特别是加工贸易的发展也正是如此展开的。

梯度转移理论被广泛用于国际产业转移现象研究，形成了经济发展“梯度转移模式”。该模式解释了部分发展中国家承接国际产业分工导致了低梯度陷阱，也就是如果按照顺梯度型产业转移模式发展，将不可避免地陷入“替代（引进）—落后—再替代（再引进）—再落后”的陷阱。胡宇辰 2005 年所著的《产业集群支持体系》一书分析和论述了产业集群对梯度转移理论的挑战，“梯度转移模式”导致增长极地区越来越发达、转移地区越来越落后，从而形成地理空间上的二元经济，甚至形成独立于周边地区的“飞地”现象。而在实践中，国内外区域经济——无论是高科技产业，还是传统产业，均利用产业集群效应避免了转移陷阱，且实现了经济跨越发展，取得了较大的成功。

Vemon. R 的“产业循环发展模式”是产品生命周期理论在国际产业转移模式研究中的运用。在对国际产业转移实践研究中发现，产业转出国通常在资金、技术等方面具有优势，其产业发展一般遵循以下循环模式：产品研发—国内市场形成—产品出口—资本和技术出口—产品进口—新一代产品创新开发。在这一循环过程中，发达国家工业结构发生了质的飞跃，经历了从劳动资源密集型向资金密集型最后向技术密集型的动态演变，从而实现了自身产业结构的优化升级。该模式的研究视角与“雁型模式”理论相对应，产业承接国（通常是发展中国家）在这一过程中经历了“雁型模式”所描述的过程。

赵张耀、汪斌（2005）等在综合研究主要国际产业转移理论的基础上，结合制造行业价值链国际转移特点，提出“完整价值链转移模式”与“工序型转移模式”。“完整价值链转移模式”基本涵盖了传统意义上的国际产业转移，细分起来其包括发生于资源禀赋或者先天性优势差异较大国家间的垂直顺梯度型国际产业转移，以及发生于资源禀赋相近国家间的水平型国际产业转移。“工序型转移模式”是以产品价值链为纽带，具体表现为跨国公司将产品的研发、销售、核心部件生产等工序安排在发达国家，而将产品的主要零部件制造工序转移至应用技术方面存在竞争优势的新兴工业化国家，辅助零配件制造、组装等工序则转移至在熟练劳动力上具有竞争优势的发展中国家。

（三）国际产业转移历程

国际产业转移是国际经济关系中非常重要的组成部分，也是研究国际产业价值链的核心内容。二战结束后世界范围内的国际产业转移活动日益频繁。对于国际产业转移历程学术界有着不同的看法，有学者认为二战以来国际产业共发生过三次转移浪潮（孙维乐，2013），每次转移浪潮中世界经济格局发生了巨大的变化；也有学者认为经历了四次转移浪潮（张云，2011；范文祥，2010；潘悦，2006）。无论哪一种划分，每一次转移浪潮都对世界经济格局产生无可替代的作用，不论是转移主体（移入国与承接国），还是转移客体（转移产业价值链）都呈现出多元化与阶段性发展的特征。在国际产业转移浪潮的推动下，世界各国之间产业结构关联性与互动性不断增强，世界经济产业结构有机体系逐步形成（张云，2011）。

学者们普遍认为，国际产业转移主要发生在制造业领域，制造业的国际转移是与国际分工发展紧密相伴的，世界制造业中心历史上出现了三次大转移（唐玉华、揭丽，2013），英国、美国、日本都曾经或仍然充当着世界制造业中心的角色。18 世纪 60 年代以蒸汽机为标志的第一次产业革命在英国兴起，之后的 100 多年间英国掌握着世界工业主产的 1/3 ~ 1/2 和世界贸易的 1/5 ~ 1/4，由此奠定了英国作为史上第一个世界制造业中心的地位。19世纪后期至20世纪中叶，美国取代英国世界工业强国的地位，成为第二个世界制造业中心。20世纪50年代以后，随着国际产业的转移，美国的世界制造业中心地位逐渐削弱，向研发中心、营销中心、品牌中心转型。与此同时，日本抓住国际产业转移的契机，凭借人力资本优势和美国强大的资金技术支持，迅速发展成为第三个世界制造业中心。21世纪以来，世界科技发展迅速，国际市场瞬息万变，消费需求更加多元化，导致产品生命周期缩短，制造业利润不断降低。一些新兴市场由于具备低廉的劳动力成本，加上政府政策支持等优势，成为吸引制造业转移的新热土。亚洲新兴国家和地区在全球制造业中的地位开始快速上升，中国沿海地区凭借劳动力成本低廉的优势，使劳动密集型产业获得了迅猛增长，中国制造业在世界制造业中所处的地位不断提升。

综上，根据国际产业转移浪潮发生的诱因以及主要产业承接国与产业移出国的差异，笔者将国际产业转移划分为四次。

第一次转移浪潮发生在二战结束以后的50年代。主要产业移出国是当时在全球经济与产业技术领域处于领先地位的美国，其通过将技术密集程度较低的纺织、钢铁、造船以及普通工业机械等向外转移，集中国内力量发展新兴通信、电子、自动化工业等技术密集型产业，并将军用技术民用化，集中发展汽车、化工等资本密集型重化工业，从而实现了产业结构的调整与升级。主要承接国是受到二战重创的日本和联邦德国，其凭借在劳动力成本上的优势，大规模承接美国移出的劳动密集型产业，成为全球劳动密集型产品的主要供应者，日本也借此机会成为继英国与美国之后的第三个“世界工厂”。

第二次转移浪潮发生在20世纪60年代到70年代。主要转移动机有两方面：一是第三次科技革命的爆发，资本密集型产业与技术密集型产业迎来空前发展；二是工业发展推动石油、铁矿、铜矿等资源价格飞速增长，趋利性促使劳动密集型产业向低劳动成本国家和地区转移。转移路径主要是美国、日本与德国将劳动密集型产业转移到韩国、中国台湾、巴西、葡萄牙、西班牙、希腊等新兴工业化国家和地区，形成“中心－外围”的国际产业结构升级布局。这一期间，美国、日本与德国集中力量发展钢铁、精密化工、机械制造、汽车以及电子集成电路等能源消耗少和附加值高的技术与资本密集型产业；主要产业承接国发展高能源消耗、高环境污染的重化工业部门。

第三次转移浪潮发生在20世纪70年代末到80年代。两次石油危机和经济危机重创了美欧等发达国家的重化工业，促进国际产业形成两个层面的转移，主要移出国与承接国呈现出多层次特征。第一个层面是集中力量发展高附加值和低能耗的计算机、信息技术等技术与知识密集型产业的美国、欧洲国家和日本，将具有“重、厚、长、大”特征的钢铁、造船和化工等重化工业以及汽车、家电等部分资本密集型产业向亚洲新兴国家转移。第二个层面是韩国、中国台湾地区等新兴市场一方面集中力量抓住机会承接钢铁、造船、石化等重化工业和汽车、家电等资本密集型产业，另一方面还将纺织等劳动密集型产业转移到了市场逐渐开放的中国和东盟国家，形成东亚产业结构升级的“雁阵”模式。

第四次转移浪潮发生在20世纪90年代至今。美国、欧洲国家和日本等以信息和网络技术为发展核心，实现计算机产业模块化战略经营、标准化生产，发展微电子、生物工程、光纤通信、激光技术等知识密集型产业，将资本、劳动密集型产业和产业价值链以及部分信息技术设备生产环节转移到亚洲“四小龙”、东盟和发展中国家。在此期间产业结构升级实现跨国公司内部化和产业链区域化，促成了新的国际分工体系形成，并且使中国成为新的国际制造业中心，使得“中国制造”（Made in China）遍布全球。

（四）国际产业转移的趋势及特点

在当今开放的世界经济模式中，产业链国际化转移越发复杂，产业结构的调整已经不能局限于一国的边界之内，一国产业结构的调整往往伴随着产业的国际转移。伴随着信息科技时代的到来，生产要素在全球范围内重新组合的速度在加快，深度在加强，进而带来了劳动、资本、技术在不同行业和不同区域的转移，并不断促进国家与国家之间工业发展竞争地位的变化。其中，跨国公司则成为产业转移的载体以及知识、技术转移的媒介。

1. 跨国公司主导地位逐渐加强，国际分工的国别边界趋于弱化

21 世纪以来，跨国公司日益成为国际分工的主要组织形式和微观载体，成为国际分工不断深化的主要推动者。跨国公司的内部分工主要是在其分支机构与母公司以及分支机构之间进行，这种作为国际分工实现方式的跨国公司内部贸易获得快速持续增长。据统计，全世界最大的 500 家跨国公司控制了发达国家近 90% 的生产技术和 3/4的技术贸易（范爱军、陈晓文，2009）。跨国公司从全球战略出发组织生产经营，就某项产品的产销而言，跨国公司将其具体分解为一系列互不相同但又互相关联的活动，研发、采购、制造、分销、服务等产业价值链的各个环节被分割开来，由遍布于世界各地的企业分支机构来承担，形成以价值链为基础的国际分工（张娟娟，2011）。跨国公司依据不同区位建立在生产要素密集度基础之上的比较优势，在全球各地建立分公司、子公司，分散的分公司、子公司不是独立运作或仅与母公司发生联系，而是与母公司和其他分公司、子公司保持着密切的联系，使体系内的产品、技术和人员在遍布全球的各地之间具有更强的流动性。跨国公司将各国作为生产车间在全球范围内进行产业布局，使海外投资企业所服务的对象不再是分散、独立的某个市场，而是整个跨国公司体系所占据的区域市场乃至全球（陈永志、吴盛汉，2013），促进了全球市场产品的趋同化。世界各国的生产经营活动通过跨国公司各分支机构的活动建立起有机的联系，形成了全球化的生产体系，传统分工的国家边界已经明显弱化。

2. 国际分工由产业转移变为价值链转移

经济全球化的推进使世界各国生产者之间的劳动分工发生深刻的调整与变革，从产业间的分工、产业内的分工向产品内的分工转化，逐渐形成以价值链为边界的产品内分工模式。在财富生产和商品价值创造的进程中，自然资源和普通劳动力等传统生产要素的作

用趋于减弱，而技术、信息、人才和创新机制等知识性要素的作用日趋增强。在跨国公司的组合配置下，分工在产业层面上通常表现为：知识密集型产业逐步成为发达国家的支柱产业，而传统的劳动密集型产业集中在发展中国家，资本密集型产业则随着国际产业的梯度转移由发达国家逐步集中到新兴发展中国家，形成了发达国家和发展国家之间所谓的“大脑－四肢”的完整的分工格局（陈永志、吴盛汉，2013）。价值链成为这一国际分工体系的连接纽带，连接着特定环节上的母公司、遍布于各国的子公司和供应商、分包商。信息技术的发展，尤其是互联网及电子商务的应用，使跨国公司全球化布局的生产网络得以形成和发展，产业价值链各环节在全球配置，产品生产在全球范围的大规模流转中实现。在新技术革命作用下，生产经营活动的更加技术化、专业化，使得国际分工从最终产品的分工进一步向价值链中不同环节之间的分工发展。如果说古典国际分工的边界是产业的话，那么当代国际分工的边界则更在于价值链，建立在价值链上的国际分工已成为当代国际分工变化的主要特点。

3. 国际分工趋于外包化，服务外包快速发展

基于产业链价值的国际分工促使同一服务的使用权在全球不同地区多次转让，也就意味着多次转让、多次参与国际贸易，所催生的服务贸易蓬勃发展，其增长速度高于国际货物贸易，同一服务所能实现的国际价值量也就更多（陈永志等，2010）。随着越来越多的跨国公司把离岸外包作为其全球布局、提升竞争力的重要手段，全球外包的市场规模迅速扩大，IT 和业务流程等服务外包成为外包的主要内容。服务外包是企业整合外部的最优资源，以达到降低成本、提高效率、充分发挥核心竞争力和增强外部环境应变能力的一种管理模式。在世界 2000 强企业中，超过 80% 的企业在海外建立了重要的外包业务。2010 年全球外包金额已突破 20 万亿美元，在全球外包支出中，美国约占 2/3，欧洲和日本约占 1/3，亚洲是承接外包业务最多的地区，约占全球承接外包业务总量的 45%。2012 年亚太地区服务外包增长了 31%，其中中国增长了 40%，而北美、欧洲和日本依然占全球发包份额的 70% 以上（孙韶华，2013）。从未来发展看，

离岸外包作为国际产业转移的重要形式，服务外包作为离岸外包的新宠，在国际产业分工中占有的地位将越来越重要。

二　国际分工下的产业价值链分析

（一）基于产业价值链的国际分工新格局

现今的国际生产体系与以往完全不一样，投资、财务、信息系统、技术等要素已经不再是独立的个体，而是通过产业价值链将所有的生产要素与制造业联系在一起，再通过国际产业分工形成相互分割的价值点（Elms，D. K.，Patrick，L.，2013）。纵观产业价值链在国际分工中的转变历程，主要表现特点是制造行业在国家间的转移，对国际分工中产业价值链研究的重点普遍是制造业，制造业产品的贸易也是国际贸易的最主要成分。随着世界经济发展的多极化以及区域经济发展的不平衡，世界制造业中心的发展出现了新的趋势（唐玉华、揭丽，2013），对产业价值链在全球布局产生了新的影响。

1. 世界制造业的战略性重组，致使制造业中心呈现多层次化、多极化的趋势

随着国际经济环境的变化，大量新兴国家的崛起，比如东南亚国家有着更为低廉的劳动力优势，国内环境也在日益改善，成为国际制造业转移的新乐园。产业价值链在全球范围内进行新一轮制造业资源的优化配置，发展中国家按照行业特征和资源优势竞先参与到新的国际分工中，以优惠的政策吸引劳动密集型行业落户。目前，世界上有许多正在进行工业化的国家具有发展成为新一代世界制造业中心的倾向，世界制造业呈现多中心的特征。因此，中国作为世界制造业大国，正面临着部分生产线向劳动力更为低廉国家转移的趋势。

2. 世界制造中心与世界科技中心、世界贸易中心“三位一体”相分离

历史上曾经出现的世界制造业中心——英国和美国都是集产品

的研发、设计、生产和销售于一国之内，集世界制造中心、科技中心、贸易金融中心于一体；日本取代美国成为第三代世界制造业中心时，出现了世界制造中心和世界科技中心相分离的现象。在当今的信息化和工业化时代，大量发展中国家承接了世界制造业中心的转移；发达国家从聚焦世界制造中心地位转向科技创新，形成以美、日、欧为首的科技中心。同时，信息化时代的贸易方式发生了巨大转变，一方面，通过网络进行贸易往来的电子商务趋势在加强；另一方面，以商贸往来为支柱的国家和地区不断涌现，如中国香港、新加坡，以及大量保税区、自贸区的建立，使得贸易中心不再同以往一样重叠于世界制造中心，因而出现世界制造业中心、科技中心、贸易中心相分离的现象，三大中心共同组成国际经济环境中的新主体。

3. 全球产业价值链的不对称性

随着全球价值链的发展，各国参与全球价值链的程度不断加深，中间品贸易几乎占全球贸易总额的2/3，全球中间品贸易的飞速增长体现了全球价值链在世界贸易中的重要性逐渐提升（付丽，2013）。第一，全球价值链参与国家不断增多，发展中国家根据自身的资源禀赋，通过全球价值链，获得进入全球市场的机会。发展中国家的比较优势集中在劳动密集型环节，在价值链上处于低端，与发达国家所处位置具有不对称性。第二，全球价值链下的国际生产具备大区域离散、小区域聚集的特点。一方面，参与全球产业价值链的企业日益扩散，更多的国家加入到国际分工中；另一方面，价值链又日益集中在某些已经成熟的区域，全球生产围绕在北美自由贸易区（NAFTA）、欧盟（EU）和亚洲（包括东亚和东盟）周围。第三，全球价值链具有产业间发展不对称的特点，随着专业化分工的不断深化，有的产业价值链在延长，如近年来汽车、金属加工、电子机械、纺织和食品行业的全球价值链逐渐延长，其中，电子机械是所有产业里最长的，也是全球价值链发展最兴旺的行业。

（二）后危机时代国际分工下产业价值链的特征

自2008年金融危机全面爆发以来，世界经济格局正在发生新的改变，国际贸易保护主义有抬头趋势，国际产业价值链加速重新布局，新兴市场产业价值链将逐渐提升，发达国家制造业出现复苏。在此背景下，国际分工中的产业价值链呈现出以下特征。

1. 产业价值链向新兴市场转移步伐加快

从目前在价值链上的分工地位来看，全球价值链的推动者主要是行业中处于领导地位的跨国公司。在国际分工新模式中，跨国公司虽然仍扮演着全球生产和贸易组织者的角色，但是自国际金融危机爆发以来，产业价值链在全球的布局形势有所转变，即在仍然以跨国公司为主导的价值链分工体系下，发展中国家迎来承接更高层次产业价值链的机遇。根据国际产业转移的发展经验，发展中国家在全球价值链上升级一般依赖的路径是：参与全球价值链分工最初主要处在购买者驱动价值链的制造环节，随着外资进入和国内技术进步，逐步加入生产者驱动的全球价值链，并向价值链增值幅度更大的环节升级。在这一过程中，发展中国家原本拥有的初级生产要素，如自然资源、劳动力，不仅得以有效开发利用，而且产品内分工还为其加速积累高级生产要素，如为技术、资本等积累提供新的渠道（张纪，2009）。因此，可以说，金融危机对国际市场的冲击，加速了发展中国家承接高层次产业价值链的进度。在后危机时代，新兴国家充分利用资本和技术等要素流动中产生的学习机会，为承接新的价值链做好准备，获得并累积一定的分工收益，进而提升自身在全球价值链上的分工地位。从国际经济的实际发展来看，新兴国家劳动力素质逐渐提升，国内经济环境趋于完善，消费市场也逐渐活跃，已经有跨国公司在新兴国家建设了研发中心、销售中心以及售后服务中心。

2. 贸易保护主义抬头

自由贸易和贸易保护主义始终是各国在不同时期交替采用的策略。一般来说，在经济繁荣时期自由贸易容易成为潮流，而在经济衰退时期，由于稳定内需、扩大就业的压力，贸易保护主义往往抬头。新兴经济体和发达国家之间的贸易失衡容易在后危机时代成为各国保护本国市场和开拓他国市场的理由，而跨国公司母国政府从自身利益出发，倾向于对跨国公司的海外投资采取各种显性或隐性的政策措施。经济危机带来的金融体制震荡促使发达国家重新思考其金融创新和政策取向，对金融市场也更倾向于采取限制性的政策措施（孙绪鑫，2013）。从数据统计来看，由美国次贷危机引发的全球衰退，导致世界各国反倾销调查发起数增加，引发的贸易保护体现出两个新特点：一是各国对贸易保护主义的运用更多的是在 WTO 允许的框架下采取反倾销、反补贴等措施，运用手段和保护程度均相对有限；二是制造业出口为主的发展中国家仍然是遭受反倾销的主要目标，然而对中国贸易保护的领域已从货物贸易扩展到服务贸易、知识产权、投资和汇率等领域。后危机时代，各种领域的保护同时抬头形成了当前国际贸易保护主义的一大特色，将使得全球分工调整超越单纯的国家比较优势，全球化调整过程中将在一定程度上体现一国政府的意愿。

3. 国际产业价值链重新布局

国际金融危机爆发以来，发展中国家所面临的内外环境均发生了显著变化，以低附加值加工生产的行业受到严重冲击。在外部环境方面，一是贸易保护主义趋势强化，对外贸易遭遇的贸易壁垒和摩擦均显著增加；二是欧美发达国家受到严重的危机冲击，对低附加值产品的需求明显趋于减弱。在内部环境方面，危机对不同产业的冲击程度不一，具体表现为位于“微笑曲线”产业价值链两端的企业受到的冲击最小，而位于“微笑曲线”中间凹陷部分的加工制造型企业受到的冲击最大（李辰，2010），大量位于加工组装行业的企业倒闭。危机带来的这一冲击也逼迫以加工组装生产为主的国家和地区反思产业发展战略，逼迫企业朝着“微笑曲线”两端发展，从而带来国际产业价值链的重新布局。

4. 发达国家制造业复苏

在次贷危机引发全球金融危机的大背景下，欧美市场将表现为持续性不景气，失业率高企除拉低国内工资水平外，也让制造业的重要性得到政界、商界反复强调。有学者认为，正是由于发达国家将实体制造业转移到发展中国家，导致“产业空心化”，才引发了国际金融危机爆发。在后危机时代，世界经济增长模式面临着深度调整，发达国家普遍提出再工业化战略，推动产业绿色转型和低碳经济发展（杨丹辉，2011）。有学者指出，传统的全球产业价值链是以欧美发达国家控制发明技术与标准，而把大量的加工环节向低工资的国家转移的过程。如今，由于劳动力成本占比日益降低，因此，我们可以看到一个大的趋势：在第三次工业革命中，制造业直接雇用人数不断减少，使劳动力成本在生产总成本中的比例也相应减少，甚至可以忽略不计。全球的产业链正在发生根本性变革，欧美发达国家不仅仅要掌控核心技术，同时为了更好地给顾客提供定制化服务，它们有可能让过去昂贵的制造业留在本土，再加上中国近年劳动力成本不断上升，迫使发达国家加快了产业的转移。比如，波士顿咨询集团不久前的一项调查表明，37%的美国企业称正在计划或积极考虑把工厂从中国迁回美国（荆林波，2012）。也有学者指出，从全球来看，美国制造业会继续以更快的速度复苏（奈杰尔·高尔特，2012），但处于价值链低端的制造业生产线不会大量回流美国，高端装备制造业、高精仪器制造以及资本密集型生产行业是美国复苏的重点行业；欧洲国家受债务危机影响较重，制造产业发展已成为各国战略发展重点；日本通过“安倍经济学”于2012年开始实行超常规经济刺激政策，以促进国内实体行业的发展。

（三）产业价值链提升路径

产业价值链是从最初的产品概念形成到生产制造、产品销售完成的整个价值实现过程，其中的每个环节都是整个价值链上不可缺少的一环。在附加值低的位置上是消耗大量资源与损害环境的制造环节，由于资源的有限性和环境的可承载能力约束，低附加值的数量型增长必然是不可长期持续的，沿着产业价值链阶梯向上拓展升级十分必要。近年来，很多学者对如何提升价值链、增加产业附加值的具体路径做了大量研究，提出了各种见解。

1. 创造高效的商务环境，积极参与全球价值链

一个国家的发展很大程度上取决于自身对全球经济的参与，尤

其是自身在全球价值链中的作用，政府要创造友好高效的商务环境，积极参与全球价值链（刘仕国、吴海英，2013）。第一，加强制度建设。全球价值链活动的基石是契约，这些契约或建立在跨国公司内部诸单位之间，或建立在跨国公司同独立供应商之间。法律体系越成熟的国家，契约制度运转越良好的国家，越易于获得并执行契约更加复杂的任务，也就越能够获得高附加值。第二，加强基础设施建设投入，降低人流与物流交通以及信息流传输成本。基础设施建设是提升价值链的基础，首先要加强水、陆、空立体交通通道的国际连接性，提高大宗商品物流的集装箱化水平；其次要大力发展信息通信技术，促进国内标准与国际标准的衔接与融合，提高信息传输速度与灵活性。第三，鼓励中小企业的发展。国际产业价值链在跨国公司的主导下进行布局，但参与到具体生产环节的主体是大量的中小企业，因此为中小企业发展创造良好环境是提升参与国际产业价值链程度的有效途径。政府鼓励中小企业的措施涉及各方面，比如税收优惠、增加相关信息供给、提供培训服务和资助能力培育等，这有助于中小企业参与到全球价值链中，提升整个经济体的产业价值。

2. 加大科技创新和人力资本投入，助推制造业攀升价值链高端

科技是第一生产力，加大对科技创新尤其是自主创新的投入，通过制度激励凝聚创新力量，提高科技创新能力。创新包括以自主创新为代表的原始创新、集成创新和引进消化吸收再创新，关键是推进知识技术的自主创新。一方面，推动制造业企业从 OAM（委托组装）、OEM（委托制造）向 ODM（委托设计制造）和 OBM（自主品牌加工制造）不断攀升；另一方面，核心关键技术只能依靠自主创新、自力更生，要不断创新研发投入体制、机制及管理模式，加强 R&D 投入，逐步形成具有自主知识产权的核心技术，推动传统制造业的工艺升级、流程升级、产品升级和产业链升级，促进其价值链的渐进攀升（简晓彬、周敏，2013）。人才是科技创新中最具能动性的要素，在全球价值链的分工中获得制造业竞争优势，不能简单地依靠廉价劳动力形成的暂时性比较优势，关键是要提升劳动力的

综合竞争力。这就需要加大人力资本投入，加强从业人员的教育、职业技能、创新思维等各项培训，提高劳动者的综合素质和从业技能，提高产品的技术含量和附加值，推动制造业攀升价值链高端。

3. 通过区际产业转移推进产业价值提升

简晓彬等（2013）对江苏省制造业做了实证研究，发现区际产业转移对制造业价值链攀升产生了显著的正向推动作用。区域经济差异是世界多数国家普遍存在的经济地理现象，在中国尤为明显，如中国的东部地区、中部地区、西部地区、东北部地区的梯度差异。缩小这种差异，一个重要途径就是把区际产业转移和价值链有序攀升有机结合起来。发达地区应遵循市场规律，把不适宜发展的部分劳动、资本密集型产业，以及高新技术产业中的劳动密集型部分产业加快向欠发达区域转移，以腾出空间发展高新技术产业，推动制造业向价值链高端攀升。欠发达区域则应采取综合治理措施，大力改善投资环境，积极承接发达区域的产业转移，壮大产业规模，提升产业层次，实现价值链由低端向中高端的有序攀升。

4. 壮大企业规模，培养跨国公司

跨国公司作为价值链的组织者和控制者，通过价值链的治理机制牢牢掌控产品定价权（陈启斐、刘志彪，2013），发展跨国公司是获取价值链高端的最终路径。充分依托国际、国内两个市场和两种资源，通过兼并、收购、参股、控股、托管等多种形式，实现制造业的聚合裂变扩张，使总量扩张与规模经济相结合，培育和发展一批集投资、融资、结构调整和技术创新为一体，规模效益显著、技术创新能力强的具有国际竞争力的大企业和企业集团，形成在行业内具有影响力的跨国公司，向价值链高端攀升。

三　关于“微笑曲线”的研究

（一）产业链的价值表现形式——“微笑曲线”

学术界对产业价值链分析运用最普遍的工具是“微笑曲线”

(Smiling Curve)。“微笑曲线”理论最早由台湾宏碁集团创办人施振荣先生在 1992 年为“再造宏碁”提出，30 年来经过不断修正，施振荣先生推出了所谓施氏“产业微笑曲线”，此理论目前已成为台湾各种产业的中长期发展策略的指导原则，也被全球企业广泛关注。“微笑曲线”理论的基础是，在经济全球化和国际分工的大背景下，产品生产按照生产工序形成一条连续的价值链条，包括市场调研、创意形成、技术研发、模块制造与组装加工、市场营销、售后服务等环节，参与国际分工合作的世界各国企业通常依据各自的要素禀赋，只完成最终产品形成过程中某个环节的工作。“微笑曲线”的特点是，价值链条的两端朝上，具有高附加值；中间朝下，具有低附加值，形成一条微笑嘴型的“U”形曲线。“微笑曲线”得出的结论是，产业链的附加值以制造加工环节为分界点，附加值更多体现在两端，即设计和销售，为了克服低附加值的压力，企业必须思考如何向产业发展趋势中高附加价值领域移动，要么向上游端的零件、材料、设备及科研延伸，要么向下游营销端的销售、传播、网络及品牌延伸。

从经验数据来看，“微笑曲线”两头的高端环节获得的利润占据整个产品利润的 90% 以上，其中创新和研发部分获得的利润约占产品利润的 20%，营销部分获得的利润约占产品利润的 25%，而低端环节获得的利润只占整个产品利润的 10% 以下（李辰，2010）。一个国家或企业的相对优势由其在价值链上所处的位置决定，在当前的跨国公司全球产业链整合中，发达国家在国际分工中处于“微笑曲线”的两端。跨国公司往往专注于核心的产品研发与销售服务环节，以及采用垂直一体化的方式从事部分关键零部件的生产，充分发挥要素优势，创造技术领先的核心竞争优势，取得“微笑曲线”两端的较高的附加值。非核心的生产加工环节通过虚拟一体化的方式外包给其他生产厂商或实行全球采购，新兴经济体有着生产环节的低成本要素优势，从而处于加工、组装、制造环节。

（二）以“微笑曲线”分析产业价值链提升

仔细研究“微笑曲线”，它反映着产业链上不同环节附加价值的变化，同时也隐含着不同产业对人才需求上的差异。附加值最低端的制造加工环节对劳动力素质需求相对最低，提供的工作岗位多为简单重复性的技术熟练工种，一般员工经过短期培训即可上岗。而越向附加值高的两端延伸，产业对人才总体素质的需求越高：向“微笑曲线”左半部依次提升，关键材料、精密部件生产需要从业员工具备一定的产品开发和创新能力，设备制造要求员工在严谨性、精细化等方面有较好的职业素养，设计研发更要求从业人员有广阔视野、对未来的前瞻性、富于创意和实践能力；向“微笑曲线”右半部依次提升，销售渠道相关产业要求员工能够洞察市场需求变化，具备趋势预测、组织策划等基本能力，品牌建设阶段对员工的服务素养、人文素质、未来前瞻性等都要有很高的要求（刘篪，2013）。因此，“微笑曲线”的两端分配在发达国家，最大的客观原因就是发达国家经济社会发展层次比较高，从业人员各方面素质较好，并且发达国家市场是全球消费市场的领导者，因此研发、设计、销售、品牌是以发达国家为导向。发展中国家依靠廉价的劳动力和较低的用地成本，吸引加工、组装、制造等低附加值环节，若要向“微笑曲线”两端发展，则必须提升劳动力综合素质和职业能力，涉及教育水平提升、社会环境改善、理念和意识转变等各个方面。胡绪华、蔡济波（2013）以“微笑曲线”为模型研究了产业价值链扩展升级形式。

“微笑曲线”的横向扩张式升级。全球价值链各生产环节均聚集有大量的生产企业，在同一生产环节，不同企业由于自身生产流程或产品质量的差异而存在较大的增值空间差异，因此全球价值链视角下所对应的增值曲线不是一条“微笑曲线”，而是许多“微笑曲线”的集合（见图1），企业升级后，增值空间从 A 点扩大到 B 点，该变化过程体现为“微笑曲线”的扁平化。

“微笑曲线”的纵向渗透式升级。创新型企业除具备生产再造能力和产品升级能力外，还具备较强的功能变迁能力，其升级活动主要包括研发、设计、品牌创建等。创新型企业在融入全球价值链的前提下，变迁原有生产功能并向更高级演进（见图2），企业具备了

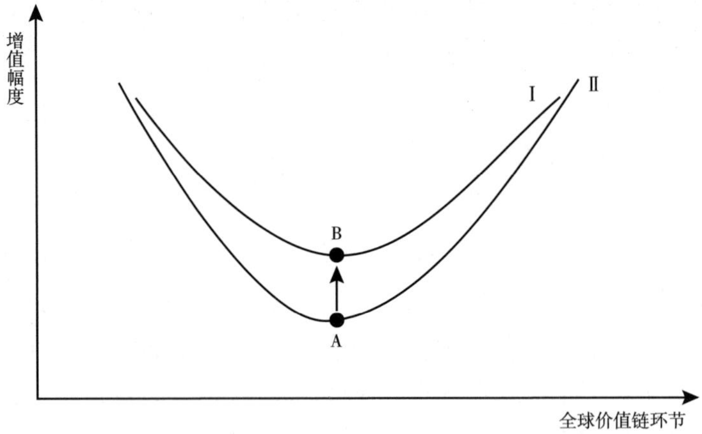

图 1　“微笑曲线”组合

功能变迁能力后，战略生产环节在原“微笑曲线”上从 C 点转换到了 D 点，向“微笑曲线”的高增值空间纵向渗透。

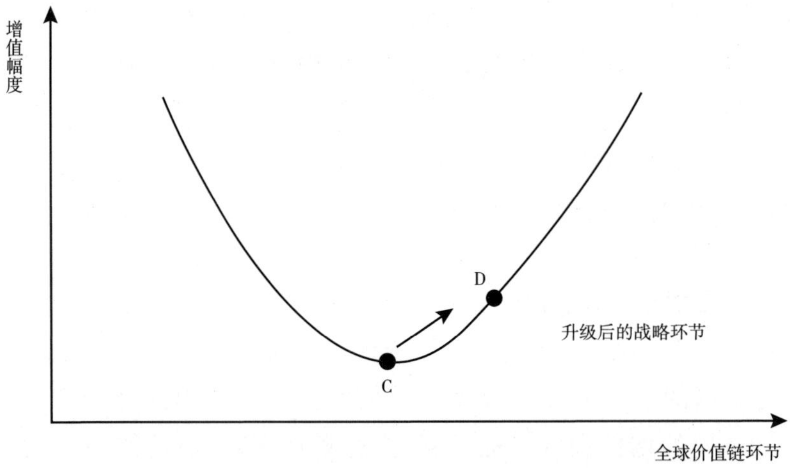

图 2　沿着“微笑曲线”延伸

“微笑曲线”的阶梯跃迁式升级。知识型企业的核心升级能力是能够根据市场需求的变化创造与整合企业知识，将企业现有知识架构到不同价值链上的相关生产环节，在不同的价值链上转换战略生产环节，即基于全球价值链的阶梯跃迁式升级（见图 3）。知识型外贸生产企业在具备了知识管理的核心升级能力后，迅速融入全球价值链，并从低增值的价值链向高增值的价值链转换，即从低增值空间的“微笑曲线”向高增值空间的“微笑曲线”跃迁。

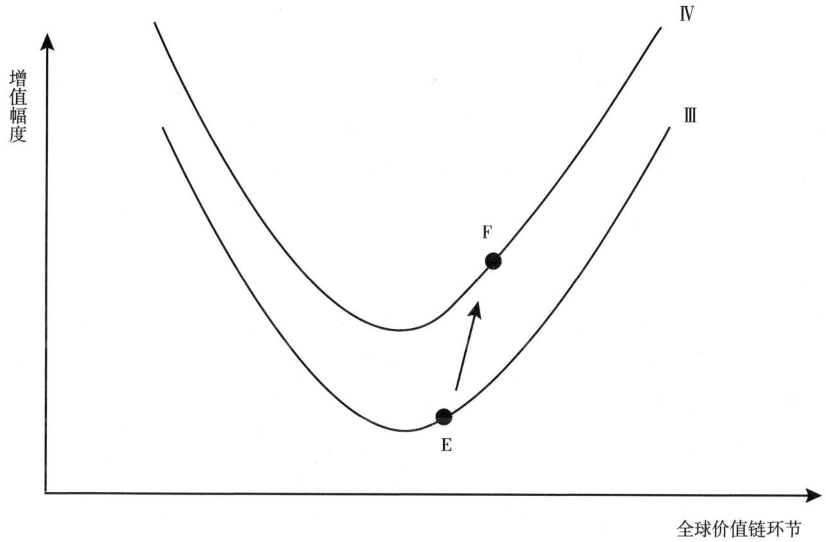

图3　“微笑曲线”跃迁

（三）关于“微笑曲线”的争论

传统的观点认为，产品“模块型”的发展趋势使得发达国家专注于附加值高的研发和营销环节，而将低附加值的制造和装配环节委托给发展中国家。为了避免陷入“丰收贫困”的陷阱，发展中国家必须向“微笑曲线”的两端扩张。杨林和曾繁华（2009）在此基础上提出了制造业的“微笑策略”：争取上游的研发创新，守住中游的制造优势，拓展下游的营销服务。孙晓飞（2010）从国际分工格局的角度，指出中国在一定程度上扮演着世界制造业巨头的“打工仔”的角色，中国制造业则位于全球价值链的中低端，向位于“微笑曲线”价值链高端的“技术优势”和“品牌优势”升级是中国制造业的必要之举。赵彦云等（2012）指出，美国“再工业化”政策的推行对中国制造业的国际竞争力造成了威胁，若不及时向价值链高端转移，中国制造业将在国际竞争中处于被动地位。

有学者提出不同观点，龙真（2009）对“微笑曲线”的适用范围提出了质疑，认为“微笑曲线”理论虽然很好地解释了产业分工问题，但对于一个内部组织庞大的公司而言，仅凭技术研发和营销服务不仅无法实现公司的目标，还会造成工作的割裂性。文婷和张生丛（2009）以晶体硅太阳能电池产业为案例进行研究，发现该产业价值链的利润分布就不符合“微笑曲线”，而是一条从左上到右下倾斜的曲线。刘金山（2012）肯定了“微笑曲线”的政策主张，但他认为该理论具有产业和产品局限性，制造业的核心竞争力不仅体现在生产了多少产品，更体现在产品是如何生产出来的。庄鸿霖和姜阵剑（2010）认为急于向“微笑曲线”两端升级，忽略连接两端的中间制造环节，易形成工业空心化的“哑铃结构”，致使企业产品质量下降、成本上涨，最终失去市场竞争力。邓欣（2012）对浙江民营制造业的考察了证实了这一点，他研究发现浙江越来越多的民营企业在“微笑曲线”的影响下开始重视研发创新，但过度的产品创新却造成新产品市场周期缩短、产品质量下降、企业效益滑坡，又由于规模所限，浙江民营企业不具备资金、技术、研发人员的投入能力，最终无法向“微笑曲线”两端进行产业升级。也有学者指出，根据日本经济产业省对日本制造业企业进行的调查，44.4%的企业在制造和组装环节获得的利润最高，其次才是销售、售后服务和研发设计环节，特别是机械、汽车等产业，其价值链是一个倒“微笑曲线”（见图4），制造组装环节依然是其利润的主要来源，制造和组装能力也是这些行业的核心竞争力所在（王茜，2013）。

四　中国参与国际产业分工的策略

（一）中国在国际产业分工中的地位

中国自改革开放起加入到国际产业转移的承接梯队，以东北沿海地区承接国际制造业发展加工贸易为主要特征，一共经历了三个

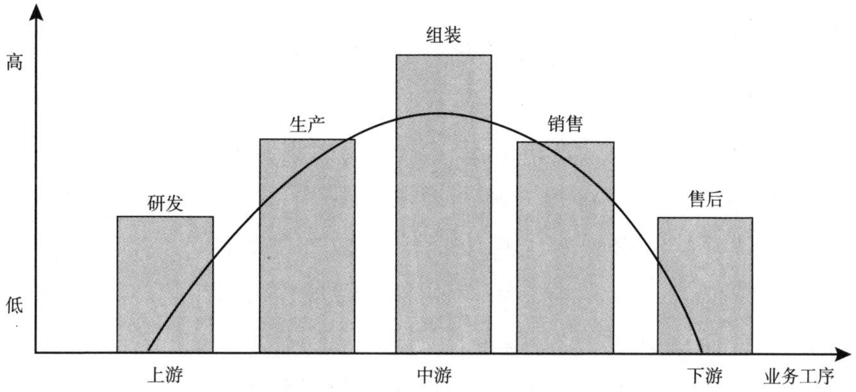

图 4　倒“微笑曲线”

阶段。第一个阶段是 20 世纪 70 年代末改革开放开始到 1990 年左右，主要承接东亚新兴工业化国家和地区转移的劳动密集型产业，发展来料加工和来件装配为主的加工贸易，承接产业集中在纺织、服装、塑料制品、电子元件等加工制造产业，也承接了部分商业、饮食、娱乐等一般性服务行业。第二个阶段是 1990 年左右到 2000 年左右，由来料加工为主导的初级阶段向进料加工为主导的加工贸易转变，承接了电子与通信设备制造、仪器仪表制造、医药、化工等资金、技术密集型产业。第三个阶段是 2000 年至今，加工贸易形式更加多样、高级、综合，表现为以外商直接投资和间接投资为基础带动各种方式的加工贸易发展，承接的产业已经不止局限于生产环节，跨国公司还对研发、销售以及服务业进行投资，并且对中西部地区的投资增长速度在逐步提升。

通过承接国际产业转移，融入全球价值链，积极参与国际分工与国际合作，中国的产业体系经历了不断调整和优化的过程，根据东部、中部、西部的区域优势和经济发展条件，引导各地区间建立合理的分工关系，初步实现了区域产业的协调发展。也正是从这时开始，中国经济驶上了通往现代化的高速公路，GDP 和人均收入实现快速增长，人民的生活水平也不断提升。随着国民经济的快速增长和对外经济交往的日益频繁，中国的产业体系不仅在国内朝合理化方向发展，而且通过对外贸易与投资的形式积极融入国际分工体系。贸易与投资规模的不断扩大，说明中国已积极参与全球产业分工并已经成为全球分工体系中的重要一员（汪立峰，2011）。但是，从产业价值链的国际分工角度看，中国的产业体系仍存在不足之处。

1. 两个“中心－外围”格局相互嵌套

在全球价值链组织和治理下的国际生产和贸易体系中，发达国家占据全球价值链的高端，中国东部沿海地区专业化于低附加值的代工环节，而中西部地区则沦为低端要素的供应地，最终形成了“发达国家←→中国东部地区←→中国中西部地区”的“食物链”（张少军、刘志彪，2013）。东部地区利用自身作为“世界加工厂”的在位优势攀升到附加值高的环节；中西部地区则利用东部地区腾出的发展空间承接产业转移，发展劳动密集型环节，缩小与东部的地区差距。东部地区在产业升级的过程中，会遇到发达国家和发展中国家的双重夹击，需要发挥大国经济的优势，通过国内市场的规模经济助推产业升级；东部地区在将产业转移到中西部地区的过程中，可以将自身积累的先进技术、管理经验和市场信息等传递给中西部地区，延长全球价值链在国内的环节，发展国内价值链，惠及中西部地区的发展，缩小地区差距。

2. 中国制造产业总体处于“微笑曲线”凹处

中国位于全球价值链的低端，国际分工地位有待提高。改革开放以来中国承接国际产业转移主要是基于国内劳动力成本相对较低，很多产业都是依靠为数众多且整体素质不高的劳动力，从事技术含量有限、附加值低的加工环节的生产。生产的产品在走向国际市场时，多是依靠低廉的成本，缺乏先进的技术和新颖的设计，导致竞争力不足，最终也只能从全球价值链中获得很低的利润，中国实际上扮演了“世界加工厂”的角色（刘迎秋，2006）。至于具有高增值空间的研发设计、品牌管理、营销服务等高端环节，需要有足够的技术、知识等要素的积累，中国企业在这方面缺乏优势。

3. 中国主要承接了劳动密集型产业

中国资本和技术密集型产业发展不足，与发达国家存在较大差距。在中国参与国际分工的进程中，劳动密集型产业在缓解社会就业压力、提高劳动者收入水平、完成工业化原始积累等方面发挥了重要作用。但也存在劳动生产率和附加值低，对环境与自然资源依赖性强等缺点。与之相对，中国资本和技术密集型产业长期以来发展滞后，国内很多资本和技术密集型产品仍然依赖进口。而发达国家利用其在资本和技术要素方面的优势，大力发展资本和技术密集型产业，导致了中国与发达国家在产业发展水平上的较大差距，并使中国与西方发达国家之间的分工关系仍以垂直型为主。

4. 中国缺乏在国际产业价值链布局中起主导地位的跨国公司，产业集中度偏低

在当今国际分工格局中，跨国公司的作用日益突出。当前，中国虽然在某些行业形成了若干初具国际竞争力的大型企业集团，并已通过对外投资等形式积极参与国际分工，但从总体上看跨国性的大型企业集团数量仍然较少，跨国性业务水平不高。据有关研究测算，中国跨国公司的平均跨国指数，即海外资产对总资产、海外销售额对总销售和海外雇员数对总雇员的三个比率的均数，仅为14.8%，不仅大大低于发达国家的平均水平，也远低于俄罗斯（54%）、印度（41%）和巴西（40%）等新兴市场国家。造成中国跨国公司数量不多、水平不高的重要原因是国内产业的集中度偏低。目前除铁路、电信、电力、石油等垄断性行业外，中国多数行业的集中度处于较低的水平。产业集中度的低下使得行业资源过于分散，不利于形成新的大型企业集团，也不利于提升现有大企业的内部积累能力和外部竞争优势，从而影响了中国参与国际资源整合和国际分工的水平。

（二）中国参与国际分工面临的新形势

经济全球化和国际产业转移的机遇使中国承接并参与了国际产业价值链分工，促进了经济发展，给对外经济贸易也带来了前所未有的变革和潜力。然而，国内外环境的转变和国际分工的进一步深化，以及金融危机的冲击，为中国参与国际分工带来新形势。

1. 中国制造企业面临“内外交困”的局面，利润不断缩小，生存空间收窄

随着贸易保护主义的抬头，国际市场对中国出口商品的质量和价格要求更加苛刻，而国内产品的生产工艺更新慢，原材料成本又大幅度上涨，外销市场已越来越难做。在内因方面，能源和原材料价格的上涨、人民币升值、劳动力及地价上涨、小微企业融资难、出口退税和加工贸易政策调整等原因，制造企业生存压力日益加大。在外因方面，近年来国际市场行情低迷以及东南亚等新兴国家制造业飞速发展、发达国家力求改变产业空心化问题等，使得中国劳动密集型产业，如玩具、服装、鞋帽等出口制造企业相继出现破产和倒闭现象。随着金融危机向实体经济的蔓延，中国制造业已经走到了十字路口，企业的生存空间、市场空间、利润空间和发展空间都受到了前所未有的挑战，这将进一步促使中国制造业获得从“中国制造”向“全球制造”转变的机遇，使得中国制造业更加坚定地走向自主创新的发展道路，坚持高质量、品牌独立、自主研发，以市场需求为导向，以技术创新为动力，做行业技术先行者，加快战略转型，努力提高产品的科技含量和附加值，从低成本优势向高效率和技术优势转变，向价值链高端挺进（王清，2011）。

2. 人口红利逐渐消失，劳动生产率较低，劳动力成本比较优势在减弱

在过去的30年里，中国之所以成为国际产业转移和国际投资的重要目的地，很大一部分依赖于廉价而丰富的劳动力资源。随着第一批打工潮的劳动人群逐渐老去并退出打工行业，以及一直以来独生子女政策的实施，低廉的劳动力群体在缩小，劳动力成本在提升。根据波士顿咨询公司的调查研究，近10年间中国劳动力成本与美国劳动力成本的比值逐步提升，未来有进一步提升的趋势。对于国民而言，劳动力成本提升意味着居民收入的增加，是一件好事情，然而对当前中国产业转型发展是一种挑战。并且，由于较高的交易成本，中国制造业的劳动生产率与发达国家相比差距较大，劳动生产率只是美国的1/23、日本的1/25、德国的1/18，主要原因在于目前

中国制造业整体仍处于组装、加工阶段，缺乏核心竞争技术，附加值低，利润率也低（唐玉华、揭丽，2013）。中国劳动力成本高于东南亚发展中国家，劳动生产率又不及发达国家，劳动密集型产业有向外转移的趋势，正酝酿新的国际分工形势。

3. *加工贸易发展亟须转型升级*

中国加工贸易一直以来处于全球价值链的低端，走的是“低科技含量、低附加值、高耗能”的路子。有学者（刘始，2009）对中国加工贸易与环境污染的相关性进行实证分析，认为中国现行的加工贸易方式是不可持续的，加工贸易额的增长伴随着工业废水、废气、固态污染物的增加，造成严重的环境污染。中国经济发展到现在这个阶段，已经成为世界第二大经济体，经济增长方式亟须转变，“两低一高”的发展方式已经不符合中国国情（赵玉敏，2012）。从日本、韩国、中国台湾的加工贸易发展历程看，都经历了转型升级这一过程，当时伴随着国际产业转移将劳动密集型产业转出，这些国家和地区专心致力于资本密集型和知识密集型产业。中国加工贸易企业正迎来转型升级时期，需要主动调整产业结构，增强自主创新能力，扩大产品附加值。

4. *后危机时代的国际经济格局变化*

2008 年爆发金融危机以来，全球经济格局面临着新的机遇和挑战。一方面，国际金融危机迫使发达国家重新审视其国内产业结构，探索实体经济再振兴道路，鼓励高端制造业留在国内，甚至从国外向国内回流。据波士顿咨询公司报告和预测，将有 15% 针对北美市场的美国企业从中国“回流”到美国。此外，自金融危机爆发以来，外资在中国投资的制造型企业数量急剧下降，甚至有制造企业撤资现象。另一方面，东南亚国家拥有廉价丰富的劳动力，而且采取了相应的鼓励措施来吸引国际制造业向其国内转移。跨国公司势必会利用全球范围内调度配置资源的能力，对劳动密集型生产环节重新进行全球范围内的区位选择，寻找更为有利的生产场所，加工产业面临着消失的风险（任金玲，2011）。这就意味着中国面临东南亚国家的竞争，在承接国际制造业方面的比较优势在渐渐削弱。

（三）未来发展策略

在全球价值链分工不断扩大和深化的背景下，中国参与国际分工的环境在不断变化，融入国际分工的程度不断加深，中国本土企业在全球价值链分工体系中既有竞争优势所在，又存在潜在竞争力不强的问题（王小松、陈思郁，2012）。后危机时代，伴随着世界经济增长方式的转变，新兴战略性产业的成长以及国际竞争格局的演化，全球产业发展和竞争的环境正在发生改变。中国产业转型升级也面临着新的路径，嵌入全球产业价值链成为产业升级的重要渠道。在新形势中面对新问题，中国承接国际产业转移策略需要做出新调整，推进加工制造产业升级，促进国内产业梯度转移，并全力培养国际性领导企业。

1. 促进加工贸易转型升级

在2001年以前，中国通过发展加工贸易的方式，快速进入了全球产业价值链的加工组装环节，加工贸易的出口比重一度达到55%以上，珠三角地区加工贸易的出口比重更是一度高达80%以上。2001年以后，国内早期以承接加工贸易业务为主的企业，逐渐开始意识到转型升级的重要性，并通过技术更新或开拓自主销售渠道等方式，着力改善自身在全球产业价值链中的不利地位（唐玉华、揭丽，2013）。2008年金融危机爆发后，珠三角、长三角等以加工贸易为主的企业受到了重创，对中国的加工贸易企业产生了巨大负面影响，只有不断通过产业升级与技术创新，掌握核心技术与培养研发团队，实现“中国制造”向“中国创造”转变（许晓冬，2011），才能在国际市场上拥有更大的话语权。就目前而言，加工贸易转型仍然处于初级阶段，今后转型方向是“微笑曲线”的两端。向产业价值链左端提升，逐步占据设计、研发高端，全力提升制造加工业的技术能力和技术水平，逐步形成在技术和研发领域的竞争优势；向产业价值链右端提升，开辟自主营销渠道，提升售后服务水平，积极发展品牌，做好品质管理，逐步创建形成自主品牌，向增值能力较高的环节不断跃升。也有学者把中国加工贸易转型升级的实现路径归纳为：一是在产业发展上、区域布局上、贸易方式上和管理方式上的国家层面转型升级；二是在产品质量上、市场需求上和投资方式上的企业层面转型升级（王迎新，2013）。

2. 推进制造业向产业价值链的高端提升

根据对全球化分工趋势的分析，中国应该采取“提升全球价值链战略”（李春伟，2013），充分利用经济全球化带来的机遇，在开放条件下推进中国在国际分工中的地位，由当前的低附加值环节为主，向上下游高附加值环节提升。强化政策导向作用，针对中国产业结构优化调整、战略性新兴产业发展的需要，结合国际生产分工的特点以及发展路径，制定产业发展方向和政策措施，向国际产业链中附加值高、技术含量高的环节升级。优化制造产品出口结构，切实改变劳动密集型产品的出口比重，通过引入高新技术，提升技术消化吸收和创新能力，重组生产系统，逐步增加产品的技术含量，提高附加值。延长产业链条，从加工组装工序不断向上游和下游延伸，增强国内配套能力和配套水平。一是应继续发挥外资企业的技术扩散作用，发展“一体化”产品的制造装配技术。二是要进一步强化对材料、工艺和零部件的研究，夯实产业基础。三是中国应发展“专精特新”的中小企业，强化产业链控制。四是要实施以政府为主导、企业为主体的知识产权战略（王茜，2013）。支持本土企业参与高端制造业，打造本土化的一级国际供应商和服务商，提高全球接单和营运能力。

3. 促进国内制造产业向中西部地区梯度转移

中国承接国际制造业转移的主要地区是在东部沿海，当前东部地区制造业发展已经呈现饱和状态；中西部地区是主要劳动力输出地点，工业发展仍然比较滞后。东部沿海地区经过改革开放30多年的经济发展，劳动力、资源、能源、环境等生产要素供应紧张的现象日益显现，应该推进产业转型，由制造业逐渐向服务业过渡。中西部地区有广阔的劳动力、土地以及自然资源，具有资源密集、劳动力丰富的相对优势，随着国家推进西部大开发战略，为承接东部地区产业转移做好准备，将东部沿海地区的剩余经济发展能力，用于提高西部地区的经济和社会发展水平，将加工制造企业向中西部转移。学者们主要从产业转移的背景、影响因素、比较优势、路径模式等方面对此进行分析。有学者运用2000～2010年的统计数据，对我国东部、中部、西部地区间工业产业转移的趋势和特征进行了系统分析，结论表明：虽然我国东部地区向中西部地区转移的产业数量和规模都在不断扩大，但大规模产业转移现象尚未发生；现有产业转移基本遵循了梯度转移规律，即先由东部地区向中部地区转移，然后再向西部地区转移。同时研究发现，我国八大区域经济格局和产业特点差异明显，在研究区域产业转移时不能“东、中、西部”一概而论（贺曲夫、刘友金，2012）。目前，已有富士康、广达、英业达、伟创、宏碁等企业在中西部地区建立生产基地，这一梯度转移趋势已经逐渐在国内出现。大多数学者认为，劳动力密集型加工贸易在中西部地区有较大的发展潜力。制造业向中西部地区梯度转移，既符合各区域内经济发展的要求，也有利于区域间经济的协调互动，可优化区域间产业价值链的分工合作，打造沿海中心城市与内地新的“前店后厂”模式，助推中国整体产业链的优化重组。总体来看，中西部地区不断承接东部地区产业转移，逐步成为带动经济增长的新亮点（裴长洪，2012）。

但也有学者对基于雁阵模型提出的把我国东部地区劳动密集型产业转移到中西部地区，以促进东部地区产业升级和中西部地区经济发展的主张提出质疑，认为产业转移对于中西部地区发展来说并不必要，且中西部地区也不是东部地区产业转出的理想目标地区（张舒，2013）。他认为，用于解释国家间产业转移的雁阵模型，在国内地区间产业转移中缺少劳动力非自由流动和地区间工资差距长期存在这两个重要条件，而且中西部地区承接东部地区产业转移，进而使两地区形成雁阵模式，无异于要求中西部地区在经济上从属于东部地区，这在理论和现实上都不具有合理性。

4. 实施“走出去”战略

中国企业“走出去”，不是简单的“拿来主义”，而是要整合全球的产业价值链，达到优势互补和“双赢”。为此，有学者在理论上总结出我国产业结构升级视角下“走出去”的5个基准，即边际产业基准、产业相对优势基准、产业结构高度化同质性基准、技术学习基准、资源获取基准（张二震、韩剑，2013）。在金融危机之后，国外投资环境相对宽松，这个时候应鼓励国内企业积极“走出去”，兼并国外的研发、营销等企业；同时利用广阔的国内需求，发挥虹吸效应，反向吸纳国外的高级生产要素尤其是生产性服务要素，弥补中国服务业发展滞后的难题（陈启斐、刘志彪，2013）。加快产业在国家间的转移，形成多层次分工的产业体系，一方面承接发达国家的产业转移，引导位于价值链高端的产业“走进来”，另一方面要通过“走出去”在国际产业价值链中获利。工业化、城镇化和经济增长将面临日益加剧的能源、矿产供求矛盾，对能源和资源产品的进口依赖增强，应该加大海外资源的开拓力度（王勇娟，2011）。加快资源企业“走出去”步伐，加大海外资源开发力度，提高参与资源谈判的能力，建立资源和能源的多元化供给体系，维护能源和资源安全。在产业升级的过程中，充分利用国际产业分工，使国内企业“走出去”，把市场尽量做大做全，将水平分工与垂直分工相结合，与发展水平相近的国家加强产业合作，与东南亚国家加强部分低端劳动密集型产业转移承接合作，都将提升中国产业的自主升级（许晓冬，2011）。由于国内劳动力成本的上升和土地等自然资源的约束，中国承接而来及自身积累的部分产业的工序和工艺流程将逐渐失去比较优势，可以采取“走出去”的方式将这部分低附加值产业转移出去，无论是参与垂直型分工还是水平型分工，关键是要大力培育若干跨国性的大型企业集团（汪立峰，2011），在全球范围内进行资源的优化配置和产业的重组整合。为此，应适当提高国内产业的集中度，运用财政、税收、金融、土地等政策合理引导相关企业通过跨地区、跨行业的兼并重组，形成若干实力雄厚的大企业、大集团，增强大企业、大集团的竞争水平，以利于其走向国际市场。

参考文献

[1] 陈启斐、刘志彪：《反向服务外包对中国制造业价值链提升的实证分析》，《经济学家》2013年第11期。

[2] 陈永志、吴盛汉：《当代国际分工的变化及其对国际价值的影响与启示》，《当代经济研究》2013年第11期。

[3] 崔焕金、刘传庚：《全球价值链驱动型产业结构演进机理研究》，《经济学家》2012年第10期。

[4] 范鹏辉、顾学明、董超：《加工贸易视角下中美经贸合作研究》，《国际贸易》2013年第11期。

[5] 冯梅：《全球产业转移与提升中国产业结构水平》，《管理世界》2009年第5期。

[6] 付丽：《全球价值链的发展趋势及影响》，《国际经济合作》2013年第3期。

[7] 复旦大学亚洲经济研究中心：《亚洲的经济发展与国际分工：要素价格与生产率的国际比较分析》，《国际学术动态》2013年第1期。

[8] 贺曲夫、刘友金：《我国东中西部地区间产业转移的特征与趋势——基于2000~2010年统计数据的实证分析》，《经济地理》2012年第12期。

[9] 胡琼洁：《基于全球价值链的制造业产业升级分析》，《商业时代》2011年第17期。

[10] 胡绪华、蔡济波：《基于全球价值链的中国本土生产型外贸企业升级机理分析》，《企业经济》2013年第1期。

[11] 郭秀慧：《贸易利益分配机制的转变研究》，《商业时代》2013年第15期。

[12] 简晓彬、周敏：《产业转移对制造业价值链攀升的影响》，《中国科技论坛》2013年第1期。

[13] 荆林波：《美国全球战略调整及对中国战略调整的启示》，《财贸经济》2012年第10期。

[14] 雷钦礼：《制造业价值链拓展升级、结构调整与经济持续增长》，《产经评论》2011年第6期。

[15] 李春伟：《全球价值链与产业升级》，《新商务周刊》2013年第16期。

[16] 李辰：《金融危机背景下“微笑曲线”再探》，《技术与市场》2010年第9期。

[17] 林立：《加工贸易企业转型升级研究》，中国社会科学院研究生院博士学位论文，2012。

[18] 刘丽萍：《全球价值链与贸易增加值的核算》，《国际经济评论》2013 年第 4 期。
[19] 刘仕国、吴海英：《全球价值链和增加值贸易：经济影响、政策启示和统计挑战》，《国际经济评论》2014 年第 4 期。
[20] 马红旗、陈仲常：《中国制造业垂直专业化生产与全球价值链升级的关系》，《南方经济》2012 年第 9 期。
[21] 梅琳：《经济全球化与国际产业转移》，《当代经济管理》2011 年第 3 期。
[22] 南开大学产业经济课题组：《新国际产业转移、新国际货币体系与中国发展转型》，《当代经济研究》2013 年第 3 期。
[23] 裴长洪：《全球格局下的中国经济走势》，《中国流通经济》2012 年第 7 期。
[24] 邱斌、叶龙凤、孙少勤：《参与全球生产网络对中国制造业价值链提升影响的实证研究》，《中国工业经济》2012 年第 1 期。
[25] 任金玲：《价值链国际分工与中国加工产业发展问题研究》，《北方经济》2011 年第 3 期。
[26] 邵安菊：《基于“产品内分工视角”的上海制造业价值链重构与产业升级研究》，《经济体制改革》2013 年第 4 期。
[27] 孙绪鑫：《国际分工模式下的全球贸易格局调整趋势研究》，《特区经济》2013 年第 11 期。
[28] 汤碧、陈莉莉：《全球价值链视角下的中国加工贸易转型升级研究》，《国际经贸探索》2012 年第 10 期。
[29] 唐海燕、张会清：《产品内国际分工与发展中国家的价值链提升》，《经济研究》2009 年第 9 期。
[30] 唐玉华、揭丽：《浅谈全球制造业转移背景下的中国制造业发展》，《特区经济》2013 年第 11 期。
[31] 陶锋、李霆、陈和：《基于全球价值链知识溢出效应的代工制造业升级模式》，《科学学与科学技术管理》2011 年第 6 期。
[32] 汪立峰：《国际分工与中国现代产业体系发展》，《高校理论战线》2011 年第 2 期。
[33] 汪洋：《新国际分工理论演进与工序分工理论的兴起》，《产业经济研究》2011 年第 6 期。
[34] 王岚：《全球价值链分工背景下的附加值贸易：框架、测度和应用》，《经济评论》2013 年第 3 期。
[35] 王克岭、罗斌、吴东、董建新：《全球价值链治理模式演进的影响因素研究》，《产业经济研究》2013 年第 4 期。

[36] 王茜：《中国制造业是否应向“微笑曲线”两端攀爬——基于与制造业传统强国的比较分析》，《财贸经济》2013 年第 8 期。

[37] 王清：《“中国制造”在全球价值链中的地位提升探析》，《生产力研究》2011 年第 6 期。

[38] 王小松、陈思郁：《中国参与国际分工问题探究》，《中国商贸》2012 年第 20 期。

[39] 王恕立、张云：《国际产业转移的影响因素——基于东部三大经济圈实证研究》，《当代经济》2011 年第 4 期。

[40] 王迎新：《加工贸易转型升级势在必行》，《经济参考报》2013 年 9 月 23 日。

[41] 王中美：《全球价值链的新趋势、新平衡与关键命题》，《国际经贸探索》2012 年第 6 期。

[42] 王子先：《服务贸易新角色：经济增长、技术进步和产业升级的综合性引擎》，《国际贸易》2012 年第 6 期。

[43] 谢鲁江：《把握中国经济在国际分工中的新定位》，《前线》2012 年第 6 期。

[44] 徐国海：《中国加工贸易转型升级研究》，上海社会科学院出版社，2012。

[45] 徐建炜、姚洋：《国际分工新形态、金融市场发展与全球失衡》，《世界经济》2010 年第 3 期。

[46] 许晓冬：《中国参与国际分工转移的现状及战略选择》，《对外经贸实务》2011 年第 10 期。

[47] 杨丹辉：《全球竞争格局变化与中国产业转型升级——基于新型国际分工的视角》，《国际贸易》2011 年第 11 期。

[48] 伊藤学：《制造业国际分工走向分歧点》，《商周刊》2013 年第 3 期。

[49] 袁堂军：《国际分工结构调整和中国产业的发展》，《探索与争鸣》2013 年第 3 期。

[50] 张娟娟：《论中国的国际分工地位》，《经营管理者》2011 年第 21 期。

[51] 张珉、卓越：《全球价值链治理、升级与本土企业的绩效》，《产业经济研究》2010 年第 1 期。

[52] 张岩贵、陈晓燕：《全球价值链与中国制造》，《世界经济研究》2009 年第 10 期。

[53] 曾铮：《全球工序分工与贸易研究》，中国社会科学院研究生院博士学位论文，2009。

[54] 赵玉敏：《加工贸易是否导致中国陷入低端制造业陷阱研究》，《国际贸易》2012 年第 10 期。

[55] 赵张耀、汪斌：《网络型国际产业转移模式研究》，《中国工业经济》2005 年

第 10 期。

[56] 张舒：《劳动密集型产业向中西部地区转移的潜在风险不容忽视》，《经济纵横》2013 年第 6 期。

[57] 张二震、韩剑：《产业结构升级视角下“走出去”的产业选择——以江苏为例》，《唯实》2013 年第 2 期。

[58] 张少军、刘志彪：《互动全球价值链和国内价值链》，《中国社会科学报》2013 年 4 月 3 日。

[59] 甄洁：《从“微笑曲线”看中国企业转型》，《商 - Business》2012 年第 11 期。

[60] 综合开发研究院（中国·深圳）区域发展规划研究所：《加工贸易向产业价值链中高端提升策略研究》，《开放导报》2012 年第 6 期。

[61] Arto I., Roca J., Serrano M., “Measuring Emissions Avoided by International Trade: Accounting for Price Differences”, *Ecological Economics*, 2014, 97: 93 - 100.

[62] Antràs P., Chor D., “Organizing the Global Value Chain”, *National Bureau of Economic Research*, 2012.

[63] Casson M., “Economic Analysis of International Supply Chains: An Internalization Perspective”, *Journal of Supply Chain Management*, 2013, 49 (2): 8 - 13.

[64] Cooke P., “Global Production Networks and Global Innovation Networks: Stability Versus Growth”, *European Planning Studies*, 2012.

[65] Elms D. K., Low P., “Global Value Chains in a Changing World”, *Pietrobelli*, 2013.

[66] Gereffi G., Fernandez-Stark K., “Global Value Chain Analysis: A Primer, Center on Globalization”, *Governance & Competitiveness*, *Durham*, *NC*, 2011.

[67] Lakhani T., Kuruvilla S., Avgar A., “From the Firm to the Network: Global Value Chains and Employment Relations Theory”, *British Journal of Industrial Relations*, 2013.

[68] Lei Ding, “Determinants of Industrial Upgrading for Processing Trade: An Empirical Analysis Based on Panel Data of Developing Countries”, *Application of Statistics and Management*, 2012.

[69] Riisgaard L., Bolwig S., Ponte S., “Integrating Poverty and Environmental Concerns into Value-Chain Analysis”, *Development Policy Review*, 2010, 28 (2): 195 - 216.

[70] Tastumoto H., Ogawa K., Shintaku J., “Strategic Standardization: Platform Business and the Effect on International Division of Labor”, *Analysis of Business Administrative Science*, 2011.

国际贸易体系篇

区域经济一体化与多边贸易体制文献综述

汤　婧*

内容摘要　区域经济一体化与多边贸易体制之间的关系一直是近年来国际贸易领域关注和研究的焦点问题。本文首先通过对国内外相关文献的整理，系统整合了对区域经济整合与多边贸易体制的辩证关系，归纳出三个主要论断：协调论、冲突论和折中论。其次，针对 WTO 对区域贸易协定的法源规范进行深入探讨，以论证区域经济整合的合理性以及 WTO 规则对区域贸易协定规定的局限性。再次，本文针对新区域主义的发展和区域经济整合过程的演变进行回顾、归纳和对比分析，总结出全球区域经济整合的发展趋势及演变特点，并揭示出新区域主义浪潮下的区域发展新思路成为全球自由贸易的新壁垒。在此分析论证基础上，提出中国在 WTO 多边贸易规则下参与多边化区域经济整合的战略思考。最后，提出评述性总结与需进一步研究的问题。

关键词　区域经济一体化　WTO　新区域主义　多边主义

* 汤婧，女，中国社会科学院财经战略研究院助理研究员，经济法学博士，主要从事服务贸易、WTO 规则、区域贸易经济等方面的理论与实证研究；曾多次参与中国社科基金重大招标项目课题研究，并主持社科院青年基金课题；在《财贸经济》《求是》《国际贸易问题》《国际贸易》等核心期刊发表学术文章，连续在中国外经贸发展与改革征文中获奖；2012 年担任中国商务部《中国服务贸易发展报告》顾问。

一 引言

自从1995年世界贸易组织（WTO）成立以来，多边主义一直是国际贸易金字塔体系中的最顶层，区域主义或者双边主义在中层，WTO成员方的贸易与经济政策在最底层。但是，当前全球贸易增长的制度框架正逐渐由世界贸易组织为主导的多边框架发展到“区域性的经济一体化”（Regional Economic Integration）安排与WTO多边体制并存的多重框架。根据Balassa（1961）[①] 的定义，所谓的经济一体化是指国与国之间消除彼此在商品、服务以及生产因素流动上的限制与障碍，使商品、服务与生产资源的市场逐渐合二为一的过程，该过程也可称为“经济整合”。一般而言，参与经济整合的国家大多是区域上或者地理上相邻的国家，因此又称为区域经济整合。根据经济整合的程度，可将区域经济的程度分为五个级别，程度从低到高依次是优惠性贸易协定（Preferential Trading Agreement，PTA）、自由贸易区、关税同盟、共同市场以及经济同盟五种（见表1）。

表1 各种类型的区域经济整合及整合程度

<table>
<tr><th>降低区域内产品关税</th><th>成员国间消除关税与非关税障碍</th><th>对外采取一致的关税与贸易策略</th><th>允许生产要素的自由流动</th><th>制定共同的贸易、货币、财政与社会福利政策</th></tr>
<tr><td>优惠性贸易协定(例如,安地斯贸易优惠法)</td><td></td><td></td><td></td><td></td></tr>
<tr><td colspan="2">自由贸易区(例如,EFTA、NAFTA)</td><td></td><td></td><td></td></tr>
<tr><td colspan="3">关税同盟(例如,BENELUX)</td><td></td><td></td></tr>
<tr><td colspan="4">共同市场(例如,EFC、CACM、MERCOSUR)</td><td></td></tr>
<tr><td colspan="5">经济同盟(例如,EU)</td></tr>
</table>

资料来源：Paul Knox，John Agnew，Linda McCarthy，*The Geography of The World Economy*，Oxford University Press Inc.，New York，2003.

① Balassa，B.，*The Theory of Economic Integration.* Irwin，Homewood，Illinois，1961.

自1995年WTO成立以来，参与区域经济整合的国家不断增多，合作进程不断加深，跨区、跨洲、跨洋的区域经济合作不断涌现和推进，已有的区域经济整合也在不断加深一体化程度，向更大范围、更高级别的区域经济集团迈进。根据2013年7月31日WTO最新统计数据，目前各成员向WTO通报的区域贸易协定数量达到575个，已生效实施的有379个。① 世界范围内的区域贸易协定数量激增，使得WTO多边贸易体系在国际贸易体系中的中心地位受到挑战。对此，有学者质疑国际贸易体系是否还是垂直的金字塔结构？一方面，区域贸易协定能拓展更多的贸易机会，推动各国之间向多边贸易体系整合；另一方面，区域贸易协定又是对非歧视规则的背离，对全球贸易的进一步开放、规则的进一步融合形成一定的阻碍。这让我们引发思考：区域贸易协议究竟是多边体系进一步自由化的基础，还是阻碍？区域贸易协定究竟会对多边贸易体制产生哪些影响？WTO多边贸易体系是否能够依靠区域经济一体化整合得以重建？

本文针对上述问题进行探讨，首先，通过对国内外相关文献的整理，系统地整合了对区域主义与多边主义的辩证关系，归纳出三个主要论断：协调论、冲突论和折中论。其次，针对WTO对区域贸易协定的法源规范进行深入探讨，以论证区域经济整合的合理性以及WTO规则对区域贸易协定规定的局限性。再次，本文针对新区域主义的发展和区域经济整合过程的演变进行回顾、归纳和对比分析，总结出全球区域经济整合的发展趋势及演变特点，并揭示出新区域主义浪潮下的区域发展新思路成为全球自由贸易的新壁垒。在此分析论证基础上，提出中国在WTO多边贸易规则下参与多边化区域经济整合的战略思考。最后，提出评述性总结与需进一步研究的问题。

二　区域经济整合与多边贸易体制辩证关系的理论综述

自由贸易是多边贸易体制建立的基础。自由贸易倡导者认为，

① http：//www. wto. org/english/tratop_ e/region_ e/region_ e. htm.

在多边贸易体制下，各国能依据各自的资源禀赋，生产具有比较优势的产品，通过国家间专业分工与互惠互利的贸易，在各国间实现最有效的资源配置；同时，在多边贸易体制下，各国间形成相互贸易及相互依赖关系，有助于推动世界的繁荣与和平。特别是，多边贸易谈判通过集体谈判、达成协议、各成员国遵守协议、逐步开放市场的方式，可避免个别国家因单方面开放市场而发生的重大冲击以及“囚徒困境”的发生。

WTO 框架下，互惠及非歧视两大原则的配合及运作，提升了这一多边贸易体制的运作效率。但是 WTO 制度并不排除有部分国家通过协议的方式，推行更进一步的贸易自由化，由此 RTA 成为最惠国待遇的例外。而随着区域贸易协定的数量增加，究竟区域贸易协定与多边贸易体制间是互补关系还是相斥关系？RTA 是否会危及 WTO 的多边贸易体制？怎样的区域贸易协定在实务上符合多边贸易体制的要求？对此，不同学者有不同的看法。有些学者认为，RTA 能够促进成员国间贸易自由化的程度、深度及广度，可为未来多边体系的自由化进程做准备，因此，可作为多边贸易自由化的踏脚石；也有学者认为 RTA 的盛行，将会阻碍多边贸易谈判的进程，特别是如果区域贸易结盟形成了既得利益集团，也有可能导致对外提高贸易壁垒，或为了保护区域内的既得利益集团的利益而阻碍多边贸易谈判的进行。因此，RTA 会成为多边贸易体制的绊脚石。

学者巴格沃蒂[①]（Bhagwati，1993）对于 RTA 不断扩散对 WTO 多边贸易体制所产生影响的不确定性，用“绊脚石”和“垫脚石”两个词做出形象的描述，并引发学术界的广泛讨论。相关讨论主要集中在三个方面：一是区域经济一体化是会推动还是会阻碍多边贸易体系谈判进程？二是两者中谁带来的全球自由贸易的可能性最大？三是各国对于区域主义及多边主义的偏好。而对于这三个方面问题

① Bhagwati J.，“Regional Versus Multilateralism：An Overview”，Jaime de Melo，Arvind Panagariya，*New Dimensions in Regional Intergration.* Cambridge：Cambridge University Press，1993，pp. 22 – 51.

的讨论，其基础性问题是明确区域贸易协定与多边贸易体制二者的关系——冲突还是协调？

（一）协调论：区域经济整合是多边贸易体制的有效推动力量

持协调论的学者认为 RTA 可以有效推动多边贸易体制的推进。鲍特文（Baldwin，1995）[①] 认为，两个国家如果先行签订自由贸易协定，这会吸引第三国的加入，或者会直接影响第三国与第四国之间形成 FTA，至少提高其他国家签订 FTA 的动力，从而形成多米诺骨牌效应。这也是当前区域贸易协定不断扩散的一个重要原因。这种趋势的不断演进就会形成全球的自由贸易。1995 年 WTO 秘书处的研究显示，RTA 应该是协助多边贸易体系加速发展的力量，同时强调了二者协调发展的重要性。[②] 在实证研究方面，安德森和诺赫（Anderson & Norheim，1993）[③] 的研究显示，虽然区域内贸易在 20 世纪快速增加，但是区域与世界其他地区的贸易量及占国内生产总值（GDP）的百分比也随之增加，故全球贸易并未受到区域化负面的影响。欧尼拉斯（Ornelas，2008）[④] 等通过对东盟的研究，发现东盟成员国以集体形式参与和其他经济体的谈判，促进了东盟区域自由贸易的快速发展，并得出以下结论：区域贸易协定可以刺激各国更加积极地寻求多边主义，以更快实现自由贸易。

一些国内学者也持有相同观点，张蕴岭、沈铭辉[⑤]认为区域贸易安排实际上是在多边贸易规则的基础上“做加法”。这个加法有两个

---

① Baldwin R. E.，“A Domino Theory of Regionalism”，in Baldwin R. E.，Haarapanta P，Kiander J.，*Expanding Membership of the EU*，Cambridge：Cambridge University Press，Cambridge Books，1995，pp. 25 - 48.

② Jo-Ann Crawford and Roberto V. Fiorentino，“The Changing Landscape of RTAs”，*WTO Secretariat IV-2005*，2005，p. 39.

③ Anderson，K. and Norheim，H.，“History，Geography and Regional Integration”，in K. Anderson and R. Blackhurst（eds.），*Regional Integration and the Global Trading System*，London：Harvester-Wheatsheaf，1993，pp. 19 - 51.

④ Orneslas E.，“Feasible Multilateralism and the Effects of Regionalism”，*Journal of International Economics*，2008（1），pp. 202 - 224.

⑤ 张蕴岭、沈铭辉：《东亚、亚太区域合作模式与利益博弈》，经济管理出版社，2010，第 78 ~ 82 页。

含义：第一是多边走不动、走得慢了，通过区域安排能够走得快一点，能够走得通；第二，多边不能涵盖的领域，通过区域安排可以更好地涵盖。

同时，学者鲍得温（Baldwin，2006）[①] 在其早期研究的基础上，又进一步提出区域主义的多变化理论。该理论认为区域经济整合呈多边化趋势发展，地区间的 RTAs 数量的持续增长，不可避免地导致了意大利面碗效应（Spaghetti-bowl Effects）。面碗效应的恶化使经济体参与 RTAs 的成本与收益发生改变，也阻碍了 RTAs 的资源配置功能。因此，在意大利面碗效应存在的条件下，维持经济体原有收益并实现资源配置的最好办法就是打破 RTAs 的排他性与封闭性，这就为 RTAs 的多边化注入了动力，并最终形成了多边化区域主义（Multilateralising Regionalism）。它是指双边及区域性 RTAs 突破自身封闭性而进行对外开放与整合的机制，它是当今国际区域经济一体化发展的最新趋势。因此，学术界在区域主义和多边主义的关系上一直存在的“绊脚石”和“垫脚石”之争，有望随着多边化区域主义的出现而结束。

（二）冲突论：区域经济整合将给多边贸易体制带来损失

另一类研究表明 RTA 与 MTS 的关系并非彼此协调促进这么简单，相反，区域贸易协定将不利于多边贸易体系的推进。莱维（Levy，1997）[②] 用政治经济学的研究方法来分析两者的关系，得出一个很有趣的结论：区域经济整合不能使原本不可行的多边自由贸易体系成为可行，但可能使得原本可行的多边自由贸易体系成为不可行。从官方文件来看，WTO 总干事顾问委员会认为，区域贸易协定大量涌现动摇了 WTO 法律体制的基石。最惠国待遇是 WTO 成员方应遵守的基本任务，也是 WTO 多边法律制度的基本原则。然而，

---

① Baldwin R. E.，“Multilateralising Regionalism：Spaghetti Bowls as Building Blocs on the Path to Global Free Trade”，*The World Economy*，2006（29），pp. 1451 – 1518.

② Levy P. I.，“A Political-Economic Analysis of Free-Trade Agreement”，*American Economic Review*，1997（87），pp. 506 – 519.

作为最惠国待遇原则例外的区域贸易协定现今已经成为一种国际贸易合作的普遍现象，这使得最惠国待遇原则的基石地位遭到动摇，而原本为“例外”的区域贸易协定极有可能超过多边合作形式，二者发展态势趋于倒置。①

学者李恒（2004）② 提出 GATT/WTO 给予区域主义合法地位是一种基于“历史现实”不得已而为之的选择，就体制本身来说，二者之间存在非常严重的冲突与碰撞，区域贸易协定从实质上偏离了 WTO 一直奉行的最惠国待遇原则与非歧视原则。多边贸易体制是以其法律的严密性来约束成员国以实现贸易自由化，但若因区域主义的盛行而做出无休止的让步，必然使 WTO 多边体制处于尴尬境地。更有学者提出带有绝对性的观点，认为多边贸易体系的单方承诺机制在未来不可行，因此应该将区域贸易协定视为贸易自由化的特别路径（Modus Operandi），同时，区域贸易协定将加速 WTO 体系下非歧视法律规则的瓦解，这给多边贸易体系带来极大的挑战。③

总结持冲突论的学者观点，可以归纳出区域贸易协定对 WTO 多边自由贸易体制会产生以下几方面的负面影响。

第一，区域经济一体化组织倾向“内部自由、外部保护”，成员国间相互排除贸易障碍，却对外维持贸易保护壁垒，会导致成员国与非成员国间的差别待遇，这在扩大区域内贸易的同时，也减少了区域内成员国与区域外国家间的贸易往来。这种“贸易转移”效果无疑会损害非成员国的利益，从而造成 RTA 与非成员国间，以及与其他 RTA 间的贸易摩擦。这种在区域内实现贸易自由化效果，而无法无条件地普及至 WTO 各个成员国的区域经济整合，对 GATT 第 1 条非歧视性原则、最惠国待遇原则形成重大例外。

---

① WTO 总干事顾问委员会：《WTO 的未来——应对新千年的体制性挑战》，商务部世界贸易部组织司译，中国商务出版社，2005，第 25～27 页。

② 李恒：《新地区主义与多边自由贸易体制的碰撞》，《世界经济研究》2004 年第 8 期，第 15～21 页。

③ Rafael Leal-Areas, “Proliferation of Regional Trade Agreements: Complementing or Supplanting Multilateralism”, *Chicago Journal of International Law*, Winter, 2011, pp. 597－598.

第二，各个非会员国处于趋利避害的考量，往往倾向于加入现有的区域贸易协定或是寻求建立新的区域组织以避免被边缘化，而区域贸易协定的签署又会进一步增大对其他非成员国的压力，进而促使更多的区域贸易协定的产生。这种多米诺骨牌效应所形成的数量众多的区域贸易协定相互重叠，会使企业在进行国际贸易时面临更复杂的情况，从而提高全球多边自由贸易运行的成本，造成经济福利的损失。

第三，区域整合在贸易自由化方面若领先多边贸易体制，将使会员国沉浸于区域组织内部所产生的贸易创造效果，且由此所产生的贸易壁垒将使得正在进行的全球贸易自由化的效果下降，对GATT/WTO 信誉及功能的发挥有所影响。[①]

第四，区域贸易协定框架下的贸易争端，将改变 WTO 框架下以往成员国与成员国之间的争端解决模式，严重挑战 GATT/WTO 的争端解决机制。

从学术的立场来看，区域协定实施后，如果没有发生贸易转移的现象，也就是自非成员国家的进口量没有减少，基本上，区域贸易协定对多边贸易体系就没有负面影响。不过，由于贸易量的增减除了受到贸易政策影响以外，还受到景气与国内消费需求变化及产业发展等因素影响，故如果要确认区域贸易协定对多边贸易体制是否有负面影响，必须要针对贸易量与这些影响因素做检测，将各种效果显示出来才能确定，不过 WTO 多边贸易体制并未要求这种检测。而这种检测恰恰是 WTO 多边规则需要建立起来的，这也是学者针对有关区域贸易协定对多边贸易体制影响研究领域中不可忽视的重要研究课题。

（三）折中论

针对上述正反两面的看法，究竟哪一种才正确呢？有学者持折

① Bhagwati J.，“Regional Versus Multilateralism：An Overview”，Jaime de Melo，Arvind Panagariya，*New Dimensions in Regional Intergration*，Cambridge：Cambridge University Press，1993，pp. 22 - 51.

中看法，认为两者都有道理。克鲁曼（Krugman，1991）① 认为，一方面，在 NAFTA 与 EU 形成后，世界多边贸易体系实质被北美、欧洲与东亚三大主要区域分化，如此使得多边贸易体系下的自由化更难推行；另一方面，各区域所组成的会员国，在文化或经济发展上均有某些程度的类似，是一种顺其自然所形成的“天然贸易区”（Natural Trading Area）。纵使没有签署任何协定，会员国之间的贸易也将持续推进和扩大。

与上述研究的视角不同的是，学者刘光溪（2006）② 并非从区域贸易协定对多边贸易体制的协调作用进行单向的论述分析，而是针对二者的关系创造性地提出了“互补性竞争论”的观点。他从动态发展的角度出发，认为二者在发挥各自优势的情况下，产生了竞争，竞争关系带来的结果是两者彼此取长补短、互相补充；同时互补的效应进一步提高二者在开辟和实施贸易自由化领域的竞争层次，又丰富和增加了二者互补的内涵，直至全球经济一体化的实现。因此，二者是一种相得益彰、兼容协同的“互补性竞争关系”。此外，学者巴勃罗－海德利克③针对二者的关系提出了新理论——“飞转的相互依赖齿轮”论。该理论没有将区域主义与多边主义视为相互对立的事物，相反，认为二者是相互依赖的，将这种依赖称为“双向依赖”，并将二者视为联系在一起、运转格外迅速的轮轴。

（四）文献评析

通过对区域经济整合与多边贸易体制的关系的相关文献的梳理，我们可以得出如下结论。

从研究结论来看，区域经济整合与多边贸易体制的关系尚没有

---

① Paul Krugman, “Increasing Returns and Economic Geography”, *Journal of Political Economy*, 1991, Vol. 99 (3), pp. 368－382.

② 刘光溪：《互补性竞争论——区域集团与多边贸易体制》，经济日报出版社，2006，第 82～85 页。

③ 巴勃罗－海德利克、戴安娜－塔斯：《地区协定与 WTO：飞转的相互依赖齿轮》，载〔加〕黛布拉－斯蒂格：《世界贸易组织的制度再设计》，汤蓓译，上海人民出版社，2011，第 411～431 页。

一致的结论。一些文献支持了区域经济整合是多边贸易体制的有效推动力量，另一些文献则得出相反的结论，认为区域经济整合将给多边贸易体制带来损失，还有一些文献则认为不同情况不同对待。由此可以看出，目前还不能对二者关系做出一个清晰的理论预测结论。

综合而言，区域贸易协定对多边体制统一进程而言，是利弊参半。与多边自由贸易的统一相比较，区域贸易协定更容易实现，具有显而易见的积极意义。但区域贸易协定数量的激增，为多边贸易体制带来了诸多不稳定因素：该类协定除了关注货物与服务贸易的制度规定，更具有明显的“非贸易”目标，这些非贸易性的条款体现在高水平保护单方面的知识产权、受惠方在劳工与环境保护方面进行更大承诺以及限制资本控制权的使用，给惠方以此作为给予优惠待遇的要价。如果多数区域贸易协定涵盖上述内容，这极可能变成未来区域贸易协定的“模板”，越来越多的国家接受这类“非贸易”条款，并最终可能发展成一些 WTO 成员要求将这些条款纳入多边贸易规则中。

实际上，我们可以在区域经济整合与多边贸易体制关系的研究中做更深入的研究，区域经济整合对于 WTO 多边贸易体系的影响不能只看对贸易流量方面的效果，还要看其他相关规范，如紧急措施、反倾销措施、原产地规定等，因为当前有很多国家想加入区域协定的原因是为了规避由上述措施所形成的不利影响。如果上述措施不符合自由贸易的精神，而 WTO 会员借参与区域贸易协定而得以规避这些障碍，则区域贸易协定的形成可能减缓了多边贸易体制的改革。此外，区域贸易协定中的优惠性原产地规定，一般的情况是 RTA 成员国提供了过高的限制，这种限制在 RTA 成员国来看虽然有其缘由，但是实际的情况是，对商业活动可能已经形成了障碍。因此，RTA 与多边贸易体系的关系，就大多数 RTA 而言，区域协定应该对全球的自由化没有形成负面影响，但是当 RTA 愈来愈多之后，各种差异性的规定也愈来愈多，未来不排除有可能会阻碍 MTS 自由化的发展。

三　WTO 对区域贸易协定的法源规范——合理性及局限性的论证

单从实施贸易自由化措施可能产生的经济效果来看，区域经济一体化与多边贸易自由化之间最显著的差别是前者会产生贸易转移效果，而后者不会。因此，持自由贸易论的学者一直主张在多边贸易体制（MTS）下推进全球范围内的贸易自由化，从而使全球的经济福利在最大程度上得到提升。但是，在 WTO 的决策机制下，多边贸易体制下的自由化必须得到 WTO 所有参与国的同意。这也是 WTO 决策机制面临的最大挑战，即所有参与国经济发展程度差别较大，且对于自由贸易的认同程度也不一致，多边贸易自由化进程的推进必定受到阻碍。由此，为了让对自由化有相同认知程度的参与国能够更快速地开展彼此间完全开放市场的自由贸易，GATT 第 24 条及 GATS 第 5 条允许少数 WTO 会员国另成立自由贸易区或者关税同盟，但是必须符合 WTO 对自由贸易的定义，以及接受 WTO 的监督。

（一）WTO 多边体制对区域贸易协定的“授权”规定

有关商品贸易的区域贸易协定（RTA）的法源，主要是 GATT 第 24 条，对于发展中国家则可依据补充性且较为宽松的授权条款（Enabling Clause）来成立，典型的例子为南方共同市场及东盟自由贸易协定。涉及服务贸易领域的区域贸易协定，则规定在 GATS 第5 条。

GATT 第 24 条及 GATS 第 5 条的规定，主要涵盖三大部分：第一，须涵盖绝大部分的贸易（Substantially All Trade），一定的过渡期间，并且不得对非会员国提高贸易障碍；第二，对于发展中国家所使用的授权条款，则容许不涵盖绝大部分的贸易。

1. 依据 GTAA 第 24 条及《关于解释 GATT 第 24 条的谅解》的规定，区域贸易协定的成立必须符合以下要件

（1）就成立的目的而言，GATT 第 24 条第 4 款规定“关税同盟

或自由贸易区的目的，应是便利促成区域间贸易，而不应因此而增加非成员国与此区域性组织间的贸易障碍”。

（2）就涵盖范围而言，GATT 第 24 条第 8 款第（a）项规定，无论是关税同盟还是自由贸易区，其成员间“实质上所有”（Substantially All）贸易的关税及限制性贸易措施均必须消除。本项规定的目的，在于避免发生“非真正欲在区域内实施自由贸易，而只欲就某些特定产品形成优惠待遇，以排除或限制其他国家产品进入市场，所形成的区域壁垒现象”。

（3）就过渡期而言，GATT 第 24 条第 5 款第（c）项规定，达成任何过渡性协定（Interim Agreement，即最终将形成关税同盟还是自由贸易区协定），应将形成关税同盟或自由贸易区的时间表及计划包含在内，其时间不应超过合理的期限。

（4）就结果而言，GATT 第 24 条第 5 款第（a）项规定，关税同盟或自由贸易区对非区域内成员而言，其关税或其他贸易限制在整体上不得高于成立关税同盟或自由贸易区前的水平。

（5）就审查程序而言，GATT 第 24 条第 7 款规定，WTO 成员欲订立关税同盟或自由贸易区及过渡协定时，应通知 WTO 货物贸易理事会，货物贸易理事会定期召开会议确认审查范围，并将该 RTA 相关资料送交区域贸易协定委员会（CRTA）[①]，根据审查范围来进行审查。货物贸易理事会的审查范围一般为，依 1994 年 GATT 相关条款来审查 RTA，并向货物贸易理事会提交报告，并在货物贸易理事会会议记录中记录下 RTA 的法理依据。CRTA 根据货物贸易理事会授予的权力，在召开审查会议时，WTO 成员对 RTA 成员按标准格式所提交相关资料表示意见，要求 RTA 成员提供补充资料，经过多次审查会议，在 CRTA 达成共识后，起草审查报告，提交货物贸易理

① 区域贸易协定委员会于 1996 年 2 月由 WTO 总理事会授权成立，负责审查各成员间关于区域贸易协定的内容及其执行时间安排，并审查区域贸易协定对多边贸易体制的影响，以消除区域间贸易障碍与关税壁垒，促进区域经济体间的良性整合，加速全球贸易自由流通与经济发展。然而，自区域贸易协定委员会成立以来，该委员会并未完成任何报告。一方面是无法就审查不同区域贸易协定制定一般性原则及标准；另一方面，各成员国间也无法就审查报告书范本的格式达成共识。

事会以备采纳。

为进一步量化和规范 GATT 第 24 条关于关税同盟和自由贸易区例外规定的有关条件，GATT“乌拉圭回合”通过了《关于解释1994 年 GATT 第 24 条的谅解》。该谅解重申了区域一体化协定应为便利成员领土之间的贸易，而不能对非成员提高贸易壁垒。在区域贸易协定成立或扩大时，有关各方应最大限度地避免对非成员的贸易造成不利影响。谅解主要修改和完善了以下四个方面的内容：①关于贸易自由化的时间安排问题，除特殊情况外，谅解规定了最多 10 年的实施区域贸易协定的过渡期，目的是防止某些区域集团长期以临时协议为借口实施歧视性贸易优惠安排。②关于关税同盟对外贸易壁垒的核算问题，谅解规定对关税同盟成立前后的关税水平对比使用加权平均税率，而且加权平均税率的计算基础是实施税率而非约束税率，对非关税措施则采取对每项措施、法规、所涉产品以及贸易流量进行逐一审查的做法。③对由于加入关税同盟而造成入盟成员对外约束关税提高的问题，GATT 第 24 条规定该成员应与受到影响的一方进行有关补偿性调整的谈判，并在谈判中将关税同盟其他成员在同一税号下做出的减让考虑在内。如果不能充分补偿，谅解要求关税同盟削减其他税号项下的关税，或提供另外的补偿。如双方不能达成补偿性调整协议，关税同盟可以单方面修改或撤销减让，而受到影响的一方也可采取相等的报复性措施。④关于审议程序和透明度规定问题，谅解规定货物贸易理事会及其工作组承担关税同盟和自由贸易区的审议工作[①]，并要求各成员每隔两年报告有关协定的执行和变动情况。

2. 依据 GATS 第 5 条的规定，服务贸易自由化的区域协定必须符合以下要件

（1）涵盖众多服务部门：所谓较多的范围，包括服务部门的数量、影响的贸易量、服务供应模式等。

---

① WTO：Systemic Issues Related To “Other Regulations of Commerce”，WT/REG/W/17/Add. 1，5November 1997，p. 57.

（2）必须消除会员国间绝大多数（Substantially All）不符合国民待遇原则的歧视性措施。包括消除既有的歧视性措施及禁止采取新的歧视性措施；消除的时间须为区域贸易协定成立之时，或于协定订立之后的合理期间内。

（3）GATS 同时规定，服务贸易的区域整合目的，在于促进成员国间的贸易，而非提高对外服务贸易的整体贸易障碍。若其整合是为修改或者撤回服务贸易的特定承诺，该协议必须在 90 日前进行通知，并进行补偿的谈判。

（4）必须就此事项通知服务贸易委员会，并由服务贸易委员会交由区域贸易协定委员会进行审查，提出报告送交服务贸易委员会进行审议。

可以看出，GATS 第 5 条并非像 GATT 第 24 条那样把关税同盟和自由贸易区列为一体化的主要形式并对其分别做出规定，这反映出 GATS 包括了比跨边界服务贸易更多的内容。[①] 同时，GATS 第 5 条对 EIA 也规定了限制条件：一体化必须涵盖众多服务部门；在上述部门取消现有歧视性措施，和/或禁止新的或更多的歧视性措施；要在协定生效时或在一合理时限内实现一体化；对外不得提高相应部门或分部门的贸易壁垒总水平；以上措施将通知服务贸易委员会并予以审议；修改或撤销对外承诺时要进行补偿性调整。

3. 授权条款的规范

授权条款主要是依据“1979 年 11 月 28 日对发展中国家差别及优惠待遇、互惠及充分参与的决议”（Enabling Clause：the 1979 Decision on Differential and More Favorable Treatment Reciprocity and Fuller Participation of Developing Countries）规定，“缔约国成员可不因 GATT 第 1 条‘最惠国’规定的限制，给予发展中国家较优惠的待遇”。该项决议是 GATT 第 1 条的例外，即缔约国仍可以给予发展中国家差别和更优惠的待遇。授权条款为普通优惠关税制度奠定法

① WTO：Draft Report（2002）of the Committee on Regional Trade Agreements to the General Council，WT/REG/W/47，4 November 2002，p. 86.

律基础，允许发达国家背离最惠国待遇条款，给予发展中国家最普遍的优惠待遇。该制度主要是出于发达国家给予发展中国家经济发展协助的考量，对来自发展中国家的产品或半成品的进口给予关税全面或部分减免的优惠，其目的在于借该关税减免的优惠待遇鼓励发展中国家扩大生产、拓宽市场、提升产品竞争力，进而帮助发展中国家达成经济发展的目标。

此外，授权条款第2款（c）项中，发展中国家或欠发达国家相互缔结区域贸易协定时，可适用该项规定。因此，南方共同市场及东盟自由贸易协定均适用此条款规定，并向WTO进行通告。

（二）WTO多边体制对区域贸易协定实施“监督权”与“管辖权”的困境

为保证RTA促进多边贸易体制，WTO对RTA制定有审查的机制，并有透明度条款要求。但是由于相关规范并不完整，对RTA审查的程序和要求没有完全明确。因此，在WTO新回合贸易谈判中，对于区域贸易协定有关的规范、监督机制及其与多边贸易体制的关系等问题，由于这种法律规定上的不严密性，导致WTO成员对相关内容存在众多争议，主要体现在两个方面：程序性内容和实质性内容。

1. 程序性问题

WTO要求其成员间达成的区域贸易协定需要做出通知，具体的条款体现在GATT第24：7（a）、授权条款的4（a）以及GATS第5：7（a）。但该条款中对做出通知的时间既没有准确的定义，也没有一个统一的规则。一些成员方如欧盟、韩国认为通知条款中的“应该及时通知”和“决定加入”的时间点应理解为通知和提供信息应该先于RTA生效，以保证WTO有效地审查相关RTA协议是否符合有关规定；而中国香港提出各成员国内司法审批程序不同，很难在协议生效前进行通知；还有一些国家主张分阶段通知，例如加拿大、印度等多数成员支持采取分两阶段通知的方式，即在协议签订后进行首次通知，在协议生效后再进行第二次通知；智利主张生效前只通知协议的框架内容，生效后再通知全文，协议生效后再有实质性变化也应通知；也有国家坚持反对生效前通知，例如泰国。

由此可见，RTA 条款正式形成或 RTA 正式生效之前，WTO 难以对 RTA 进行检查，而 RTA 的通报的滞后阻碍了 RTA 的检查程序。在 WTO 司法实践中，往往大的区域贸易协议一般是在最后时刻才做出决定的，这一复杂谈判的务实性质导致 WTO 对于区域贸易协定的通知要求无法十分精确。如果 WTO 相关规则过严，规则的效力和合法性则会成问题。实际上一些成员在批准之前做 RTA 的通知存在政治上的困难，实践中，有一些 RTA，尤其是临时协议都是在其生效后才向 WTO 做出通知，同时，针对 RTA 不进行通知的做法，WTO 也未进行规定。

理论上，WTO 多边贸易体制对 RTA 的审查应该是在其生效之前审议完毕，该审议有助于促进多边贸易体制的透明度。但是由于 WTO 对 RTA 的审查程序规定不明确以及相关的条款定义不清，导致 WTO 规则本身存在严重的解释困难问题，以及其机构对 RTA 的审查工作进展不力，这在一定程度上阻碍了 RTA 与多边贸易体制之间关系的综合和准确评估。自 1996 年以来，WTO 还未完成对一个 RTA 的最终审查报告，仅取得了一些阶段性成果，只有捷克共和国与斯洛文尼亚共和国关税同盟的审查认为完全符合 GATT 相应的规则。有的成员认为，即使得不出明确的结论，完成对 RTA 的检查以及采纳了不包含对 RTA 成员任何建议的报告就意味着 RTA 符合 WTO 规则。有的成员认为在没有结论性报告出来的情况下，RTA 的法律地位和价值尚不清楚，WTO 成员应保有在争端解决程序中的权利。

所以 RTA 在 WTO 中规则的法律地位充满矛盾。虽然一般认为 RTA 对多边贸易体制的互补性大于竞争性，由于这种分析并没有建立在单个 RTA 被 WTO 审查结果的基础上，所以 WTO 协议有关 RTA 条款在程序性和体制性上存在的问题没有澄清之前，RTA 与多边贸易体制之间的关系的判断还需要时间。此外，由于对 RTA 审查工作的落后，客观上导致了这一时期 RTA 以及各种类型的优惠贸易安排的大量出现，反过来又加重了 WTO 对 RTA 审查的任务及难度。

2. 实质性问题

从贸易体制与区域一体化的实践来看，WTO 对区域一体化协定的审议结果并不理想，很少有审查结论认定有关协定满足 GATT 的所有要求，也没有任何一个协定被明确地拒绝批准。造成这种状况的原因，主要是出于政治因素的考虑。问题的关键不在于 WTO 规则对 RTA 有没有足够的约束，而在于 WTO 成员是否采用规则。当主要成员的利益受到影响时，变动协议规则发生概率较大。例如在对欧共体进行审查时，其最初的 6 个成员方表示，如果 GATT 认为欧共体违反了第 24 条，它们将退出 GATT。在此情况下，尽管欧共体很可能满足不了第 24 条规定的所有要求，但是 GATT 最终决定不对欧共体的建立进行严格的审查。这成为后续 WTO 审查工作中一个被经常援引的先例，其直接后果是通知 GATT 生效的大部分 RTA 都包含了许多漏洞和缺陷。另外，与审查有关的概念的模糊不清和 WTO 成员存在理解分歧在实质上也影响了审查。

（1）对“绝大部分”贸易的理解分歧。

GATT 第 24 条第 8 款规定区域贸易协定在成员间应实现“绝大部分”贸易自由化。其意义是指，如果一个 RTA 不能废除成员间绝大部分贸易的壁垒，即不符合 WTO 规定，不能免除 GATT 第一条非歧视一般原则的义务。这一规定为的是 RTA 成员之间绝大部分贸易要自由化，防止 RTA 成为商业政策中的一种工具。但是“绝大部分”贸易定义上的模糊，会导致一个成员在单个产品取消贸易壁垒时保留某种程度的余地，自由贸易协定的成员在消除单个商品的贸易壁垒上拥有一定的自由度。

所谓“绝大部分”贸易，这是一个涉及贸易自由化的范围问题，其究竟是指所涵盖的贸易量，即包括多大的百分比（即定量标准 Quantitative Criteria），还是指主要的产业部门（即定性标准 Qualitative Criteria），GATT/WTO 并未对其给予精确的数量或标准加以明确。一般而言，若采用定量标准，需要定义统计标杆，如 RTA 成员之间贸易的一定比例，来说明一个 RTA 包含的产品满足绝大部分贸易的要求。反对者认为单一的数量上的规定或分界不能满足“绝大部分”这一措辞不同的内容，不管所包含的贸易数量有多少，必然有一定量的贸易被排除在外。若采用定性标准，绝大部分贸易意味着没有部门（或至少没有主要的部门）排除在 RTA 内部贸易自由化之外。这意味着不应该排除即使在 RTA 形成之前贸易很小的任何的部门。

在此问题上，哪种标准更为科学、合理，各国的看法不一致。有些国家主张采用定量的方法，例如欧盟认为，自由化贸易量达总贸易量的 80% 以上，即符合“绝大部分”的规定，但也指出应考量各国区域贸易协定的特点，不宜以单一的百分比来要求；香港认为“绝大部分”并非指所有的贸易（Not All Trade），但须涵盖非常高的比例；土耳其认为，由于人们普遍认为 RTA 的贸易创造效应大于贸易转移效应，所以 RTA 的实际贸易量要大于潜在的贸易量，用实际贸易量作为绝大部分贸易的标准较为合适；美国认为上述观点值得怀疑，提出不能忽视对 RTA 具体条款的审议，否则即使某些 RTA 排除了若干行业也难以为外界觉察。

有些国家则主张采用定量与定性方法相结合的“混合标准”，例如澳大利亚认为，“绝大部分”贸易要求的可比性，不仅以贸易流量来表示，同时应与以某种比例表示的产品范围挂钩，分界线可以采用协调的编码体系 6 位数中 95% 为标准，辅之以 RTA 不同阶段贸易流量的评估。根据“混合标准”，欧洲自由贸易协会（EFTA）的自由化贸易量虽已达总贸易量的 90%，但未包括农产品贸易这种情况，则应判定为违背了“绝大部分”贸易的规定，因为它排除了主要部门（如农业部门）的贸易自由化。但是 EFTA 解释说，农业部门并不是每个国家的主要产业部门，主要部门的自由化需视不同国家而定。许多国家支持这一观点，认为所谓“绝大部分贸易”并非“绝大部分产品贸易”（Trade in Substantially All Products），所以反对不得排除主要产业部门的说法。虽然，各国对于“绝大部分贸易”的看法不同，不过目前倾向认为，只要自由化的贸易量达到整个贸易量的 80% 以上，即符合 WTO 的规定。

（2）对“可适用”关税定义的质疑。

GATT 第 24 条第 5 款区域贸易协定中的成员不应对协定成员以外的第三方进口提高可适用关税的限制，来保障区域国家的利益。但是在“可适用”一词的解释上是本条规定中最为模糊的地方，模糊之处在于“可适用”关税指的是实际适用的税率还是约束税率？在实践中，二者具有明显区别。WTO 要求成员做出承诺，将其关税约束到某个水平上，即约束税率。但是遇到困难时，也可以不遵守承诺将关税提高到约束税率以上。由于这样做的结果可能要给贸易伙伴的贸易损失给予补偿，因此需要与主要贸易国家进行谈判。对于发达国家来说，约束税率一般就是实际上适用的税率。对于发展中国家来说，尽管乌拉圭回合以后增加了约束税率的产品数目，但是约束税率一般高于实际适用的税率，所以约束税率成为上限。

一般而言，区域贸易协定成员间对内取消关税或规定具体实际适用的关税，若对条款中“可适用”关税的解释是约束关税，则意味着对外则采取高于协定内部成员方的税率。这对区域外成员方产品进入区域内必将造成关税上的阻碍，结果导致从成员内部进口大量增加，而从区域贸易协定以外国家的进口大大缩小，从某种程度上说产生了贸易转移效果。

（3）对“优惠性原产地规则”规定的缺失。

原产地规则对管理不同的贸易体制很有必要。当成员的进口待遇不同时，原产地规则用于保证进入一个国家的产品得到正确的进口待遇。GATT 第 24 条没有针对区域贸易协定下的原产地规则进行规定。事实上，所有的区域贸易协定都规定了“优惠性原产地规则”条款，优惠性原产地规则目的是对是否享有优惠待遇的产品和非优惠待遇的产品进行区分。这是自由贸易区的基本的组成内容，如 NAFTA、澳新密切经济联系协定。区域贸易协定中的优惠性原地产规则可以避免区域优惠被免费搭车（主要是自由贸易区，关税同盟有共同的对外关税，对关税同盟并不显得多重要）。

但是，多边贸易体制下 GATT 第 9 条对“原产地标记”做了原则性规定，即在原产地规则方面实行最惠国待遇原则。但是区域贸易协定的优惠性原产地规则却规定：协定内部的原产地规则对本协定成员方产品实行特别优惠。优惠原产地规则的存在，对不同贸易伙伴产生了某种歧视。这明显背离了最惠国待遇原则，只有在区内国家增值达到一定比例的产品，才能享受区内产品的优惠关税待遇。“如果原产地规则特别有利于在本区域内制造的产品，这将严重损害区域外第三方的利益。”① 另外，由于全球区域贸易安排数量众多，如果贸易集团针对来自域内域外的产品都有自己的原产地规则，这样，每个产品出口到不同的区域集团就需适应不同的原产地规则，从而极大地阻碍了国际贸易的顺利流转。原产地规则只不过是落实区域贸易协定的关税政策的一种工具，尽管不够透明，随意性较强，但本身不应是行保护主义之实。鉴于原产地规则的不当适用日益成为阻碍国际贸易发展的措施，在 WTO 多边贸易体制下对其进行法律调整就相当必要。

（4）争端解决机制“管辖权”的争议。

区域贸易协定内部成员方难免会发生各种各样的纠纷，因而在其区域经济整合后的集团内部基本上都形成了一套自己的争端解决程序。这是保证区域贸易协定顺利运行的非常重要的机制。在全球范围内，大部分区域贸易协定的成员是 WTO 多边贸易体制成员。因此，当某区域贸易协定成员间发生贸易争端时，争端的解决方式实际上有多种途径：一是按照区域贸易协定内的办法在区域内部解决；二是在 WTO 多边贸易体制下的诉诸争端解决机制；三是纽约公约等多边仲裁机制。《关贸总协定争端谅解》第 23 条规定：“如成员国谋求排除违反适用协定的义务或其利益的丧失或损害的一项行为或事项或排除实现各该项适用协定任何目标的一项障碍，它们应该诉诸且遵守本《谅解》的各项规则和程序。”换言之，GATT/WTO 多边贸易体制的成员方之间的争端应按《关贸总协定争端谅解》的相关规则和程序来进行。但事实上或从理论上分析，各国也将争端的解决

① John H. Jackson, “Regional Trade Blocks and the GATT”, *The Jurisprudence of GATT& the WTO—Insights on Treaty Law Economic Relations*, Cambridge University Press, 2000, p. 105.

诉诸区域贸易协定的解决办法，从而游离于 GATT/WTO 多边贸易体制争端解决机制之外。《北美自由贸易协定》（NAFTA）在第 20 章第 5 条就关于 SAFTA 的争端解决机制与 GATT 的争端解决机制的关系做出了规定，即原则上就协定、关贸总协定及其随后的协定以及由此签订的任何协定引起的争端，缔约方可自行选择关贸总协定的争端解决机制或本协定的争端解决机制。[①] 不难想象，游离出 GATT/WTO 多边贸易体制外的区域解决办法的程序及结果，极有可能与多边贸易体制规则要求不符，从而构成对 WTO 多边贸易体制权威的又一严重挑战。另外，如果一方要求诉诸 WTO 多边贸易体制下的争端解决机制，一方却诉诸区域贸易协定的解决办法，这种矛盾该如何消解？是区域集团解决办法优先还是 WTO 多边贸易体制解决办法优先？继续让这种困惑存在，同样是对 WTO 多边贸易体制权威的挑战。

（三）总结

综上所述，当前区域贸易协定强劲发展势头不能阻挡，其中包含的新内容对 WTO 法律体制产生了负面影响。但这种被动局面也不能不归咎于 WTO 法律体制本身存在的立法漏洞，因为在 WTO 体制下，区域贸易协定的存在是有法律依据的。在 WTO 规则对区域贸易协定监督乏力的情况下，准确地评估具体的区域一体化对多边贸易体制是积极还是消极影响，澄清 WTO 与 RTA 有关的规则并且按照规则进行审查是这项工作的关键因素。WTO 应对区域经济整合机制实施更为有效的控制和管理。但是与 RTA 有关的 WTO 规则问题是长期遗留下来的问题，积重难返。程序性问题相对比较容易解决，可以要求各成员方在缔结此类协定时应当更多地考虑对多边体制的影响，并充分发挥区域贸易协定委员会的职能，包括对区域贸易协定进行审查和评估，并将评估结果和建议告知相关协定的缔约方，重议并修改 GATT 第 24 条的具体适用条件等。但是，体制性

① 刘世元主编《区域国际经济法研究》，吉林大学出版社，2001，第 266 ~ 267 页。

问题则难度较大，主要是定性和定量标准如何结合起来，以及 RTA 审查结果的后续修正问题，以减少区域贸易协定日渐推进所带来的风险。

四　新区域主义的兴起及其对全球多边贸易体制的影响

（一）新区域主义[①]的发展演变

“新区域主义”这一概念最早由帕马（Norman Palmer）提出，用来描述出现于 20 世纪 90 年代的一种世界性现象——区域合作的新发展。[②] 北卡来罗那大学的社会学家 Howard 和 Harry 用新区域主义来描述当时社会文化、政治、经济伴随工业化而呈现区域化的发展现象。[③] 随着全球化进行的不断推进，区域主义的发展也经历了大致两个阶段的演变。第一阶段的区域主义风潮开始于 1952 年“欧洲煤钢共同体”（European Coal and Steel Community）的成立，以及 1952 年欧共体的创立。但是，1956 年受到欧共体危机以及法国总统戴高乐对超国家主义（Supra-nationalism）的挑战，第一阶段的区域主义风潮开始衰退。20 世纪 80 年代末至 90 年代初，APEC 的成立、北美自由贸易协定的签署，第二阶段的区域主义或所谓的“新区域主义”（New Regionalism）开始盛行。[④] 近几年，在新区域主义的浪

① 区域主义作为一个学术定义在国内被学者使用的频率较低，一般以“区域一体化”“区域经济一体化”“区域经济集团化”“区域经济整合”“经济区域化”“世界经济区域化”等概念来代替。国外学者对于区域主义的解释争论颇多，有关权威论述可参阅 Andrew Hurrel，“Regionalism in Theoretical Perspective”，in Louise Fawcett and Andrew Hurrel（eds.），*Regional Organization and International Order*，Oxford：Oxford University Press，1995，pp. 37－73；Minerva Etzioni，“*The Majority of One*：*Towards a Theory of Regional Compatibility*”，Beverly Hills：Sage Publications，1970.

② David Marquand，“Regional Government and Sustainability”，*New Economy*，2001（6），pp. 36－41.

③ J. Eugene，“Regional Governance and Regional Councils”，*National Civic Review*，1996，Volume 85，Issue 2，pp. 53－58.

④ Samuel S. Kim，“Regionalization and Regionalism in East Asia”，*Journal of East Asian Studies*，2004，Vol. 4，No. 4，pp. 42－43.

潮下，又一轮的区域贸易协定涌现，成为21世纪初期世界政治、经济与法律领域的重要现象之一。

相比较于第一阶段的区域主义，第二阶段的新区域主义更突出的特点表现在以下四个方面。[①] 第一，更强调外部取向（Outward-looking）的思维，即重视与外部连接的关系，以及不同区域间的互动对本身区域的影响。第二，由市场、社会驱动的“由下而上”区域化的过程，而非以往的“由上而下”以国家为主导的过程，新区域主义是被开放地纳入世界经济体系中。同时在由下而上的过程中，国家不再是唯一的核心角色，非国家行为者（Non-state Actors）也开始扮演重要角色。第三，制度安排的多样，尤其随着成员的多元化以及各区域不同的需要，制度化的程度趋向弹性或软性的安排，可以避免传统僵硬的制度或官僚组织结构。第四，多层面的整合过程，从传统区域主义的安全或经济层面，扩展到环境、社会政策、民主、政治等相关议题。

（二）全球区域经济整合的发展趋势及演变特点

受新区域主义浪潮的影响，区域经济整合的实施多数都是在近20年产生和发展起来的，新时代的区域经济整合在内容上也展现与以往不同的发展态势。

1. 全球范围内地区间发展不平衡

区域经济整合快速发展的背后，显示出了相当严重的地区间不平衡发展问题。欧洲仍是区域贸易协定最集中的地区，占全球已实施数量的50%以上。美洲是区域经济合作发展最快的地区，目前美洲自由贸易区的谈判已经初步完成，如果协定能够如期实现的话，整个美洲大陆将成为统一的自由贸易区。在北非和中东地区，以

① Björn Hettne, “*Globalization and the New Regionalism: The Second Great Transformation*”, 1999, pp. 6–9; Percy S. Mistry, “The New Regionalism: Impediment or Spur to Future Multilateralism?” in Björn Hettne et al. eds. *Globalism and the New Regionalism*, New York: St. Martin's Press, 1999, pp. 122–124; Raimo Väyrynen, “Regionalism: Old and New”, *International Studies Review*, 2003, Vol. 5, pp. 25–52.

“欧洲－地中海伙伴关系”为基础，该地区国家已在2010年建立第二代双边区域贸易协定，从而加强与欧盟的联系。在撒哈拉以南非洲地区，区域经济合作的发展方向是在现有基础上的深化。非洲主要区域贸易协定组织已经提出在2028年建立非洲经济与货币联盟的目标，以实现非洲经济一体化。相比之下，亚太地区，尤其是东亚地区的区域经济合作发展水平是较为滞后的。在1997年亚洲金融危机之后亚太区域的合作与整合才开始长足发展，这场危机不仅显示了合作的必要性，同时也提供了整合的契机，加强了亚洲各国的合作意愿，并共同商讨本地区在全球市场中的利益，包括生产一体化、金融市场一体化、加强总体经济和汇率政策的监督与合作、创造区域内各国共用与永续成长、发展合作机制等。

2. 从数量扩张型向质量深化型转变

首先，既存的区域贸易协定有不断扩大的趋势，如欧盟、东盟、北美的整合都不只是深化，同时也在不断增加新成员。例如，2004年5月欧盟完成第一阶段的东扩，纳入10个新成员。这导致欧洲地区原有的56项区域贸易协定停止运行，同时，全球区域贸易协定的数量也相应从285个减少到229个。[①] 事实上，欧洲区域的区域贸易协定数量的空间已经饱和，欧盟的东扩意味着已有区域贸易协定数量的减少。其次，新时代的区域贸易协定内容在于深化整合，除了贸易障碍的消除，许多协定内容已经包括服务贸易与投资的自由化与便利化、争端解决条款、知识产权的保护、自然人移动、技术合作等议题，因此许多区域贸易协定并非以FTA命名，而是以“经济伙伴协定”（Economic Partnership Agreement，EPA）或“更紧密的经济伙伴安排”（Closer Economic Partnership Arrangement，CEPA）等来命名。

3. 区域经济整合呈跨区域、多边化趋势发展

近年来跨区域的多边区域贸易协定（Cross-regional RTAs）正在

① The World Bank，Global Economic Prospects：Trade，Regionalism and Development，Washington，2005，p. 153.

迅速扩展，预示着全球区域经济整合正在进入一个新的阶段。同时，区域内国家双边贸易协定数量增长空间相对减少。在所有 WTO 成员中，有 65 个缔约方已经缔结或正在商谈跨区域的区域贸易协定。在已经实施的区域贸易协定中，跨区域协定的比重为 10%；而在计划谈判的区域贸易协定中，跨区域协定的比重超过 40%。[①] 可以说，多边化区域主义根源于新区域主义，是新区域主义在当前世界经济形势下的调整与发展，是实现要素跨国配置的有效途径，也是经济体追求自身利益的客观需要。当前，地理上的接近性已不再是当今区域贸易协定组建的重要考量，新时期的区域整合一种超地理范围的“区域”概念，许多协定实际上已经跨越地理或距离上的障碍，不再采取像过去以邻近国家和地区为整合的模式，而是进行跨洲的结盟。从以美国为主导的跨太平洋伙伴关系协议（TPP），到 2012 年底欧盟宣布准备启动与日本的自贸区谈判，区域全面伙伴关系（RCEP）也在进行，再到欧盟与美国 2013 年自由贸易协定谈判（TTIP）的正式启动，使得全球区域经济整合的构架过程中呈现多头并进的现象。为寻求国家各自利益，主要国家尤其是区域的政经强权或是集团（Grouping）无不设法在区域构架与秩序建构的过程中推动有利于自身利益的区域贸易安排，争取成为区域经济整合的核心推动者，以确保其将来在区域的影响力及势力范围。例如，美国在其主导的多边化区域主义下推出 TPP 谈判，就是出于获得现实经济利益和长远战略利益的考量，避免自身被排除在亚洲尤其是东亚区域经济合作之外，建立以美国为核心的利益和责任分配体系。

4. 发展中国家参与度逐步加深

与过去相比较，发展中国家已经大量参与到此阶段的区域经济整合过程中来。在 20 世纪 90 年代以来的区域经济合作中，北北型合作逐渐增多；近年来，南北型（发展中国家与发达国家）合作占

① WTO, The Changing Landscape of RTAs, Prepared for The Seminar on Regional Trade Agreements and The WTO. Available at http://www.wto.org/english/res_e/booksp_e/discussion_papers12a_e.pdf, 2006.

据了主导地位；相反，一些早期南南型区域贸易协定陷入了名存实亡的境地。导致这种变化的一个主要原因是，区域合作的组织形式直接影响着区域经济整合的收益分配。针对区域经济整合与经济增长之间的关系所做的研究显示，南北型的合作有助于成员国的经济增长，在区域组织内部，成员国之间的经济绩效会逐渐缩小；而南南型合作对成员国经济增长效应则不明显，在区域组织内部，成员国之间的经济绩效会逐渐拉大。[①] 换句话说，南北型合作方式促使成员国收入水平趋于收敛，相比较，南南型的整合方式使得成员国的收入水平趋于发散。[②]

5. 区域整合的集团间竞争势头强于国家间竞争

当前，全球经济格局已逐步从美、日、欧三足鼎立的局面演变为三方所基于的区域经济整合组织之间的竞争。世界经济正在形成北美自由贸易区（NAFTA）、欧盟（EU）和东亚及太平洋地区（EAP）三大板块的三极格局。欧盟和北美自由贸易区是老的资本主义经济发达地区，东亚及太平洋地区新月形地带包括像日本这样发达的资本主义国家，也包括如东亚四小龙等发展中的新兴工业化国家和地区，还包括像中国这样经济迅速发展的社会主义国家和东南亚发展中国家。这三大区域的经济集团化和一体化正在迅速发展，但东亚地区的合作进程是否顺畅取决于中、日、韩之间能否走到一起。目前，日本在推进东亚区域经济合作过程中一直担心中国与之争夺区域内的主导权，这不仅将影响该地区的合作进程，而且也将影响未来全球经济的格局。

（三）新区域主义所揭示的区域发展新思路成为全球自由贸易的新壁垒

全球区域贸易协定的扩张提高了区域内贸易的比重。目前，据

① Athanasios Vamvakidis, "Regional Integration and Economic Growth", *The World Bank Economic Review*, 1998, 12 (2), Volume 1, pp. 270 – 312.

② Venables, A. J., "Regional Integration Agreements: A Force for Convergence or Divergence?", *Policy Research Working Paper*, No. 2260, 1999, World Bank.

世界贸易组织统计，区域贸易协定当事国之间的贸易额已超过全球贸易总额的50%，这就意味着全球贸易的一半以上并不受制于WTO多边贸易规则的约束，而是遵从形态各异的区域贸易规则。区域化的形成和发展，有益于各国经济发展和对外贸易，但在发展过程中，却没有融合成为一种普遍的全球化环境，其所揭示的区域发展新思路成为全球自由贸易的新壁垒，为全球经济一体化带来新的挑战。

1. 区域贸易保护主义不断加强

就发达国家来说，区域化是为了确保自己在区域内的各种利益，同时借此在外部世界获取更多利益。就发展中国家来说，把区域化作为将来进入世界经济一体化更高层次的一个阶梯。但是，区域化并不必然走向全球化。首先，由于区域集团对外建立统一的保护性贸易壁垒，成员国根据比较优势原则从区域外国家进口商品的选择受到限制，即区域贸易保护主义在加强。其次，在特定时期，为保护区域集团的利益，区域组织还会通过调整政策来应付来自集团外部力量的冲击，而不是站在全球利益的立场上参与协调，即国家利益部分转换为区域集团利益。最后，全球范围内不断增长的区域贸易协定具有不同的优惠待遇和原产地规则，而这些数量众多、内容繁杂的协议，又都出自不同的战略博弈与考量，其产生的“意大利面条碗”现象日益凸显，甚至导致本来是促进自由贸易的区域贸易协定可能成为全球贸易自由化的束缚。

2. 区域内部成员间利益分配不均

各个区域经济集团内各国利益分配的不均衡，尤其是像TPP、APEC这样既有发达国家又有发展中国家的经济集团，发达国家取得的利益要大于发展中国家，南北矛盾依然存在。从全球范围看，区域经济整合还会使发展中国家受到地区上的分割，区域内发展中国家对区域合作模式的依赖性进一步加深，区域外的发展中国家将处于更加孤立的困难地位，这严重削弱了发展中国家之间原来的统一和合作关系，将使全球南南合作难以取得进展。

3. 区域贸易协定的贸易功能被稀释

从新区域主义的非传统利益来看，当前的区域贸易协定正在由原来的注重贸易收益转向注重投资收益。多边贸易体制虽然在近年来对投资也进行了一些规定，但毕竟尚不完善，这必然导致地区主义在这方面对多边体制形成冲击。同时，市场聚合与认同及价值议题相关，世界主要经济体在选择区贸协定伙伴时，选择标准更多强调的是政治和安全方面的因素，已与关税越来越无关，而是不可避免地要处理价值及文化上的非关税障碍议题，这将破坏或稀释区域贸易协定的经济功能，对全球贸易平衡发展是一种潜在威胁。

4. 缺乏地缘政治优势的弱小国家被边缘化

区域贸易协定带来的贸易和投资转移效应，扭曲了国际贸易的本来面目，在多边贸易自由化明显滞后于区域贸易自由化的情况下更是如此。在这一过程中，缺乏地缘政治优势的弱小国家有被边缘化的可能。以发达国家为首的区域竞争迫使欠发达国家不得不参与到全球区域经济合作的浪潮中。对于多数欠发达国家和小国而言，参与区域经济合作是对外部环境做出的一种被动反应，作为区域经济整合过程中的后来者，为避免被排斥，或被边缘化，不得不加入到已有的区域贸易协定中；而仅仅有少数小国能充分利用大国之间的竞争，成为区域经济合作中的最大受益者。这种收益表现为“轮轴－轮辐”效应[①]（Hub－and－Spoke）。[②]

因此，我们必须认识到，虽然区域经济整合发展势头迅猛，但是区域整合的最终结果是对 WTO 多边贸易规则中的核心原则，即最惠国待遇原则与非歧视性原则的偏离与侵蚀，甚至导致全球贸易规则的碎片化。由于各个区域贸易协定适用不同的原产地规则，不同区域与国家对同一种产品适用不同关税，检验检疫和安

① 当一国与多个国家分别缔结区域贸易协定时，该国就像一个“轮轴”，而与此缔结协定的国家就像“轮辐”，因为它们之间没有相应的区域贸易协定。在区域经济整合中，处于“轮轴”地位的国家可以获得特殊的优惠。轮轴国的产品可以通过区域贸易协定进入所有轮辐国市场，而轮辐国的产品受原产地规则限制无法相互进入。在投资方面，轮轴国的特殊地位会吸引外部资本进入。目前，已经有少数国家成功地确立了“轮轴国”的地位，如墨西哥、智利、新加坡等。

② Hufbaue, G. C. and Jeffery J. Schott, “Western Hemisphere Economic Integration”, *Institute for International Economics*, Washington DC, 1994, p. 279.

全标准不同等因素导致各国外贸的交易和管理成本大幅提高。这些弊端应尽力避免。从长远来看，区域自贸安排若不能保证谈判规则的透明度，谈判达成的协定如不具有开放性和包容性，将严重影响全球贸易体系的完整性，损害世贸组织的权威性，冲击现有全球贸易框架，进而影响到经济全球化进程。实际上这是一种“去全球化”，同时表明 WTO 框架下全球经济治理改革已进入到深水区。

五 中国在 WTO 框架下参与多边化区域经济整合的战略思考

近年来，随着全球金融危机和欧洲主权债务危机的相继爆发，发达经济体普遍遭遇发展困境，国际经济形势发生重大变化，以 WTO 为代表的多边贸易体制很难在短期内取得突破。在此背景下，未来中国对外开放必将“双管齐下”，即一方面，积极参与多边贸易体系，促成 WTO 多哈回合谈判取得成果；另一方面，努力加强多边化的区域经济合作，秉持开放、透明、非歧视的原则，朝着最终回归到制定统一的多边规则而努力。可以说，未来数年，作为中国对外开放的一个新渠道和新平台，中国的区域经济整合战略将在更大范围、更广领域展开。

（一）中国的多边区域战略是一项以“多形式”“多方位”的方式推进的区域经济整合

随着区域经济整合的发展趋势，传统的以国家为单位单打独斗的贸易发展策略显然行不通，唯有更积极地参与区域经济整合，才能强化国家本身的竞争力，以确保国家经济利益。中国的区域战略是以“多形式”“多方位”的方式参与区域经济整合。“多形式”意味着中国根据各区域不同国家的经济发展水平、经济结构与资源分布，而采取的不同的区域经济发展策略，包括签订区域贸易协定、参与区域经济合作论坛等。“多方位”则指中国根据位于周围不同方位的地区，与距离相近的国外区域来开展区域合作。

（二）中国在区域安排上应立足周边、突出重点，着眼于市场多元化战略

加入 WTO 之后，中国经济在融入全球经济的同时，也面临日益增大的外部冲击风险。而区域经济合作在一定程度上为规避全球化的风险提供了一个避风港。多年来，中国的出口严重依赖欧美市场，尤其是美国市场，实现出口市场多元化一直是中国对外贸易的目标之一。参与东亚地区的区域经济合作是缓解出口市场单一化的重要途径。参与区域经济合作不仅仅限于贸易领域，还涉及技术、资本、汇率等多个领域。因此，拓展具有共同利益的非贸易合作领域，如能源、环境保护与清洁能源发展机制、货币金融合作、中国市场经济国家身份认定等，对引进外资和技术、化解金融风险都有重要的作用。

近 10 年来，中国是亚洲许多国家的第一大贸易伙伴。亚洲是中国主要利益所在地。因此，在合作的区域安排上，应立足周边，按经济互补优先、重要贸易伙伴优先的原则展开，着眼于市场多元化战略，实现全球战略布局的总体协调。具体而言，中国应努力推动东亚现有“10 + X”合作框架的发展，加强与东盟、韩国、日本、印度等国家和地区的沟通，积极推进中日韩、“10 + 3”以及“10 + 6”这些合作机制，推动东亚经济体实质性区域经贸合作进程。尽管目前中日韩三国之间还有许多问题需要解决，但毕竟三个“10 + 1”平台业已形成，并且只要各方求同存异，“10 + 3”合作机制仍有实现可能。

（三）中国应建设性参与区域经济整合，有力推动规则演化取得进展

近十年来，全球价值链不断深入发展，各国经济联系日益紧密，随之各国产业结构和竞争力发生了深刻变化。在多边贸易规则停滞不前的背景下，各国迫切希望通过参与区域经济整合进一步加强国内市场的国际融合，多边化区域主义会带来一种全新的区域自由贸易的标准和规则，会深刻改变国际经贸格局和影响各国的经济地位。随着区域贸易自由化的发展，越来越多的新规则被提到谈判桌上来。

而这些新规则往往是由发达国家提出的，更多反映了发达国家的利益诉求。如果通过谈判，这些规则变成区域性规则，甚至最终变成全球、多边的规则，那么可能会出现规则上新的不平衡，进而导致新的发展不平衡。

因此，中国要充分认识和把握这种趋势，不能忽略多边化区域经济一体化体系的建设。区域贸易自由化发展的过程，也是新的贸易规则形成的过程。对中国而言，对待当前的区域贸易谈判，与当年加入世界贸易组织最大的不同之处在于：当时“入世”是要接受先行的国际经济规则，现在参与区域经济整合是要“推动规则演化”，力图影响国际经济规则的制定，向更符合自身意愿的方向发展。但是，作为一个发展中国家，中国对国际经济规则制定的影响力是非常有限的，而实践证明，一国通过参与区域经济合作来扩大对规则制定的影响力是一个有效的途径。东亚地区的国家发展水平存在差异，自然对待国际经济规则的立场也不尽相同，但随着经济一体化程度的提高，各方之间的共同利益和立场会越来越多，从而在国际经济事务中的合作空间也会越来越大。

（四）全面评估外部区域环境，实行一种“以经促政”的差异化政策

随着中国经济实力的迅速上升，中国表现出逐渐成长为东亚地区经济中心的势头。对此，美国在亚太区域的战略联盟体系在近年不断加强，在制度、规则层面试图消解中国在经济领域的影响力。这导致亚太格局尤其是东亚区域中出现一个显著特点，即许多国家的主要经济伙伴和主要安全关系相互分离，这意味着东亚地区一定意义上形成了安全关系与经济关系明显分离的二元格局。[①] 参与区域经济整合有助于为中国经济长期稳定的发展创造一个良好的外部环境。可以说，中国的区域主义是一种与众不同的蓝图式区域主义，更多受到政治

① 周方银：《中国崛起、东亚格局变迁与东亚秩序的发展方向》，《当代亚太》2012 年第 5 期，第 4～32 页。

以及地缘政治因素驱动。[①] 参与区域经济整合将有助于中国获得区域内环境保护、资源共同开发与消除历史矛盾等多种收益。

同时，在中国经济崛起与美国重返亚太的背景下，我们需要对主要发达国家区域战略进行深入分析，更好地认识我们发展所处的外部环境，尤其需要对美国安全伙伴的自身能力、安全需求、对美安全依赖的程度、抗压能力、对中国安全保护的可接受度等方面的情况进行评估，并相应地采取合理有效的、具有前瞻性和针对性的区域经济合作战略和差异化政策选择，对合作行为进行鼓励，给对抗行为施加成本。通过区域经济合作的方式，降低某些国家在军事安全领域对中国的针对性和敌对程度，使其立场变得中立或进一步向中国靠拢，并在这个过程中，降低亚太区域内个别国家在安全领域的对抗性，缓解我们面临的外部压力，促进周边安全环境和地区安全环境的改善，为中国的长远发展开辟和创造更为广阔的国际战略空间。

可见，各个区域一体化谈判过程也面临很多的难题，需要付出更多的努力和相当长的时间才能达成协议。新一届中国政府把进一步提高中国开放水平作为重要任务，形成更加积极主动的开放战略，中国在一直倡导多边贸易体制的同时，也积极参与到区域经济整合过程中，利用区域贸易协定获得规模经济、竞争效应和吸引对外直接投资。中国将按照循序渐进的原则，以更加开放、包容和进取的姿态，积极参与亚洲地区经济一体化和自贸区建设进程，同时为实现多哈回合早期收获做出努力，为巩固和发展以规则为基础的多边贸易体系做出贡献。归根到底，以世界贸易组织为核心的多边贸易体制是贸易自由化、便利化的基础，是任何区域贸易安排都无法替代的。

六　评述性总结与需进一步研究的问题

通过以上对区域经济整合的发展演变、新区域主义理论及多边

① M. Ulric Killion, "Regional Economic Integration: The Chinese Way", *The Analyst-Finance Magazine*, Global Economy Special Issue, August, 2008.

主义理论的梳理，可以看出区域经济整合的浪潮与多边贸易体制的同步发展、繁荣的共生现象在20世纪80~90年代开始显现，二者在时间上的同步具有偶然性，在内在机理上又存在各自发展及相互关系推进的必然性。这种必然性的根源在于，如果多边贸易体制不能在有序的秩序下保证单一国家在该框架下实现收益最大化，那么就必然会衍生其他的整合形式来实现，由此区域主义作为多边自由贸易体制的次优选择应运而生。换言之，新区域主义的繁荣并不是一种暂时或者偶然的现象，今后区域经济组织和多边贸易体制二者将会长期共存。

从区域经济整合对多边贸易体制影响的分析来看，我们已经找到二者的博弈关系：区域经济组织并不必然针对多边贸易体制，是因为二者都有缺陷，才使它们在矛盾中又寻找互相补充、共同发展的契机。多边贸易体制一方面赋予了区域经济一体化存在的合理性，另一方面区域经济一体化给WTO体制确实带来不利影响，这种在体制层面上引发的矛盾与冲突，如果不能在多边贸易体制下得到有效解决，将会给多边体制本身带来更严重的冲击，这正是二者之间的博弈关系，同时，正是在这种磨合中，区域经济整合对多边贸易体制形成有效的补充，并使多边体制从区域经济整合的发展中获得机制完善的经验和动力。WTO包含的不仅仅是谈判，多边贸易体制的价值是为全球贸易带来确定性、可预见性和稳定性。在未来全球经济治理中，WTO需要适应全球经济的新变化，继续巩固那些迄今仍在为全球经济发挥良好服务的基础，以更好地管理全球贸易关系，同时不断提高应对全球挑战的能力，并为提供危机解决方案做出贡献。可见，一个合理的、符合现实需求的、体系更具严密性的、更具效率、更具权威性的多边框架的建立已迫在眉睫，这需要学术界对此进行更多、更深入的研究。

更值得关注的问题是，本文对新区域主义所做出的归纳性论述，仅具有一般意义的特征，但实践中更多的是在具体区域下不同国家针对多边主义与区域主义的一种自由选择上的具体安排，这种以个体选择性的安排为着眼点，进而分析判断该选择给行为主体及其所在区域以及全球多边贸易体制所带来的现实及未来预期利益，值得未来更深入的研究。具体而言，可以从两个层面上进一步研究。一是大而广的区域层面研究，涉及区域整合特性的认定，区域内部制度的构建与结构的调整，不同区域之间交叉抑或平行关系的分析与处理，具体区域在全球多边贸易体制中的位置等；二是小而专的国家层面的行为主体研究，主要涉及区域整合过程中国家（或地区）行为主体的身份界定，国家实施的区域整合战略以及政策的具体分析，国家外部区域环境的评估，国家对于多边主义与区域主义的政策选择及适应性分析等。

参考文献

[1] 巴勃罗－海德利克、戴安娜－塔斯：《地区协定与WTO：飞转的相互依赖齿轮》，载〔加〕戴布拉－斯蒂格：《世界贸易组织的制度再设计》。汤蓓译，上海人民出版社，2011。

[2] 杨勇：《亚太区域一体化新特征与中国的策略选择》，《亚太经济》2012年第5期。

[3] 叶玉：《区域贸易安排的多边化进程——内生动力、路径发展及对东亚的启示》，《国际问题论坛》2008年冬季号。

[4] 李恒：《新地区主义与多边自由贸易体制的碰撞》，《世界经济研究》2004年第8期。

[5] 李向阳：《新区域主义与大国战略》，《国际经济评论》2003年第4期。

[6] 刘光溪：《互补性竞争论——区域集团与多边贸易体制》，经济日报出版社，2006。

[7] 刘会春：《WTO时期新区域主义主导下的区域贸易协定》，《政法学刊》2008年第2期。

[8] 刘世元主编《区域国际经济法研究》，吉林大学出版社，2001。

[9] 张蕴岭、沈铭辉：《东亚、亚太区域合作模式与利益博弈》，经济管理出版社，2010。

[10] 严蓉：《区域贸易协定与WTO争端解决机制的管辖权博弈——美墨糖类产品系列争端引发的思考》，《国际经济法学刊》2010年第3期。

[11] 周方银：《中国崛起、东亚格局变迁与东亚秩序的发展方向》，《当代亚太》2012年第5期。

[12] WTO总干事顾问委员会：《WTO的未来——应对新千年的体制性挑战》，商务部世界贸易部组织司译，中国商务出版社，2005。

[13] Anderson, K. And Norheim, H. , "*History, Geography and Regional Integration*," in K. Anderson and R. Blackhurst (eds.), Regional Integration and the Global Trading System, London: Harvester-Wheatsheaf, 1993, pp. 19 - 51.

[14] Andrew Hurrel, "*Regionalism in Theoretical Perspective*", in Louise Fawcett and Andrew Hurrel (eds.), Regional Organization and International Order, Oxford: Oxford University Press, 1995, pp. 37 - 73.

[15] Athanasios Vamvakidis, "Regional Integration and Economic Growth", *The World Bank Economic Review*, 1998, 12 (2), Volume 1. pp. 270 - 312.

[16] Balassa, B. The Theory of Economic Integration. Irwin, Homewood, Illinois, 1961.

[17] Baldwin R. E. , "*A Domino Theory of Regionalism*", in Baldwin R. E. , Haarapanta P, Kiander J. , Expanding Membership of the EU, Cambridge: Cambridge University Press, Cambridge Books, 1995, pp. 25 - 48.

[18] Baldwin R. E. , "Multilateralising Regionalism: Spaghetti Bowls as Building Blocs on the Path to Global Free Trade", *The World Economy*, 2006, (29): pp. 1451 - 1518.

[19] Bhagwati J. , "Regional Versus Multilateralism: An Overview", Jaime de Melo, Arvind Panagariya, *New Dimensions in Regional Intergration.* Cambridge: Cambridge University Press, 1993, pp. 22 - 51.

[20] Bhagwati, J. , "Threats to the World Trading System: Income Distribution and the Selfish Hegemon", Columbia University, *Department of Economics*, 1994, Working Paper No. 696.

[21] Björn Hettne, "*Globalization and the New Regionalism: The Second Great Transformation*," in Björn Hettne, András Inotai, and Osvaldo Sunkel (eds.) *Globalism and the New Regionalism*, London: Macmillan, 1999, pp. 1 - 24.

[22] David Marquand, "Regional government and sustainability", *New Economy*, 2001, 6, pp. 36 - 41.

[23] Hufbaue, G. C. and Jeffery J. Schott, "Western Hemisphere Economic Integration", *Institute for International Economics*, Washington DC, 1994, p. 279.

[24] J. Eugene, "Regional Governance and Regional Councils", *National Civic Review*, 1996, Volume 85, Issue 2, pp. 53 - 58.

[25] Jo-Ann Crawford and Roberto V. Fiorentino, "The Changing Landscape of RTAs", WTO Secretariat IV-2005, 2005, p. 39.

[26] John H. Jackson, "*Regional Trade Blocks and the GATT*", *The Jurisprudence of GATT& the WTO—Insights on Treaty Law Economic Relations*, Cambridge

University Press, 2000, p. 105.

[27] Levy P. I. , "A Political-Economic Analysis of Free-Trade Agreement", *American Economic Review*, 1997, (87), pp. 506 - 519.

[28] Minerva Etzioni, "The Majority of One: Towards a Theory of Regional Compatibility", Beverly Hills: Sage Publications, 1970.

[29] M. Ulric Killion, "Regional Economic Integration: The Chinese Way", *The Analyst-Finance Magazine*, Global Economy Special Issue, August, 2008.

[30] Orneslas E. , "Feasible Multilateralism and the Effects of Regionalism", *Journal of International Economics*, 2008, (1), pp. 202 - 224.

[31] Paul Knox, John Agnew, Linda McCarthy, "*The Geography of The World Economy*", Oxford University Press Inc. , New York, 2003.

[32] Paul Krugman, "Increasing Returns and Economic Geography", *Journal of Political Economy*, 1991, vol. 99 (3), pp. 368 - 382.

[33] Percy S. Mistry, "The New Regionalism: Impediment or Spur to Future Multilateralism?" in Björn Hettne et al. eds. *Globalism and the New Regionalism*, New York: St. Martin's Press, 1999, pp. 122 - 124.

[34] Rafael Leal-Areas, "Proliferation of Regional Trade Agreements: Complementing or Supplanting Multilateralism", *Chicago Journal of International Law*, Winter, 2011, pp. 597 - 598.

[35] Raimo Väyrynen, "Regionalism: Old and New", *International Studies Review*, 2003, Vol. 5, pp. 25 - 52.

[36] Samuel S. Kim, "Regionalization and Regionalism in East Asia", *Journal of East Asian Studies* 2004, Vol. 4, No. 4, pp. 42 - 43.

[37] Venables, A. J. , "Regional Integration Agreements: A Force for Convergence or Divergence?", *Policy Research Working Paper*, No. 2260, World Bank, 1999.

[38] WTO: Systemic Issues Related To "Other Regulations of Commerce", WT/REG/W/17/Add. 1, 5 November 1997, p. 57.

[39] WTO: Draft Report (2002) of the Committee on Regional Trade Agreements to the General Council, WT/REG/W/47, 4 November 2002, p. 86.

[40] WTO, The Changing Landscape of RTAs, Prepared for The Seminar on Regional Trade Agreements and The WTO, 2006, p. 132.

[41] The World Bank, Global Economic Prospects: Trade, Regionalism and Development, Washington, 2005, p. 153.

自由贸易区研究文献综述

樊　瑛　陈雅雯　陈兆希*

内容摘要　自由贸易区是目前国际贸易领域研究的热点话题，自由贸易区战略也是中国政府参与区域经济一体化的重要途径之一。本文通过梳理国内学术界对相关问题的研究成果，回顾、分析了中国的自由贸易区战略，并针对当前八个重要的FTA协议，总结综述了学界对其各自效应的分析结果和相关政策建议。

关键词　自由贸易区　战略　效应

自由贸易区通常指两个以上的国家或地区，通过签订自由贸易协定，相互取消绝大部分货物的关税和非关税壁垒，取消绝大多数服务部门的市场准入限制，开放投资，从而促进商品、服务和资本、技术、人员等生产要素的自由流动，实现优势互补，促进共同发展

---

* 樊瑛，女，经济学博士，对外经济贸易大学国际经济贸易学院副教授，硕士研究生导师，主要研究领域有国际服务贸易、区域经济一体化，国家社科基金青年项目（11CGL003）、国家自科基金应急项目（71341043）主持人，在《中国工业经济》《财贸经济》《国际贸易问题》《国际贸易》等CSSCI期刊发表多篇论文；陈雅雯，女，对外经济贸易大学国际经济贸易学院本科生，主要研究领域为国际服务贸易、区域经济一体化，论文《中国企业在缅甸投资状况分析——以中缅油气管道项目为例》发表于《建造师》（2013年12月）；陈兆希，女，对外经济贸易大学国际经济贸易学院本科生，主要研究领域为区域经济一体化。

的区域。

进入21世纪以后，世界各国（地区）掀起了一股签订自由贸易协定的热潮，一大批自由贸易区相继诞生。在这样的背景下，中国开始逐步认识到自由贸易区建设的重要性，学术界对自由贸易区的讨论也十分热烈，本文对相关研究进行了总结。目前国内的学术成果主要集中在对中国自由贸易区的总体战略规划，以及对已经建成的如中国－东盟自由贸易区的效应、问题及解决对策的讨论，还有对尚未建成的如中日韩自由贸易区等的效应的预测并对其建设路径提出建议。

一　中国的自由贸易区战略

自2002年中国与东盟签署自由贸易区协议以来，中国自由贸易区建设从无到有，稳步推进，取得良好开局和积极进展。自由贸易区成为中国加入WTO以后对外开放的新形式、新起点，以及与其他国家实现互利共赢的新平台。

（一）中国自由贸易区（FTA）建设的总体进展

李玉举（2013）总结了中国FTA建设的最新进展，FTA建设分为三类。

第一类为中国发起并已生效实施的自由贸易区，共计9个。

1. 中国－东盟自由贸易区于2002年正式启动谈判，2004年11月双方签署货物贸易协议，2007年1月签署服务贸易协议，2009年8月签署投资协议。2010年1月1日，中国－东盟自由贸易区作为全球第三大自由贸易区已正式启动。

2. CEPA自签署以来，每年内地与香港、澳门都签署一个补充协议，已分别签署了九个补充协议，内地对港、澳的开放领域进一步扩大，开放程度进一步提高。

3. 中国－智利自由贸易区谈判于2004年11月正式启动，2005年双方签署自由贸易协定，2008年4月，双方又签署了服务贸易协定。最新进展是经过八轮谈判，中智双方就投资协定实质性内容达成一致，有望尽快签署。

4. 中国－巴基斯坦自由贸易区谈判一年迈上一个台阶，2004 年启动自由贸易区联合研究，2005 年签署自贸协定早期收获协议，2006 年签署自贸协定，2009 年签署服务贸易协定。截至目前，基本建成一个涵盖货物贸易、服务贸易和投资等内容的，全面的自由贸易区。

5. 中国－新西兰自由贸易区谈判历时三年多时间，经过 15 轮谈判，2008 年 10 月签署生效。

6. 中国－新加坡自由贸易区经过两年八轮谈判，2009 年 1 月开始生效实施。

7. 中国－秘鲁自由贸易协定谈判于 2007 年 9 月启动，2009 年 4 月双方正式签署，这是中国与拉美国家签署的第一个一揽子自贸协定，具有很强的示范性。2010 年 3 月已正式实施。

8. 中国－哥斯达黎加自由贸易区经过六轮谈判，于 2010 年 4 月签署，是中国与中美洲国家签署的第一个一揽子自贸协定，是两国关系发展史上新的里程碑。

9. 2010 年 6 月，中国大陆和台澎金马单独关税区签订“海峡两岸经济合作框架协议”（ECFA），内容涵盖海峡两岸货物服务贸易、贸易救济、争端解决、投资和经济合作等，并制定了货物贸易、服务贸易的“早期收获计划”。

第二类 FTA 为磋商中的自由贸易区，共计 6 个，包括澳大利亚（2012 年 3 月完成第 18 轮谈判）、挪威（2010 年 9 月完成第 8 轮谈判）、瑞士（2012 年 5 月完成第 5 轮谈判），同时与海湾合作委员会、冰岛、南部非洲关税同盟的谈判进展经历了一个较快的过程后，开始缓慢下来。

第三类 FTA 是处于提议或者可行性研究阶段。包括中国－印度、中国－韩国、中日韩、中国－哥伦比亚。目前，中国－韩国、中日韩自由贸易区联合可行性研究报告都已出炉，中日韩三方已正式签署投资协定，中印工作组会议还在紧张磋商之中。

（二）我国实施自由贸易区的战略特点

为积极应对区域经济一体化在全球范围内掀起的高潮，同时也为了进一步提升对外开放的广度和深度，中国不断加大区域经济合作的力度，通过与周边国家积极签署多边与双边自由贸易协定，于2007年10月正式提出要“实施自由贸易区战略”，把参与区域经济一体化提高到新的国家战略高度。匡增杰（2013）对中国建设自由贸易区的进程和特点进行了最新的总结和分析。

中国实施自由贸易区战略的特点如下。

1. FTA的对象以周边国家为主，并逐步向拉美、非洲、欧洲推进，辐射全球

中国以第一个实施的自由贸易协定（中国－东盟自由贸易区）为依托，加快建立与周边国家的自贸区平台。在目前已经签署的10个FTA中，其中有6个是中国周边国家或地区，这也说明亚太地区日益成为与中国经济联系最密切的区域之一，当前亚太地区贸易自由化成为区域经济一体化发展的新亮点。同时，中国正和海湾合作委员会国家、韩国、日本进行自贸区谈判，中国已和印度、韩国完成自贸区官方联合研究，这些进程都表明了当前中国FTA战略的重点在周边国家。另外，中国选择一些重点国家，向拉美、非洲、欧洲扩散，逐步形成中国的全球自贸区网络。这体现了中国在参与区域经济合作中确立的“稳固周边、扩展全球”的总体布局以及遵循的“全面规划、突出重点”的指导原则。

2. FTA的对象主要是以小经济体国家为主，并逐步向经济规模大的国家或国家集团推进

在目前中国已签署的自贸协定中，智利、巴基斯坦、新西兰、新加坡、秘鲁、哥斯达黎加都是经济规模较小的国家。中国与这类国家进行双边谈判压力相对较小，易于采取灵活策略，谈判也易取得突破，达成协议。同时，与小经济体国家进行双边经济合作给国内产业带来的冲击也相对有限。在此基础上，中国正与澳大利亚、韩国、日本、印度这些经济规模较大的国家开展或即将开展双边贸

易谈判，这体现了中国在 FTA 中一直遵循的“先易后难、循序渐进”原则。

3. FTA 的领域在不断拓展，内容在不断深化

中国签订和开展谈判的 FTA 数量不断增多，合作的领域在不断拓展，内容在不断深化。比如，自 2002 年中国与东盟签署《全面经济合作框架协议》以来，双方分别于 2004 年、2007 年、2009 年签署了《货物贸易协议》、《服务贸易协议》和《投资协议》，合作的领域从农产品向一般货物贸易再向服务贸易和投资领域不断拓展，合作的内容不断深化。从中国与新西兰、新加坡、秘鲁、哥斯达黎加签署的自由贸易协定来看，双边合作的内容进一步深化，延伸至自然人流动、知识产权、贸易救济、原产地规则、海关程序、技术性贸易壁垒、卫生和植物卫生措施等众多领域，部分自由贸易协定安排还签署“早期收获”。这样既有助于成员国早日享受 FTA 的利益，同时又能帮助成员国树立信心。

4. 资源的互补成为中国选择 FTA 对象的重要考虑因素

与中国签署自由贸易协定的国家主要是自然资源丰富的国家，如东盟的林业资源、智利的铜矿、新西兰的畜牧和林业资源、俄罗斯的石油。这一特征实际上反映出中国实践 FTA 的一大目标，即通过与资源丰富的国家签署 FTA，利用国外资源缓解国内经济发展过程中面临的资源制约。

总体而言，2008 ~ 2013 年的相关论文对中国自由贸易区战略特点的总结基本一致，说明渐进式的、资源互补式的战略是我国要长期实施的任务。

（三）当前国际背景下的自贸区战略建议

随着经济发展形式的变化和经济发展程度的深入，贸易的形式也发生了改变。正如世界经济格局不断变化一样，世界的贸易格局也在不同的经济时期发生着变化。2008 年左右的自由贸易区战略研究多集中在讨论自由贸易区安全性、收益性等方面。随着 2010 年中国 - 东盟自由贸易区的全面建成，东亚经济紧密化，美国主导下跨

太平洋伙伴关系协议（TPP）的发展壮大，都对贸易格局产生了深远影响，我国的战略中心也随之发展。

卡门（2009）分析了 AFTA 对美国和墨西哥农业制造业等行业的不良影响，及其引起的环境和移民等问题，据此对中国建立自由贸易区战略提出了建议。作者认为，国际农业贸易中的双重标准，即发展中国家降低农业关税取消补贴而发达国家维持高水平补贴是冲击发展中国家农业的原因，对中国来说消除双重标准是制定自由贸易区战略必须考虑的。环境和社会的外部性，比如水资源污染、土壤退化问题未纳入美国农产品价格，而墨西哥农产品未将传统种植的环境效益纳入其价格，从而造成了市场失灵扰乱了人民健康，加剧了贫困和环境污染。

对 NAFTA 案例的研究揭示了贸易政策对国内环境保护和推动农村发展的纷繁复杂的影响。中国当前正面临金融和粮食危机的双重挑战，这一研究有利于中国借鉴他国经验，为改革铺平道路并避免重蹈覆辙。中国应该避免不加区别的自由化以及对国际贸易（尤其是农业）进行战略性、有选择的管理，克服市场失灵并实现与贸易伙伴的互惠。

姜鸿、张相文（2010）在波特的钻石模型的基础上，构建了自由贸易区下产业安全模型，分析了自由贸易区建立对成员方产业的影响因素，从产业安全的角度提出了自由贸易区战略的制定原则——重视资源技术的合作并积极促进贸易和投资自由化安排。

基于产业安全考虑是国内研究成果较少涉及的角度，这也进一步说明我国正在或已经进行自由贸易区协定谈判的还是以较小经济体为主，对我国产业安全的威胁不会太大，但随着战略的进一步推进，未来与较大经济体签订自由贸易协定后，中国部分弱势产业遭受区内成员优势产业威胁的概率将大大增加，因此基于产业安全考虑是十分必要的。

随着我国和各国间自由贸易的顺利发展，特别是 2010 年中国 - 东盟自由贸易区的顺利全面建成，将加速东亚区域经济一体化的进程，减轻东亚经济对欧美国家的依赖，区域集团多足鼎立的局面逐渐强化，于是对中国自由贸易区战略的讨论越来越集中在从整体经济效益稳固并强化中国的经济地位和政治地位方面。

曹吉云、佟家栋（2011）采用 Probit 二元选择计量模型，以 141 个经济体两两构成的 9870 对经济体为研究样本，对两经济体建立 FTA 的影响因素进行实证检验。检验结果表明，两经济体距离越近、与世界的平均距离越远、经济规模越大、经济规模相似程度越大、要素禀赋差异越小、有相同的官方语言、民主程度越高、贸易壁垒水平越高、投资自由度越高、腐败程度越低、政治稳定程度越高和邻近经济体建立的 FTA 数量越多，两经济体建立 FTA 的可能性就越高。

文章测算了 2011 年尚未和我国实施 FTA 的经济体与我国建立 FTA 的概率，概率最高的五个经济体分别是中国台湾、韩国、日本、蒙古和印度。然而，我国与这些经济体建立 FTA 的进程较慢。因此，建议我国应当考虑加快与这几个经济体建立 FTA 的步伐。

从建立自由贸易区的可能性的角度出发在一定程度上忽略了动态效应，杨勇、张彬对中国建立自由贸易区的伙伴提出了不尽相同的意见，文章选择非洲有代表性的经济一体化组织为研究对象，考察南南型一体化组织的增长效应，实证结果显示：区域经济一体化并没有推动非洲国家的经济增长；“意大利面碗”效应对经济增长有抑制作用。

杨勇、张彬认为广泛参与南南型区域经济一体化集团无助于成员国发展经济，中国应该优先与发达国家建立经济一体化组织。发达国家市场机制健全，与中国的产业互补性大，中国与发达国家建立南北型 RTA，将使中国获得稳定的出口市场与外资来源，促进中国技术进步和产业升级，推动中国经济发展。

2008 年，美国高调宣布加入跨太平洋战略经济伙伴关系协定谈判，并于 2009 年 11 月提出扩大计划，将其更名为“跨太平洋伙伴关系协议”（Trans-Pacific Partnership Agreement，TPP）。澳大利亚、秘鲁、马来西亚、越南都纷纷加入 TPP 谈判。

2012 年墨西哥和加拿大先后获准加入 TPP 谈判，日本也在积极谋求加入。美国高调宣布加入TPP的一个重要动机是为成立更大的“美式FTAAP”打下基础。而TPP与亚太地区现有的经贸合作机制存在很大的重叠，这也意味着TPP的建立将对上述贸易机制甚至是APEC机制具有极大的替代性。

如果TPP能够不断扩大，美国就可以通过主导TPP来推进亚太区域经济一体化。如果中国被TPP排除在外，中国经济将受到较大的冲击。如何应对也是学术界的一个关注热点。

彭支伟、张伯伟（2013）表示，中国近期谋求加入TPP的可能性不大，而美国则会将重点放在推进TPP的谈判和扩张上，一方面为其主导的远期“美式FTAPP”打造基础，另一方面试图架空东亚的“10+3”“10+6”合作机制，最大限度地抵消中国在亚太，特别是东亚经济合作中的影响力。日本则会通过争取加入TPP，同时强化美日同盟来牵制中国。

彭支伟、张伯伟建议，面对美国的“攻势”，中国可以利用TPP谈判成员以及APEC成员同美国的分歧，一方面循序渐进地推进FTAAP，另一方面扩大和深化东亚经济合作，并加紧推进同亚太经贸伙伴的双边FTA建设，构建以中国为核心的“轮轴-辐条”(Huband Spokes)，形成FTA网络来抵消TPP的冲击。事实上，随着中国日益融入全球分工网络和对世界经济的影响力的提升，TPP成员在通过TPP获取经济收益的同时，也能通过与中国签订双边FTA强化这种收益，因而上述构想具备经济上的可行性。此外，与同较多成员集体进行高质量的FTA谈判相比，以务实的目标推进双边FTA谈判有利于避免“集体行动”困境，谈判成本可能更低。因而，无论是出于追求“轮轴-辐条”形FTA网络中的核心国利益，还是出于强化亚太经济合作主动权的考虑，中国均应加紧推进同亚太经贸伙伴的双边FTA建设。

庄芮（2012）建议，首先中国应积极促成东亚“10+X”框架下的贸易自由化。因为东亚区域经济整合必须依靠东亚自身的团结合作，中国应努力推动东亚现有的“10+X”合作框架的发展，积极推进中日韩、“10+3”以及“10+6”这些合作机制，确保东亚自己掌握本地区经济合作的主动权，提高东亚国家在亚太区域经济合作中的影响力。尽管目前中日韩三国之间还有许多问题需要解决，但毕竟三个“10 + 1”平台业已形成，并且只要各方求同存异，“10 + 3”合作机制仍有实现可能。其次需要两岸四地共同构建“大中华自由贸易区”。进入21世纪，两岸四地经济日益融合，面对亚太区域经济合作的格局变化，两岸四地建立某种区域经济一体化制度更趋必要。如今，在CEPA不断深入、ECFA开始起步的情况下，内地、香港、澳门、台湾这四个经济体，应该首先谋求建立“大中华自由贸易区”；而中国自由贸易区战略的开展，也应在放眼全球的同时，进一步整合港澳台。

二　自由贸易区的效应

陈诗一（2008）利用基于VEC或VAR模型的协整检验、脉冲反应函数、方差分解和Granger因果检验等方法分析了工业生产、贸易和投资部门各个关联变量在FTA代理变量进口关税率下落冲击下受到影响的短期动态调整过程和长期均衡状态，以估计建立自由贸易区后中国出现的实际收益或损失及其程度大小。

陈诗一认为，建立自由贸易区后，我国工业生产部门的增加值和就业水平在短期内会下降，而且波动很大，但是经过产业结构的调整升级、产业的国际竞争力的提高以及各种资源的重新配置之后，增加值和就业在长期都会增加，超过建立自贸区前的水平，建立自贸区会导致中国的总出口持续增加，也会导致总进口在短期内有所增加，但是长期来看，总进口还是会下降。

同时陈诗一预测，自由贸易区的建立会在长期进一步维持中国的贸易顺差，这种基于工业结构调整升级、资源合理配置和国际产业良性转移的贸易顺差是内生的和可持续的，无须刻意降低。

李荣林、赵滨元（2013）根据2002～2010年中国进出口数据，利用混合效应面板数据模型，考察中国当前FTA的贸易创造效应和贸易转移效应，得出如下结论：中国参与FTA产生的贸易创造效应明显，而贸易转移效应较少；中国参与 FTA 明显推动了中国出口，而对进口影响因伙伴国不同而有所差异；FTA 成立时间越长，体现出的贸易创造和贸易转移效应越明显；FTA 的贸易效应与伙伴国经济发展水平密切相关；FTA 伙伴国地理距离越近，贸易效应越明显。中国应选择经济互补性强、资源丰富、市场潜力大的国家缔结 FTA，逐步扩大区域经济合作的地域范围，建立更广泛的区域经济合作伙伴关系。

通过整合大量国别数据和整体进出口数据分析我国建立 FTA 的经济效应的论文数量比细致地分析我国和某一特定国家或者地区建立 FTA 的经济效应的论文数量少。整体性的分析结果证明了积极参与建立 FTA 战略的正确性，但是与不同地区、不同大小的经济体建立 FTA 对我国的影响是截然不同的，本文对中国经济、政治影响较大的地区进行分析总结。

（一）中国－东盟自由贸易区

东盟于 1967 年 8 月 8 日宣告成立，此后，组织不断扩大，区域整合进程加速，其国际地位日益提高。目前，东盟已发展成为涵盖 10 个国家、拥有国土面积 443.6 万平方公里、人口 5.9 亿人的区域性组织。

2002 年 11 月，中国与东盟 10 国共同签署《中国－东盟全面经济合作框架协议》，2010 年 1 月 1 日，中国－东盟自贸区全面启动。它的正式建成和启动标志着双方进入零关税时代。

东盟各国的发展状况存在着较大的差距，近十多年，在著名的国际竞争力评价权威机构公布的国际竞争力的世界排名中，新加坡一直名列前茅，马来西亚、泰国曾有较好的表现，菲律宾、印度尼西亚、越南和柬埔寨的国际竞争力相对落后。因此，中国－东盟自由贸易区产生的效果相应也是复杂的。

1. 中国－东盟自由贸易区的效应

中国－东盟自由贸易区作为全球最大的自由贸易区之一，其实施后产生的经济效应一直是研究的热点，2008～2013 年相关成果特别是关于贸易效应方面的数量都非常多。从整体角度研究 FTA 建立对经济的影响的成果也十分丰富。

陈诗一（2008）利用向量误差校正模型研究了建立自贸区对中国工业生产、贸易和投资部门的动态经济影响，作者认为建立自由贸易区对我国经济各个部门的动态影响是有益和积极的，即使工业增长和就业等暂时会受到损害，但是随着时间的推移，根据建立自贸区的市场扩大效应、竞争促进效应以及从国外的技术转移等动态效应，这些损害在长期可以被消除。

杨宏恩（2011）通过 1998～2007 年东盟 10 个国家 10 年的面板数据，检验了东盟经济增长与 CAFTA 的相关性。结果显示，中国出口与其带动的东盟外资流入一起构成了推动东盟经济增长的最主要因素；中国东盟自由贸易区建设开始的2002 年是东盟 GDP 增长率增加的转折点。

CAFTA 除了给中国东盟双方带来了经济增长的效应，还引起了收敛效应和其他非传统的收益，范爱军、都春燕（2010）对东盟和中国－东盟自由贸易区 1992～2008 年面板数据的检验，发现中国－东盟自由贸易区具有比东盟更快的经济收敛速度，即收入均等化速度更快。由于自贸区的建立，成员国区内贸易额作为贸易自由化的一个重要结果，促进了区内经济的收敛。陈雯、卢超铭（2009）的《新区域主义下中国－东盟自由贸易区的非传统收益分析》则运用区域经济一体化的非传统收益理论对中国－东盟自由贸易区的建设进行分析。通过建立 CAFTA，中国和东盟除了获得贸易自由化带来的传统经济收益之外，还能获得保持政策的连贯性、发出政府支持贸易自由并且国内产业竞争力较强的信号、提高在国际经济事务中的地位和谈判能力、建立协调机制以及改善国家安全等非传统收益。

（1）贸易效应。

徐婧（2008）基于 1999～2007 年中国和东盟五国的贸易流量聚合数据，分别使用统计和计量方法，递进分析中国和东盟双边贸易流量的变化，以评估 CAFTA 对中国和东盟区内贸易的扩大效应。分析结果表明，CAFTA 成立后，中国和东盟五国的双边进出口贸易流量都有所上升，其中中国从东盟五国的进口增幅高于中国向东盟五国的出口增幅。相比中国向东盟五国的出口，CAFTA 对中国从东盟五国的进口具有较大的扩大效应。同时，CAFTA 对不同的东盟国家影响不同，菲律宾和泰国向中国出口的增幅较大，新加坡、马来西亚和印度尼西亚向中国出口的增幅较小。

郎永峰、尹翔硕（2009）则利用面板数据结构的固定效应模型方法矫正 FTA 内生性，减小了偏差。其研究结果不仅证明了 CAFTA 对区内贸易具有显著扩大效应，还认为 CAFTA 显著地促进了与非成员之间的贸易。从产品出口结构上来看，以互补性为主。

与很多研究结果不同的是，该文认为 CAFTA 达成后对区内贸易具有明显扩大效应的同时不存在贸易转移效应。

对于 CAFTA 对区内贸易具有显著扩大效应，存在着不同的意见，王卓（2008）表示“中国加入中日韩、东盟自由贸易区对贸易促进有一定的作用，但作用有限”。王卓通过把我国关税与其他七国加权关税与工业生产进行回归，结果显示不相关事实，此结果说明了自由贸易区下关税变动方面对贸易促进的有效作用，至于其他方面的作用，则需要进一步的研究。

曹亮、曾金玲、陈勇兵（2010）将区域经济一体化研究和贸易结构研究结合起来，利用 GTAP 模型集中研究了 CAFTA 成立前后中国和东盟成员国的贸易效应。

论文证明了 CAFTA 的贸易扩大效应，并且提出如果 CAFTA 的合作领域长期只局限于关税减免，那么像越南、柬埔寨这样不发达的成员国和新加坡这样经济总量较小的成员国从贸易中获得的收益非常有限，将会导致其参与 FTA 建设的积极性不会太高。

论文还分析了 FTA 的建立对成员国的贸易结构的影响，各国的产业结构升级加快，随着国际产业结构的转移，CAFTA 内各国的产品贸易结构日趋雷同，除了个别国家和个别部门之外，各国产品进出口结构基本相似，在某种程度上可能会成为一体化的结构性障碍。

这也反映了各个国家都在充分利用一体化的便利，并充分利用本国的资源调整结构。

同时文章指出，从前十位的贸易伙伴来看，中国和东盟的主要贸易伙伴几乎是相同的，这也意味着中国和东盟贸易竞争性的存在。

（2）产业影响。

除了 CAFTA 的贸易效应，产业影响特别是农业方面的影响也受到了很大的关注。

曹亮、曾金玲、陈勇兵（2010）认为，在农业部门和农产品贸易中，几乎所有成员国都处于竞争劣势中，这反映了在世界各国农业补贴政策的影响下，东南亚地区农产品贸易的窘境。未来世界农业补贴如果维持现状，该地区的农业竞争前景仍然不乐观。

杨亮、吕耀（2009）则认为随着中国－东盟自由贸易区的建立以及“早期收获”计划的实施，双方农产品贸易条件不断改善，贸易额大幅增加，总体呈现出较强的资源－市场互补性格局，但双方进出口格局不对等，中国对东盟出口目的国分散，而进口来源国相对集中。另外，中国对东盟的农产品贸易逆差增大，长江以北地区获益，而江南地区则受到冲击。从长期来看，农产品贸易的不对等格局对中国有负面影响。

总体而言，CAFTA 对农业影响的消极作用要大于积极作用，要应对冲击，中国应该积极提高农业竞争力，健全政策性农业保险体系、行业协会支持体系等。

龙云安（2013）应用空间经济学理论模型研究自由贸易区的产业集聚进程和结果，发现 CAFTA 使成员国产业间贸易加速了；由于专业化分工的加强，产业集聚效应十分明显。对此，建议双方通过自由竞争机制和成员国政策协调机制减少冲突、避免产业畸形，从而促进成员国经济发展趋向平衡。

2013 年对 CAFTA 的研究更加全面地涉及环境方面，田野（2013）以污染密集型产品作为主要研究对象，运用改进的引力模型，通过实证分析 CAFTA 建立对于中国和东盟之间污染密集型产品的贸易效应，结果显示 CAFTA 的建立对区域内污染密集型产品的贸易具有显著的贸易创造效应，同时对非成员与 CAFTA 成员间的贸易也具有一定的促进作用。自由贸易区的建立给中国和东盟双方带来了更大的环境压力。

对此，也有学者提出了建议，例如张建中（2013）设计了中国－东盟贸易、投资与环境协同发展的预警指标体系和预警模型，构建了中国－东盟贸易、投资与环境协同发展的预警机制，拓展了生态环境预警问题的研究视角。同时张建中认为，当前中国－东盟自由贸易区尚未有一套完整的机制协调贸易、投资与环境的关系问题，构建贸易、投资与环境协同发展预警机制可以达到防患于未然的目的。

事实上，目前从区域经济合作的角度研究贸易、投资与环境协同发展的预警机制问题，国内外的研究都不多，但是随着区域经济一体化发展的不断深入，这个问题十分有意义。

2. 中国－东盟自由贸易区面临的问题及对策

中国－东盟自由贸易区总体按照预定框架顺利实施并完成，但同时在建立过程中也存在着一些问题。2009～2010 年，学术界关于 CAFTA 所面临问题及解决对策的讨论十分热烈，成果丰富。

庄芮（2009）通过分析 CAFTA 对双边特别是我国货物贸易、服务贸易和总体经济的实际影响，提出 CAFTA 建设目前存在的问题主要有中国与东盟国家竞争性大于互补性，经济结构和出口市场的雷同，使得如何协调彼此利益、形成合理分工成为一个难题。同时，中国与东盟国家经济发展差异大，诉求差别大，政策合作难以协调，“早期收获”计划使中国农业受到冲击，还有东盟内部缺乏领导核心和解决问题的协调机制。

事实上，CAFTA 最主要的问题就是各国产业竞争性以及诉求差异造成的协调问题，有很多文章对此进行了更加详细的分析。

沈红芳（2010）分析了东盟各国内部官方和不同利益群体对于 CAFTA 的态度及其成因。东盟官方整体是否对 CAFTA 的全面运行表达了积极和肯定的态度，沈红芳认为，除了东盟内部的“一个声音原则”，中国对东盟一些成员国的无条件援助是官方积极态度的主要原因。然而“印度尼西亚、菲律宾、马来西亚、泰国和越南的非官方部门对与中国经济一体化会给本国经济带来何种影响均心怀疑虑”，甚至“2010 年 1 月，中国与东盟六个老成员的一轨产品进口关税要全部降为零，印度尼西亚政府在国内利益集团的压力下，要求推迟履行降税安排并就协议部分内容重新展开谈判”（赵玉敏，2010），可见在东盟部分国家内部，对自由贸易区的建立是持反对意见的，主要是由印度尼西亚等国对贸易自由主义的排斥情绪、国内产业竞争力较差、国际排华反华势力的影响等方面造成的。

CAFTA 遇到的协调问题，并不是前所未有的，几乎所有贸易协定都会遭到协议签署国国内重要政治势力的反对。必须清楚的是，无论是对中国还是对东盟，对方都具有举足轻重的战略意义，“东盟正是利用签订自贸区协议的机会，一方面使彼此竞争的大国进入同一竞合区域的游戏场，形成相互钳制的态势，削弱可能出现的某一特定大国的过分主导力量，另一方面通过签订这些协议提高自身实力”（赵玉敏，2010）。

因此，从战略高度认识问题的复杂性，合理分析东盟各国的要求，深化合作是使 CAFTA 顺利进行的有效建议。

（二）中日韩自由贸易区

中日韩自由贸易区还处于提议阶段，然而由于历史遗留问题、三国经济发展阶段不同以及战略利益的差异性等各种因素影响，中日韩自由贸易协定进展极其缓慢。但是作为亚洲三个最大的经济体，其建立自由贸易区，无论是对三国本身还是对整个世界经济政治都具有十分重大的影响，因此国内外对中日韩三国自由贸易区的学术研究还是十分丰富的。

1. 中日韩三国的经济相关性

在推进东北亚经济合作的过程中，讨论中日韩三国的经济相关性及发展空间十分重要。李力、杨柳（2013）选取了 1996 年 1 月至 2011 年 4 月中日韩美四国宏观经济景气指数，分别建立四国模型和三国模型进行实证分析。研究发现：日本对外依赖性强，中韩美指数的分解率累计各占31.64%、10.21%、30.71%，其中中国领先指数（LLICH）占比最大，达到了27.6%，来自中国指数的贡献率超过了美国，成为影响日本经济波动最重要的因素；韩国经济有较强的独立性，其自身解释力度较高，但中国和日本景气指数对韩国一致指数解释力度不可忽视；而对中国而言，日韩两国经济波动则影响较小。李力、杨柳认为从经济相关性的角度看，中日韩区域经济一体化互惠互利，可行性较强。

除了研究宏观经济的相关性，高敬峰（2012）论证了中日韩三国在货物贸易方面具有很强的相互依赖性，2001～2010年，中国与日韩贸易专业化指数算术平均值分别为0.77和0.73，说明中国与日、韩贸易的互补程度非常高，不仅如此，而且进出口产品在最终用途上也是互补的。中国对日、韩出口的技术水平低于自日本、韩国进口的技术水平。中国自日、韩进口显著地促进了中国对日、韩出口的技术复杂度，而且这一作用在中国高进口渗透率、低技术差距行业表现得更为明显。

同时高敬峰建议国内企业需加大自身研发经费投入，改善人力资本质量，提高技术吸收能力，以获得更多的进口技术溢出收益。

可以看出，不管是宏观经济方面，还是货物贸易方面，中日韩三国的相关性都很高，因此建立自由贸易区的可行性还是十分高的。

2. 中日韩自由贸易区的效应

彭支伟、张伯伟（2013）在SMART模型框架下建立了一个局部均衡模型，基于HS6分位数据模拟中日韩三国间不同的阶段性双边关税减让方案和长期内关税的全部减让对三国经济的影响。结果表明，在福利效应方面，对三国而言，关税减让幅度越大，各国关税收入下降越多，福利增加也越多，但福利增加额总小于关税损失额，且二者之间的绝对差距随关税减让幅度的增大而扩大。三国间全面实现零关税以后，中国的关税损失和福利增进额均最高，但同时，中国的关税损失与福利增加额之差在三国当中也是最高的。中日韩自由贸易区建成以后，日本向其他两国的出口增长率最高，韩国其次，中国则最低。但总体上，在现有基础上建成自由贸易区对三国出口增长的推动作用将是显著的。

同时，三国各自的农业部门、日本和韩国的纺织品部门以及中国的汽车部门将受到来自其他两国较为明显的冲击。机电产品及其零部件的区域内贸易增长潜力有限，但三国在该领域的垂直专业化分工尚具备进一步拓展的潜力。

梁雪（2009）测算出中日、中韩农产品总体产业内贸易指数均小于0.25。其中，中日间指数在0.08～0.09稳定波动，中韩间指数在0.15～0.20波动且呈上升趋势，说明中日、中韩农产品贸易总体上还是以互补性较强的传统的产业间贸易为主导，同时产业内贸易则主要呈现技术差异的垂直性。

李明权（2010）在《中日韩农产品贸易关系及其对三国建立自由贸易区的影响》一文中对三国农产品贸易进行了更加详细的研究。

根据1992～2007年中日韩三国农产品数据，与中日、中韩贸易相比，日韩农产品贸易不仅规模小，而且增幅不明显。可见，中国是该区域农产品贸易的核心力量。

在竞争力方面，李明权采用了区域显示比较优势指数（Regional Revealed Comparative Advantage，RRCA）进行分析，出口RRCA大于1，表示该国在该类商品上具有比较优势，并且指数越大，优势越显著；出口小于1，则表示具有比较劣势，并且指数越小，劣势越显著；反之，进口大于1，则有比较劣势。文章计算了中日韩24类农产品的RRCA（2005～2008年的平均值）。中国出口RRCA除糖类和饮料小于1以外，其他22个都大于1，而进口RRCA都小于1，表明中国在区域内的比较优势非常显著；日本在全部农产品上出口RRCA都小于1，而进口RRCA中22个大于1，比较劣势最明显；韩国比较优势居中。

因此，李明权认为，“如果中日韩FTA全面推行农产品贸易自由化，日本农业的几乎所有部门都将受到重大冲击，韩国农业的半数以上部门也将萎缩”。

总体上，中日之间互补性最强而竞争关系最弱；中韩之间互补性较强。

李明权分析，“一般而言，互补性越强，合作的可行性也越高，但是，中日韩之间的农产品贸易关系中的互补关系实际上是单补关系，而单补关系越强意味着对对方产业的冲击越大，推进 FTA 的难度也就越大”。

最后，作者认为，互补关系最弱的日韩之间 FTA 谈判应最为顺利，互补关系居中的中韩之间次之，而互补关系最强的中日之间谈判最为艰难。日韩 FTA 谈判因农产品问题而搁置，中日、中韩之间 FTA 农产品谈判将十分困难。

从中日韩自由贸易区的效应上看，日韩两国农业受到冲击将是阻碍中日韩自由贸易区建立的最大阻力。

3. 中日韩自由贸易区的建设路径

马剑虹（2008）通过可计算一般均衡模型，对中日韩建立自由贸易区的各种可能形式进行模拟分析，在博弈分析框架下得出包含中日韩三国的自由贸易区三方博弈的纳什均衡解，得出结论：不参与 FTA 对任何一个国家来说都是劣战略，三国中任何一国通过与其他两国分别建立双边自由贸易区所建立的轴心－边陲型 FTA 是不可行的；也就是说，只有建立中日韩自由贸易区才是最可行的合作安排。

如上文讨论，建设中日韩自由贸易区的过程中保护部门的阻力很大，谈判中困难重重。

张建肖（2013）全面系统地分析了建立中日韩自贸区的困难，外部环境方面，首先，中日韩自贸区建设面临着来自美国的巨大压力，美国一方面通过强化美日、美韩以及美国同东南亚国家的同盟关系直接瓦解中日韩自贸区建设的基础；另一方面推动 TPP 扩大，吸引东亚国家加入 TPP 谈判，分化、瓦解甚至取代现行的东亚合作机制。其次，亚洲区域经济合作缺乏明确的路径。

在中日韩内部，首先，三国自贸区建设战略缺乏一致性；其次，谈判技术性问题较为突出，包括中国能承受的开放压力低于日韩的期望，农业领域谈判难度较大，制造业需要合理安排自由化进度，投资领域“准入前国民待遇”对中国造成一定压力，三国对服务贸易自由化的方式要求不同。

张建肖建议实施双边促多边战略，优先推进中韩自贸区建设，从而能带动日本加入。沈铭辉（2011）也曾提出过类似建议。

（三）中韩自由贸易区

中韩自由贸易区也处于提议阶段，近年来有很多研究表示中韩已经具备建立自由贸易区的条件，无论是对中韩两国的经济政治还是对推动中日韩三国自由贸易区的建立都有积极的作用。

1. 中韩自由贸易区的效应

陈硕颖（2008）以中韩两国的货物贸易为研究基础，运用相关模型和指标分别就中韩两国建立双边自由贸易区后可能产生的贸易效应以及对产业内贸易的影响进行了分析，作者证明构建中韩自由贸易区对增加两国福利、优化两国产业结构以及平衡两国国际收支等方面都有积极影响。李晓峰、桂嘉越（2009）则认为在考虑韩美自由贸易区的情况下，如果中韩不建立自由贸易区，那么中韩贸易将会较大程度地受到韩美自由贸易区贸易转移带来的影响，反之，如果中韩建立自由贸易区则更有利于两国比较优势的发挥。同时，李晓峰、任靖楠（2009）还就中韩建立自由贸易区对中韩两国净出口与就业的影响进行了实证分析。实证结果表明若在2009年中韩建立自由贸易区，中国对韩国的贸易逆差会减少64.9196亿美元，韩国对中国的贸易顺差会减少64.9196亿美元；自由贸易区的建立会使中国的GDP增加约0.426%，韩国的GDP减少约0.938%；会使中国的失业率下降约0.069%，韩国的失业率上升约0.157%。由此来看，建立中韩自由贸易区对中国是有好处的，但韩国方面似乎会由于建立自由贸易区遭受损失。但李晓峰、任靖楠认为，建立自由贸易区后会对两国的产业结构产生影响，韩国由于其经济总量小，受到的影响会比中国大。韩国劳动密集型行业的失业率势必会比较高，但在高新技术等方面会有较大的发展。总体来看，自由贸易区的建立势必会使中韩两国间的贸易总量扩大。因此对于两国是双赢的选择。

关于建立中韩自由贸易区对韩国 GDP 下降、贸易条件恶化等影响，有的学者提出了不同意见，魏巍（2010）采用可计算一般均衡模型（CGE）中最常用的全球贸易分析模型（GTAP），来模拟分析中韩自由贸易区成立后的预期经济效应。作者分别使用静态可计算一般均衡模型（静态 CGE 模型）和动态可计算一般均衡模型测度了两种减税方案下自由贸易区的经济效应。中韩自由贸易区可以给中国和韩国的 GDP 增长带来明显的促进作用。但是由于中国的总量经济规模较大，中韩自由贸易区对中国 GDP 影响的程度不如韩国；从贸易条件的变化来看，中韩自由贸易区使成员国的贸易条件都得到了不同程度的改善，而且韩国在贸易条件改善方面获益最大；从贸易流量效果来看，中韩自由贸易区对中韩两国的进出口贸易总额均产生了明显的促进作用。

2. 中韩自由贸易区面临的阻碍及推进建议

郑知淑（2009）分析了中韩推进 FTA 的战略动机，对分析推进自贸区阻碍起到了一定的启发作用。“韩国经济学家预测 FTA 对韩国经济的影响非常大，而中国从 FTA 中的获益比韩国小得多。由此可知，中韩自由贸易区对中国战略性的目的比经济上的利益强，但对韩国经济上的利益比战略性的目的更有意义。”

魏巍（2010）认为中韩自贸区面临的困难主要有以下几点。

（1）日益扩大的中韩贸易不均衡。

（2）来自韩国农业方面的抵制：中韩两国有 233 种农产品相互竞争，韩国政府在中韩 FTA 谈判中也会面临来自韩国农民和农业团体的巨大压力。

（3）韩国对“产业空洞化”的担忧。

（4）美国可能会产生的消极阻碍作用：美国在东北亚地区的经济以及政治安全问题上有着很多利益关系，因此美国对东北亚地区的经济一体化表现出很高的关注度，同时由于中国和韩国对美国市场都高度依赖，美国可以通过加强贸易限制等手段表达不满。

对此，魏巍建议，双方应该完善两国间多层面的对话协调机制，积极推进贸易与投资便利化合作进程，确定敏感产业并实施合理的过渡期安排，并且应遵循渐进性原则。

（四）中印自由贸易区

中印自由贸易区依然处于提议阶段，2003 年，时任印度总理的瓦杰帕伊访华时就曾提出建立中国 - 印度自由贸易区的建议。国务委员唐家璇在 2004 年 10 月访问印度期间正式提出了中印建立自由贸易区的设想。2005 年 4 月两国启动中印自贸区联合可行性研究，2007 年 10 月可行性研究工作结束，2010 年中国 - 东盟自由贸易区的建立为中印自由贸易区的推进提供了宝贵经验和动力。

霍伟东、李伯韬（2009）认为中印两国在第二产业与第三产业存在着较强的互补性，而两国的贸易结合程度也比较高，2004 年印度对中国的贸易结合度为 1.63，2007 年则高达 1.96，这表明两国的贸易关系比较密切，总体而言两国的互补性明显，大于竞争性；2007 年印度对中国的出口为 146.31 亿美元，占印度全年出口额 1449.6 亿美元的 10.1%，占印度当年 GDP 总值的 1.7%，说明印度对中国市场也存在着一定的依赖性，总而言之，中印的经贸关系已经十分密切，已经具备建立自由贸易区的现实基础。

1. 中印自由贸易区的效应

李丽（2008）运用 GTAP 模型和递归动态法预测了构建中国与印度自由贸易区对双方的影响，中印进口各增加 585.79 亿元和 320.15 亿元，出口各增加 282.47 亿元和 548.39 亿元；同时两国有比较优势的产业将扩大，实现优势互补；中国 GDP 将增长 3.51%，印度 GDP 却将缩减 7.10%，中国的福利水平增加 433.64 亿美元，而印度却减少 346.41 亿美元，中印出现利益让渡不平衡现象。

杨宏玲、张志宏（2012）把代表自由贸易安排的虚拟变量纳入引力模型，对中印建立 FTA 的贸易扩大效应进行了定量分析，认为建立 FTA 最重要的经济效应是能带来成员国间贸易规模的扩大，而中印两国间还存在巨大的贸易潜力，两国若能在目前经贸关系发展的基础上进一步实现 FTA 这种制度性合作，将使双边贸易产生质的飞跃。

杨宏玲（2010）还认为构建中印自由贸易区存在着非传统经济收益，首先中印双方可以获取政治收益——两国之间经济依赖的加深和政治互信的增强，甚至可以消解美、日把印度作为遏制中国的制衡力量的霸权意图；其次可以向外界发出政治走向、经济形势等信号；最后可以提高在中印国际事务中的地位和谈判能力，促进协调发展，改善成员国的安全。

2. 中印自由贸易区的推进建议

霍伟东、李伯韬（2010）系统地阐述了推进中印自由贸易区的措施。

（1）加强对两国贸易的总体战略规划，便利投资与合作。

中印两国经贸合作的重要前提是两国经济将继续保持高速增长，两国贸易进一步增长是中印自贸区建立的必要前提。目前来看，中印两国无疑是拉动世界经济持续增长的重要力量，尤其是在美国金融危机影响下，中印两国继续维持高速增长显得更加重要。

（2）中国要深化实施“走出去”战略，为世界经济尽大国责任。

当前，世界经济形势不容乐观，但世界看好中国，因为中国有近 2 万亿美元的外汇储备，在资本、人力资源上具备条件，加之国家鼓励包括中小企业在内的国有企业“走出去”，具有政策导向。中国与印度同为发展中大国，其传统的比较优势是建立在劳动密集型产业的基础上的，但是要在国际竞争中取得优势，需要将比较优势转化为竞争优势，要加大对劳动密集型产业的资本投入和技术投入，充分利用世界资源“走出去”，这也是大国为世界经济所做的贡献。

（3）继续完善市场经济体制，创造良好的贸易环境。

从双边自由贸易发展的历程和积累的经验看，其成功的基本前提必须有：成员方的经济体制模式是自由的市场经济；奉行开放的经济发展战略和自由贸易政策；成员方之间的经贸依赖和相互融合在市场和资源最优配置的驱动下已达到较高程度；持续稳定的国别政治环境和外部力量的支持；具备一定的宏观经济政策协调经验和相应的协调机制等。就中国宏观经济发展的现实情况看，特别是加入 WTO 后，这些条件基本具备。当前要重点保证营造公平贸易的环境。

（4）加强信息交流，以政治互信促进经济合作。

目前，中国与一些国家签署自由贸易协议谈判受阻，一部分原因就是这些国家的高层次官员和经济界人士在谈到中国的经济和外贸时，普遍认为由低价格和低劳动成本构成的中国商品具有强劲的冲击力，控制不好可能会产生较大的负面影响。中国应通过各种途径让对方了解本国的贸易政策与法规，继续推进高层互访，对印度更是如此，印度主要领导人表现出了对建立中印自由贸易区的积极姿态，而世界经济衰退背景，也要求中国做出应对。当大家都在一条利益链上的时候，其行为就会趋于务实和理性，而这是解决相关问题的前提所在。

姜鸿、张艺影、彭剑君（2010）则从产业安全的角度对农业关税策略提出了具体的战略建议，通过构建自由贸易区下产业安全与贸易平衡协调模型，同时运用 2008 年中印双边农产品贸易数据计算了各自农产品竞争力指数，针对不同状态下的农产品提出了不同的关税减让策略，从而缓解中印自由贸易区建立对国内农业的冲击。

（五）上海合作组织自由贸易区

2001 年 6 月 15 日，中国、俄罗斯、哈萨克斯坦、吉尔吉斯斯坦、塔吉克斯坦和乌兹别克斯坦六国元首共同签署宣言，决定建立上海合作组织。成立之初，上海合作组织即确立了以安全合作和区域经济合作为未来发展的两大支柱。

2008 年在杜尚别召开了第 8 次首脑峰会，会上各方签署了《上海合作组织成员国多边经贸合作纲要》（以下简称《纲要》）。《纲要》中期目标是在贸易投资便利化基础上开展大规模经贸合作，远期（2020）目标是在本区域内逐步实现货物、资本、服务和技术的自由流动。

2012 年 6 月，胡锦涛主席在北京主持召开了上海合作组织成员国元首理事会第 12 次会议。这届首脑峰会上，如何落实《纲要》规划，携手应对金融危机余波及欧债危机对各国经济的冲击，是各方重点商讨的议题之一。目前关于上海合作组织各国经济贸易合作的研究并不十分丰富。

霍伟东、李萍（2013）认为上海合作组织各成员国之间的经贸联系日益密切，经济合作的制度日趋完善，已初步具备建立上海合作组织自由贸易区的基础。他们运用贸易引力模型进行模拟，预测出，中国与其他五国 GDP 的乘积每增长 1%，中国与其他五国的双边贸易额将平均增长 0.63%；人口的乘积每增长 1%，中国与其他五国的双边贸易额将平均增长 0.41%；自由贸易区成立后，中国与其他五国的双边贸易额将平均增长（$e^{0.74}-1$）%，约 1.1%。自由贸易区的建立产生了贸易创造效应和贸易转移效应，但是总体而言，增加了成员国的福利。

张猛、丁振辉（2013）则从区域内贸易发展、区域内各国贸易联系和贸易互补性三个角度出发论证了组建上海合作组织自由贸易区的可能性。

哈、吉、塔、乌各国对其他五国区域内贸易占各自总贸易的比重明显较高，其中吉尔吉斯斯坦和塔吉克斯坦比重甚至超过 50%，而哈萨克斯坦和乌兹别克斯坦也超过 40%。这说明对上述四国而言，上海合作组织区域内贸易重要性十分明显，这是各国建立自由贸易区的基础条件。

在贸易密集程度方面，中国和俄罗斯反映双边贸易关系的贸易密集度指数多数年份都大于1，这反映出中俄与其他国家已经形成比较密切的贸易关系。但是中俄贸易密集度指数均小于1，说明中俄之间的经贸关系明显滞后于两国战略合作伙伴关系的发展，同时也滞后于两国在世界经济中的地位。因此，自由贸易区的组建可以推进中俄两国之间的经济贸易关系。

在贸易互补性指数上，除了个别几个国家之间在个别年份低于1之外，其余均大于1，这意味着上海合作组织成员国之间互补性较强，这也基本符合目前的现实情况，即中国在制造业领域有比较优势，其他国家在初级品特别是大宗原材料商品上具有比较优势。

综合以上三个方面，张猛、丁振辉（2013）认为建立上海合作组织自由贸易区的条件是基本具备的。

还有少部分对中国－澳大利亚自由贸易区、中国－新西兰自由贸易区、中国－智利自由贸易区等的研究成果，但由于相对于其他国家或地区来说，其对中国的经济及政治的影响较小，因此以上自由贸易区不是研究的重点，本文在此也不赘述。

（六）跨太平洋伙伴关系协议（TPP）

跨太平洋伙伴关系协议的前身是跨太平洋战略经济伙伴关系协定（Trans-Pacific Strategic Economic Partnership Agreement），其是由亚太经济合作会议成员国中的新西兰、新加坡、智利和文莱四国发起，从 2002 年开始酝酿的一组多边关系的自由贸易协定，原名亚太自由贸易区，旨在促进亚太地区的贸易自由化。2011 年 11 月 10 日，日本正式决定加入 TPP 谈判，而中国没有被邀请参与 TPP 谈判。

孔向阳（2014）认为，TPP 在经历了“两段式”的发展历程后，具有综合性和高水平的特点。第一，TPP 的综合性表现在其涵盖的议题，在广度上远远超过了一般的自由贸易协定。它不仅包括商品贸易便利化，还包括服务贸易方面的全面市场准入，政府采购实行统一的采购规则，建立争端解决机制，以及高标准的国际劳工保护、环境保护、知识产权保护等。第二，TPP 的高水平表现为它将打破传统 FTA 模式，达成无例外的综合性自由贸易协议，尤其是将对农产品实行零关税。在原产地规则、劳工规范及环保标准、通关手续和投资规则的“负面清单”模式等方面也将提出更严格的要求。

1. 跨太平洋伙伴关系协议（TPP）的效应

邢小军、孙利娟（2013）运用 Mordonu 模型和 Engle－Granger 两步法分析了 TPP 组织主要相关国家的贸易转移效应。作者认为，由于新西兰等 TPP 创始国的 GDP 比较小，它们的贸易转移效应并不大，而美国、澳大利亚等经济大国的加入抬高了 TPP 的贸易转移效应。对美国、墨西哥、马来西亚等国家而言，加入 TPP 有利于扩大出口；而对澳大利亚、秘鲁、新西兰等国而言，贸易效应的扩大对这些国家而言主要体现为进口的增加；日本和加拿大对美国的贸易效应表现为进口的增加，而对其他国家的贸易则具有显著的出口促进效应。中国和上述国家之间也存在贸易转移效应，这暗示中国应该考虑主动申请加入 TPP 谈判。且中国对美国的进口效应（0.63）要远大于出口效应（0.341），更有利于美国的出口，所以中国加入 TPP 可能会受到美国支持。TPP 成员国与中国依据比较优势已经形成良好的分工，产业结构的匹配度较高，具有很高的贸易转移效应，所以 TPP 的成立将会在长期使得贸易从中国转移到 TPP 内部，考虑到美国、澳大利亚等 TPP 成员国都是中国重要的贸易伙伴，所以中国的出口在长期将会受到巨大的挑战。

于立新、汤婧（2013）运用 GTAP 第八版资料库及模型计算得到 2025 年各国加入 TPP 后国家收入情况预估，美、中、日三国的收入分别为 202730 亿美元、176550 亿美元、53380 亿美元。据此他们认为，若中国在短期内不加入 TPP，贸易转向以及排他性的影响将对中国的经贸产生巨大的负面效应。

彭支伟和张伯伟（2013）运用 CGE 模型，对 TPP 和 FTAAP、对 APEC 成员，特别是对中美日韩可能造成的影响进行评估。结果显示，不包含中韩的 TPP 将使两国经济受到冲击，而加入 FTAAP（亚太自由贸易协定）将为两国带来较显著的收益；已加入 TPP 谈判的成员将获益于 TPP，但在 FTAAP 下的总收益更高。而中国加入 TPP 将在使自身获益的同时，促进美日两国的收益。

2. 中国是否应加入跨太平洋伙伴关系协议

基于 TPP 的特点和效应，学界对于中国是否应加入 TPP 有着热烈的讨论。王晓蓉（2013）在已有的研究上分别就赞成和反对加入 TPP 的对立观点进行了梳理。具体如下。

赞成我国尽早加入 TPP 的一方，主要有以下六个方面的理由。①有助于提高中国对贸易新规则制定的话语权。中国早日参与，就可以成为标准的制定者，赢得战略上的主动，否则，在 TPP 基本框架搭建完毕之后，我国将可能面对新的“跨太平洋贸易壁垒”，从而付出更大的成本代价。②有助于扩大出口，减少贸易损失。如果不加入 TPP，中国将发生贸易损失，特别是会丧失对美日的出口市场，同时，中国对东盟的出口可能会受到影响。③有助于推进中国在亚太地区贸易与投资的自由化和便利化。TPP 代表先进的贸易制度，中国加入 TPP 可助推较低级别自贸区的发展。中国不应把 TPP 只看作美国的战略梦，它也可以是中国的战略梦，TPP 将使中国战略利益最大化。④有助于“倒逼”中国进一步改革和开放。这种倒逼力量将对国内经济结构调整产生四种积极影响：一是将会倒逼中国对现行出口补贴政策进行改变和调整；二是外部压力将会倒逼中国提高环境和劳动者权益保护的标准；三是将会倒逼中国合理界定政府干预经济之“手”和国有企业的边界；四是发达国家对知识产权保护的强烈要求将会倒逼中国知识产权制度走向完善。⑤有助于中国经济的转型升级。加入 TPP 需要对现有的出口体系结构和生产标准做出全面调整和升级，直接面对北美和东亚市场，以一种“倒逼机制”将中国的制造业向国际化和高端化推进。同时，加入 TPP 不但可以拓展海外市场，提高国际竞争力，缩小创新差距，更能借助国际资本的双向流动为中国全球化配置资源创造良好条件。⑥替代 TPP 的思路不可行。由于新兴市场国家之间经济利益的竞争性以及地缘政治间的矛盾，合作的成本相对较大，合作的可行性相对较小，所以可行的办法是以新兴市场国家的身份积极参与到美国主导的 TPP 谈判中去，尽可能促使新的全球贸易规则体系包含新兴国家的利益诉求。

反对中国加入 TPP 的一方，也有如下六点理由。①TPP 是美国围堵中国、实现“再平衡”的战略梦。美国将 TPP 勾画成美国亚太区域架构重组中不可或缺的骨架，中国没有必要去凑热闹，帮美国圆其“再平衡”的战略梦想。②美国主导 TPP 只为打开他国市场。总的来看，TPP 所谓的“高标准、全面的自由贸易”，实质是为处于国际金融、服务和技术产业链最上游的国家最大限度地打开他国市场，同时却对核心国家的敏感产业几乎不加以触碰。③中国至少在短期内不能加入 TPP。中国正处于经济转型的关键时刻，诸多矛盾和问题纠结在一起，如果中国过早加入 TPP，很可能会同时受到发达经济体高标准与发展中经济体低劳动力成本的双重冲击。④TPP是“华盛顿共识”的翻版，从长期看中国也不应加入。对于仍需保护民族幼稚产业、亟待提升国家竞争力的发展中国家而言，TPP 对所涵盖的 21 个领域采取一刀切的自由化原则是极不利的。中国绝不能以牺牲经济主权为代价追求自由贸易。持该观点的人还认为，如果中国不参加 TPP，被国际贸易边缘化的将不是中国，而是 TPP 自身。⑤以 TPP 倒逼国内改革的观点不能成立。对中国而言，所有的外因都是次要的，核心的问题还是内因要起变化，即推动新一轮改革开放，建立起一个高标准的市场经济体制规范。过度开放和不对等开放也会导致我国在贸易、技术、金融等方面对发达国家的依附，政府机构和企业形成了形形色色的买办利益集团，阻碍了国内改革的进行。因此，中国不能再令“开放倒逼改革”，相反，应采取“安内必先攘外”的改革开放新战略，排除国际垄断资本与我国内部买办利益集团相互勾结对改革带来的严重干扰，这是我国贯彻“独立自主、自力更生”的自主发展新战略的重要保证。⑥中国有足够底气与 TPP 保持距离。相关数据表明，中国早已成为几乎所有 TPP 成员国数一数二的贸易伙伴。而对于任何局部的贸易冲突，作为世界第二大贸易国并极可能在短期内成为全球最大贸易国的中国，应有充足的底气正面迎战。蔡鹏鸿（2013）也对这个问题提出了三点看法。一是 TPP 被美国标榜为下一代贸易规则，实际上就是要各国向美国看齐，变成其附庸；二是中国确实面临贸易转移带来的挑战，但是 TPP 给中国带来的福利效益将远不及区域全面经济伙伴关系，因而中国没有必要加入；三是中国有能力为制定下一代贸易规则做出贡献。

3. 中国应如何应对跨太平洋伙伴关系协议

无论中国是否加入 TPP，该协议都将继续发展下去。面对这个形式，中国应如何应对？在综合王晓蓉（2013）和刘柏（2013）已有的研究讨论后，给出了以下六点建议。①中国经济的当务之急是扩大内需。转变经济发展方式、扩大内需，已成为中国直面 TPP 挑战的根本之策。只要不断扩大国内需求水平，改变长期以来经济增长对净出口的过度依赖，将净出口占 GDP 的比重降至合理水平，则中国即使不加入 TPP，也能有效实现经济的可持续发展。②培育具有中国特色的出口企业，降低出口产品替代率。国际协定的签订只是为进出口企业提供了一个有效平台，在国际协议签订之后，只有资金雄厚且有能力适应新政策并迅速调整发展路径的企业才能通过协议获益，因此，切实提高自身实力和竞争力才是中国企业在对外贸易中获得竞争优势的根本之路。③中国可通过“区域全面经济伙伴关系协议”（RCEP）和“中日韩自贸区”制衡 TPP。④中国应突破地域限制，加强亚太区域外国家合作，积极推动与各国签署双边贸易协定。双边贸易协定可以使双方利益最大化，同时又不触动第三方利益，避免不必要的贸易冲突。中国与金砖其他国家的深入协作能够拓展国际合作的范围，同时，中国与贸易伙伴国应尽可能订立货币互换协定，还可迅速降低亚太地区贸易对美元的依赖度。⑤中国应实施“外围包围中心”的大战略。通过雁阵模式，借道比自己落后的国家比较容易地建立起自己的全球价值链，最后围困发达国家的全球价值链，这被称作“外围包围中心”的战略。因此，中国除推动 RCEP 的发展外，还应大力推动与拉美各国的贸易往来，实施“亚欧大陆发展战略”。⑥加入 TPP 契机和共赢收益。鉴于中国已经参与的国际协定和拥有的国际地位，中国可以在适当时机与 TPP 进行协商和谈判，但是在谈判过程中要以双赢为出发点，若美国通过金融自由化、产权、国有企业等敏感性问题限制中国现有的改革进程，则无须强势加入 TPP，而是应该加强和深化现已形成并正在进行的国际经济合作和协商，并在横向和纵向扩大合作范畴，不拘泥于单一的国际协定。

4. 现有研究的不足和需要深入研究的问题

现有的中国应对 TPP 的对策研究，仍存在支持和反对双方各自为政的问题，双发均未提出有力的驳斥对方论点的论据，缺乏理论研究的深度，也缺乏从经济史角度观察 TPP 的视野。而在梳理文献的过程中，王晓蓉（2013）把现有研究的不足和需要争论的核心问题归纳为以下四个方面。①论争双方均未回答“何为中国国家利益”这一核心问题。赞成的一方把高标准的自由贸易看作中国未来发展的必由之路，而反对的一方则赞成“幼稚产业”保护理论。作者认为，赞成方需要回答的问题是：中国高速增长是得益于自由贸易还是“中国模式”；而反对方需要回答的是：赞成方提出，既然中美一直在谈中美自由贸易区，那么为什么就不能加入 TPP。②论争双方对转变经济发展方式与加入 TPP 之间的关系均缺乏深入研究。外部市场在中国经济转型升级的过程中到底发挥什么样的作用，加入 TPP 对此是有利还是不利，对立的双方都需要对此进行深入研究。③论争双方对应对 TPP 挑战的对策均缺乏深入研究。④反对加入 TPP 的学者在政策建议方面停留在大方向的层面，缺乏具体、细致和深入的研究，而赞成方则明显地忽视了加入 TTP 对我国政治、军事和外交等方面的影响。

（七）跨大西洋贸易与投资伙伴关系（TTIP）

2013 年 2 月，美国和欧盟领导人发布联合声明，宣布启动“跨大西洋贸易与投资伙伴关系”（Transatlantic Trade and Investment Partnership，TTIP）的谈判，按美欧设想，TTIP 各项谈判将在两年内完成。该谈判是史上最大的自由贸易协定谈判，覆盖了世界贸易量的 1/3、全球 GDP 的 1/2。TTIP 的主要目标包括消除美欧间的商品关税，协调趋同技术标准和法律法规，有效削减非关税壁垒，进一步开放金融服务业和政府采购市场，并在知识产权、环境与劳工保护、贸易便利化、竞争政策、国有企业、透明度等方面加强协作，通过深化美欧间的贸易与投资关系来创造新的增长动力，并为全球贸易服务制定新的规则。

1. 跨大西洋贸易与投资伙伴关系的效应

作为一个高标准的“新生代”贸易谈判协定，TTIP 将为成员国带来多大的利益一直是学界研究的热点。虽然欧美之间关税平均只有 3% ~5%，但取消关税仍然有较大的作用。任成、林海（2013）援引欧盟独立研究报告，认为 TTIP 生效后，欧盟对美国出口总体上将增长28%，欧盟每年将从中受益1190亿欧元，这也将为世界GDP带来1000亿元的增长。同时，减少非关税贸易壁垒所节约的花费，大约等价于商品总价的20%。欧美自由贸易区的建立将为美国增加巨额出口，从而为欧美增加超过1300万个就业岗位。伦敦独立研究机构经济政策调查中心（CEPR）认为TTIP将为欧洲带来一年1190亿欧元的额外收益，这相当于每个欧洲四口之家一年将获得545欧元的额外收入。

张正富、王宗凯、王龙云（2013）援引伦敦经济政策研究中心《降低跨大西洋贸易与投资障碍》报告，认为如果只取消关税，预计TTIP每年可额外推动欧盟经济增长0.1%（238欧元），推动美国经济增长0.04%（94亿欧元）。假设取消98%的关税，商品和服务贸易中25%、政府采购中50%的非关税贸易壁垒，欧盟GDP将增加0.48%（1192亿欧元），美国GDP将增加0.39%（949亿欧元）。同时，欧洲贝塔斯曼基金会发现，一旦TTIP协议达成后，由于美欧之间贸易增加，德国与金砖五国的贸易量将下降10%，美国与金砖五国的贸易量将下降30%。

赵建国（2013）援引有关研究结果，认为面对来势汹汹的TTIP谈判，如果协议一旦达成，对发展中国家的影响是不可忽视的。首先，美欧贸易区域一体化会提出高水平的知识产权保护标准，激励创新的发展，由此带来对发展中国家的工业制造产品的需求可能会有所下降，冲击发展中国家的出口贸易；其次，一旦美欧形成并主导了知识产权高标准及全球贸易新规则，发展中国家只能被动接受，贸易利益可能会被进一步削减与剥夺。

欧盟和美国分别是中国以出口额衡量的第一大和第二大贸易伙伴，美欧间的自由贸易安排难免会对中国的对外贸易和经济运行产生影响。陈虹、韦鑫、余珮（2013）使用可计算一般均衡模型和GTAP模型，基于动态比较分析的视角，以美欧间关税和非关税壁垒作为冲击变量，模拟了TTIP对中国宏观经济和各行业产出与贸易的影响。模拟结果显示：在其他条件不变时，如果TTIP顺利建成实施，其对中国宏观经济的综合负面影响较为明显，会对中国的资本技术密集型产品与服务业的产出和出口贸易造成负面冲击，从外部制约中国的经济转型和产业升级战略。

同时，王义桅（2013）认为，被称为“史上最大双边自贸协定”的TTIP谈判进程产生“意大利面条碗”溢出效应，对全球贸易规则和标准产生了重大影响，并直接或间接影响到中国的比较竞争优势、市场准入与国际话语权，尤其体现在以下三个方面：①开创非关税壁垒削减先河。据估计，非关税壁垒、规则问题或是“边境后”措施相当于10%～20%的关税。②为国有企业设定全球标准。欧委会在欧美贸易谈判中试图为国有企业补贴的透明度以及规则设定全球标准，借TTIP谈判推动一项被长期搁置的目标，即将竞争政策纳入未来贸易协定（尤其是与中国的）当中。有评论认为此举最终目标是在全球范围内遵守同样原则，包括所有制透明、阻止非平等待遇、采取措施纠正扭曲性国家补贴。③引领全球经济自由化新规则。欧美谈判的重点是规制的协同，尤其是在新技术方面。TTIP谈判将WTO未涉及的新领域作为谈判内容，试图引领未来全球经济自由化，包括金融自由化方向。

2. *跨大西洋贸易与投资伙伴关系面临的矛盾和挑战*

任成、林海（2013）认为TTIP谈判不可能是一帆风顺的，这主要是因为谈判各方在关键领域存在着一定的观念差异和利益分歧。而夏玮（2013）认为欧美在食品安全、动植物健康、数据保护、公民隐私权、地理标示保护等议题上存在较大分歧，一方面，反映了欧美之间文化传统上的差异；另一方面，欧美将减少法规差异（Regulatory Divergences）作为谈判的核心议程，也让我们看到了双方在该领域还要经历较长的谈判过程。谈判的主要矛盾和挑战表现在以下几个方面。①贸易监管政策难以统一。在非关税贸易壁垒的破除过程中，双方谈判所达成的一致意见，都需要欧美双方经过重重审批，由于复杂的决策过程和众多的利益纠葛，谈判过程异常艰难。②安全标准和观念难以统一。欧美之间在食品安全标准、药品监管认证、专利申请与认证、法规和认证方面存在着巨大的差异，这些方面既是谈判的重点，也是谈判的难点。③贸易保护难以打破。

美欧虽已向对方商品实施了低关税，但由于欧盟各国在很多产业中的强弱程度不同，因此对TTIP谈判过程中的利益诉求不同。这使得企业进入对方市场并参与市场竞争的意愿成为难事。此外，知识产权保护标准存在的差异和贸易保护使得欧美间利益纠葛难以破解。

3. 中国应对跨大西洋贸易与投资伙伴关系的策略

面对两个最大贸易伙伴间的“新生代”贸易协定，中国的应对策略也在学界引起了热烈的讨论。任成、林海（2013）认为，面对发达国家抱团取暖，中国只有自身更加强大，才可能在国际贸易中取得更重要的地位。首先是深化国内市场经济体制改革。充分利用国内市场来抵御国际市场的动荡和冲击，才能够在国际竞争中为中国提供进可攻、退可守的竞争能力。其次是提升各产业竞争实力。从席卷全球的经济危机中可以看出，以科技实力为基础的产业受经济危机影响较小，甚至个别以科技为主导的产业竟然逆势上涨，其他产业则受到较大影响，而这正是我们的弱势所在。因此，中国必须提升自身产业科技实力，通过技术进步、品种开发进行对冲，增强自身产业接受冲击的能力。从长远来看，中国日益增长的创新能力和竞争力将会削弱美国因高标准而享有的竞争优势。最后是推动现有规则的谈判。中国应当在多边和双边谈判的基础上，参与到国际贸易规则的制定当中，成为各自贸区的重要参与者，从而影响新的国际贸易规则的形成。除此之外，夏玮（2013）还认为，中国应该坚持发展中国家发展权的立场，争夺经济利益，力图争取发展空间；同时，中国也可积极吸收新生代自由贸易协定中的合理内容，在RCEP谈判中适当加入某些TTIP所主张的合理内容，争取实现RCEP和TTIP之间的战略互动，提前做好准备，维护自身的经济利益。

（八）区域全面经济伙伴关系

区域全面经济伙伴关系（Regional Com-prehensive Economic Partnership，RCEP）由东盟十国发起，邀请中国、日本、韩国、澳大利亚、新西兰、印度共同参加（“10+6”），通过削减关税及非关税壁垒，建立16国统一市场的自由贸易协定。若RCEP谈成，将涵盖约35亿人口，GDP总和将达23万亿美元，占全球总量的1/3，所涵盖的区域也将成为世界最大的自贸区。RCEP的目标是消除内部贸易壁垒，创造和完善自由的投资环境，扩大服务贸易。陈大波（2013）认为RCEP具有以下三个特点。①RCEP是以东盟为主导的东亚地区经济一体化合作机制。②RCEP兼顾高水平自由贸易区协定目标与落实渐进性。考虑到参与国的经济发展水平不平衡，协定谈判将充分考虑可行性和各国在落实中的舒适度。③RCEP将影响其他自由贸易区谈判及全球经贸格局。

1. 区域全面经济伙伴关系（RCEP）的效应

在对RCEP的效应分析中，近期的文献中少有定量的分析。学界关注的热点主要集中在RCEP效应的定性分析以及RCEP与其他东亚地区FTA的对比上。

在RCEP将对中国产生的效应分析中，陈大波（2013）认为RCEP是一把双刃剑。RCEP建成后会对中国经济构成一定的积极影响：RCEP将促进我国出口贸易的发展，也会带来引进外资的效应；有利于我国经济产生规模经济效益和竞争效应；也可以改变中国在以东盟为轴心的体系中因处于“辐条国”地位所带来的贸易和投资损失。同时，RCEP对中国经济也产生了一定的消极影响，具体表现在：关税降低和部分市场开放将冲击国内产业并带来持续的贸易逆差；RCEP其他国家的经济波动和外贸运作成本的增加，将对中国贸易发展产生不利影响；另外，中国与RCEP其他国家之间的短期竞争也会对中国贸易发展产生消极影响。韩立群（2013）则从宏观层面认为RCEP可为中国参与全球治理赢得更大的战略空间和话语权，也可优化中国周边环境。

伴随着自贸协定发展，同种商品可能会面临不同FTA下的不同的优惠关税税率、降税安排或原产地规则，提高了企业的交易成本。而这种“意大利面条碗”效应可能导致国际贸易体系会变得混乱，出口企业对自贸协定的利用率低下。TPP和RCEP作为不断壮大的东亚地区的广域一体化组织，其各自的效应如何在学界引起了热烈的讨论。陈淑、梅赵亮（2014）通过对比 TPP 和 RCEP 认为，后危机时代的东亚区域经济合作目前选择 RCEP 模式可有以下 5 点效应。①促进区域内一体化，优势互补，合作共赢，提高东亚地区抵御国际经济风险的能力和经济发展活力。②RCEP 自贸区建成后，将产生巨大的规模效应、贸易创造、贸易转移效果。③RCEP 有利于解决东亚区域内“意大利面条碗”效应、发挥大规模贸易区的优势。④有利于应对 TPP 的“零关税、无例外”贸易规则的冲击及不利影响。⑤尽量考虑到各成员的承受力和实际国情，更有利于激发各国的发展潜能，避免“拔苗助长”。综合来看，他们认为，后危机时代的东亚区域经济合作目前选择 RCEP 模式更有利于东亚区域一体化的良好发展，同时他们还指出，由于国际形势风云变幻，随着时间的流逝，若 RCEP 谈判不顺，今后的东亚区域合作再选择 TPP 或其他区域一体化形式也不无可能。此外，韩立群（2013）也认为 RCEP 将从缓解地区自贸协定“意大利面条碗”效应和解决东亚经济受外部经济波动影响较大的问题两方面，推动东亚经济一体化建设。持相似观点的还有沈铭辉（2013），他认为 RCEP 是整合东亚分散市场的必由之路，从而开发以东亚为代表的亚洲市场的潜力。他还表示，建立单一的东亚区域自贸协定（如 RCEP）是成为克服“意大利面条碗”效应的有力手段，通过 RCEP 统合区域内的多重原产地规则，不仅可以大幅降低企业利用自贸协定的交易成本，而且可以提高企业利用优惠措施的便利程度和企业利用自贸协定的积极性。更为重要的是，RCEP 有助于进一步理顺东亚生产网络的国际分工格局，避免或降低 TPP 对东亚生产网络的干扰和负面影响。但在比较 TPP 和 RCEP 时，他持有的观点是：“TPP 与东亚合作既有竞争性，又有互相促进的作用。应该把 RCEP、中日韩自贸协定和中韩自贸协定通盘考虑，同时加以推动，以达到相互促进的效果。”与上述观点不同的是，王玉主、富景筠（2013）总结了国内部分专家在近期举行的一次专题会议上阐述的观点，认为下一步亚太地区最有可能形成强 TPP 和弱 RCEP 并行的新型双框架模式。

2. 如何推进区域全面经济伙伴关系（RCEP）

RCEP 协议的达成在当前复杂的国际经济政治环境中面临着诸多困境，诸多学者对此问题提出了自己的建议。

张立伟（2013）认为，应该加快中日韩自由贸易区谈判，并与东盟共同形成 RCEP 主体，使其他国家为防止边缘化而加速谈判。毕世鸿（2013）认为，TPP 和 RCEP 之间存在竞争自不待言，但东盟若能在推进自身一体化和 RCEP 谈判进程的同时，争取外部国家特别是美国的支持，实现二者间的互补，扩大正面的相互影响力，这不仅有利于 RCEP 各国的经济增长，也有利于世界经济的增长。针对中国和东盟双方而言，张彦（2013）认为，在战略层面，中国和东盟应该做实东亚、放眼亚太，找到共同利益的契合点；在战术层面，中国和东盟应该深化互信，清扫 RCEP 谈判过程中的主导权之争和大国平衡问题；在政策建议上，双方应该继续发挥引力作用，提高合作水平。关秀丽（2013）也从具体操作上提出了以下建议：支持由东盟主导 RCEP，并确保“东盟中性”和其影响力；从求同存异、凝聚共识的高度出发，通过循序渐进的方式推进谈判，选择某些易于达成协议的部门作为优先开放领域，使有关各国尽早获得关税和非关税壁垒削减的收益，从而加速后续协议的推进。

参考文献

［1］李玉举：《中国双边自由贸易区建设的进展、成效及建议》，《国际经济合作》2013 年第 4 期。

［2］匡增杰：《全球区域经济一体化新趋势与中国的 FTA 策略选择》，《东北亚论坛》2013 年第 2 期。

［3］〔美〕Carmen G. Gonzalez：《〈北美自由贸易协定〉是中国的良好范例吗？——来自墨西哥和美国的经验》，《江西社会科学》2009 年第 5 期。

［4］姜鸿、张相文：《自由贸易区下产业安全模型及中国自由贸易区战略选择》，《宏观经济研究》2010 年第 10 期。

［5］曹吉云、佟家栋：《两经济体建立自由贸易区的影响因素研究》，《政府经济

管理》2011 年第 11 期。
[6] 杨勇、张彬：《南南型区域经济一体化的增长效应——来自非洲的证据及对中国的启示》，《国际贸易问题》2011 年第 11 期。
[7] 彭支伟、张伯伟：《TPP 和亚太自由贸易区的经济效应及中国的对策》，《国际贸易问题》2013 年第 4 期。
[8] 陈诗一：《中国建立自由贸易区的动态经济效应分析：长期均衡和动态调整》，《世界经济与政治论坛》2013 年第 3 期。
[9] 李荣林、赵滨元：《中国当前 FTA 贸易效应分析与比较》，《亚太经济》2012 年第 3 期。
[10] 徐婧：《CAFTA 对中国和东盟贸易扩大效应的实证研究》，《世界经济研究》2008 年第 10 期。
[11] 曹亮、曾金玲、陈勇兵：《CAFTA 框架下的贸易流量和结构分析——基于 GTAP 模型的实证研究》，《财贸经济》2010 年第 4 期。
[12] 杨宏恩：《中国－东盟经济合作与东亚金融危机后的东盟经济增长》，《财贸经济》2011 年第 12 期。
[13] 范爱军、都春燕：《贸易自由化与经济收敛的关联性研究——基于中国－东盟自由贸易区视角》，《亚太经济》2010 年第 6 期。
[14] 陈雯、卢超铭：《区域主义下中国－东盟自由贸易区的非传统收益分析》，《国际贸易问题》2009 年第 11 期。
[15] 杨亮、吕耀：《中国－东盟农产品贸易及其影响分析》，《资源科学》2009 年第 10 期。
[16] 龙云安：《基于中国－东盟自由贸易区产业集聚与平衡效应研究》，《世界经济研究》2013 年第 1 期。
[17] 田野：《中国－东盟自由贸易区的环境效应研究——基于污染密集品贸易效应的实证分析》，《经济经纬》2013 年第 1 期。
[18] 张建中：《中国－东盟贸易、投资与环境协同发展预警机制研究》，《广西民族大学学报》2013 年第 2 期。
[19] 庄芮：《中国－东盟自由贸易区的实践效应、现存问题及中国的策略》，《世界经济研究》2009 年第 4 期。
[20] 沈红芳：《东盟国家对 CAFTA 全面运行不同反应的探析》，《南洋问题研究》2010 年第 4 期。
[21] 赵玉敏：《理性应对印尼重开中国－东盟自贸区谈判的诉求》，《国际经济合作》2010 年第 4 期。
[22] 李力、杨柳：《中日韩缔结自由贸易区的实证分析——基于中日韩三国经济

相关度的视角》，《华中师范大学学报》（人文社会科学版）2013 年第 3 期。

[23] 高敬峰：《个性选择、梯次互补与跨境贸易的国别依赖》，《改革》2012 第 10 页。

[24] 彭支伟、张伯伟：《中日韩自由贸易区的经济效应及推进路径——基于 SMART 的模拟分析》，《世界经济研究》2012 年第 12 期。

[25] 李明权、韩春花、金兴起：《中日韩农产品贸易关系及其对三国建立自由贸易区的影响》，《经济纵横》2010 年第 4 期。

[26] 马剑虹、张伯伟、张子平：《东北亚自由贸易区三方博弈的纳什均衡解》，《现代财经》2008 年第 7 期。

[27] 张建肖：《中日韩自贸区谈判的困难与应对》，《国际经济合作》2013 年第 4 期。

[28] 沈铭辉：《中日韩自由贸易区的经济学分析》，《国际经济合作》2011 年第 3 期。

[29] 陈硕颖：《构建中韩双边自由贸易区的前景探讨——基于货物贸易的视角》，《国际经贸探索》2008 年第 7 期。

[30] 李晓峰、桂嘉越：《中韩自由贸易区建立对两国贸易影响的实证分析》，《国际经贸探索》2009 年第 5 期。

[31] 李晓峰、任靖楠：《中韩自由贸易区的建立对中韩两国净出口与就业影响的实证分析》，《国际贸易问题》2009 年第 6 期。

[32] 魏巍：《论中韩 FTA 的可行性及其经济效应》，《预测》2010 年第 1 期。

[33] 郑知淑：《中韩推进 FTA 的战略动机比较》，《商业时代》2009 年第 33 期。

[34] 霍伟东、李萍：《上海合作组织区域经济一体化研究》，《高校理论战线》2013 年第 3 期。

[35] 张猛、丁振辉：《上海合作组织自由贸易区：构想及其意义》，《国际经贸探索》2013 年第 2 期。

[36] 霍伟东、李伯韬：《全球经济衰退背景下的中印自由贸易区建设—— 基于实证的研究》，《国际贸易问题》2013 年第 4 期。

[37] 李丽、陈迅、邵兵家：《中印自由贸易区的建立对中国及世界经济影响研究》，《财贸经济》2013 年第 4 期。

[38] 杨宏玲、张志宏：《基于贸易引力模型的中印 FTA 的贸易扩大效应分析》，《河北大学学报》（哲学社会科学版）2012 年第 5 期。

[39] 姜鸿、张艺影、彭剑君：《中国——印度自由贸易协定农产品关税减让策略——基于产业安全与贸易平衡协调模型的分析》，《农业经济问题》2010 年第 6 期。

［40］杨宏玲：《新区域主义与中印自由贸易区的非传统收益》，《河北学刊》2010年11月。
［41］庄芮：《亚太区域经济合作下的中国FTA战略》，《国家行政学院学报》2012年第3期。
［42］孔向阳：《浅析TPP与美国战略》，《中国连锁》2014年第1期。
［43］邢小军、孙利娟：《TPP组织特点及其对中国的影响分析》，《经济问题探索》2013年第10期。
［44］于立新、汤婧：《中国要不要加入TPP?》，《社会观察》2013年第7期。
［45］王晓蓉：《中国应对TPP的对策：研究前沿与论争焦点》，《广东商学院学报》2013年第6期。
［46］蔡鹏鸿：《TPP是美国再平衡战略梦，中国不该着急加入》，《环球时报》2013年7月24日。
［47］刘柏：《TPP冲击下亚太新秩序整合的中国对策》，《东北亚论坛》2014年第2期。
［48］关秀丽：《我国参与亚太区域合作面临的新形势》，《中国经贸导刊》2013年第22期。
［49］任成、林海：《TTIP的起源、作用及中国的应对措施》，《WTO经济导刊》2013年第9期。
［50］陈虹、韦鑫、余珮：《TTIP对中国经济影响的前瞻性研究——基于可计算一般均衡模型的模拟分析》，《国际贸易问题》2013年第12期。
［51］张正富、王宗凯、王龙云：《TTIP谈判正式启动欧美各怀心事》，《经济参考报》2013年7月9日。
［52］夏玮：《TTIP：美国推行“新生代”自由贸易协定的新发展》，《世界贸易组织动态与研究》2013年第6期。
［53］赵建国：《TTIP谈判：遥遥无期前途难料》，《中国知识产权报》2013年5月22日。
［54］王义桅：《TTIP对中国的三大影响》，《第一财经日报》2013年12月25日。
［55］陈大波：《“区域全面经济伙伴关系协定”对中国经济的影响及对策研究》，《长江论坛》2013年第4期。
［56］韩立群：《全球经贸新格局背景下的RCEP：影响与走势》，《当代世界》2013年第7期。
［57］陈淑、梅赵亮：《广域一体化新视角下东亚区域合作为何选择RCEP而非TPP?》，《东北亚论坛》2014年第2期。
［58］王玉主、富景筠：《当前亚太区域合作形势分析》，《亚太经济》2013年第

4 期。

[59] 沈铭辉：《RCEP：从分散走向统一的区域市场》，《中国远洋航务》2013 年第 6 期。

[60] 张立伟：《支持东盟 RCEP，塑造东亚新秩序》，《21 世纪经济报》2013 年 5 月 10 日。

[61] 毕世鸿：《RCEP：东盟主导东亚地区经济合作的战略选择》，《亚太经济》2013 年第 5 期。

[62] 张彦：《RCEP 背景下中国东盟经贸关系：机遇、挑战、出路》，《亚太经济》2013 年第 5 期。

图书在版编目(CIP)数据

中国国际商务理论前沿.7/冯雷，夏先良主编.—北京：社会科学文献出版社，2014.12
（中国经济科学前沿丛书）
ISBN 978-7-5097-6353-7

Ⅰ.①中… Ⅱ.①冯… ②夏… Ⅲ.①对外贸易-研究-中国 Ⅳ.①F752

中国版本图书馆CIP数据核字（2014）第178613号

·中国经济科学前沿丛书·
中国国际商务理论前沿（7）

主　　编/冯　雷　夏先良

出 版 人/谢寿光
项目统筹/林　尧
责任编辑/林　尧

出　　版/社会科学文献出版社·经济与管理出版中心（010）59367226
地址：北京市北三环中路甲29号院华龙大厦　邮编：100029
网址：www.ssap.com.cn
发　　行/市场营销中心（010）59367081　59367090
读者服务中心（010）59367028
印　　装/北京季蜂印刷有限公司

规　　格/开　本：787mm×1092mm　1/16
印　张：24.5　字　数：346千字
版　　次/2014年12月第1版　2014年12月第1次印刷
书　　号/ISBN 978-7-5097-6353-7
定　　价/85.00元